日本占領管理体制の成立
——比較占領史序説——

日本占領管理体制の成立

——比較占領史序説——

豊下楢彦著

岩波書店

亡き父に捧げる

まえがき

日本の降伏からおよそ半年後の一九四六年二月上旬、連合国最高司令官マッカーサーがGHQ民政局に急ぎ憲法草案の作成を命じ、民政局行政部が「密室の一週間」を経てGHQ案をまとめ上げ、同案の〝採用〟を迫られた日本政府が同月下旬にはその受け入れを決定した、という憲法改正の経緯については良く知られたところである。もちろん、改正によって成立した現行憲法が旧憲法との比較において画期的であったばかりではなく、現代社会をリードし得る普遍的諸価値をも有しているというその歴史的な意義は高く評価されねばならないし、さらに、そもそもその成立を〝押し付け〟の側面からのみで捉えるべきでないことは、近年の研究の諸成果からしても明らかである。しかし、同じ降伏国であったイタリアや旧西ドイツにおいて、憲法制定を目的とした独自の制憲議会(会議)が設置され、慎重かつ自主的に制憲作業がすすめられた経緯に照らすならば、日本の改正作業における「上から」の、しかも性急なプロセスは〝異常〟とも言えるものであり、それが戦後日本の民主主義の在り方に様々な側面で重大な影響を及ぼしてきたことは否定し得ないであろう。

それでは、なぜマッカーサーはこのように性急で強引な方法を採ったのであろうか。その最大の契機は、マッカーサー本人や多くの関係者の証言からも明らかなように、また本文でも改めて検証するように、日本占領の最高政策決定機関である極東委員会の発足が二月二六日に迫っていたことであった。つまりマッカーサーは、憲法改正の〝決定権〟が自らの手を離れて極東委員会に移る前に〝既成事実〟を固めてしまわなければならない、という〝時間的制約〃に駆り立てられていたのである。

かくして極東委員会の発足は、現行憲法の成立において、ひいては戦後日本の枠組み形成において、まことに重大な位置を占めることになったのである。ところが、歴史的にかくも重要な意味をもつこの極東委員会という占領管理機関については、これまで必ずしも十分な関心が寄せられず、著名な外交史家ハーバート・ファイスによる四半世紀も前の概説的研究(Herbert Feis, *Contest Over Japan*, New York, 1967)を除いては、学問的な研究はほとんどなされてこなかったのである。つまり、そもそもなぜ極東委員会という管理機関が組織されることになったのか、なぜそれはワシントンに設置されることになったのか、なぜそれは最高政策決定機関という権限を付与されることになったのか、なぜ憲法改正問題がアメリカの「中間指令」の対象外とされ、極東委員会での事前の承認を必要とする「重要問題」に指定されることになったのか、一体誰がなぜそのような提案を行ったのか、このような諸問題についての本格的な研究は皆無と言ってよい状況なのである。本書が取り組む直接的な課題は、これら根本的な諸問題の解明である。

それでは、なぜ問題は未解明のままに置かれてきたのであろうか。その大きな理由は問題が、日本と占領者アメリカとの日米関係という枠組みの中では捉え得ない、そのような枠組みをはかるに越える歴史的な位置と性格を有しているからであろう。端的に言って問題は、日本が枢軸陣営の中で「最後の降伏国」であったという事実に深くかかわっており、「最初の降伏国」イタリア、東欧三国(ルーマニア、ブルガリア、ハンガリー)、ドイツとつづくヨーロッパにおける占領管理体制の成立と展開を綿密に跡付けることなしには解明することができないのである。つまり、日本占領とヨーロッパ占領との比較研究を行わない限り極東委員会という占領管理機関の成立を捉えることはできないのであり、ここに問題解明の困難さがあったのである。より具体的に言えば、ヨーロッパ占領では英米ソ三大国の協定や議定書によって占領管理体制がそれぞれに明確に規定されていたのに対し、日本占領においては管理体制を取り決めた国際的な協定が欠落したまま事実上は「マッカーサーの占領」が進行していくという、この日本占領の「特異性」こそが、極東委員会およびそれと〝ワンセット〟としての対日理事会の設立をもたらすことになるのである。繰り返すまでもなく、この「特異性」の析出は、ヨーロッパ占領の〝先例〟との比較において初めて可能となるのである。

ところで、第二次大戦の戦後処理としてなされた連合国による占領は一般に「占領管理」という言葉で表現されるが、それは今次の占領がもった歴史的に全く新しい性格を示している。そもそも一九〇七年のハーグの陸戦規約では、占領軍は基本的に占領地の法律や行政を変える権限を有しないと規定されていた。また第一次大戦後になされた、休戦や講和条約の履行を確保するための保障占領も、占領側と被占領側は法的には対等の関係にあり、何よりも占領目的は直接内政にかかわるものではなかった。ところが、今次の占領は我が日本占領を見るまでもなく、被占領国の法律や行政を変えるにとどまらず、経済・社会・文化をも含む国家の在り方そのものの根本的な変更をもたらした。

それでは、なぜこのような占領方式が採られることになったのであろうか。前提をなす構造的な枠組みとしては、第二次大戦の歴史的特質を挙げることができるであろう。つまり今次の大戦は、ファシズム国家に内在する激しい〝外的衝動〟を起動力に、既存の国際秩序の破壊か維持かを直接的な対決の契機として勃発したが、その背景にあったものは何よりも、ファシズム体制、ソ連型社会主義体制、いわゆる欧米型民主主義体制という三つの異なる国家・社会体制をもった国々の存在であり、ミュンヘン会談や独ソ不可侵協定に見られる、それら相互の複雑な諸関係であった。戦争がこのような背景をもって開始された以上、その帰結において問われたものは、正しく国家・社会体制の在り方そのものであった。

この意味において、一九四三年一月のカサブランカ会談でルーズヴェルト米大統領が宣し連合国側の「共通原則」となった「無条件降伏」方式は、今次大戦の戦後処理の性格を端的に表現するものであった。それでは、「無条件降伏」とは何であったろうか。それが意味する最も本質的な問題は、ルーズヴェルト自身も強調したように、枢軸諸国の「哲学の破壊」にあった。つまり、「ファシズム哲学」によって総括された枢軸国の政治・経済・社会構造全体を破壊し再編成することであり、こうして枢軸国の「国家改造」を推しすすめることが連合国占領の歴史的な課題となったのである。ちなみに、日本が受諾したポツダム宣言の諸条項とは「国家改造」のプログラムに他ならなかった。このように占領目的が軍事レベルに留まらず、すぐれて政治的・イデオロギー的であり、広範かつ全面的な〝内政干渉〟としての性格を帯びるが故に、今次の占領は「管理」という言葉と結合されて表現されるのである。

「占領管理」が被占領国の国家的性格をも変える内実をもつならば、占領管理体制の在り方、具体的には誰が、どの連合国が占領管理の実権を握るかという問題は、被占領国とその国民にとってばかりではなく、戦後の新しい国際秩序の構築をめざす英米ソ三大国をはじめとする連合諸国にとっても、決定的とも言える重要性を有することになる。なぜなら、ファシズムの破壊と民主主義による再編という反ファッショ・民主主義の〝共通目標〟があるとはいえ、そもそもファシズムや民主主義の〝解釈〟は連合国それぞれにおいて相当に異ならざるを得ず、従って「国家改造」の方向は、誰が占領者となるかによって大きく規定されることになるからである。しかも、仮りにいずれの降伏国においても三大国ないし四大国による〝共同占領〟が実現していたならば状況は変り得たであろうが、本文で詳しく検討するように現実には、四分割されたドイツの各占領地区をも含めて、特定国による排他的占領管理が実施されたのである。こうして、スターリン流に言えば「誰であろうと、ある領土を占領した国がそこに自らの社会体制を押し付ける」ことができるような枠組みが準備されることになった。

このように見てくるならば、「最初の降伏国」イタリアから「最後の降伏国」日本にまで至る占領管理体制をめぐる大国間の交渉・あつれき・対立が、戦後の秩序形成において歴史的にいかに重要な意味をもったかということが明らかになってくるであろう。さらに、本来は枢軸国の支配から解放された被解放国であったポーランドや南北朝鮮、あるいはギリシャ等も実質的には〝解放国〟による「占領管理」の下におかれることになったという経緯を考えるならば、問題は一層の拡がりと重要性を有してくるのである。現に、降伏国と被解放国を対象に「自由選挙」に基づく「民主的政府」の樹立をうたった四五年二月の有名な「ヤルタ宣言」も、実は「イタリア方式」とよばれる排他的占領管理体制をめぐる米ソ間の〝対立と妥協の産物〟に他ならなかったのである。とするならば、「ヤルタ宣言」の履行如何をめぐる対立がその重要な端初をなしたとする「冷戦の起源」に関する〝通説〟も、ヨーロッパにおける占領管理体制の問題の歴史的な位置を捉え直す作業を通して再検討されねばならないであろう。

この点でさらに重要なことは、実は日本の占領管理体制をめぐる問題(日本問題)が、とりわけ東欧諸国のそれと密接な関係をもったことである。その契機は、東欧についてはソ連による排他性の除去を求め日本では自らの排他性の維持をはかるという、東欧と日本に対するアメリカ外交の「ダブル・スタンダード」にあった。そして英中両国や英連邦諸国の日本占領への「参加」要求をも背景にソ連がこの「ダブル・スタンダード」を鋭く批判することによって、「日本問題」は四五年の秋から冬にかけて、東欧諸国の政権承認問題や講和問題とからむ国際政治上の重大な焦点に浮上したのである。当時、この深刻な〝袋小路〟への対処を迫られたのがバーンズ米国務長官であった。彼はいわゆる「原爆外交」で知られるが、同時にきわめて現実主義的な外交感覚の持ち主であって、「知的妥協」による事態の打開を試みた。かくして四五年十二月の英米ソ三国モスクワ外相会議でこれら諸問題の〝結着〟がもたらされ、そこにおいて極東委員会と対日理事会の設置が決定されたのである。つまり、この外相会議は「第二のヤルタ」とも呼ぶべき〃米ソ協調〃の一つの頂点であった。

しかしそれは、結局のところ最後の頂点となった。なぜなら、外相会議の諸結果を、かつてのミュンヘン会談になぞらえて「宥和」と極め付け「一方的降伏」と非難する声が、トルーマン大統領をはじめワシントンの各方面から噴出したからである。こうして事態は急転し、バーンズ外交の全面否定とソ連に対する徹底した「非妥協性」の〃大合唱〃が、冷戦史家ギャディスの言う「冷戦の起源」が本格的に形成された四六年はじめの数ヶ月間の〃口火〃を切ることになったのである。つまりモスクワ外相会議と極東委員会設置の決定は、重大な情勢展開の文字通りターニング・ポイントに位置した訳であり、この意味において、日本の占領管理体制の成立過程を分析する本書の研究は、「冷戦の起源」の問題に対する一つのアプローチとしての意味をも有しているのである。

目　次

第一章　日本占領の「特異性」

第一節　国際的管理協定の欠落

一　マッカーサーの権限問題

日本のポツダム宣言受諾からおよそ二週間後の一九四五年八月三十日に、米太平洋陸軍総司令官であり且つ連合国最高司令官であるマッカーサー元帥が横浜の米太平洋陸軍総司令部に着任、九月二日の降伏文書の調印に前後して米占領軍が全土に展開し、やがて各地に軍政部が設けられると共に、十月二日には東京に連合国最高司令官総司令部が正式に設置され、こうしてワシントンの対日基本方針をベースとした足かけ六年におよぶマッカーサーの占領政策が本格的に開始されることになった……、以上が従来の日本(本土)占領史の序幕をかざる基本的な叙述の方法である。これはたしかに、「青い眼の大君」とも呼ばれたマッカーサーが君臨して広大な権限を行使した占領の実態に沿ったものであることは間違いない。

しかし、連合国による日本占領という視点に立つならば、問題の前提を異なったレベルから根本的に問い直すことが求められるであろう。その最たるものは、ヨーロッパの占領と比較することによって浮彫りになってくる日本占領の「特異性」の問題である。そしてその「特異性」とは端的に言って、日本の占領管理体制を根拠づける国際的な協定や取り決めが欠落していた、ということに他ならない。つまり、七月二六日のポツダム宣言、八月十一日の「バーンズ回答文」(後述)、さらには降伏文書といった、英米中ソ四大国が署名ないし承認した日本の降伏と占領を基礎づける基本的文書のいずれにも、占領管理体制については全く何一つ具体的に規定されていなかったのである。

ヨーロッパ占領においては、次章で詳述するように、例えば最初の降伏国イタリアの場合、一九四三年九月二九日の本休戦協定の第三七条において、同協定の「規制および実施の任務」を有する連合国管理委員会を設置することが明記されており、その具体的なあり方は翌月のモスクワでの英米ソ三国外相会議において取り決められた。またルーマニア、ブルガリア、ハンガリーにおいても、同様に英米ソ三大国との間でそれぞれ四四年九月十二日、同年十月二八日、四五年一月二十日に調印された各休戦協定の第十八条に連合国管理委員会の設置が規定され、占領管理の枠組みが基礎づけられていたのである。(1)さらにドイツの場合は、すでにその降伏に先立つことおよそ半年前の四四年十一月十四日の議定書において、分割占領の地域分担と共に、ドイツ全体の占領管理にあたる連合国管理理事会の設置が三大国によって取り決められていた。

このように管理体制のあり方が三大国間の協定や議定書によって明確に規定されていたヨーロッパ占領に照らす時、日本占領における規定の欠如はきわめて特異な状況と言わざるを得ない。その背景としては、後述するように、事実上対日戦争を担ったアメリカが既に長期にわたって占領政策を練り上げていたこと、つまり英米中ソ四大国の中でアメリカだけが対日占領の準備体制を十分に整えていた、という事実を指摘できるであろう。同時にそれと関連する問題であるが、ヨーロッパの場合には、上記のモスクワ外相会議においてヨーロッパの枢軸諸国の降伏にかかわる諸問題を取り扱うヨーロッパ諮問委員会の設置が取り決められ、四四年はじめよりロンドンで活動を開始していたのに対し、極東にあってはそのような協議機関が存在しなかった、あるいはこれも後に触れるように、戦争の終結までアメリカが事実上その必要を認めなかった、ということが挙げられるであろう。ただいずれにせよ、国際的管理協定が欠落したまま現実にはマッカーサーによる排他的な占領統治が進行するという状況の中で、当然のことながら、連合国最高司令官としてのマッカーサーの権限問題が焦点として浮上することになった。

四五年八月十一日、トルーマン米大統領は英中ソ三国の首脳に対し、マッカーサーを連合国最高司令官（SCAP=Supreme Commander for the Allied Powers）に任命するについて承認を求める書簡を送ったが、そこではSCAPの任務として「日本軍隊の全面降伏を受理し、調整し、実施する」（以下、本書の引用文における傍点は豊下が付したものである）こと、と明記されていた。(2)三国首脳からは直ちに了承の意向が伝えられたが、例えばソ連の指導者スターリンが右の文言を再確認しつつ承認の返電を送ったことを挙げるまでもなく、当時SCAPの任務は、日本軍隊の降伏処理という、あくまでも純軍事的な性格のものとして認識されていたのである。そして十四日の日本政府によるポツダム宣言の受諾表明をうけてトルーマンがマニラのマッカーサーに送った「連合国最高司令官に対する指令」では、「日本の降伏を実施する」目的でSCAPを任命するとの四大国政府の合意に基づいてマッカーサーがSCAPに任ぜられたこと、彼の任務は日本側代表に降伏文書への署名を求め、また日本の参謀本部に降伏にかかわる全般的指令を発出させることである、等々が指示されていた。(3)

さらに、当時すでに米政府内部で起草され、若干の字句の修正を経て九月二日に調印されることになった降伏文書では、日本側がポツダム宣言の受諾を確認し、日本軍隊の無条件降伏を布告し、一切の敵対行為の即時終止を命じ、SCAPが降伏条項を実施するために必要とみなす全ての命令に従うことを国民に指示する、と規定されていた。ただ問題はそれにつづいて、「〔日本側が〕ポツダム宣言を実施するために連合国最高司令官あるいは連合国が任命する他の代表によって求められるであろういかなる指令も発し、いかなる行動もとる」と規定されていることである。[4] この規定の表現に依る限りは、SCAPはポツダム宣言の実施に関しても日本側に行動を命じる権限を有している、と受け取ることもできる。そして言うまでもなくポツダム宣言では、軍国主義の一掃、戦争犯罪人の処罰、民主主義・基本的人権の確立、軍事産業の解体、平和的責任政府の樹立等、軍事レベルを超える政治・経済・文化・社会にわたる広範な諸問題の実施がうたわれているのである。[5]

それではマッカーサーの権限は、八月十一日にトルーマンが自ら規定して三国首脳の承認を求めた純軍事的なものから、占領目的の全般におよぶ広大な管理権にまで、いつの間にか〝発展〟したのであろうか。そして降伏文書に署名した英中ソ三大国やオーストラリア、カナダ、フランス、オランダ、ニュージーランドの各国も、それを追認したのであろうか。

問題は、同じ八月十一日に日本政府に送られた「バーンズ回答文」に立ち戻ってくる。日本政府は十日に、「天皇の国家統治の大権を変更するの要求を包含し居らざることの了解の下に、帝国政府は右宣言〔ポツダム宣言〕を受諾す」との「申入」を連合国側に伝えた。ワシントンでは直ちに対日返書草案が作成され、一部の修正を除いて三国政府の承認を受け、バーンズ米国務長官名の四国政府の「回答」として日本側に送られた。この「バーンズ回答文」では、「降伏の時より、天皇および日本政府の国家統治の権限は、降伏条項を実施する上で適当とみなす措置をとる連合国最高司令官に従属する」「天皇は日本政府と日本帝国参謀本部に対し、ポツダム宣言の諸条項を実施するために必要な降伏条項に署名する権限を与え、それを保証することを求められる」と述べられていた。[6]

右の規定によれば、少なくとも文言上は、ポツダム宣言の諸条項の実施と降伏条項の実施とは〝レベル分け〟されており、SCAPの任務は後者に限定されている。そしてトルーマンが三国首脳に対してSCAPの任務を日本軍隊の降伏処理と明確に定義づけたことと照応させるならば、「降伏条項の実施」とは純軍事的な性格のものとみなすのが妥当であろう。とすれば、先の降伏文書に見られた、SCAPの任務をポツダム宣言の実施にまで及ぼすが如き規定も、むしろ「バーンズ回答文」に明記されているように、「ポツダム宣言の諸条項の実施のために必要な降伏条項」の実施を意味している、と解すべきであろう。またそのように解さなければ、降伏処理に限定されたマッカーサーのSCAPへの任命を承認した英中ソ三国政府が降伏文書の署名に応じた根拠を説明できないであろうし、そもそも本書で検討する日本の占領管理体制をめぐる連合国間の激しいあつれきそれ自体が生じなかったであろう。

なお右の問題に関連して、連合国最高司令官総司令部(GHQ＝General Headquarters/SCAP)の労働課長をつとめたセオドア・コーエンは、SCAPに降伏したのは日本の陸海軍だけであり、日本人そのものは降伏文書にある「連合国が任命する他の代表」に服従することを誓ったとの、降伏文書にかかわる興味深い「厳密な法解釈」を打ち出している。(7)

ただ実は、改めて検討するように、米政府当局がポツダム宣言の実施にまで及ぶ包括的な占領管理権がマッカーサーに付与されたとの主張を展開するに際して最も大きな〝根拠〟としたのは、降伏文書の規定よりはむしろ「バーンズ回答文」における上述の「天皇および日本政府の国家統治の権限は、……連合国最高司令官に従属する」という一節であった。つまり、国家統治の権限がSCAPの指揮下におかれる以上、SCAPは軍事レベルを超える「全面的な管理」の権限を獲得した、という解釈である。

だがしかし、そもそもこの一節は起草当時の状況からみても、天皇制の存置をめぐるかねてからの米政府内部および連合国間のあつれきと、天皇の大権の維持・国体護持を求める日本側の要請等が複雑にからみ合った末の産物であり、何よりも占領者による最高権力の掌握を明示し、同時に天皇と日本政府の存続を暗示するものであった。(8)つまり、他の連合国との関係におけるSCAPの権限を規定するものでは決してなかったのである。従って、この一節からマッカーサーの全般的な占領管理権を主張することは、英外務省の極東局も指摘するように、「日本人に対して適用する原則」を「我々や他の連合国に対しても適用しようとする」ものに他ならなかった。(9)

しかも、およそマッカーサーが現実に持つに至った強大な権限を「バーンズ回答文」の一節によって〝正当化〟しようとする論理と行動自体が、まことに特異なことであった。なぜなら、ヨーロッパの占領においては、これも次章で検討することになるが、例えばイタリアの場合、連合軍最高司令官の権限は、その指令と全般的指導により連合国管理委員会を通して、政治・外交・経済・財政をはじめ社会生活の広い範囲に及ぶ連合国側のコントロールを定めた全四四条から成る本休戦協定の執行を担うもの、と規定されていた。またルーマニアの場合、連合国(ソヴィエト)最高司令部はその全般的指導と指令の下で連合国管理委員会の規制と監督を通して、略奪物資の返還や親ヒトラー組織の解体から領土問題や賠償問題に至るまでの全二十条から成る休戦協定の履行の責任を負うと規定されていたのであり、ブルガリアやハンガリーの場合もほぼ同様であった。さらにドイツの場合は、四分割された各占領地域において連合国代表(軍政長官)が有した広大な権限とその内容は、四五年六月五日の「ドイツ最高権力の掌握」に関する宣言と八月二日のポツダム協定、そして九月二十日の「ドイツに課される追加的要求」に関する四大国協定によって取り決められていた。これらヨーロッパの諸協定に照らす時、「バーンズ回答文」におけるSCAPの権限規定にのみ依拠することの〝貧弱さ〟は眼をおおうばかりである。

さらに言えば、右の規定には問題を生じさせるあいまいさが含まれていた。それは、SCAPが誰であるのか、どの国の司令官であるのかが明記されていなかったことである。もちろん先述したように、トルーマンは「バーンズ回答文」の草案が三国政府の承認を受けると直ちに、マッカーサーをSCAPに任命する意向を各国に伝えて了解を得たわけであった。しかし改めてヨーロッパ占領を見るならば、問題は各々の協定において明確化されていた。

まずイタリアの場合、四三年九月三日の軍事休戦協定および上述の本休戦協定において、アメリカのアイゼンハワー将軍が「連合軍最高司令官」として、ソ連も含む全連合国を代表する旨が冒頭より明記されていたのであり、またルーマニア、ブルガリア、ハンガリーの休戦協定の場合は「連合国(ソヴィエト)最高司令部」と表現されて、ソ連軍司令官がその任を担うことが文言上も明確に規定されていた。さらに、英米ソ仏四大国が分割占領を行うドイツにあっては、各軍政長官の任命のあり方はもとより自明であったし、全独レベルの連合国管理理事会の議長はそれら軍政長官が「交互に」担うことが、四四年十一月の三大国の議定書とヤルタ協定によって規定されていた。

以上のヨーロッパ占領の例に比すならば、「バーンズ回答文」におけるSCAPの規定はあいまいさを残すものであった。そして、そのあいまいさを突いたのがソ連外相モロトフであった。八月十日、駐ソ米大使ハリマンから「バーンズ回答文」への同意を求められたモロトフは、誰がSCAPになるかについて連合諸国の「承認」が必要であろうと主張し、ソ連も「候補者」を出す用意があると言明したのである。アメリカが事実上の決定権をもっていることを当然の前提としていたハリマンは、このモロトフの主張はSCAPの選択についてソ連に拒否権の付与を求めるものであるとして激しく反発し、会談は物別れとなった。ただ、ここではスターリンが、必要とされるのは「承認」ではなく「協議」であるとの判断を示して直ちにソ連側が譲歩することによって、とにかくも問題は〝結着〟した。(10)

しかしこの一件は、占領管理体制についての規定の欠如あるいは不備に対して、状況次第ではソ連がいつでも〝攻勢〟をかけることができるということを示したのであり、今後の事態の展開を暗示するものであった。現にソ連当局は八月下旬に軍のチャネルを通してアメリカの降伏文書案に対する修正を提起した中で、「バーンズ回答文」の問題の一節がそのまま組み込まれた部分について、天皇および日本政府の国家統治の権限が従属する対象として

「連合国最高司令官あるいは……連合諸国が設置するであろう組織」[11]との文言を挿入するように求めて今後への〝布石〟を敷いたのであった。

さて以上のように見てくるならば、米政府当局が主張することになるマッカーサーの全面的な占領管理権というものを根拠づける明確な国際的協定や取り決めは当時存在していなかった、と言わざるを得ないであろう。そして、そもそもトルーマンがSCAPの任務を「日本軍隊の全面降伏を受理し、調整し、実施する」ことと明記してマッカーサー任命の承認を得た経緯に照らすならば、SCAPとしてのマッカーサーの権限は、イタリア軍の敵対活動の即時停止、連合軍によるイタリア側軍事諸施設の自由使用、全イタリア軍の即時撤収など軍事問題に限定された四三年九月三日の対伊軍事休戦協定における連合軍最高司令官アイゼンハワーの権限にほぼ等しいものと考えるべきであろう。[12]現に米政府内部にあっても、日本問題の専門家達はそのような見解をとっていたのである。

後に詳述することになるが、国務・陸軍・海軍の三省にわたる日本・極東問題の政策立案機関である極東小委員会において四五年十一月一日、当時ソ連を除く関係十カ国で発足した極東諮問委員会の問題にかかわる文書が討議に付された。[13]そこで海軍軍政課長のサビン大佐は、文書にある「連合諸国はマッカーサー元帥が連合国最高司令官となることに同意した」との表現を「厳密には正しくない」と批判した。彼は、このような「無制限な」表現は反対をうけるであろうし、何よりも連合諸国が同意したのは「日本の突然の降伏によって生み出された情勢の緊急性に鑑みて、日本軍隊の降伏を受理し、それを達成するという限定された目的のための最高司令官としてマッカーサー元帥を承認する」ということであった、と指摘した。

この上でサビンは問題の箇所を、「連合諸国は、マッカーサー元帥が日本軍隊の全面降伏を受理し、調整し、実施するための連合国最高司令官となることに同意した」と、八月十一日のトルーマンの三国首脳あての文言そのものに修正するように求めたのである。この提案に関し、日本・極東問題の専門家として対日占領政策の立案において中心的な役割を果たしてきた国務省のブレイクスリー博士も、当該箇所は「不正確な表現」であるとサビンの見解を支持し、イギリスやソ連は最高司令官の権限を「継続的な権限ではなく、一時的なもの」として解釈してきた、と指摘した。かくして極東小委員会は結論として、問題の箇所をサビンの提案通りに修正したのである。

対日占領政策の形成を一貫して担ってきた専門家達の、マッカーサーの権限に関する見解とは以上のようなものであった。ところが陸軍省は、早くも日本のポツダム宣言受諾から一週間後には、当時ほぼ完成されていた「降伏後初期の対日方針」の要旨をマッカーサーに通知し、降伏文書調印を前にした八月二九日にはその全文を送った。この初期方針は小修正のみで九月六日にはトルーマンの最終的な承認を得て、同日改めて正式にマッカーサーに送付された。その内容は、「日本が再びアメリカの脅威にならない」ことを確実にするという「究極の目的」に向けて、政治・経済・文化・社会にわたる「初期の全般的政策」の実施をマッカーサーに命じるものであった。[14] 次いで、「初期方針」を再構成し内容をさらに詳細にして四五年十一月にマッカーサーに送られた「降伏後初期の基本的指令」では、マッカーサーは「降伏およびポツダム宣言の諸条項の実施に得策かつ適当とみなすいかなる措置もとる権力を有する」[15]と明記されていた。

以上に検討してきたように、アメリカ以外の連合諸国、さらには極東小委員会でさえSCAPとしてのマッカーサーの権限を降伏処理に限定された純軍事的な性格のものとみなしていたのに対し、米政府当局は国際的に承認された明確な根拠規定がないままにマッカーサーに包括的な占領管理権を付与しようとしたわけであるが、この大きな〝落差〟の中からマッカーサーの権限問題、そして日本の占領管理体制の問題としての「日本問題」が生じ、それは四五年秋以降の国際政治の重要な焦点となり、やがては極東委員会と対日理事会という〝特異な〟占領管理機関の成立を見ることになるのである。そしてこの〝落差〟の問題を、日本の占領管理体制のあり方を初めて具体的に提案することを通して鋭く突いたのは、実はソ連ではなくイギリスであった。

二　イギリスの連合国管理理事会案

八月二十日にアメリカ側に手交された八月十八日付の英政府案[16]はまず何よりも、ドイツのような分割占領・直接統治ではなく、「唯一人の連合国最高司令官マッカーサー元帥」の指揮下における間接統治形態を前提としている。しかし同案の最大の眼目は、マッカーサーは軍事面においてはあらゆる決定をなす自由を有するとしても、政治・経済・財政問題において彼を「指導する」ために「対日政策の形成」に責任を負う連合国管理理事会(ACC＝Allied Control Council)が東京に設置されねばならない、というところにあった。英米中ソ豪という五カ国の代表から成るこのACCにおいては、SCAPたるマッカーサーがその「軍事的責任」において議長をつとめ、決定された政策についてはSCAPが日本側当局を通して執行に責任を有する。しかし、各代表はそれぞれの政府から指令を受け、このACCレベルで合意に達しなかった「いかなる決定事項」も政府間での結着の場に戻されることになる。さらに、占領側の直接的な監視が必要とされる諸問題の執行については、SCAPの下の執行諸機関に各国代表が加わることの必要性さえ提起されていた。要するにこの英政府案のねらいは、アメリカに対して「政治権力を分け与えること」を求め、「マッカーサーの活動をきびしく制限」し、いわば彼を「管理理事会と日本当局との間に挟みこまれた〝使い走り〟[17]」にしてしまう所にあった、と言えるのである。

また同案では、ACCと密接に連絡をとりつつACCに対して「勧告を行う」任務をもった対日諮問委員会の設置が予定されている。この諮問委員会の議長はACCの議長であるSCAPが兼任するが、その構成メンバーはACCの五カ国に加えてカナダ、ニュージーランド、南アフリカ、インド、フランス、オランダ、フィリピンの計十二カ国とされており、マッカーサーに対して牽制的機能を行使することが当然予想されるものであった。なお、この英政府案では、東京に英米中ソ四カ国の軍隊が、「ベルリン型」の地域分割(後述)ではなく、SCAPの指揮下に「合同」で駐留するとの方針が提起されている。

そもそも英政府当局にあっては、四五年春の段階に至るまで、対日占領政策を具体的に作成する作業に着手してはいなかった。というのも、東南アジア連合軍最高司令官マウントバッテンがくり返し警告を発していたように、内閣と世論の関心は対日戦よりも当然ながら対独戦に集中しており、さらにアメリカが「優先圏」とみなしている日本問題については同国の見解が決定的な意味をもつであろうと思われたし、占領管理において重要な役割を担う意志と意欲はあっても長期にわたる英軍の日本駐留はかなり困難と判断されていたからである。[18]

ところが、その後アメリカ側から十分な情報が与えられないままに、四五年五月になって駐米公使サンソムから、国務省と統合参謀本部のレベルにおいて対日占領政策の枠組みが煮つめられ、その概要が大統領に提出される段階にある、との重大な報告が外務省に送られてきた。アメリカにおける政策形成がこれ程に進行していることを初めて知らされた同省は、三月段階から準備にかかっていた対日方針の草案を急ぎまとめ上げた。[19]

こうしてドイツ降伏の前後に作成された英外務省の覚書は、対日戦で主要な役割を果たしたアメリカが降伏後の日本の処理においても同様の役割を求めるであろうことを認めつつも、日本の侵略によって大きな損害をこうむり、また太平洋の各戦域で重要な貢献をなし、それ故太平洋の将来の安全保障に死活的な利害を有するイギリス、オーストラリア、ニュージーランド、カナダ等の英連邦諸国が日本の占領管理において「役割分担」を担わねばならない、と主張する。

外務省の構想では、日本占領は次の三つの時期、つまり本土決戦段階の前降伏期、降伏後の軍政期、日本側に統治権がほぼ委ねられるまでのいわば間接統治の時期、に区分される。そして第三期において英連邦による占領管理への「全面参加」が求められるが、軍政段階にあっても、ドイツ降伏に伴ない極東に増派されるであろう英軍をはじめ英連邦軍が派遣され、また中央管理機構の「あらゆるレベル」に英連邦は代表を送らねばならない、とされる。しかも重要なことは、以上の三つの時期を通して英連邦は「連合国の政策形成」を分担しなければならない、と強調されていることである。

この外務省の覚書をうけて外相イーデンは五月下旬、ヨーロッパにおけると同じようにイギリスは日本においても占領計画と具体的な占領管理に参加すべきであり、アメリカの方針が固まる以前に英政府としての政策をまとめ上げねばならないとチャーチル首相に事態の緊急性を訴え、こうして上述したように「政策形成」のレベルからマッカーサーの執行権に〝しばり〟をかけるACC案が作成されることになったのである。

英政府のこのように強い主張の背景には、かねてより米政府内部における政策形成の進行如何を再三にわたって打診してきたにもかかわらずアメリカ側からは十分な協議さえ行われず、しかもチャーチルによればポツダム会談で日本の占領管理問題についてトルーマンとの間で合意はおろかどのような議論もなされないままに、現実には「いかなる連合国管理委員会も存在しない、アメリカの最高司令官による日本の管理」が動き出そうとしている、という状況があった。要するに、アメリカはイギリスをも含めて「他の全ての連合国を日本から排除することを望んでいる」のではないか、という危惧と不信感が高まっていたのである。[20]

またイギリスは、日本自体に政治・経済・貿易・財政上の権益を有しているのみならず、日本の今後のあり方、特に経済活動のあり方がインドや東南アジア・極東の植民諸地域の経済再建に大きな影響を及ぼす以上、日本の占領管理において「真の発言権」「真の分担」が与えられねばならない、と考えていたのである。(21)

さらに、外務省の覚書でも指摘されていたように、イギリスは英連邦の宗主としての立場から日本占領問題に積極的に発言せねばならなかった。なかでもオーストラリアは、すでに四五年の早い段階からヨーロッパ諮問委員会に類似した極東問題を扱う委員会の設立を主張し、その後も日本の降伏が迫るに伴ない、政策形成、休戦協定の作成と調印、占領管理機構の設置をはじめ「日本の将来に関する連合国の協議と決定のあらゆるレベルに全面的に参加」することを求めつづけていた。そこでイギリスとしては、戦争中の同国の防衛力、指導力に不信をつのらせ、独自的な動きを強めていたオーストラリアに対する影響力を維持するためにも、占領参加への強い要求を代弁せざるを得なかったわけであり、(22)だからこそＡＣＣの構成メンバーとして、四大国の他にあえてオーストラリアを加える提案を行ったのである。

三　太平洋・極東高等委員会案

以上のような背景をもって提起された英政府案に対し、米政府はそれに直接答えることなしに八月二一日にイギリスおよび中ソ両国にアメリカの占領管理体制案を正式に送付した。それが極東諮問委員会(ＦＥＡＣ＝Far Eastern Advisory Commission)案である。英米中ソの四大国に加えてフランス、フィリピン、オーストラリア、カナダ、ニュージーランド、オランダによって構成される予定のこのＦＥＡＣの性格は、軍事作戦の遂行や領土の調整にかかわる問題を除く諸問題についての政策形成やとるべき必要な措置等に関して、関係諸政府に「勧告する」という純然たる諮問機関であった。[23] それでは、米政府内部においてFEAC案がとりまとめられるに至った政策決定の過程をフォローしておこう。

一九四四年十二月に発足し、対日占領政策の形成を主導した国務・陸軍・海軍三省調整委員会(SWNCC＝State-War-Navy Coordinating Committee)にあっては、日本に対する国際的な占領管理機構の問題は「SWNCC六五」シリーズとして検討された。同シリーズは、SWNCCの下部組織で極東問題の政策立案機関たる極東小委員会(SFE＝SWNC Subcommittee for the Far East)が一九四五年三月十五日にSWNCCに提出した「太平洋・極東高等委員会の設立」に関する報告をもって始まる。[24] この報告は、太平洋・極東地域における戦争終結に伴う諸問題に関する政策の形成や調整を扱う国際機関の設立を検討課題にすえている。そこではまず議論の前提として、四三年十月のモスクワ外相会議を経て発せられた四カ国(英米中ソ)宣言において「共通の敵」(枢軸諸国)の降伏・武装解除にかかわる全ての問題について〝共同行動〟の原則が打ち出されたこと、さらに同外相会議で取り決められた議定書に基づいてヨーロッパでの戦争終結にかかわる諸問題について英米ソ三国政府に「共同勧告」する任務をもったヨーロッパ諮問委員会(EAC＝European Advisory Commission)が設置されたこと、が確認される。その上で、EACにおいてドイツ降伏条項について合意に達するために七カ月余りもの時間を要したというその困難さを踏まえて、巨大な領域をもち戦争終結に伴う諸問題がきわめて多様かつ複雑で関係する国々も多い太平洋・極東地域において、効率的な国際的機関を設立することの緊要性が強調される。

その際、組織のあり方として三つの可能性が検討される。第一は、太平洋と極東にかかわる全問題を一括して扱う単一の太平洋・極東高等委員会を設置する案である。この単一組織の必要性は、この地域においては日本とかかわりをもたない問題はほとんどない、という事実に依っている。第二は、日本問題に機能を集中する対日諮問委員会と、極東・太平洋地域における他の諸問題を扱う太平洋・極東協議委員会とを分けて設置する二本立の案である。第三は、第二案と同じ組み立てであるが、太平洋・極東地域については国際機関の設置ではなく外交チャネルを活用するという考え方である。以上の三案について議論されたが、第二・第三案に関しては、例えば満州や韓国問題は日本問題と密接に関係する以上、二本立組織は互いにオーヴァーラップするとの反対意見が多く、結局第一の単一組織案が「無理がなく最も効率的な機関」として採用された。

SFEがまとめた太平洋・極東高等委員会(PFEHC＝Pacific-Far Eastern High Commission)の規程によれば、当初の構成国(常任国)は英米中の三国である。なお、オーストラリア、ニュージーランド、オランダ、フランスについては漸次加入が検討されるが、ソ連が対日参戦する場合にはモスクワ四カ国宣言の署名者である以上、オリジナル・メンバーとしての資格が与えられることになっている。ワシントンに本部がおかれるこの機関の機能は、日本の無条件降伏を遂行する諸方策、日本に課すべき諸条項、それらの実施を確保するための機構、日本の効果的な管理に必要な諸手段、戦争によって生じた太平洋・極東地域での諸問題の調整、戦争終結に伴う同地域での諸問題、同地域での平和と安全にかかわる諸問題、等々に関して参加各政府に勧告を行うことである。もっとも、PFEHCは戦争遂行中の軍事作戦行為についてはいかなる権限も有しない。PFEHCの議長は常任国の代表が「回り持ち」で担当する。なおこの機関は、常任国のうち一国の「通告」によってその任務を終止する。

SFEによる右の報告はSWNCCによって受理されて「SWNCC六五」という文書番号が付され、軍事的側面からの検討を求めて統合参謀本部(JCS＝Joint Chiefs of Staff)に送られた。[25] ところが、JCS内で検討される以前に大きな障壁が立ちはだかった。まず三月二二日、海軍作戦部長のキング提督はフォレスタル海軍長官に送った覚書において「SWNCC六五」を激しく批判した。[26] キングは、日本の「国際占領」の計画についてのいかなる議論も、まだ参戦していないソ連を「無視」してなされるならば「不都合」であること、また英中両国を占領計画に参加させることは軍事作戦計画への参加要求を促す結果を招き「賢明ではない」と指摘する。その上で、「六五」の検討それ自体をとりやめること、さらにSWNCCは「アメリカが唯一の、あるいは指導的役割を果たす」ような基礎の上で、日本の降伏と占領に関する計画を発展させつづけるべきこと、を進言している。そして最後にキングは、ドイツ占領に関する原則や計画が英米ソ三大国によってまとめ上げられた後にフランスが加わった例をあげて、日本についても「情勢がより明確になる時」に他の連合国の参加を求めればよい、との考え方を示した。

これをうけて、三月三十日に開かれたSWNCC第十五回会合[27]において海軍次官補ゲーツがキングの覚書を読み上げ「SWNCC六五」の撤回を強く求めた。これに対し、SWNCCの議長で国務次官補のダンは、モスクワ外相会議での四カ国宣言における〝共同行動〟の原則に改めて注意を促し、他の連合国と直ちに協議する必要はないとしても、米政府内部において十分に議論されるべきであると主張した。しかしながら、結局SWNCCとしては、「SWNCC六五」をSFEに送り返し、「海軍省のコメント〔キングの覚書〕に特別の注意を払いつつ再検討」を求めることで合意を見たのである。

ゲーツは翌三一日にもダンと陸軍次官補マックロイの代理であるロヴェットに覚書を送り、「SWNCC六五」の問題をめぐる「海軍の感情を要約」して伝えた[28]。つまり、そもそも「高等委員会」のような問題を議論することが必要なのかどうかが問われるべきであり、英米ソ仏の四大国が占領目的のために協力し合っているヨーロッパ情勢とはちがい日本の占領が米軍によってのみ実施されるべきならば、ヨーロッパ諮問委員会のような組織を設立することは「不必要であり不得策」であろう、と。

以上の経緯を経て送り返されてきた「SWNCC六五」についてSFEでは、四月二、六、十日の三回にわたって検討が加えられた。これらの会合で海軍のトレイン少将やサビン大佐は、現在この問題を議論することは「不都合」であり、従って「六五」は撤回されることが望ましい、仮りに提案されているような委員会がつくられるにしてもその機能は大幅に限定されるべきである、といった海軍側の論点を改めて主張した。(29)

これに対し議長で国務省の日本問題専門家たるドーマンは、SWNCCの議長ダンとも十分に打合わせた上での見解として、そもそもキングの覚書は〝共同行動〟をうたったモスクワの四カ国宣言への「〔アメリカ〕政府のコミットメント」を見落していると批判し、他の連合国と協議することはアメリカの義務であり、従って問題はどのような形態の協議かを決定することであって、「SWNCC六五」はその一つのあり方を提案したものであると主張した。さらにドーマンは、ゲーツが上記の三月三一日の覚書で、他の連合国が日本問題に関する協議と対日軍事作戦への参加を求めてくるまではこの問題を扱う必要はない旨を主張しているのに対し、すでにイギリスは作戦参加を打診しておりフランス、オランダ、中国、オーストラリア等もつづくであろうとのストロング陸軍少将の発言を援用して批判を加えた。

さて、そのストロング少将は海軍側の主張に理解を示しつつも、まず問題の前提として、日本それ自体の降伏・占領とは距離があるタイ、インドシナ、マラヤ、インドネシア、中国、台湾、満州、韓国など太平洋・極東の諸地域で生ずる多くの問題もモスクワ宣言の〝共同行動〟の原則の対象である、との考えを主張した。その上でストロングは、議論を次のように整理し直した。つまり、何よりも先に明確にされるべきは、アメリカはモスクワ宣言へのコミットメントを投げ捨てるのか否かということであり、もし答がイエスならばこれ以上「SWNCC六五」を議論する理由は何もない、しかしそうでないならば、コミットメントを実施に移す方法を考えねばならない。その際、従来の外交手段にのみ頼るかどうかが問題となるが、現実を見るならば情勢に合致する何らかの機構が検討されねばならないであろう、ということであった。[30]

結局SFEは、右のストロングの議論を軸に報告をまとめ、四月十日にSWNCCに「SWNCC六五の修正」を提出した。[31]「修正」とはいえ、改めてPFEHC設立の必要性が強調され、その規程は「六五」と全く同じものであった。もっとも、報告の背景説明として、「六五」では出されていなかった次のような諸問題が強調された。

まずアメリカのコミットメントの重要性を示すために、上述のモスクワ四カ国宣言だけではなく、大国間の協力や恒常的な協議をうたったカイロ宣言やテヘラン宣言、さらにはヤルタ・コミュニケが再確認され、その一方で太平洋・極東地域においては今日に至るまでいかなる国際機関の準備もなされていない事実が改めて指摘されている。さらに重要な点は、国務省の立場に特に言及されていることである。それによれば国務省は、日本の無条件降伏に伴う占領軍の派遣と軍政においてアメリカ一国だけが負担を負うことになるならば米世論の反発を招きかねないことを危惧し、他の連合国との責任分担がアメリカにとって「最適」である、との考えに立っている。また、日本人が太平洋戦争を「人種戦争」とか「白色帝国主義」と解釈する余地をなくしていく上で、日本占領に「アジア人の部隊」が参加することが重要である、とされている。なおこの問題にかかわってSFEの報告は、太平洋戦争で甚大な被害を受けた連合国の意見を米政府は慎重に考慮する「道徳的義務」を負っている旨を指摘し、特に八年以上にわたって日本と戦争を行っている「中国の貢献」をとりあげ、同国は対日政策の決定において「発言権」を与えられる資格を有している、と強調している。

以上のように、海軍側の強い反対にもかかわらず新しい論点をも展開して改めてPFEHC設立の必要性を強調したSFEの報告は、「SWNCC六五／一」としてSWNCCで検討されることになった。四月十三日のSWNCC第十六回会合ではこの「六五／一」をJCSに送るべきか否かをめぐり激しい議論の応酬がなされたが、結局問題を米政府が検討していること自体を外国には一切明らかにせず、また議論は米政府の内部に限る等のきびしい限定付で、軍事的観点からの検討を求めてＪＣＳに送ることが一旦は合意された。[32]

ところが十九日に至り海軍次官補ゲーツは、ＪＣＳで検討される以前に考慮されるべき重要な論点を記した覚書をダンとロヴェットに送り、改めて海軍側の主張を展開した。ここでゲーツは、提案されているＰＦＥＨＣが「ほぼ世界の半分をカバーする」広大な地域を対象としていることに注意を喚起しつつ、海軍としての「不安」のありかを率直に述べている。それは何よりも、日本の委任統治下にあった諸島とその周辺諸島もＰＦＥＨＣの管轄下におかれて三国ないし四国占領が実施されるのではないかという問題であり、これら諸島は海軍にとって「死活的な戦略的重要性」を有している以上「アメリカだけが占領し管理しなければならない」ということであった。要するに、この重要地域においてアメリカが「少数派におかれる」ような「枠組み」がなぜ設けられねばならないのか、というのが海軍側の根本的な立場なのである。ここからゲーツは結論として、ＳＦＥから提案されている国際機関が、日本の降伏条項と管理機構に関わる問題のみを扱い、その対象領域が日本に限定されるならば、海軍側としても受け入れられるであろうとの意向を表明した。[33]

四　極東諮問委員会案への修正

右のゲーツの覚書は重大なインパクトをもたらし、四月二一日に開かれたＳＷＮＣＣ第十七回会合ではＰＦＥＨＣ提案は大きな修正を受けることとなった。[34]まず冒頭ストロング陸軍少将は、ＳＦＥの議長ドーマンと共に準備した「ＳＷＮＣＣ六五／一の修正草案」を提示した。これは、モスクワ四カ国宣言の〝共同行動〟原則へのアメリカのコミットメントとゲーツの覚書で出された論点の双方を満たす試みとしてまとめられたもので重要な修正点は、PFEHC（太平洋・極東高等委員会）という名称における「高等」という言葉を「諮問」に代えること、その規程において構成国の名前や数が明示されていた部分を削除すること、にあった。後者の修正は、ソ連の参戦以前に占領計画をまとめ上げることへの海軍側の異議に配慮したものであり、出席していた海軍作戦部のエドワーズ提督もこの修正については評価した。しかし彼がなお強く異論を唱えたのは、ストロングの「修正草案」においても設置される委員会の管轄領域が、JCSがアメリカの防衛にとって「枢要」とみなしている日本の委任統治諸島、小笠原諸島、沖縄、マヌース島（ビスマルク諸島）、あるいは千島、そしておそらくはガラパゴス諸島やクリッパートン島（パナマの西方）といった地域にも及ぶのではないか、という問題であった。さらにエドワーズは同委員会が、日本本土で解決される問題とはかけ離れた問題をかかえるインドシナやタイといった地域や、ソ連が「最重要の利害」をもつとみなすであろう領域においても機能するとされている点についても疑義を呈した。こうしてエドワーズは結論として、設置されるべき委員会の対象領域を「日本本土の四島」に限定してはどうか、との提案を行った。この提案に関連してゲーツは、地域の限定を明確にさせるためにも委員会の名称を「日本諮問委員会」に変更せよ、と主張した。

これに対しドーマンは、委員会の対象領域から琉球列島を排除することに中国は断じて同意しないであろう、との批判を行なった。(35) しかし結局SWNCCの議論の結論としては、設置される委員会の名称として「太平洋」を削る一方で、今後合意がなされるならば日本以外の極東地域にも管轄領域を拡大し得る余地を残すという意味で、陸軍次官補マックロイの提案した極東諮問委員会が採用されることになった。つまり、ストロングが「修正草案」においても堅持した〝太平洋・極東論〟と海軍側の〝日本限定論〟の妥協がはかられた訳である。こうして「SWN

CC六五／一」は大きく修正されることとなり、名称はPFEHC（太平洋・極東高等委員会）からFEAC（極東諮問委員会）に変えられ、その規程からは構成国の名称も数も省かれ、さらに太平洋の諸問題に関連した叙述は全て削除されることになったのである。そしてSFEに対し、これらの修正に基づく「六五／一」の〝書き直し〟が指示された。

なお、上述したエドワーズの〝日本限定論〟にかかわって付言しておかねばならないことは、彼は新しい委員会が日本のみを対象とする場合でも、占領は少なくともソ連が参戦するまでは主要にはアメリカの責任であり、委員会が設置される以前に、降伏条項や天皇の処遇、占領のあり方、武装解除などに関する「アメリカの立場を明確に発展させる」ことが必要である旨を主張していたことである。

改めて差し戻された「SWNCC六五／一」を再検討したSFEは、四月二七日に「極東諮問委員会の設立」と題する報告をSWNCCに提出した。(36) この報告は、「SWNCCからの指示に従って」と述べられている通り、ほぼ上述したSWNCCの決定通りに「SWNCC六五／一」を修正したものとなっている。しかも「付録〝B〟」の「議論」において、太平洋や極東地域で生じるであろう「アメリカの安全に死活的重要性」を有する諸問題については米政府はFEACでの議論に託するつもりはないとの、きわめて重要な意味をもつ一節が付加された。(37)

右のSFEの報告は五月八日、ようやくSWNCCの承認を得て「SWNCC六五／二」としてJCSに送られた。同十七日、JCSは「軍事的観点」からして「異議はない」との回答をSWNCCに送り返した。このように、国務・陸軍・海軍の三省および軍当局の承認が得られた段階で改めて、他の連合国との交渉の時期や方法が問題となった。ここで国務省の側は、まず「六五／二」について大統領に正式の承認を求めること、その上でそれは、いずれかの連合国政府が協議を要請してくる時に議論に供するまで「保留」されること、また議論に際しては国務省

「SWNCC 65」シリーズ（本節及び第三章第一節対象分）

日　付（1945年）	報告者等	文書番号	摘　　要
3月15日	SFE 報告	65	PFEHC
4月10日	SFE 報告	65/1	PFEHC（一部追加修正）
4月21日	SWNCC 会合		FEAC に修正変更
4月27日	SFE 報告	65/2	FEAC
6月 5 日	大統領承認	65/4	同上
8月13日	SFE 報告	65/7	米政府提案
10月 1 日	「ロンドン条項」	65/9	FEC
10月11日	SWNCC 会合		65/7に基づく検討指示
10月17日	SFE 報告	65/12	譲歩案
10月22日	SWNCC 会合		「新しい報告」要請

は事前に陸・海軍両省と協議すること、との提案を行った。[38] そしてこの手順と内容に従って「SWNCC六五／二」は六月五日にようやくトルーマン大統領によって正式に承認され、「SWNCC六五／四」と名付けられたのである。

さてここで以上の経緯を改めて整理しておくならば、三月十五日にSFEが提出した「SWNCC六五」では、太平洋・極東地域全般をカバーする単一の国際的な協議機関の「早急な設立」の必要性が打ち出されていた。しかし大統領が承認したものは、極東地域への拡大の可能性を残しつつも実質的には日本本土を対象とした国際機関であり、しかもその設立に関しては、他の連合国からの要請があるまでは米政府側からはイニシアティヴをとらない、という内容であった。この大きな修正・変更の背景には、図式的に言うならば、四三年十月のモスクワ四カ国宣言がかかげた〃共同行動〃原則へのアメリカのコミットメントを重視し、ヨーロッパのEACに似た国際機関を太平洋・極東地域にも設置しようとする国務省の意向と、「死活的な戦略的重要性」を有する日本の委任統治諸島等の単独占領を確保する上からも国際機関の管轄領域を日本本土に限定し、さらには日本占領に関しても「唯一の、あるいは指導的な役割」を果たすべく、他の連合国がかかわってくる以前にアメリカが事実上問題の枠組みを固めることを求める海軍側の主張との対立があった。

結果的には後者の立場が優勢を占めたわけであったが、ここで注意されるべきは、右の図式は決して固定的なものではない、ということである。情勢の進展に伴い、また検討される問題の性格により、各省内部においても意見が分かれるし、陸軍側の立場が焦点になる場合もあれば、海軍も含め軍部の方が国務省以上に〝共同行動〟原則の「重要性」を主張する場合もあるのである。例えば、四月十日のSFEの報告で国務省の側が指摘した問題、つまり日本への占領軍の派遣や軍政の実施におけるアメリカの負担分担にかかわる問題は、後述するように具体的には「SWNCC七〇」シリーズで扱われるのであるが、そこにおける意見分布はきわめて複雑な様相を呈することになるのである。

さて、戦争終結の一年数カ月も以前からEACが設置され、ドイツ降伏問題を軸に広範な諸問題が協議され重要な勧告が採択されていったヨーロッパとは大きく異なり、極東・太平洋地域においては「SWNCC六五」に見られるSFEの主張にもかかわらず、国際的な協議機関が設置されるどころか、それについて協議・交渉さえ何一つ行われないままに日本の降伏を迎えることになった。「バーンズ回答文」が日本側に送られた翌八月十二日に開かれたSWNCC第二一回会合において、議長のダンはこの降伏前夜の情勢を踏まえて、すでに大統領が承認したFEAC案(「SWNCC六五／四」)について、国名の確定など具体的なツメを行うようSFEに検討を求めた(39)。翌十三日、SFE議長ドーマンはFEACの規程について再検討した結果をダンに伝えた(40)。そしてこの報告が、わずかな字句の修正・削除を除きほぼ原案通りでSWNCCにおいて承認されて「SWNCC六五／七」と名付けられ、先述したように、日本が降伏し、しかも英政府が独自の管理体制案を提出した後の二一日に米政府案として三大国に送付されたのである。

改めて同案の内容について指摘しておくならば、まずFEACの構成国は、ソ連の参戦を踏まえてオリジナル・

メンバーとして英米中ソの四大国が明記され、つづいて追加される国々として、フランス、オーストラリア、オランダ、ニュージーランド、それにカナダとフィリピンの名前が挙げられている。FEACの機能は参加各政府への「勧告」であるが、その検討対象は、日本による降伏文書の履行に関する政策と原則および履行を確実にするに必要な措置と機構、とされる。もっとも、「SWNCC六五／四」に明記されていた連合国側の戦争捕虜、賠償、戦争犯罪人等々の具体的な諸問題を「扱うに必要な諸手段に関して」との項は全文おとされている。

ただ何より重要な問題は、このFEAC案には、委員会での「議決方法」や関係諸政府が「勧告」をうけた後にとるべき「手続」について何ら触れられていないことである。[41]つまり米政府としては、さしあたり連合諸国と「協議」を行う形式だけが重要であった、と言えるのである。さらにFEACの議長について、「SWNCC六五」から「六五／四」に至るまで維持されてきた、常任各国の代表者による「回り持ち」との規定が遂に削除された。また、軍事問題と領土問題はFEACの「勧告」の対象外であると規定されているが、アメリカとしては極東や太平洋において「アメリカの安全に死活的な重要性」を有する諸問題についてもFEACの議論の場に提出されてはならない、ということが前提とされていた。[42]最後に注意されるべきは、FEACはその本部を東京にではなくワシントンに置く、と規定されていることである。この規定は、ヨーロッパにおける占領の諸先例と比較する時、その「特異性」において際立つものであった。

例えば、イタリア占領においてもFEACにその機能がよく似た対伊諮問理事会が組織されたが、同理事会は占領管理の実権を握る連合国管理委員会と「同じ場所」に設置されることがモスクワ外相会議で取り決められ、実際に管理委員会のシチリアからローマまでの〝北上〟に伴ってその所在地を移動させていったのである。さらにまた、ルーマニア、ブルガリア、ハンガリー、ドイツの占領管理を担う機関は、それぞれの首都にその本部が設置されたのである。従って、諮問機関とはいえ日本の占領管理を担うはずの機関、しかも米提案に依れば連合諸国が参加する唯一の機関が日本の首都にその本部を置かないというこのＦＥＡＣ案は、まことに「特異な」ものであった。以上要するにアメリカのＦＥＡＣ案は、欧米を代表する歴史家の一人マクニールも指摘するように、「……明らかに、日本問題の管理に参加するという他の連合諸国の希望をごまかすために企図された」提案であった、と言えるのである。つまりここには、ヨーロッパの枢軸諸国の占領においてはなし得なかったアメリカによる事実上の単独占領あるいは排他的管理権を、初めて日本において実現しようとする米政府の強い意思を見ることができるのである。[43]

ところで米政府は、右に検討してきたような自らの方針と立場を正当化する根拠を、例えば八月三十日に国務次官補ダンがイギリス側に指摘したように、かの「バーンズ回答文」における「天皇および日本政府の国家統治の権限は、……連合国最高司令官に従属する」という規定に求めた。そしてダンは、この規定に基づいてＳＣＡＰたるマッカーサーによって「日本の管理が実施される」以上、米政府にはイギリスが提案した管理理事会のような機関を日本に設ける意図は全くない旨を強調したのである。[44]

これに対しイギリス側の基本的な立場は、「英政府が受け入れることができないのは、アメリカ人が、日本に関するあらゆる問題について我々に代わって行動する代理人としての無制限の権力を我々が彼らに与えたかのようにみなしている、その仮定である」[45]というところにあった。またマッカーサーの権限についても、「アメリカ人は、日本の降伏という目的のために連合国最高司令官としてマッカーサー元帥を我々が急いで受け入れたことを、あたかも我々がマッカーサー元帥が日本で独裁者として行動することを……黙認したかのようにみなして我々を〝無視〟している」[46]と非難し、問題の「バーンズ回答文」はアメリカが示唆するような「連合国最高司令官による全面的な管理の原則」を意味づけるものではない[47]、と主張した。そしてアメリカ側が、FEACが発足するまでは管理理事会問題についての議論をさし控えて欲しいとの要望を出していたにもかかわらず、英政府は八月三十日に中ソ両国にも自らの提案を送付したのである[48]。

このように英米間において激しい議論が交されていた頃、それでは中ソ両国はどのような対応を示したのであろうか。まず中国政府は八月三十日に、FEAC設置の提案を承認する旨を正式にアメリカ側に伝えた[49]。さらに、既述したように日本降伏の前夜にアメリカと〝トラブル〟をひきおこしていたソ連も、九月七日にモロトフの回答として米提案に同意する旨を伝えたのである[50]。この同意の背景には、後に触れるように、九月二日の降伏調印から日本軍の武装解除、動員解除が遂行される過程、つまりは降伏から占領初期に至る軍事レベルの情勢展開を見守ろうという姿勢がうかがわれる。さらには、同じ九月七日に駐ソ英大使カーが英政府提案についてのソ連側の見解をたずねた時にモロトフが、「イギリスとアメリカの提案の間には折り合う余地がある」[51]という、あたかも調停者のような評価を示すと共に、ソ連政府としては未だその考えをまとめてはいないが、日本の管理機構の問題は間近に迫っているロンドン外相理事会において「最重要問題の一つ」として議論されることを期待すると述べた[52]ことにも明らかなように、ソ連にとって日本問題は、英米側の出方次第ではいわゆる東欧問題とのからみにおいてロンドンにおける「潜在的な外交的手段」[53]になり得るものとして位置づけられていた、と言えるのである。

（1）　なおフィンランドは四四年九月十九日に休戦協定に調印し、連合国管理委員会に関する第二二条の規定はルーマニアの休戦協定第十八条とほぼ同文であった。また、同年五月十三日の英米ソ三国政府による「ヒトラー・ドイツの衛星諸国」に対する戦争離脱を求める共同声明では、フィンランドも東欧三国と〝同列〟に扱われた。しかし、同国が枢軸陣営に参加するあり方、その歴史的経緯は東欧三国と大いに異なり、しかもアメリカは最後までフィンランドに宣戦せず、従って休戦協定の調印に加わらなかった。そして何よりも、休戦協定調印後もソ連軍は北部地域のごくわずかの部隊を除いてフィンランドの直接的な占領を行わなかった。以上の理由から本書では、ヨーロッパの占領を検討する際に同国をその対象から除外した。The Controller's Library Collection of HMSO Government Publications 1922-1977, Cmd. 6586; Andrew Rothstein (trans.), *Soviet Foreign Policy during the Patriotic War: Documents and Materials, Vol. II*, London, 1946, pp. 80-81; Raymond G. O'Connor, *Diplomacy for Victory: FDR and Unconditional Surrender*, New York, 1971, p. 62; C. Leonard Lundin, *Finland in the Second World War*, Indiana Univ. Press, 1957, Chap. V, VI, VII; Anatole G. Mazour, *Finland between East and West*, Princeton, 1956, Chap. 5, 6, 7; Roy Allison, *Finland's Relations with the Soviet Union, 1944-84*, London, 1985, pp. 12-19; *Foreign Relations of the United States* (=*FRUS*), *1945 IV*, p. 605, 百瀬宏『東・北欧外交史序説―ソ連・フィンランド関係の研究―』福村出版、一九七〇年、第五章。

(2) *Correspondence between the Chairman of the Council of Ministers of the U. S. S. R. and the Presidents of the U. S. A. and the Prime Ministers of Great Britain during the Great Patriotic War of 1941-1945* (=*Correspondence*), *Volume Two*, Ministry of Foreign Affairs of the U. S. S. R., Salisbury, 1978, p. 260; *FRUS, 1945 VI*, pp. 634, 643.

(3) Harry S. Truman, *The Memoirs of Harry S. Truman, Volume One: Years of Decisions 1945*, Suffolk, 1955, p. 364; *Correspondence, Vol. Two*, pp. 260-61; *FRUS, 1945 VI*, pp. 647-48.

(4) State-War-Navy Coordinating Committee (=SWNCC) 21/5, Enclosure "A," "Instrument of Surrender," 11 August 1945, SWNCC Policy Files 1944-1949, Reel 3.(以下SWNCCのシリーズについては、同志社大学アメリカ研究所所蔵のマイクロフィルムに依る)。なお、九月二日の降伏文書の正文(英文)と日本外務省訳については、外務省特別資料部編『日本占領及び管理重要文書集・第一巻基本編』(*Documents concerning the Allied Occupation and Control of Japan, Volume I, Basic Documents*)東洋経済新報社、一九四九年、二七―三二頁。

(5) 前掲書、七—十二頁。

(6) 同上、十三—十六頁。なお対日返書（「バーンズ回答文」）草案では、天皇も降伏文書への署名を求められることになっていたが、英政府のアドヴァイスによって天皇が日本政府と大本営に署名を命ずる表現に改められた。Truman, *Memoirs*, pp. 360-61. ちなみに、「実施する」という言葉の原文は、八月十一日のトルーマンの三国首脳あて書簡では carry into effect, マッカーサーに対する指令では enforce, 降伏文書では give effect to, 「バーンズ回答文」では carry out, である。

(7) Theodore Cohen, *The Third Turn: MacArthur, the Americans and the Rebirth of Japan*, 大前正臣訳『日本占領革命・GHQからの証言㊤』TBSブリタニカ、一九八三年、一〇二頁。

(8) 五百旗頭真『米国の日本占領政策㊦』中央公論社、二四二—四四頁。

(9) *Documents on British Policy Overseas* (=*DBPO*), *Series I, Vol. II*, pp. 98-99.

(10) W. Averell Harriman and Elle Abel, *Special Envoy to Churchill and Stalin 1941-1946*, New York, 1975, pp. 499-501.

(11) Truman, *Memoirs*, p. 377.

(12) United States Department of State, *United States and Italy 1936-1946*, Washington, 1946, pp. 51-52. なお、拙著『イタリア占領史序説—戦後外交の起点—』有斐閣、一九八四年、第一章第二節を参照。

(13) State-War-Navy Coordinating Subcommittee for the Far East (=SFE) Minutes, 49th Meeting, 1 November 1945, Minutes of Meetings of SFE 1945-1947 (1st Meeting-73rd Meeting).（同志社大学法学部所蔵）

(14) 外務省特別資料部編、前掲書、九一—一〇八頁、五百旗頭、前掲書、二五三—五四頁、油井大三郎「占領改革の政治力学」歴史学研究会編『日本同時代史①』青木書店、一九九〇年、二九四—三〇二頁。

(15) 外務省特別資料部編、前掲書、一一三—一四頁。

(16) *FRUS, 1945 VI*, pp. 678-80.

(17) Roger Buckley, *Occupation Diplomacy: Britain, the United States and Japan 1945-1952*, Cambridge Univ. Press, 1982, p. 49.

(18) *Ibid.*, p. 7; Llewellyn Woodward, *British Foreign Policy in the Second World War, Volume* V, London, 1976, pp. 505, 514-17.

(19) *Ibid.*, pp. 517-19.

(20) *Ibid.*, p. 519; Buckley, *op. cit.*, pp. 29, 209, n. 5.

(21) *DBPO, S. I, Vol. II*, p. 99; Buckley, *op. cit.*, pp. 23, 71.

(22) Woodward, *Vol.* V, p. 515; *FRUS, 1945 VI*, pp. 650-54, 678.

(23) *Ibid.*, pp. 683-85.

(24) SWNCC 65, "Establishment of a Pacific-Far Eastern High Commission," report by SFE, 15 March 1945, SWNCC Policy Files 1944-1949, Reel 9. もっとも、「六五」シリーズに関する全体としての取り組みは、四四年十一月にステティニアス国務次官がフォレスタル海軍長官とスティムソン陸軍長官に対し、ヨーロッパでヨーロッパ諮問委員会が対処してきたのに類似した極東における諸問題について研究するための委員会の設置を提案したことに始まる。Letter, E. R. Stettinius Jr. to J. V. Forrestal, 9 November 1944; Letter, E. R. Stettinius Jr. to H. L. Stimson, 16 November 1944.

(25) 政策決定にあたっては、ＳＦＥからの報告をうけたＳＷＮＣＣが、ＪＣＳの下部機関における検討作業をふまえてＪＣＳとの調整をはかりつつ最終案を固めていく、という手続がとられる。ＳＷＮＣＣをめぐる政策決定のプロセスについては、五百旗頭、前掲書、一一三—一一四頁を参照。

(26) Memorandum by E. J. King for the Secretary of Navy, 22 March 1945, in Memorandum by Sec. SWNCC for SFE on SWNCC 65, 31 March 1945.

(27) SWNCC Minutes, 15th Meeting, 30 March 1945, Minutes of Meetings of the State-War-Navy Coordinating Committee, 1944-1947 (1st Meeting-62nd Meeting).(同志社大学法学部所蔵)

(28) Memorandum by A. L. Gates for J. C. Dunn and R. A. Lovett on SWNCC 65, 31 March 1945.

(29) もっとも、例えばサビンは、「自由な思考」をするＳＦＥの一メンバーとしての立場と、海軍省の決定に拘束される立場という「二重の立場」にあることの苦しさを率直に語っている。SFE Minutes, 14th Meeting, 16 April 1945.

(30) SFE Minutes, 13th Meeting, 2 April 1945.

(31) Revision of SWNCC 65 (SWNCC 65/1), "Establishment of a Pacific-Far Eastern High Commission," report by SFE, 10 April 1945.

(32) SWNCC Minutes, 16th Meeting, 13 April 1945; Memorandum by J. C. Dunn for the Joint Chiefs of Staff on SWNCC 65/1, 13 April 1945.

(33) Memorandum by A. L. Gates for J. C. Dunn and R. A. Lovett on SWNCC 65/1, 19 April 1945. ゲーツは、満州、韓国、インドシナ、台湾、タイなど各々に異なった地域について、アメリカの利害と要求の観点から、国際機関がふさわしいか、通常の外交チャネルで扱えるか、アメリカの単独管理が適切か、を順次検討していくことが「より健全なアプローチ」であろうと指摘した。

(34) SWNCC Minutes, 17th Meeting, 21 April 1945.

(35) なおドーマンは、そもそもこのような委員会を今設置することが望ましいかどうかを改めてゲーツが問うたのに対し、他の国がこの問題でアプローチしてくる時に十分に考えられたプランを用意しておくことの必要性と、さらに米政府内で準備中の多くの作業プランが「SWNCC六五」に関してなされる決定に依っている事実を主張した。

(36) SWNCC 65/2, "Establishment of a Far Eastern Advisory Commission," report by SFE, 27 April 1945.

(37) これは、上述のようにSWNCCがSFEに「六五／一」の〝書き直し〟を求めた際に、「〔極東諮問〕委員会の管轄領域に然るべき制限」を課するねらいから、現日本帝国内の特定領域に関するアメリカの政治上および安全上の諸利害の「十全な表出」を行うように指示した結果であろう。

(38) Memorandum by C. W. McCarthy for H. F. Mathews and J. J. McCloy and A. L. Gates on SWNCC 65/2, 25 May 1945; Memorandum by J. C. Grew for the President on SWNCC 65/2, 2 June 1945.

(39) SWNCC Minutes, 21st Meeting, 12 August 1945.

(40) SFE 108, "Establishment of a Far Eastern Advisory Commission," report by SFE, 13 August 1945.

(41) George H. Blakeslee, "Negotiating to establish the Far Eastern Commission 1945," in *Negotiating with the Russians,* edited by Raymond Dennett and Joseph E. Johnson, Boston, 1951, p. 121.

(42) *FRUS, 1945 VI*, pp. 535, 608.
(43) William H. McNeill, *America, Britain, and Russia : Their Co-operation and Conflict 1941–1946*, London, 1953, p. 641.
(44) *FRUS, 1945 VI*, p. 697. Cf. *ibid.*, p. 767.
(45) 九月十日付、外務省極東局の覚書。*DBPO*, S. *I*, *Vol. II*, p. 98.
(46) 右の覚書に関する極東局長ベネットの注釈。Buckley, *op. cit.*, p. 50.
(47) *DBPO*, S. *I*, *Vol. II*, p. 98.
(48) *FRUS, 1945 VI*, pp. 698, 710 ; *DBPO*, *S. I*, *Vol. II*, p. 96.
(49) *FRUS, 1945 VI*, p. 699.
(50) *Ibid.*, p. 712.
(51) *DBPO*, *S. I*, *Vol. II*, p. 98.
(52) *FRUS, 1945 VI*, pp. 712-13 ; *DBPO*, S. *I*, *Vol. II*, p. 98.
(53) James L. Gormly, *The Collapse of the Grand Alliance 1945–48*, Louisiana Univ. Press, 1988, p. 51.

第二節　ロンドン外相理事会

一　講和条約と「東欧問題」

一九四五年九月十一日からロンドンにおいて開催された英米中ソ仏の五カ国外相会議は、ポツダム会談で設置が決定された外相理事会の第一回の会議であった。(1) つまりは、第二次大戦の終結後初めて開かれる大国間の国際会議であり、イタリア、ルーマニア、ブルガリア、ハンガリー、フィンランドとの講和条約の問題をはじめ重要な諸問題をかかえていた。

さて第一回の会合においてモロトフは、議長役の英外相ベヴィンが整理した議題の中に日本問題が入っていないことを取り上げ、去る八月十四日に手交されたベヴィンの書簡ではロンドンにおいて議論されねばならないと指摘されていたではないかと、その関係を問い質した。これに対しベヴィンは、彼の書簡においてたしかに「極東における事態の発展に鑑み、日本に関する諸問題を議論することが不可欠であることは疑いない」と述べたことを確認しつつも、他の諸政府から議論に向けての特別の提案も出されなかったので議題には挙げなかった、との〝回答〟を行った。(2) 他方バーンズは、既に提示されている諸問題に議論を集中することが重要であって「アジア問題」を付加することは議論の進行を著しく妨げると主張して、日本の管理問題を議題にのぼせることに明確に反対したので

ある。(3)

以上の遣り取りには、当時イギリスがおかれていた苦しい立場が如実にあらわされている。上述してきたように、イギリスは自らのACC案をもってFEACの設置を提起するアメリカときびしい議論を展開してきたわけであり、従って上記のベヴィンの書簡で既に強調されていたように、本来ならば日本問題はこの外相会議において当然討議されるべきものと位置づけられていたのである。ところが、会議前日の九月十日付の外務省極東局の覚書においても最終的に確認されているように、イギリス側としては米政府が同会議において日本の管理機構問題を正式に議論する意思のないことを前提とせざるを得なくなっていたのである。そしてこの覚書では、米英間の論点が改めて整理されイギリス側の原則的立場が再確認される一方で、日本と太平洋に向けてのアメリカの政策が米ソ両国の対決を引き起こす可能性をも考慮に入れつつ、とにかくも日本問題が英米間において「大きな争点となってはならない」ことの重要性が強調されていたのである。(4)かくして外相会議に臨んだベヴィンとしてとり得る道は、アメリカ側に議題とする意思がない以上、さし当りはそのアメリカの立場を支持しつつ、後述するようにバーンズとの「私的な会談」においてイギリス側の主張をぶっつける以外にはなかったのである。(5)そして状況がこのようなものであったがために、右に見たようにモロトフの質問に対するベヴィンの対応はきわめて歯切れの悪いものとなったのであり、この時のベヴィンの立場は日本問題に関する今後のイギリスの立場を暗示するものであった。

ところで、モロトフは問題を提起したにもかかわらず、この会合ではそれ以上深入りすることは避けた。もっとも彼は既に、会合の冒頭でバーンズが行ったところの、旧枢軸五カ国との講和条約をめぐる議論の過程に投票権は与えないものの中仏両国を参加させる、との提案に支持を表明して注目を浴びていた。なぜならポツダム協定では、当該敵国(枢軸国)に課した休戦協定に署名した連合諸国の代表によって各講和条約に関する会議が構成されると規定されていたのであり、この規定に従えば、特別に合意されたイタリアの講和問題へのフランスの参加を除いて中仏両国は全面的に排除されるはずであったのであり、バーンズの提案はこのポツダム協定を「変更する」ものであったからである。(6)モロトフによるバーンズ提案の承認は中仏両国への配慮があったとおもわれるが、いずれにせよこの段階においてモロトフは、慎重な対応をとりつつ他の四大国の出方を見守っていたと言えるのである。

ところが、イタリアの講和条約や植民地問題等を中心とした数日間の議論を経て、いよいよルーマニアやブルガリアの問題が本格的に焦点になるに伴い、会議全体の空気は険悪なものとなってきた。改めて詳述することになるが、問題は四五年二月のヤルタ会談にさかのぼる。ドイツ衛星枢軸諸国のルーマニア、ブルガリア、ハンガリーはクーデターや臨時政府の樹立を経てそれぞれ連合国側と休戦協定を締結し、ドイツに対しても宣戦を行った。しかし、これらの諸国におけるその後の事態の展開は英米側にとっては、ソ連軍の占領下にあって各共産党が次第に反対勢力を抑圧して実権を掌握していく過程とみなされたのである。そこでヤルタ会談においてチャーチルとルーズヴェルト米大統領はスターリンに求めて、「国民の中のあらゆる民主的要素を幅広く代表し、人民の意思に責任を負う政府を自由選挙を通してできるだけ早期に樹立することを約束する暫定政権を組織すること」を骨子とする「解放ヨーロッパに関する宣言」をまとめ上げたのである。ところが英米側にとってはそれ以降も事態は変わらず、特にルーマニアではソ連の直接介入によって「共産党主導政権」が生まれ、ブルガリアでは単一候補者名簿方式による総選挙が準備されるなど情勢は悪化し、ポツダム会談においても「ヤルタ宣言」の義務履行を求めてソ連側と激しい議論が交され、問題は結着を見ないままにロンドン外相会議に持ち越されていたのである。(7)

そしてこの外相会議では講和条約の締結とからんで問題は複雑化することとなったが、特に九月十六日のバーンズ・モロトフ会談でバーンズが、ソ連に友好的な政府の必要性は認めるが、それは「真に代表的」でなければならないと主張し、ルーマニアとブルガリアの「現在の政府」とは講和条約は締結できないとの立場を改めて明確に打ち出したことで議論はきわめてきびしいものとなった。バーンズはつづいて十九日に、「ヤルタ宣言」の規定を改めて引用しつつ、そのような政府が樹立されるまで両国との講和条約の交渉は行わないことを前提としたアメリカ側提案を正式に配布したが、これに対してモロトフは、英軍占領下のギリシャにおける軍事的抑圧の問題、スペインやアルゼンチンの独裁政権とアメリカとの関係の問題等を指摘し、つまるところバーンズの真のねらいは東欧諸国における「反ソ政権」の樹立にあるとして、ルーズヴェルトの場合とは異なる現トルーマン政権の反ソ姿勢をきびしく批判し、もしアメリカがルーマニア、ブルガリア両国との講和条約をすすめないならばソ連はイタリアとの講和条約に署名しないと、これまた強硬な立場を打ち出したのである(8)。

二　ソ連の連合国管理理事会案

議論がこのように非妥協的な状況に陥る中で九月二二日、モロトフは当日午前の会合への不参加を表明した後で個人的に直接バーンズを招き、そこで突如として日本問題を正面から持ち出したのである。モロトフは、アメリカは対日占領において日本の侵略の再現を阻止するに十分な程きびしく日本を罰していないと激しく批判し、この「怠慢」を正すためには結局のところ、FEACといったアメリカ主導の諮問機関ではなく、日本に連合国管理理事会を設置しなければならない、と主張したのである(9)。この「困惑せる事態」に直面したバーンズは、日本問題は議題にはなくワシントンや東京と協議するまでは議論できないと答えるに止まったが、モロトフは二四日の第十八回会合に「日本における連合国管理機構」と題する覚書を提出して、正式に議題として取り上げることを要求したのである。

この覚書においてモロトフは、日本で陸海軍の武装解除がなお終了していないといった「純粋に軍事的な局面」が存在する限りはＳＣＡＰの手に全管理機能が集中することは理解し得るし正当化し得る、しかし既にその局面は終了し、今や日本の軍国主義を破壊し新たな侵略の可能性を取り除く諸条件をつくり上げるという、主として政治・経済・財政上の問題に直面していると指摘し、この課題遂行の責任は単にアメリカにのみあるのではなく、英米中ソ四大国の肩にかかっていると主張したのである。そしてこの段階にふさわしい管理機構として具体的に、㈠英米代表を議長とし四大国によって構成される連合国管理理事会（ＡＣＣ）を東京に設置する、㈡ＡＣＣの任務は、政治・軍事・経済・財政等の諸問題に関して連合国としての政策を形成することであり、決定に至らなかった全ての問題は政府間レベルでの結着にゆだねられる、㈢ＡＣＣによって形成された政策は議長によってＡＣＣの執行諸機関を通して実施に移される、また四大国による直接の監視が必要な諸問題については、これら諸国の代表が執行諸機関に加わる、㈣東京での駐留は四大国の軍隊によって共同で実施される、㈤対日戦に貢献した他の連合諸国も参加し得る諮問機関の形成については別途議論する用意がある、という提案を行ったのである。(10)

この提案の背景として、いくつかの注目すべき諸問題を指摘し得る。まずモロトフが占領段階を、「純軍事的な局面」とそれ以降の局面に分けて論じていることである。この問題は次章において論ずることになるが、実は最初に降伏したイタリアの占領管理体制以来はらまれていた問題なのである。つまり、そこでは占領が軍事的局面と政治的局面に一応区別してとらえられていたが、このイタリアにおいて英米側が占領の実権を握ったのと正に裏返しに、東欧三国ではソ連が連合国管理委員会の実権を掌握したのである。このソ連による管理体制に対し英米側は「ヤルタ宣言」で〝揺さぶり〟をかけると共に、同国の実権はあくまで対独戦争が継続している軍事的期間に限られるべきであり、戦争終結後の政治的時期においては三大国間の〝対等性〟が確保されねばならないと強く主張し、その結果ポツダム会談においてソ連は、東欧三国の管理委員会において少なくとも規約の上ではかなりの譲歩を行っていたのである。モロトフが、日本においてマッカーサーの一元的管理の時期が終わり、四大国が共同責任を担う段階に至ったと強調したのは、実は右の東欧における事態の進展を背景にしていたのである。この意味において彼が日本問題を、東欧問題とのいわば「取り引き」として持ち出してきたことは疑いないところである(11)。

しかし問題は、このような「取り引き」のレベルだけで捉えられるものではなかった。注目されるべきは、モロトフの提案が、かの八月十八日付の英政府案に近似していたということである。何よりも重要な点は両案ともに、ACCはあくまで政策決定機関であり、決定にあたって事実上の全員一致が前提とされていることであって、しかも重要問題の執行に関しては各国代表が執行機関にも参加し得る、とされていることなのである。異なる点といえば、ソ連案においてはオーストラリアが構成国に加えられていないこと、形成すべき政策の中に軍事問題が含まれていること位であった(12)。いずれにせよこれら両案は、四大国が日本に軍隊を派遣し、しかもそれぞれに事実上拒否権をもって政策決定に参加する管理機関を被占領国の首都に設置するという側面において、後述するドイツ型の管理体制に近いものと言えるのである。

もちろんソ連案には、おそらくは戦術上の配慮から意識的に表現を英政府案に近づけた部分も見い出されるが(13)、両案がほぼ似かよった性格を持っていたことは決して偶然ではない。なぜなら、既に見てきたように、貢献度においては大きな差があるとはいえとにかくも四大国が直接参戦した日本の占領管理体制について国際的な協定が欠落したまま事実上アメリカの排他的な占領が進行しているという「特異性」、あるいはアメリカのFEAC案それ自体にはらまれた「特異性」、等々から当然生み出される主張であり提案であったからである。しかも後述するように中国代表も、その考え方の基本において同じ立場に立っていたのである。

ところで、モロトフ提案の背景にあったものとしてさらに指摘できることは、日本情勢に対する重大な危惧である。SCAPたるマッカーサーが「誰とも相談することなしに行動している」という批判においてはイギリスと同様であったが、問題は彼によって実施されている占領政策の内実であった。モロトフは、日本軍の軍事施設や軍需物資の一部はなお日本人の管理下におかれ、日本の軍人は動員解除された後も秘かに武装しており、米軍当局はこれらに反対しようとはせず黙認している、また日本人は大鉄鋼業を維持しつづけていると自ら公言し、アメリカ側はそれらを閉鎖しようとはしていない、さらには膨大な数の憲兵や警官がそのまま維持されて誰も介入してはいない、従ってソ連政府にとってはこのような情勢はきわめて危険なもので近い将来日本の侵略が再現されるかもしれないという不安にかられていると、アメリカによる日本占領の現状をきびしく攻撃したのである。(14)

これらの指摘にはモロトフ一流の誇張や事実の誤解もあったであろうが、注目されることは正に同じ頃に、アメリカの対日占領政策についてニュージーランド首相もオーストラリア当局の評価ともきわめて近い見解として、戦争の潜在力の除去、民主的政府の樹立のために必要な限り日本は連合軍によって占領されるべきであり、天皇は戦争犯罪人として裁かれねばならないと強調しつつ、マッカーサーによる「現在の穏健政策」に対して大きな危惧を表明していたことであった。(15) さらに、九月にマッカーサーの政治顧問として着任した国務省のジョージ・アチソンでさえも、例えば十月はじめの他ならぬバーンズあての報告において、外務省のスタッフが日本の官僚の中で「最も反動的で官僚的である」との見方を示し、彼らが「戦争は〝終結した〟」との一般的な信念を鼓舞することによって日本が敗北したという認識の拡がりを抑えようとしている、と指摘したのである。(16) しかも、日本におけるいわゆる守旧勢力の根強さについてのこのようなアチソンの評価は、幣原内閣の成立以降もつづくことになるのである。(17)

そして、以上の如く憂慮されていた日本情勢の深刻さは、モロトフが日本の治安機構の存続に警告を発した翌二六日に、東京の豊多摩刑務所で治安維持法違反で拘留されていた哲学者の三木清が獄死するという事件によって劇的に証明されることとなった。つまり、日本が降伏して日本軍の武装解除、動員解除がなされたとはいえ、日本の軍国主義・ファシズム体制を内部で支えていた暴力・抑圧装置や法規体系は当時においても無傷のまま維持されていたわけであり、治安維持法や内務省・特高警察の撤廃と解体、政治犯の釈放、天皇制批判の自由化等の措置がGHQによって指令されたのは、実に米軍の進駐から一カ月以上も経過した十月四日のことであった。[18] かくして、このような日本情勢を背景に、ソ連にあってはアメリカとマッカーサーの占領政策に対する不信が強まり、未だ解体されぬ日本の旧支配勢力とアメリカとが反ソ反共において結び合うのではないか、という危惧が深まっていたのである。そしてそれが、モロトフの言う「日本の再侵略の可能性」という表現となってバーンズに向けられることになったのであり、さらには、アメリカと対等の権限をもった管理機構を東京に設置することがきわめて「緊急の課題」であるとの位置づけがなされることになったのである。[19]

このように、モロトフが一転して日本問題を前面に出して攻勢をかける中で、バーンズはベヴィンを〃抱き込む〃ことによって活路を見い出そうとした。

三　「ロンドン条項」の作成

先述したように、ロンドン会議に臨んだ英外相ベヴィンはアメリカ側の強い意向をくんで日本問題を正式の議題として取り上げることは控え、むしろバーンズとの直接会談によってイギリス側の立場を主張していく、という方針であった。そこで会議二日目の九月十二日に、八月十八日のACC提案以来の英政府の主張を盛り込んだ書簡をバーンズに送り、改めてACC設置の必要性を訴えたのであった。[20] しかし、これを受けて同十五日に行われたバーンズとの「私的会談」でバーンズは、アメリカのFEAC案はあくまでも、日本の分割占領を企図するソ連の要求に屈しないために作成されたものであると同案の〝意義〟を強調して、ベヴィンの主張に容易には応じようとしなかったのである。[21]

イギリス側はアメリカへの配慮からこの後も会議の場に直接持ち出すことはしなかったが、右のバーンズの〝回答〟をそのまま受け入れるどころではなかった。そして、例えば九月二二日には外務省極東局長のベネットが駐英米大使ワイナントに対し、連合国によって組織された何らかの機関の日本設置がおくれていく中でアメリカによって一方的にマッカーサーに指令が送られ、しかも全く協議がなされないままに「連合国の名」において彼によって政策が発表されるという事態になっていると指摘し、改めてACCの早急な設立を求めたのである。その際ベネットは、アメリカ側のFEAC案とイギリス側のACC案とは決して「相互に排他的ではない」として、ワシントンでの〝大世帯〟のFEACでは日本における具体的な認識に欠け緊急事態に素早く対応できないのに対し、東京において五カ国で構成される英提案のACCはそのような事態に効果的に対処できる、と強調した。その上で彼は、米提案に対する「イギリスとしてのいかなる正式の回答も未だになされていない」のは、上記の点についての「強い確信」と、日本においてそのような機関(ACC)が機能を開始することについて米国務省からまもなく示唆があるであろうことへの「期待」の故である、と述べたのである。[22] いずれにせよ、アメリカに対してこのようにきびしい要請がなされたのは、当時イギリスが置かれていた立場が、「日本において何が進行しているかについての情報を獲得するための独自の手段」をもつことが緊急に必要とされる[23]ような、換言するならば、かねてより英米側が東欧において置かれているとソ連に抗議しつづけていたのと、正に同じような立場にあったからに他ならない。

ところが、既述したように同じ九月二二日にモロトフが突如日本問題を正面からバーンズに対して切り出し、二四日には正式提案を行ったのである。しかも、これも既に指摘したように、その提案内容それ自体が英政府案にきわめて近い性格をもっていたばかりではなく、当日の議論においても翌日の会合においてもモロトフはことさらに英提案への関心と、さらには自らの提案との「同一性」さえ強調したのである。[24] つまり少なくとも客観的には、あるいはソ連側の意図においては、日本問題に関して〃英ソ協調〃が実現されるような状況が生まれたのである。そして正にこのような事態こそが、駐米大使ハリファックスへの書簡でベヴィン自らが指摘したように、「……ワシントンでの極東〔諮問〕委員会の設立に直ちに同意せよという、我々に対するアメリカの圧力の増大をもたらした」[25]のであり、とりわけ二四日以降アメリカは連日にわたって強い圧力をイギリス側にかけつづけたのである。既に八月十八日の英提案をうけた当時バーンズは、イギリス側の出方次第ではロンドン外相会議で「香港の地位」の問題が議論されるかもしれないとの〃脅し〃をかけていたのであったが、[26] この段階では、深刻な財政危機を背景に交渉がつづけられていた対英借款の問題や、ヨーロッパにおけるソ連の「脅威」に対する英米協調の必要性とアメリカのコミットメント如何の問題等が重要な材料として動員された。[27]

このようなアメリカの〃攻勢〃を前にベヴィンは九月二五日の特別閣議において、英米間の重要問題への「深刻な反作用〔を覚悟すること〕なしには、この圧力に抵抗することはきわめて困難であろう」と指摘し、FEACの設置に同意し参加することを前提として、㈠その本部の日本への移転と、何らかの執行権の付与、㈡米提案とは異なった見解を盛り込んだ修正案の外相理事会への付託、㈢強力な政治代表の日本への派遣、といった三つの案を提示し、内閣から一任を取り付けた上で改めてアメリカ側との交渉に臨んだのである。[28]

しかし交渉は難航した模様で、九月二七日に行われたソ連側との会談でバーンズはモロトフに対しても、FEAC案への同意について「イギリスはなお難色を示している」[29]ことを明らかにして、その苛立ちを隠さなかったほどであった。だが、ようやく翌二八日に至ってベヴィンはバーンズへの書簡において、FEACの構成メンバーにインドが加えられるべきこと、その本部をワシントンに常置するか東京に移すかをFEAC自体が決定するべきこと、という二点を挙げて、同委員会が早期に召集されることについて「……同意する用意がある」旨を伝えたのである。[30]翌二九日、バーンズは右の二点についてのアメリカ側の「同意」と「一致」をベヴィンに回答すると共に、モロトフにも書簡を送り、今やイギリスが米提案に「同意した」旨を伝え、ソ連も直ちに代表を任命するように強く要請したのである。[31]このように、ロンドン会議の最終段階に至ってようやくにしてバーンズはイギリス側の承認をとりつけソ連側にもそれを伝えることができた訳であったが、実はベヴィンの「同意」の裏には東京移転やインドの加入といったレベルに止まらぬさらに重要な前提条件があったのである。

九月三十日付の駐米大使ハリファックスあての書簡においてベヴィンは、その前提条件の内実を次のように明らかにしている。[32]まず、英米間の交渉においてイギリス側が、もし英提案のACC案が受け入れられない場合には米提案によるFEACを「……非軍事的諸問題に関する指令を、マッカーサー元帥に発せられる以前に承認するという機能をもった真に実効的な機関」にするべきであると主張したのに対し、アメリカ側もFEAC規程の「いかなる修正」をも考慮する用意があると応え、かくして米国務次官補ダンと英外務省極東局長ベネットとの間で直ちに具体的な作業がすすめられたのである。

こうして作成されたFEAC規程の「修正案」は、すでに了解されていたところの、構成メンバーにインドを加えること、東京への本部移転の可能性を含むこと、という二条件以外に実はアメリカの原案と重要な相異点をもっていた。つまり、極東委員会(FEC = Far Eastern Commission)という名称に改められたこの機関は占領政策の形成を担い、また非軍事問題に関するSCAPへの「あらゆる提案された指令を審査する任務」をもち、さらには同委員会の「事前の承認なしには連合国最高司令官に対していかなる指令も発せられない」という、そのような機能をもつと規定されていた。要するに、アメリカが主張してきた諮問機関という構想が排され、政策形成の権限とSCAPへの〝歯止め〟において、当初のイギリスのACC案の骨子が盛り込まれていたのである。なお、ここで初めて委員会における議決方法が明記され、全員一致が得られない場合には英米中ソ四大国の内「少なくとも二カ国の代表」を含む単純多数決によって決定が行われる、と規定されていた。[33] この議決方法は、「ベルリン〔ドイツ〕モデル」の全員一致制や何らかの形でのソ連の拒否権を断じて排することを求めていたアメリカの主張に巧みに応えたものであった。[34]

さて、このように両者の共同作業によって「修正案」がまとめ上げられたわけであったが、この段階になってバーンズは、当初のFEAC案に対して修正が提案されること、あるいは修正を求める「いかなる権利の留保」さえも、ソ連との間で「全問題を蒸し返す」おそれがあるとの強い危惧を表明し、とにかくこの際は米政府を「信用」して「留保なしに」原案通りにアメリカのFEAC案に同意するという〝形〟をとるようにイギリス側に「強い訴え」を行ったのである。[35] そこで右の「修正案」については、ワシントンで開かれるであろうFEACの最初の会議で英代表がそれを提案し「次いで米政府が支持する」という「了解」が交わされた上で、前述した九月二八日のベヴィンからバーンズへの「同意」の書簡が送られることになったのである。そして、このようにして確定された「修正案」(これが、いわゆる「ロンドン条項」である)それ自体と、それを「アメリカが支持する用意がある」という点については、当然のことながら「厳重なる秘密」扱いとされ、ベヴィンは内閣にも正確には伝えなかったのである。[36]

以上の複雑な経緯をもって、とにかくも「ロンドン条項」がとりまとめられたわけであったが、それはあくまで裏舞台での〝密約〟であり、会議の表舞台での攻防はいよいよ激しくなった。

四　会議の決裂と「日本問題」

九月二四日に提出されたモロトフのACC案に対しバーンズは、大いに研究するつもりではあるがこの外相会議ではポツダムで出された諸問題を議論すべきであるとして、日本問題を議題とすることにはあくまで反対した。またマッカーサーの〝独断専行〟という批判に対し、彼の政策は連合国の政策と一致していると反論し、その根拠として「一般命令第一号」に言及した[37]。しかしこれは、モロトフの言う「純軍事的な局面」にのみかかわる指令であることは明らかであって、おそらくはこれだけでは説得力を持たないと考えたのであろうバーンズは、「連合国最高司令官の方針が日本軍国主義の根絶に向けて容赦なくすすめられているとモロトフが安心できる[38]」ことを保証する材料として、トルーマンがマッカーサーに送った「アメリカの降伏後初期の対日方針」のコピーを手交したのである。

実はこの「初期方針」は第一節で述べたように、事実上は既に八月末にマッカーサーに伝えられていたが、九月六日のトルーマンによる最終的な承認を経て同日正式に送付されたものであって、九月二二日に新聞発表されたばかりであった[39]。だが、この「初期方針」そのものがバーンズの思惑とは逆にモロトフの攻勢に一層のはずみをつけることとなった。九月二五日の会合においてモロトフは、今ようやくトルーマンの「初期方針」を読むことができたが、仮りに明日、明後日に例えばアトリーが、ド・ゴールが、あるいは蔣介石やスターリンが、それぞれ同様に対日方針を打ち出すならば一体何がおこるであろうか、当然見解の違いが生じることになるであろうと指摘し、正に問題は対日占領政策が「連合国の政策」となっているのか否かというところにある、と断じたのである。(40)

もちろんこの議論には、「初期方針」はあくまでアメリカの政策文書にすぎない、との批判が込められていた訳であったが、実は同じ問題はホワイト・ハウスで記者会見に臨んでいたトルーマン自身に対しても記者団から出されていたのである。モロトフが提案したACC案について問われて、新聞で読んだだけでコメントできないと答えたトルーマンに対し記者団は、「初期方針」には主要連合国において意見の相違が生じた場合は「アメリカの政策をもってこれを決するものとする」と明記されている問題を取り上げ、他の連合国がその見解をアメリカに知らしめる恒常的なチャネルはあるのか、と問い質した。これに対してトルーマンは、彼らは英米合同参謀本部(CCS＝Combined Chiefs of Staff)を通して意見を表明できると答えたが、記者団からCCSにはソ連は参加していないではないかと突っこまれた大統領は、ソ連はマッカーサーの所に代表を派遣しており、またホワイト・ハウスを通しても意見表明できるのであって、これまでソ連側は日本占領についていかなる不満も表明したことはない、と述べたのである。なお同席したアチソン国務次官は、「初期方針」はマッカーサーに送付される前に他の連合諸国に提示されたのかと問われて、提示されたと「信じる」と答えると共に、「これは単なる一方的な声明ではないのか」というさらなる質問に対してやや開き直る形で、「初期方針」は正しく米政府の政策であるが、日本の情勢は機敏な対処を必要としているのであり、連合諸国がSCAPとして承認したマッカーサーは四六時中次々と問題を処理していかねばならない旨を強調したのである。(41)

右に見たトルーマンやアチソンの回答は、まことに〝苦しい弁明〟であった。なぜなら「初期方針」については英外相ベヴィンでさえ、バーンズがモロトフにコピーを手交した正にその時まで「見たこともなかった」(42)からであり、そもそも意見不一致の場合に「アメリカの政策をもってこれを決するものとする」といった基本方針を他の連合国が容易に承認するはずもなかったからである。ちなみに、前節一で触れた四五年八月二日の対独ポツダム協定の軸をなす「ドイツ国の待遇を規律する政治的および経済的原則」は、対日ポツダム宣言と右のアメリカの「初期方針」とを「併せ読むものと、内容的に対応せしめられる」[43]と指摘されるのであるが、言うまでもなく対独ポツダム協定は英米ソ三大国が承認し署名した基本方針であった。

いずれにせよ、アメリカ側がその〝一方性〟〝排他性〟を正当化するために日本の情勢の重大性や太平洋戦争において アメリカがこうむった損害、アメリカが担った重大な役割、あるいは極東におけるアメリカの死活的権益等を主張すればするほど、それはそのまま東欧におけるソ連の〝排他性〟の容認に、少なくとも論理的にはつながらざるを得なかったのであり、そしてこの問題は、当時米政府が予想していた以上に深刻なジレンマをその後生じさせていくことになるのである。

さて、上述したように九月二五日の会合においてモロトフが事態の緊急性をもって直ちに日本問題を議題として取り上げるように改めて強く要求する中で、中国外相王世杰が初めて本格的にその立場を表明した。まず彼は、モロトフの議論に深い関心を持ったことを明らかにした上で、日本の占領管理問題は極東の平和と安全にとって正しくきわめて重要な問題であり、しかも外相会議については各代表が同意するならばいかなる問題も議論できるという了解がある以上、中国としては議題として採用することに反対ではないと言明した。さらに王は、日本の軍国主義の一掃と新しい侵略の可能性を除去する諸条件をつくり出すための政治・経済・財政上の諸手段がとられねばならないというモロトフの見解を共有すると述べ、それに向けての政策形成とその実施という課題を成し遂げていくためには、主要諸国によって構成される連合国の機関が日本に設けられねばならない、と主張した。ただ王はモロトフとは違って、日本軍の武装解除がなお終了していないという現局面の認識と、日本占領をめぐる特別の諸条件、あるいはドイツの管理体制が直面している諸問題等を考慮して、当面はアメリカの提案するFEACに同意する、との立場を表明したのである。なお王はそれに付言して、「異なったタイプの管理機構」が必要であるか否かを決定するためにFEACの活動の諸結果に適時検討を加えていくことができる、と指摘したのである。(44)

この王の見解には、既述した四五年四月のPFEHCに関する報告においてSWNCCの極東小委員会でさえも、日本と八年以上(つまりはアメリカの倍以上)も戦争してきた中国には対日政策の決定において発言権をもつ資格があると指摘していた、そのような中国の歴史的立場に加えて、当時米ソ間において位置していたその微妙な立場も反映されていたと言えるであろう。しかし、いみじくもモロトフが九月二七日のバーンズとの会談において「日本での連合国管理委員会(理事会)に反対しているのは、明らかにアメリカだけのようである」(45)と指摘したように、中国側の立場は基本的には、右に見たように政策決定と執行機能をもった連合国の管理機関を日本に設置する、というところにあったのである。

以上のように、日本に関わる四大国の内三大国までが少なくとも原則的立場において、東京にACCないしそれに類した機関の設置を求めているという状況を背景にモロトフは、例えば在東京ソ連代表デレビャンコにはトルーマンの言明とは裏腹に情報も協議の機会も全く与えられていないとして召還の可能性をほのめかす等の〝揺さぶり〟も含めて、連日の会合において執拗なばかりに日本問題を正式に議題として討議すべきことを主張したのである。(46)これに対してバーンズは、SCAPの権限は「バーンズ回答文」によって付与されていると改めて指摘する以外はひたすら、この外相会議では日本問題を議論する準備を整えておらず、従って議題にのぼせることには反対であるという主張を繰り返すに止まったのである。そして、このバーンズに加えてベヴィンも「ロンドン条項」の作成を背景にアメリカ側と同じ立場をとりつづけるという状況の中で、やがてロンドン会議それ自体が十月二日に、一切のコミュニケを出すこともなく決裂するに至ったのである。

たしかに、ソ連と英米側との対立を先鋭化させた直接的な契機は、日本問題を突如持ち出した同じ九月二二日にモロトフが旧枢軸五カ国との講和条約の問題について、会議第一日目には承認したところの中仏両国をも議論に参加させるという立場を、ポツダム会談の決定に違反した「当初の誤まり」として撤回し、フランスがイタリア問題に加わる以外は両国の議論への参加は認められないとの方針を打ち出したことであった(47)。このモロトフの主張それ自体は、いみじくもベヴィンが「厳密には法的に正しい(48)」と指摘したようにポツダム協定の規定そのものに基づくものであったが、会議冒頭の態度からの急変が大きな衝撃を及ぼすことになったのである。従って後述するように、十月五日に行われたバーンズのロンドン外相会議に関する帰国報告においても右の問題が決裂の原因として強調され、当然のことながら日本問題には一切触れられていなかった。

しかし、会議の冒頭から協調的で〝譲歩〟の姿勢さえ示していたモロトフが急激に態度を硬化させることになったのは、既に見たようにバーンズがルーマニアとブルガリアとの講和条約締結の前提として両国の「政府問題」を持ち出したことであった。これは、ベヴィンでさえ「〔東欧三国の〕体制についてのロシア人と彼らとの違いをあからさまにオープンにすることに、きわめて積極的でいかなる躊躇もなかった(49)」との感想をもらしたほどであったから、モロトフにとってはアメリカによるルーマニア・ブルガリア問題への「介入」と受けとられたであろうことは想像に難くない。

たしかにバーンズは会議の最終段階で、講和条約への中仏両国の参加問題に関するモロトフ提案を受け入れる意向を示し、会議に同行していた共和党の指導者ダレスの強い〝圧力〟によって断念する、という場面も見られた(50)。

だが、会議を前にして「ポケットに爆弾(原爆)という暗黙のおどしを入れていきたい」と語ったり、会議二日目のレセプションではモロトフに対して「腰のポケットに原爆をもっている」と冗談をとばしたエピソードにも示されているように、バーンズがいわゆる「原爆外交」を「過信」していたことも間違いのないところである。[51]

他方スターリンやモロトフは、日本の降伏による大戦の終結後初めて開催される大国間のこの国際会議の場で、ヤルタにおいてルーズヴェルトが示した事実上の米ソ「勢力圏分割」、あるいは東欧と日本との〝棲み分け〟をトルーマン政権が引き継ぐか否かを慎重に見守っていたのである。[52] ところがバーンズの方針は、日本の問題については事実上「素通り」[53]する一方で、東欧占領におけるソ連の管理権には「介入」[54]を試みる、というものであった。つまり「日本でのロシアの役割を拒否しつつ、バルカンでは自らの役割を求める」、これがアメリカの基本方針であることが明らかとなったのである。

だが日本問題は、既述してきたような日本占領の「特異性」を背景に、本来の立場からするならばイギリスはもとより、議論の中で明らかになったように中国もフランスも議題として取り上げるべきことを求めていたのであり、「アメリカだけが……議論することに反対である」という、アメリカが孤立状態に陥りかねない問題であった。[55] かくしてモロトフはこの有利な状況を背景に、日本占領におけるアメリカの管理権への「介入」を〝参戦国〟の一員として本格的に追求し始めたのである。そして当時バーンズにあっては、FEAC案以外にはそれに対する回答を何一つ持ち合わせていなかったのである。

このように見てくるならば、最後に至るまで表面的には正式の議題にはならなかった他ならぬ日本の占領管理体制の問題が、正に裏面において外相会議の成功を「妨げる障害」となり「ロンドンにおけるバーンズの誤まりの中でも最たるもの」となった、[56]と言えるのである。

それでは次章において、ロンドン外相会議の決裂をもたらし、国際政治の焦点に浮上することになった日本問題の、その重大な前提を成すヨーロッパ占領の展開を改めて検討してみよう。

(1) Cf. *A Decade of American Foreign Policy, Basic Documents 1941-1949, Revised Edition*, Department of State, Washington, 1985, p. 29.
(2) *FRUS, 1945 II*, pp. 100, 118. Cf. *DBPO, S. I, Vol. II*, pp. 318-19.
(3) Gormly, *op. cit.*, p. 59 ; *FRUS, 1945 II*, p. 118, n. 52.
(4) *DBPO, S. I, Vol. II*, pp. 96-99.
(5) Gormly, *op. cit.*, p. 73 ; *DBPO, S. I, Vol. II*, p. 145.
(6) *FRUS, 1945 II*, pp. 114-15 ; Gormly, *op. cit.*, pp. 57-58 ; *A Decade of Americam Foreign Policy*, 1985, p. 29. なおポツダム会談では、アメリカがフィンランドとの講和条約に関する会議に参加することが取り決められた。*Ibid.*, p. 36.
(7) Woodward, *Vol. V*, pp. 482-91 ; Jonathan Knight, "Russia's Search for Peace : The London Council of Foreign Ministers, 1945," *Journal of Contemporary History*, 1978 January, pp. 140-41.
(8) Gormly, *op. cit.*, pp. 66-71 ; Knight, *op. cit.*, pp. 143-44.
(9) Herbert Feis, *Contest Over Japan*, New York, 1967, pp. 36-37 ; Gormly, *op. cit.*, p. 72.
(10) *FRUS, 1945 II*, pp. 357-58.
(11) Gormly, *op. cit.*, pp. 50-51.
(12) なお、英政府案に照らしてモロトフ提案に明記されていないのは、日本政府当局を通しての政策の執行、分割占領を排することの確認、四カ国の軍隊の指揮権のありか、等の諸点であった。
(13) 例えば、合意が得られなかった問題を政府間レベルの結着にゆだねること、重要問題の執行にあたって各代表が執行諸機関に加わること、等の規定にかかわる表現に見られる。

(14) *FRUS, 1945 II*, pp. 337, 367. Cf. *FRUS, 1945 VI*, p. 730.

(15) *Ibid.*, pp. 719–20.

(16) *Ibid.*, p. 733.

(17) 例えば、*ibid.*, pp. 779–81を参照。

(18) 信夫清三郎『戦後日本政治史・第一巻』勁草書房、一九六八年、一七五―七七頁。

(19) *FRUS, 1945 II*, pp. 336, 366.

(20) *FRUS, 1945 VI*, pp. 713–15.

(21) *DBPO, S. I, Vol. II*, p. 145, n. 2.

(22) *FRUS, 1945 VI*, pp. 720–21.

(23) 九月二二日付、ベネットのベヴィンあて書簡。Buckley, *op. cit.*, p. 36.

(24) *FRUS, 1945 II*, pp. 337, 367. Cf. *DBPO, S. I, Vol. II*, p. 322.

(25) *Ibid.*, p. 436.

(26) Gormly, *op. cit.*, p. 50. なお、日本降伏時の「香港問題」については、Woodward, *Vol.* V, p. 532, n. 1を参照。

(27) Gormly, *op. cit.*, p. 73; Buckley, *op. cit.*, pp. 42, 71. なお、対米交渉のためケインズを団長とする英代表団がワシントンに入り交渉が開始されたのは九月十三日であった。油井大三郎『戦後世界秩序の形成―アメリカ資本主義と地中海地域1944-1947』東京大学出版会、一九八五年、十三頁。

(28) Gormly, *op. cit.*, p. 74.

(29) *FRUS, 1945 II*, p. 419.

(30) *FRUS, 1945 VI*, p. 725.

(31) *Ibid.*, pp. 726–27.

(32) *DBPO, S. I, Vol. II*, pp. 435–37.

(33) *FRUS, 1945 VI*, pp. 728–29. Cf. *ibid.*, pp. 685, 729.

(34) *DBPO, S. I, Vol. II*, p. 436 ; *FRUS, 1945 VI*, p. 760.
(35) *DBPO, S. I, Vol. II*, p. 436.
(36) *Ibid.*, pp. 436-37. Cf. *ibid.*, p. 416, n. 2, p. 675.
(37) *FRUS, 1945 II*, pp. 336-38.
(38) *DBPO, S. I, Vol. II*, p. 328.
(39) *FRUS, 1945 VI*, p. 720.
(40) *FRUS, 1945 II*, p. 366 ; *DBPO, S. I, Vol. II*, p. 355.
(41) Feis, *Contest*, pp. 42-43. なおマッカーサーは四五年八月十五日に、形式的には英米合同参謀本部の指揮下におかれた。McNeil, *op. cit.*, p. 641, n. 1.
(42) *FRUS, 1945 II*, p. 338.
(43) 高野雄一「欧州諸国の占領管理」『日本管理法令研究』第十三号、三三頁。
(44) *FRUS, 1945 II*, pp. 367-69.
(45) *Ibid.*, p. 420.
(46) *Ibid.*, pp. 381-83, 387-89, 418-21. なおデレビャンコは現実に十月五日に召還されて帰国したが、彼については、平井友義「ソ連の初期対日占領構想」『国際政治』第八五号、二二頁、注(31)を参照。
(47) *DBPO, S. I, Vol. II*, pp. 298-300 ; Feis, *Contest*, pp. 37-38 ; *FRUS, 1945 II*, pp. 313-15.
(48) *Ibid.*, p. 516. 後に駐ソ米大使ハリマンも、ソ連側の主張は「きわめて分かりやすい」と述べた。*DBPO, S. I, Vol. II*, p. 511, n. 2.
(49) *Ibid.*, p. 342.
(50) Patricia D. Ward, *The Threat of Peace : James F. Byrnes and the Council of Foreign Ministers, 1945-1946*, Kent State Univ. Press, 1979, pp. 38-41 ; Gormly, *op. cit.*, p. 83.
(51) John L. Gaddis, *The United States and the Origins of the Cold War, 1941-1947*, New York, 1972, p. 264 ; Deborah W. Larson, *Origins of Containment : A Psychological Explanation*, Princeton Univ. Press, 1985, pp. 214,

223 ; Robert L. Messer, *The End of an Alliance : James F. Byrnes, Roosevelt, Truman, and the Origins of the Cold War*, The University North Carolina Press, 1982, p. 132 ; *Witness to the Origins of the Cold War*, edited by Thomas T. Hammond, University of Washington Press, 1982, p. 19 ; Ward, *op. cit.*, p. 46.

(52) McNeill, *op. cit.*, pp. 697–98 ; Ward, *op. cit.*, p. 44.

(53) Feis, *Contest*, p. 42.

(54) Ward, *op. cit.*, p. 47.

(55) *DBPO*, S. *I*, *Vol. II*, pp. 357, 405.

(56) Gormly, *op. cit.*, p. 75 ; Ward, *op. cit.*, p. 48.

第二章　ヨーロッパの占領管理体制

第一節　「イタリア方式」の成立

一　イーデンの占領管理構想

一九四三年一月、ルーズヴェルトとチャーチルが会して、来たるべきスターリンとの三巨頭会談への期待とソ連が遂行している戦争の「巨大な重要性」を確認すると共に、日独伊三枢軸国に対する「無条件降伏」の宣言を打ち出したカサブランカ会談において、イタリアの南端シチリア島を占領する軍事作戦が決定された。この作戦は、「第二戦線」を構築するべく北フランス上陸作戦の実施を急ぐルーズヴェルトと、地中海作戦の延長としてイタリア本土への本格的な侵攻作戦を主張するチャーチルとの、二つの戦略方針の〝妥協の産物〟であった。(1)とはいえ、同年七月十日に開始されたシチリア占領作戦は、枢軸陣営の支配下におかれたヨーロッパ大陸への連合国による最初の侵攻作戦を意味した。

しかし実はこの段階にあっても、英米ソ三大国間には「無条件降伏」という一般原則以外には、降伏するであろう枢軸諸国に対していかなる管理体制でもって占領を実施するかについて、何ら明確な協定や取り決めも結ばれてはいなかったのである。ただ当時、唯一具体的な構想として提示されていたのが、英外相イーデンによってとりまとめられた英政府のプランであった。

それは、四三年五月二五日にイーデンが戦時内閣に提出した「休戦とそれに関連する諸問題」と題する十項目から成る外務省の覚書であった。(2) この覚書は、ヨーロッパにおける枢軸諸国との戦争の終結から休戦管理体制の成立に至る過程において連合国側がとるべき「諸原則」を、まとまった試案として初めて提示したものであった。そこではまず第一項で、枢軸国に課すべき休戦条項は、当該枢軸国と戦争状態にある全ての連合国をカバーし、無条件降伏を具体化した一つの「包括的文書」として提示されねばならない、との原則が掲げられている。

そして第五項において、休戦管理は「当該枢軸国にその司令部を設ける」「連合国間休戦委員会」が掌握し、当委員会では英米ソ三国の代表が「交互に」議長をつとめるという、三国対等の管理体制の枠組みが示されている。さらに第九項において、これら「連合国間休戦委員会」の活動を指導し調整する全欧レベルの「管理機関」として、英米ソ仏および他の小国のハイレベルの政治代表によって構成される「ヨーロッパ連合国委員会」が設置されること、またこの委員会の「指導機関」として英米ソ三国にフランス(「もしその偉大さが回復される」ならば)をも加えた四カ国の代表から成る「運営委員会」が設けられ、そこでは「全員一致制」が適用されること、が規定されている。

六月中旬に内閣の承認を得た右の試案は、七月一日付の英政府の覚書として翌二日に駐英ソ連大使マイスキーに、十四日には米大使ワイナントにそれぞれ手交され、一般に「七・一覚書」とよばれることになった。(3) この「七・一覚書」で示されたイーデンの占領管理構想は以上に見たように、ドイツをも含む(4)ヨーロッパの全枢軸諸国を対象にすえ、各国における管理機関と全欧レベルでの組織化を規定したものであったが、とりわけ重要な点は、関係する全連合国の参加が強調され、しかも各機関・各委員会における英米ソ三大国の〝対等性〟が前提とされていることである。

このようなイーデン構想には、三大国の「調和」への期待と共に、ソ連によるドイツや衛星枢軸諸国との単独講和の可能性を封じ、東欧にソ連が「独自の体制」を組織することを阻む、というねらいが込められていた。(5) つまり、ソ連赤軍が東欧の枢軸諸国を占領する場合にも、ソ連一国による排他的な管理権の行使を許さず、英米両国も〃対等〃の立場で参加する権利を確保しておくことが企図されていたわけである。

それでは、この「七・一覚書」の構想に対し、米ソ両国はどのような対応を示したのであろうか。まずアメリカでは、国務省内の戦後対外政策諮問委員会の安全保障に関する小委員会において検討が行われ、その検討結果も含めて八月十一日にハル国務長官の特別補佐官パスヴォルスキーがルーズヴェルト大統領に国務省としての報告を提出した。(6) パスヴォルスキーは「七・一覚書」について何よりも、「ヨーロッパ連合国委員会」の設置を定めた第九項と、賠償、通信、輸送、難民、復興問題等の活動にたずさわる全欧レベルあるいは世界レベルの諸機関を連合国間の協定でつくり上げることを提案した第十項を問題とする。なぜなら、右の安全保障に関する小委員会も敵国の降伏問題にかかわる「連合国間諸機関」の設立には「完全な同意」を表明しつつも、それらの諸機関がそのまま「一種の超ヨーロッパ政府」に発展しかねないことに疑念をなげかけていたように、パスヴォルスキーは「七・一覚書」の構想が、この間チャーチルによってくり返し提起されてきた「地域主義」の構想と結びついていることに強い危惧をいだいていたからである。

チャーチルの構想は、四三年五月のワシントンにおける英米軍事会議に際してアメリカ側に提示されたもので、ヨーロッパ、西半球、太平洋という地域を基礎とした「三つの地域理事会（カウンスル）」を組織し、それら組織の上に「最高世界理事会」を設け、構成諸国の保有兵力の規模を連合国間の協定で規制すると共に、各国の兵力を自国防衛の軍隊と地域理事会に「国際警察軍」として供する軍隊に〃二分〃することを展望したものであったが、あくまで「地域

原則」が重視され、「ヨーロッパ地域理事会」は「ヨーロッパ合衆国の一形態」に発展するものと位置づけられていた。(7)

このチャーチル構想については、ルーズヴェルトは〝理解〟を示していたが、国務省において集中的に議論された結果、あらかじめ確立された地域組織に世界組織が依存することには「重大な危険」があり、従って世界組織の基礎はあくまで「世界規模」でなければならず、「地域的取り決め」がまとめられる際にも、それは世界組織の枠組みの下に位置づけられねばならない、との結論に達した。(8)

これを受けてパスヴォルスキーはまず最初のステップとして、四二年一月の連合国宣言での誓約を発展させた英米中ソの四大国による共同行動の宣言を発し、次いで「恒常的な世界組織」の設立に向けての議定書の作成や必要な臨時的機構の設置に関して交渉を開始するべきである、との考えを提起した。こうしてハルが「七・一覚書」に対する「国務省の回答」としてルーズヴェルトに示したのが、きたるべきモスクワ三国外相会議で採択されることになる国際連合の設立をめざす四カ国宣言の基礎となった、六項目から成る安全保障に関する「四カ国協定」の草案であった。(9)

たしかに「七・一覚書」の構想は、戦争の終結から新しい安全保障組織の成立までの間に生じるであろう「空白」をうめるための、いわば「中間的なプログラム」としての側面をもっていた。従って米政府当局は、それがヨーロッパ中心の「地域主義」に固定化することを危惧して「世界組織」の構想を対置したわけであった。しかしそこには、激変が予想されるヨーロッパ問題への具体策は何ら見られず、結論的には「七・一覚書」で提起された枢軸諸国の降伏に対処する「連合国間諸機関」の設立には「完全な同意」を表明せざるを得ない、というジレンマをかかえていた。(10)

それではソ連にとって、「七・一覚書」はどのような意味をもっていたのであろうか。そもそもソ連はイーデンの思惑とは全く逆に、むしろ英米両国がソ連を排除して「反ソ」という〝共通項〟においてドイツや東欧諸国と単独講和をはかるのではないかという不信感を一貫して抱いてきたのであり、この意味において「七・一覚書」の構想は基本的に「受け入れられる」ものであった。しかも、次に述べるようにイタリアが最初の降伏国となることによって、スターリンは直ちに同構想の具体化を英米側に迫ることになった。それが後に検討する「軍事・政治委員会」案である。

さて、上述したイーデンの構想の背景にはいわばその前提として、東欧諸国の降伏が〝先行〟するであろうとの判断がおかれていたといえる。ところが現実の情勢展開はイーデンのねらいに全く反して、連合国側に最初に降伏することになったのは東欧諸国ではなく、他ならぬイタリアであった。

つまり、連合軍のシチリア上陸からわずか半月後の七月二五日、ムッソリーニは〝宮廷クーデター〟によって失脚、彼を頂点としたファシズム体制は崩壊し、代わって四十年十月のギリシャ侵攻の失敗以降その職を解かれていたバドリオ元帥が国王ヴィットリオ・エマヌエーレ三世を擁して新政府を組織したのである。この「イタリア国王のブリュメール十八日」[11]は、四三年三月の北イタリアでの大規模ストによってその威信が揺らいでいたとはいえ、地中海域連合軍最高司令官アイゼンハワーでさえ、連合軍によるローマ解放まではファシスト・イタリアの降伏の可能性は少ないであろうと予測していた状況において、文字通り「予想外に早い」イタリア情勢の急転を示した。しかもバドリオ政権はドイツ側に対しては戦争の継続を誓約しつつも、七月末日には連合国側との休戦交渉の開始を決定し、秘かに使節を派遣して枢軸陣営からの「とんぼ返り」の道を探り始めた。こうして、まことに皮肉なことに、イタリアこそが「七・一覚書」の最初の〝適用対象〟として浮上することになったのである。[12]

英米側は「とんぼ返り」ではなくあくまで「無条件降伏」を求めつつも、八月十五日からカナダのケベックで開かれた両国軍事会議に際して対応策を協議した。ここにおいて、ファシズム体制の事実上の擁護者であった国王やバドリオに対する世論の反発を配慮してファシズムとの〝絶縁〟を強調するルーズヴェルトと、逆に国王・バドリオ政権に「ボリシェヴィズム封じ込め」の機能を期待するチャーチルとの間で次のような〝妥協策〟がまとめられた。それは、まず純軍事的な降伏を確定する軍事休戦協定を締結し、その後にバドリオ政権の事実上の承認に通じる、政治・経済・財政問題をも含む包括的な本休戦協定を取り結ぶ、という方針である。[13] こうして軍事休戦協定の内容が最終的に固められ、アイゼンハワーと共にソ連側にも伝達された。ところがこの段階に至って、スターリンは英米両国の〝一方的行動〟に厳しい反発を示したのである。

二　スターリンの軍事・政治委員会案

八月二二日、スターリンはケベックの両首脳に書簡を送り、ソ連政府はこの間の英米とイタリア側との交渉について情報を与えられておらず、事態の経緯が示すところは、英米両国間では合意がはかられるがソ連はあたかも「受身の第三のオブザーヴァー」の如く「その合意の結論」を受けとるにすぎないと、〝既成事実〟をつきつける英米側の姿勢をきびしく批判した。そして「もはやこのような状況は耐え難い」と指摘した上で具体的な対案として、ドイツとの関係を断つ諸政府との交渉にかかわる諸問題を扱う目的で英米ソ「三国の代表者から成る軍事・政治委員会〔MPC=Military-Political Commission〕」を設置し、当面イタリアとの交渉のためにシチリアに当委員会をおく、という重要な提案を行った。[14] さらにスターリンは二日後の二四日、再びルーズヴェルトとチャーチルに対し、この間の情報不足は「〔イタリアとの休戦〕交渉の間になされる決定にソ連代表が参加する必要性を確証する」ものであると強調し、改めてMPCの早期召集を求めたのである。(15)

すでにソ連側は七月末に、著名な作家イリア・エレンブルグがAP通信の記者に対し、イタリアでバドリオと「取り引きをする」ということは、やがてはドイツにおいてヘルマン・ゲーリング(「帝国元帥」)を相手にすることになるのではないかと、英米側の対伊姿勢に重大な疑問を投げかけていた。(16)そこには何よりも、ソ連は東部戦線にまで展開したイタリア軍とも戦争を続けてきた以上イタリア問題にかかわる「権利」があるにもかかわらず、英米側はソ連政府と協議を行おうとしていないというきびしい非難があった。しかもゲーリングが引き合いに出されていることは、英米両国は結局は「反ボリシェヴィズム十字軍」においてドイツと手を結ぶのではないかという、スターリンやソ連当局がかねてより抱いてきた西側に対する危惧と不信の深刻な表明を意味していた。(17)スターリンによるMPCの設置提案の背景とは、以上のようなものであった。

三大国の代表者の参加による休戦問題の処理という、事実上「七・一覚書」の「精神」に沿い、その具体化を迫るかの如きこのスターリン提案(18)に対し、英米両首脳はとりあえず八月二五日に、最終的な合意を見たばかりの本休戦協定をソ連側に送って承認を求めると共に、イタリアとの休戦協定の調印にソ連も代表を派遣するように招請し、モロトフ外相による承認の回答をうけとった。しかし問題のMPC案については、消極的なアメリカと〝前向き〟のイギリスとの立場の相違もあって調整が長びき、その間にスターリンは、すでに多くの時間が費やされているにもかかわらず何一つ事態は進展していないと批判し、イタリアとの休戦交渉を「直接現地において指導する」ためのMPCの設置は「最も緊急の課題」であると、最後通告的なきびしさで主張した。(19)

ところで、MPCはしばしば「地中海委員会」ともよばれたが、ロンドンではアトリー副首相も指摘するように、スターリン提案はイギリスの主張する地中海作戦の重要性を事実上承認するもの、とみなされていた。また、同提案を拒否するならば、ドイツや東欧を「勝手に扱う口実」をソ連に与えかねないことが危惧された。かくして内閣の意向をうけて八月三十日、アトリーとイーデンはチャーチルに対し、スターリン提案を受け入れてできるだけ早くMPCをアルジェあるいはシチリアに設置すべき旨を進言した。[20]

他方、駐ソ米大使スタンドレイもハル国務長官に対し、四二年中に約束されていた「第二戦線」の構築のおくれや英米間の一連の重要な会議からソ連が排除されているとの印象が、ソ連世論の間にソ連と英米との関係が悪化しているとの「うわさ」を広めている状況からして、英米側がソ連の協力を真剣に求めているとの姿勢を示すためにも、スターリン提案を直ちに受け入れるように主張した。[21]

かくして以上の議論を背景に、ようやく九月十日に至りルーズヴェルトとチャーチルはそれぞれスターリンに対し、MPCの即時設置に基本的に同意する回答を送った。これに対し、スターリンも両者の希望を入れて当面アルジェに本部をおくことで譲歩し、こうしてMPC問題はスターリンの言葉を借りるならば「基本的に解決されたものとみなされる」ことになった。[22] ただ三国の立場の違いを反映して、ソ連は全権代表に、当時スターリン、モロトフに次ぐ「ナンバー・スリー」とみなされていた「人民委員会議議長代理兼外務人民委員代理」のヴィシンスキーを、イギリスは地中海英米軍総司令部派遣の国務大臣マクミランを、そしてアメリカは駐パナマ大使のウィルソンをそれぞれ任命した。[23]

なお、フランスを「フルメンバー」として加えるか否か、ユーゴ、ギリシャ、中国、ブラジルの参加を認めるかどうか、といった問題はなお未定であった。さらにMPCの権限と機能について、スターリンは経験を積むことによって「より正確に定義」できるであろうと述べたが、この重要問題もなお三国間において煮つめられてはいなかった。[24]とはいえ以上の経過を経て、最初の降伏国イタリアの休戦問題を英米ソ三大国の代表者によって処理するという、「七・一覚書」の構想の具体化ともみなされるべきMPCが、とにかくも九月下旬に向けて発足することになったのである。

ところで、上述したようにケベック会談において軍事休戦協定と本休戦協定がとりまとめられ、ソ連の承認も受けた上で、まず九月三日にシチリアにおいて前者の協定が全連合国を代表するアイゼンハワーとバドリオ政権の特使との間で調印され、イタリアの降伏が正式に決せられた。この協定は全十二条から成り、連合軍最高司令官に連合国の利益を守り戦争遂行のために必要と考える「いかなる手段」をもとり得る権利を付与してはいたが、管理問題には具体的に踏み込まない、すぐれて軍事休戦としての性格を有していた。[25]

しかし、九月八日に休戦の成立が公表されると同時にドイツ軍はイタリアの占領に乗り出してムッソリーニを救出し、こうしてイタリアは、南部の港都ブリンディジに逃がれた国王・バドリオ政権(「南部王国」)と英米連合軍、サレルノ(ナポリの南方)以北を占領するドイツ軍とムッソリーニの「イタリア社会共和国」(「サロ共和国」)が対峙するという分裂状態におちいった。この中で連合国側はブリンディジの政権を「正統政府」として認め、九月二九日に至ってアイゼンハワーとバドリオとの間で本休戦協定が調印された。

同協定は「政治的・経済的・財政的性格」をもった諸条項を軸とする全四四条から成る、文字通り包括的な休戦協定であった。[26]その規定に依ればイタリアの管理体制は形式的には、軍事的必要から連合軍の直轄下におかれる占領地域と、「イタリア政府」による施政権の行使が許される非占領地域との分割によって枠組まれる。しかしこの非占領地域においても、第三七条で設置が定められている連合国管理委員会(ACC＝Allied Control Commission)が連合軍最高司令官の「指令と全般的指導」の下で政治・外交・金融・商業・貿易・生産等々、社会生活のきわめて広い範囲にわたって強力なコントロールを行使するのである。要するに、「無条件降伏」という表現は用いられなかったとはいえこの協定は実質的には、イタリアに対して「包括的な降伏」を「無条件」に課するものであった。かくしてイタリアの占領管理において、ACCのあり方が決定的ともいえる重要性を有することになったのである。

そこでこの問題を重視したソ連政府は九月二五日、本休戦協定の早期調印に同意を表しつつも、三国政府によってMPCの設置が決定された以上、協定で規定されているような機能と権限をもつACCを設ける必要はもはやなく、逆にMPCの活動の中に、バドリオ政府に対して軍事・政治・行政上の諸問題に関する指令を発する任務を含ませるべきであり、また連合軍最高司令官の指揮下に委ねられるのは軍事作戦上の問題だけである、との見解を明らかにした。[27] この重要な見解はおそらくは、当時予定されていたMPCの発足会議で表明されるはずのものであったろうが、他ならぬソ連代表ヴィシンスキー自身の病気によって会議が延期のやむなきに至り、[28] モロトフの署名を付した書面によって英米側に伝達されることになったものとおもわれる。

このソ連政府の提案に対し、CCS(英米合同参謀本部)などの軍部関係者はもとより「七・一覚書」の当事者イーデンも、連合軍最高司令官の権威が損われることへの危惧を深めた。こうして英米間で対応策が検討された結果、ルーズヴェルトとチャーチルの承認を得た〝回答〟が十月八日にモロトフに伝達された。[29] そこではまず、MPCとACCの間には「いかなる矛盾」もないと指摘され、ACCは英米軍によって解放されたイタリアの領域で生じる「特別な諸問題」を連合軍最高司令官の直接の指揮下で扱うのに対し、MPCはドイツとの関係を断つ諸政府との「交渉にかかわる諸問題を検討」し各政府に「助言」する機関であると、両機関のあり方を区別することによって事実上ソ連政府の見解をしりぞけたのである。

こうして、MPCの設置それ自体では合意をみた英米ソ三国も、その権限・性格をめぐって議論は並行線をたどることとなり、遂に問題の結着は十月十九日からモスクワで開催された、大戦勃発以来最初の三国外相会議の場に持ち込まれた。

三　排他的占領管理体制

MPCの問題は、十月二二日の第四回会合から本格的な議論が展開された。[30] まずイーデンが、実質的に問題を〝結着〟させることになった英政府提案を説明した。[31] 彼は、三大国による「恒常的な協議機関」の設立をかねてより切望してきたこと、それ故ソ連のMPC提案を「歓迎した」ことを強調した上で、ソ連提案にはらまれていたMPCの機能の二側面を次のように区分した。一つはドイツから離脱する枢軸諸国との「交渉」を扱うという機能であり、他の一つはイタリアの管理機関の仕事を具体的に「指導し調整する」という機能である。

イーデンはこの区分にたって、まず前者の機能は全欧レベルの「きわめて広範」で「包括的」なものであり、従ってアルジェやイタリアではなくでき得るならばロンドンにその本部をおき、ヨーロッパの諸問題を「研究」し関係政府に「勧告」する「諮問的な性格」をもった「恒常的機関」によって担われねばならないと、ロンドン委員会ともいうべき機関の設置を提案した。

次いで第二の機能、つまり当面するイタリア問題については、今後の情勢展開を三つの時期に分け、それぞれに対応する管理体制のあり方を以下のように提起した。まず、解放されるであろうローマにイタリア政府が樹立されるまでの第一期において、連合軍最高司令官の下で休戦協定の実施にあたるACCの枠組みが形成され、つづく同政府の樹立からイタリアにおける軍事作戦が終了するまでの第二期にあってはACCがその活動を全面展開させると共に、ACCとは別に三大国の代表(可能であればフランス、ギリシャ、ユーゴの代表も加えて)によって構成され、ACCの議長である最高司令官に「助言」する機能をもった連合国間諮問理事会が設けられる。なお、軍事作戦が展開されるこれら二つの時期においては、最高司令官が「最終的な権限」を有することになる。そして軍事作戦が終了して以降の第三期において、最高司令官はACC議長の任を降り、右の諮問理事会が占領管理の執行権を「引き継ぐ」ことになる。

以上に見たようにこのイーデン提案は、「七・一覚書」の「精神」に依拠してイタリアでの「参加」を確保しつつMPCに全欧問題を扱う権限を集中させようとするソ連提案に対して、まことに巧みにヨーロッパ問題とイタリア問題を切り離した上で、ロンドンの委員会やイタリアの諮問理事会など当初よりソ連の参加を認める諸機関の機能をあくまで「諮問的」なものに止める一方、イタリアの占領管理における最終的な権限を、CCSの指揮下にある連合軍最高司令官と英米両国の代表によって構成されるACCに掌握させることをねらいとしたものであった。

つまり、「七・一覚書」の構想にあった英米ソ〝三者対等〟による占領管理とは全く違って、シチリア占領以来の英米両国による排他的共同管理の継続確保が企図されていたわけである。なお、イタリアの管理体制を三つの時期に区分して規定するという巧妙な三段階論は、MPCの英代表に任命されたマクミランが十月六日に作成した覚書と、それに依拠しつつ同十八日にアイゼンハワーが合同参謀本部に送った、MPC、最高司令官、ACCの関係に関する「見解」にほぼ基づいたものであった。(33)

さて、イーデンの提案説明をうけたモロトフは直ちに、同提案と「七・一覚書」との「関連」を問い質した。これに対しイーデンは、「覚書」の諸原則は「なお有効」であるが「より広い展望」をもつロンドン委員会の設立が急務となった以上、それは今や「十分なものではない」とおもわれると、「およそ説得力のない回答」(34)を行った。モロトフは、ソ連政府としては「七・一覚書」は「受け入れられる」ものであった旨を強調すると共に、イタリアは連合国に降伏した「最初の国」であり、そこで生ずる諸問題は三国間の協力に直接大きな影響を及ぼすが故に、ソ連政府は「最大の重要性」を付してきたこと、降伏条項が三国政府の承認の下に実施されるためにもイタリアの「現地」にソ連代表が参加しなければならないこと等、MPC提案の意味を改めて力説した。

他方、モロトフからイーデン提案への見解を質されたハル国務長官は、同提案を好意的に受けとめているがなお慎重な検討が必要であると、この会議での彼の立場を象徴するようなあいまいな回答を行った後、戦時中の諸問題の処理については特別の委員会の設立よりはむしろ、重要問題が生ずる度に三大国の首都に常駐する外交代表による協議など既存の外交チャネルの活用が望ましいと、準備してきた独自案を説明した。[35]

このようにイーデン提案をめぐって複雑な対応が示されたが、二日後の十月二四日にイーデンは、いわゆるロンドン委員会にヨーロッパ諮問委員会(EAC)という正式名称を与えた規程草案を提出し、そこで右のハル提案を大幅にとり入れることによって「地域主義」に対するアメリカ側の懸念の解消をはかった。[36] しかしモロトフはその後もなお「七・一覚書の精神」の具体化を主張し、イーデンがEACの構成メンバーを三カ国、イタリアの諮問理事会をギリシャ、ユーゴまで含む六カ国と提案していたのに対して、「覚書」とMPC構想に沿って、後者を三カ国とする一方、前者には関係する連合諸国をも加え、しかもその機能を「戦争にかかわる全ての諸問題」という広範なものではなく、戦争の終結と休戦協定の起草にかかわる諸問題に限定するように求めた。つまり、イタリアと東欧諸国の「将来」をにらみつつEACとイタリアの諮問理事会に関して、いずれを「強力」機関とし、いずれを「弱体」機関とするかをめぐって両者間で議論がたたかわされたわけであった。[37]

しかし結局、次のような形で〝妥協〟が成立することになった。まず当時、中北部がドイツ軍の占領下におかれたイタリアでは、キリスト教民主党、共産党、社会党等の諸党によって国民解放委員会が結成されレジスタンス運動が展開されていたが、ファシズムとの「共犯」の責任を問われた国王の退位問題をめぐってバドリオ政権との対立が深まっていた[38]。そこでモロトフは「緊急の政治的措置」として、反ファシズム諸勢力の代表を加えることによる政府の民主化、民主的自由の確立、ファシスト諸組織の解体等、イタリアの「民主的体制」への早期転換をめざす七項目から成る宣言案を提出し、これを三カ国共同宣言として採択すべきことを強く主張した[39]。

反ファシズム勢力に共感を示していたハルは直ちに支持を表明したが、イーデンも自らの提案をソ連側にうけ入れさせるというねらいからモロトフ提案の承認に踏み切った。さらにイーデンはモロトフの要求に応じて、イタリアの諮問理事会を「いわゆる第一期の終了〔ローマの解放〕を待つことなく直ちに」設置することを約し、またEACの規程に関しても後述するようにいくつかの重要な譲歩を行った[40]。

かくして十月三十日、EACと対伊諮問理事会(AdCI＝Advisory Council on Italy)の規程文書が最終的に決定され、翌十一月一日には「イタリアに関する宣言」(七項目モスクワ宣言)が発表された[41]。EACの規程によれば、ロンドンに本部をおく同委員会は将来のメンバー拡大の余地を残しつつも当面三大国の代表によって構成され、議長は「回り持ち」で行われる。その機能は、戦争の終結に関わり「三国政府がふさわしいと考える」ヨーロッパの諸問題について「研究」し各政府に「勧告」することとされ、「最初に取り組まれるべき課題の一つ」は降伏条項と管理機関に関する「勧告」であるが、その際「七・一覚書を……考慮する」とうたわれている。また上述したようにハルの要求に応えて、EACの設置が三国の外交代表間の協議等による諸問題の処理という手段を排除するものではない旨が明記された。とはいえ、後に改めて触れるように、EACに対するワシントンの指導層内部における「不安感」はいやされず、特にドイツ問題でその〝混乱〟が露呈されることになるのである[42]。

次に問題のAdCIは、まず三大国とフランス(「フランス国民解放委員会」)の代表によって構成されるが、「できる限り」ギリシャとユーゴの代表も加えることが予定されている。その本部は連合軍の総司令部と「同じ場所」に設置され、その機能はイタリア情勢について情報を与えられ、イタリアに関する諸問題や管理に関する政策について各政府やACCの議長である連合軍最高司令官に「助言」を与えることである。なお最高司令官はひきつづきCCSを通して英米政府から指令をうける。また同司令官の「見解」においてイタリアの直接的軍事管理を終了させることが可能となる時に、AdCIは同司令官に代わってACCの「指導を引き継ぐ」ことになる(43)。

これがモスクワ会議で決定されたAdCIの規程であったが、スターリンの提案になるMPCがイタリア問題についてはAdCIに「改組」されたという複雑な経緯から、現場ではなお〝一波乱〟が生じた。今やAdCIのソ連代表となったヴィシンスキーは十一月下旬、三一人もの随員をひきつれてアルジェに到着したが、三十日の第一回会合において、本休戦協定の第三七条の規定によりソ連代表も「自動的に」ACCのメンバーに任命される「権利」があると主張し、フランス代表も直ちに「同様の要求」を行った。またヴィシンスキーが「連合国管理委員会の機能は対伊諮問理事会によって決定される」とみなしていることが明らかになったが、この「考え」についてはモスクワ会議の決定に照らして「正された(44)」。

しかし前者の問題については、ようやく十二月二四日の会合において了解に達した。それは、ソ連とフランスはACCに「シンボリックに代表される」ということ、具体的にはオブザーヴァーにすぎない、ということであった。なお同会合では、ギリシャとユーゴの代表をAdCIに加えることについても合意を見た。AdCIの機能がこのように実権のない「名目的」なものであることが明らかになった段階で、ソ連政府はヴィシンスキーを代表の地位から外してモスクワに呼び戻したが、これは事態が遂にイタリアの占領統治からソ連が実質的に排除されるという

「結着」に至ったことを象徴的に示すものであった。[45]

以上に検討してきた複雑な過程を経て確定するに至ったイタリアにおける占領管理体制は、一般に「イタリア方式」とよばれる。[46] その意味するところは、枢軸諸国の占領統治にあたっては、当該枢軸国を軍事的に占領した連合国(諸国)が事実上排他的な管理権を行使し、他の連合国は名目上の参加を認められるにすぎない、ということである。「七・一覚書」で提示された構想とは全く異なる占領管理体制の成立は、その後のヨーロッパ情勢の展開、ひいては日本占領にまで重大な影響を及ぼすことになった。

碩学マクニールは「イタリア方式」の成立について、それは「イタリア自体にとってばかりではなく、東欧の旧敵諸国における休戦体制のモデルとして重要性をもった。イタリア問題において名目上の参加を除いてロシアを排除したことによって、西側諸国は東欧問題における周辺的な役割以外から自らを排除する道を掃き浄めたのである[47]」と指摘した。

もっとも、冷戦史研究の第一人者ギャディスも主張するように、仮りに英米側がイタリアにおいてソ連の要求に応じていたならばソ連は東欧諸国の占領において西側諸国に何らかの重要な役割を与えたであろう、ということは「およそありそうには思われない」との見解も当然成り立ち得るところである。[48] しかし、ジュネーブの国際高等研究所から『《イタリアの先例》と冷戦の起源』というまことに興味深いタイトルの労作を著した外交史家アルチディアーコノは、右のような「《現実主義者》の視点」は「七・一覚書」からソ連の排除に至る「客観的な現実」を直視していない、と鋭く批判する。[49] またギャディスに近い立場をとるワーナーも、イタリアでの英米側の政策は疑いもなく東欧でのソ連の行動に「正当性の根拠あるいは口実」を与えた、と指摘している。[50]

ただ、問題を評価するにあたっては、より厳密なアプローチが必要であろう。なぜなら、AdCIの規程において軍事的管理の必要性が終了して以降はＡｄＣＩがＡＣＣの「指導を引き継ぐ」ことが予定されていたように、占領管理の〝排他性〟といってもそれは少なくとも形式上は、軍事作戦と戦争が継続している「軍事的局面」に限られ、その後の「政治的局面」においては英米ソ三大国の代表が〝対等の資格〟で参加する「政治的機関」に権限が移される建前になっていたからである。そして米政府当局が後に主張するところによれば、アメリカが「イタリア方式」の採用に踏み切った背景には以上の〝認識〟があった、ということなのである。(51) 従って、右の「軍事的局面」から「政治的局面」への移行の問題を組み込むことなしに「イタリア方式」の成立とソ連による東欧支配との関係を論ずることは〝論理の飛躍〟であろう。しかも実は、イタリア、東欧諸国、日本の「政治的局面」における〝対等性〟の問題が、今後の英米側とソ連側との最も重大な論争点に浮上することになるのである。

とはいえ「イタリア方式」の成立はまことに皮肉なことに、「七・一覚書」の構想を打ち出す際にも、スターリンのＭＰＣ案をうけ入れるにあたっても英政府当局が最も懸念していた、ソ連による東欧諸国の排他的占領管理の諸条件を整えることになったのである。さらに重要なことは、当時ルーズヴェルトもチャーチルあての書簡において述べていたように、イタリアの占領管理問題への対処如何が「戦争における将来の同様の全活動にとって先例となるであろう」(52)との認識をもっていたことである。こうして英米側はやがてルーマニアにおいて、「イタリアの先例」のもつ重大性に直面することになるのである。

（1）　前掲拙著、二―四頁を参照。
（2）　Woodward, *Vol. V*, pp. 46-48 ; *FRUS, 1943 I*, pp. 708-10.

（3） Woodward, *Vol. V*, pp. 49-50; *FRUS, 1943 I*, p. 708, n. 82.

（4） 実は五月二五日にイーデンが提出した外務省の覚書では、第七項にドイツの全面占領と英米ソ三国による分割占領の方針が記されていたが、内閣での議論を経て「七・一覚書」では、ドイツについては占領の組織化に関し三国の軍事専門家による「技術的な議論」が必要である、との表現に修正された。Woodward, *Vol. V*, pp. 47, 49-50.

（5） *Ibid.*, pp. 48-49; David W. Ellwood, *L'Alleato Nemico: La politica dell'occupazione anglo-americana in Italia 1943-1946*, Milano, 1977, p. 38; Geoffrey Warner, "Italy and the Powers 1943-49," in *The Rebirth of Italy 1943-50*, edited by Stuart J, Woolf, p. 31; Bruce Kuklick, "The Genesis of the European Advisory Commission," *Journal of Contemporary History*, 1969, Vol. 4, p. 190.

（6） *FRUS, The Conference at Washington and Quebec, 1943*, pp. 698-700.

（7） Woodward, *Vol. V*, pp. 39-41; *FRUS, Quebec, 1943*, pp. 167-72. もっとも、同年二月にチャーチルがルーズヴェルトに送った覚書では、「世界組織」の一部としての「ヨーロッパ政府」の設立という考え方が打ち出されていた。*Ibid.*, pp. 702-4.

（8） *Ibid.*, p. 699; Cordell Hull, *The Memoirs of Cordell Hull, Vol. II*, New York, 1948, pp. 1642-43; Kuklick, *op. cit.*, p. 189.

（9） *FRUS, Quebec, 1943*, pp. 681-83, 692-93, 700; Bruno Arcidiacono, *Le《Précédent Italien》et les Origines de la Guerre Froide: Les Alliés et L'occupation de L'Italie 1943-1944*, Istitut Universitaire de Hautes Études Internationales de Genêve, 1984, pp. 366-68.

（10） Hull, *Memoirs*, p. 1642; Ellwood, *op. cit.*, pp. 35-36, 46; Kuklick, *op. cit.*, p. 189.

（11） Arcidiacono, *op. cit.*, p. 122, 拙著、二三頁。

（12） 拙著、二三、二九頁。もっとも英外務省は、シチリア占領作戦の以前からイタリアの降伏の可能性に備えて休戦条項の作成にも着手していた。Woodward, *Vol. V*, p. 50, p. 62. n. 2, 拙論「比較占領史研究への一視角—『無条件降伏』の諸問題—」『法学論叢』第一一八巻第四・五・六号、二七一頁。

（13） 拙著、第一章第二節を参照。

(14) *FRUS, 1943 II*, pp. 353-54.
(15) *FRUS, 1943 I*, p. 783.
(16) *FRUS, 1943 III*, pp. 555-56.
(17) 拙著、四五―四六頁。Gaddis, *Origins of the Cold War*, p. 88.
(18) Arcidiacono, *op. cit.*, p. 370. イーデンが外務省の覚書を提出した当時は、ソ連は問題を議論すること自体を拒否するであろうとみなされていた(Woodward, *Vol.* V, p. 48)ことを考えるならば、事態は誠に皮肉な展開を示した、という以外にない。
(19) *FRUS, 1943 I*, pp. 784-85.
(20) Arcidiacono, *op. cit.*, pp. 320-21 ; *FRUS, 1943 I*, p. 597 ; Woodward, *Vol. II*, pp. 577-78. なお駐ソ英大使カーも、すでに八月二四日に、イタリア問題でソ連の参加を認めることは、東欧諸国の「将来」が問題となる時に英米側に「ドアを開ける」ことになると強調して、スターリン提案を「異議なく」受け入れるように本省に提言していた。*FRUS, Quebec, 1943*, pp. 1173-74.
(21) *FRUS, 1943 III*, pp. 567-68.
(22) *Correspondence, Vol. One*, pp. 159-60 ; *ibid.*, *Vol. Two*, pp. 92-93 ; *FRUS, 1943 I*, p. 786.
(23) Kuklick, *op. cit.*, pp. 193-94 ; *Correspondence, Vol. One*, pp. 159-60 ; *FRUS, 1943 I*, p. 790 ; Arcidiacono, *op. cit.*, pp. 376-77.
(24) Hull, *Memoirs*, pp. 1243-44, 1275-77 ; *FRUS, 1943 I*, p. 786.
(25) *United States and Italy*, pp. 51-52, 拙著、二六―三十頁。
(26) *United States and Italy*, pp. 55-64, 拙著、三六―三八頁。
(27) *FRUS, 1943 II*, pp. 377-78.
(28) Kuklick, *op. cit.*, pp. 194-95.
(29) *FRUS, 1943 I*, pp. 793-94 ; *FRUS, 1943 II*, pp. 382-84 ; Kuklick, *op. cit.*, p. 195. なお、拙著、五一頁を参照。
(30) なお十月二一日の第三回会合において、先述した四大国宣言の米側試案が議題に付された。そこでは宣言への中国の参加問題につづいて、試案の第二項をめぐって議論が交わされた。同項では、共同の敵と戦っている宣言署名国は、敵の降伏・武装解除および「敵の領土と敵によって占領された他の国々の領土の占領」に関するあらゆる問題について「共同で行動する」と規定されていた。この規定を字義通りに受けとれば、イタリアの占領にソ連軍が直接加わることになるし、モロトフも指摘したように、英米軍が解放するであろうオランダ、ベルギー、フランスにソ連軍が、また逆に東欧諸国に英米軍が加わるという〝相互乗り入れ〟が実現することになるであろう。しかし、英米軍によるイタリアの排他的占領という現実を前に、占領の「共同行動」という規定が東欧諸国にのみ適用されることを恐れたのであろうか、モロトフが同規定の削除を求めたのに対し、イーデンはそれは「共同占領」を意図したものではなく占領に関して十分な情報の提供を確保することを目的としたものであると、ハルに〝代わって〟要領を得ない回答を行ったが、こういう「奇妙な会話」を経て結局右の規定は最終的に削除されることになった。*FRUS, 1943 I*, pp. 596-97, 600; Ellwood, *op. cit.*, p. 44, 伊東孝之「東欧に関する連合国の戦争目的一九四一—一九四五(3)」『スラブ研究』第二三号、一五一—五二頁。

(31) *FRUS, 1943 I*, pp. 705-8. なおこの提案の原案については、*ibid.*, pp. 554-56.

(32) シチリア占領問題については、拙著、第一章第一節を参照。

(33) *Civil Affairs: Soldiers become Governors*, by Harry L. Coles and Albert K. Weinberg, the Sixth Special Studies of the Series "United States Army in World War II," Office of the Chief of Military History Department of the Army, Washington, 1964, pp. 256-57; Arcidiacono, *op. cit.*, pp. 382-84; Warner, *op. cit.*, pp. 34-35. なお、アイゼンハワー案とイーデン案との関係については、拙著、五三—五四頁。

(34) Kuklick, *op. cit.*, p. 197.

(35) *FRUS, 1943 I*, pp. 606-11.

(36) *Ibid.*, pp. 710-11. なおこの段階では、ヨーロッパ諮問委員会は英文では Advisory Commission for Europe となっている。

(37) *FRUS, 1943 I*, pp. 663-64; Kuklick, *op. cit.*, p. 198.

(38) 拙著、第二章第一節を参照。

(39) *FRUS, 1943 I*, pp. 610-11, 714-15.

(40) Ellwood, *op. cit.*, p. 45; *FRUS, 1943 I*, pp. 617, 619-20; Hull, *Memoirs*, pp. 1283-84.

(41) *FRUS, 1943 I*, pp. 756-57, 759-60.

(42) Kuklick, *op. cit.*, pp. 199-200.

(43) *FRUS, 1943 I*, pp. 758-59.

(44) *Civil Affairs*, p. 259; Harold Macmillan, *The Blast of War 1939-1945*, London, 1967, p. 470.

(45) *Ibid.*, p. 473; Kuklick, *op. cit.*, p. 198; Warner, *op.cit.*, p. 37.

(46) Gabriel Kolko, *The Politics of War: Allied Diplomacy and the World Crisis of 1943-1945*, London, 1968, p. 128; Arcidiacono, *op. cit.*, pp. 9-13.

(47) McNeill, *op. cit.*, p. 310.

(48) Gaddis, *Origins of the Cold War*, p. 91, n. 49.

(49) Arcidiacono, *op. cit.*, pp. 456-58.

(50) Warner, *op. cit.*, p. 37, n. 15. なお、伊東、前掲論文(2)『スラブ研究』第二三号、一六〇—六一頁を参照。

(51) Geir Lundestad, *The American Non-Policy towards Eastern Europe 1943-47: Universalism in an area not of essential interest to the United States*, Oslo, 1975, pp. 81-82.

(52) *FRUR, 1943 II*, p. 383.

第二節　ルーマニアと「イタリア方式」

一　カイロ交渉とその背景

枢軸陣営にあってルーマニアはイタリアに次いで第二の降伏国となり、同時に東欧のドイツ衛星諸国の中でソ連赤軍に降伏する最初の国となった。この歴史的な位置が、ルーマニアの管理体制のあり方に決定的な影響を及ぼした。

第一次大戦においてルーマニアは、中立宣言、独墺同盟側への宣戦、単独講和による戦争離脱、そして最終段階における再度の宣戦によって、辛うじて〝戦勝国〟として講和会議に臨むことができた。しかもそこで、ロシア帝国とオーストリア＝ハンガリー帝国の崩壊の諸結果を享受し、英仏等の政治的思惑をも背景に、前世紀以来ロシア領であったベッサラビアと、オーストリア＝ハンガリー帝国の領土であったトランシルヴァニアおよびブコヴィナ、さらにはブルガリアから南ドブルジアをそれぞれ獲得し、ここに民族的な願望とされてきた「大ルーマニア」の実現を見ることになった。従って講和会議以降ルーマニアはヴェルサイユ体制の維持をかかげ、フランスとの提携を軸に「小協商」による同盟関係の強化につとめた。しかし、ヒトラー政権の登場と英仏両国の「宥和的」対応に直面して、三十年代以来政治的主導権を強化してきた国王カロル二世は、次第に独伊枢軸への接近をはかることによ

って新しい国際情勢への対応をはかった。(1)

だが、三九年八月の独ソ不可侵協定の締結は、前年に国王独裁体制を固めたカロル二世の外交政策を根底から揺るがすものであった。なぜなら、同協定の秘密議定書には、ベッサラビアに対するソ連の利害にかかわって、「ドイツ側は、これら地域への完全な政治的無関心を宣言する」(2)と明記されていたからである。

同年九月の大戦勃発にあたってルーマニアは中立を宣したが、四〇年六月のドイツ軍の電撃作戦によるパリ陥落の直後にソ連は、ベッサラビアの再併合についてドイツの最終的な承認を求めた。しかし、この際にドイツ側をも驚かせたことは、ソ連がベッサラビアだけではなく、秘密議定書に触れられておらず、しかもかつてロシア帝国に帰属したこともないブコヴィナ全域をも要求したことであった。ドイツはこの要求を拒否したが、同地域を「統一ウクライナの最後の欠落部分」(3)とするソ連の強い主張によって、結局ウクライナ人が多数を占める北ブコヴィナまでをドイツ側が認めることによって妥協が成立した。ソ連は直ちにルーマニア政府に二四時間の最後通牒を突きつけ、ドイツ政府の圧力も加わってルーマニアは「ソ連・ルーマニア協定」(「四〇年協定」)の受諾を余儀なくされ、ベッサラビアと北ブコヴィナはソ連に併合されるに至ったのである。(4)つづいてドイツとイタリアが仲裁に入った八月末の「第二次ウィーン裁定」によって北部トランシルヴァニアがハンガリーに割譲され、さらにブルガリアの要求に基づいて九月には南ドブルジアの返還をも余儀なくされた。こうしてルーマニアはわずか二カ月ばかりの間に、「大ルーマニア」領土の三分の一以上、人口において約五百万人を失ったのである。(5)

王位を皇太子のミハイ一世に譲り亡命を強いられることとなったカロル二世に代わってルーマニア政治の実権を握ったのは、新しく首相となったアントネスク将軍であった。彼は対ソ戦争に備えたドイツ軍の領土内の展開を許し、四〇年十一月には日独伊三国同盟への加入に踏み切った。つまり、枢軸側に全面的に依拠することによってルーマニア崩壊の危機に対処しようとしたわけである。そして、四一年二月には軍人だけから成る政権を組織し、自らを「総統」と呼び、ファシスト的なシンボルをかかげた軍事独裁体制を固めるに至った。(6)

四一年六月の独ソ開戦にあたっては、アントネスクは三〇個師団を投入して対ソ攻撃に加わり、一年前にソ連に併合されたベッサラビアと北ブコヴィナを奪還し、さらにかつてルーマニアに属したことのないオデッサを含むウクライナ地方の一部をも占領して直接軍政下においた。同軍はその後もドイツ軍と共に、あるいはその最前線に立たされてクリミア半島やスターリングラードにまで進撃し、かくしてルーマニアは軍事作戦において、さらには石油や穀物の供給基地として、枢軸衛星諸国の中にあってドイツの戦争体制を支える上で最も大きな貢献をなすことになったのである。(7)

しかしながら、ベッサラビアを奪還した緒戦の段階においては国民は戦争に大きな支持を与えていたが、やがてドイツの戦争を担わされて戦線が拡大し、さらに四一年末には英米両国へも宣戦するに至って国内から次第に戦争批判が高まってきた。その中心となったのは、二〇—三〇年代のルーマニア政党政治を担った民族農民党の指導者マニウであった。彼はアントネスク独裁下でいわゆる「反対派」であったが、対ソ戦争を当初は公然と支持したこともあって、その政治活動は当局によって事実上黙認されるという状況にあり、やがてアントネスク自身も戦争離脱の道を模索する中で、政府と「反対派」との間に「奇妙な同床」ともいわれる関係が生まれていくことになる。(8)

さて、マニウはとりわけイギリスとの関係が深く、早くも四二年はじめ以来様々な外交ルートを利用して、ありうべきルーマニアの〝方向転換〟についてイギリス側に繰り返し打診を試みた。しかし、当時同盟条約の締結をめぐって開始されていたソ連との交渉において、特にスターリンのかかげるベッサラビアと北ブコヴィナの再併合を含む独ソ開戦時のソ連領土の回復要求に深い〝理解〟を示していた英外相イーデンと外務当局は、マニウを「ベスト・ホープ」として接触の維持につとめつつも、これらの打診にきわめて慎重に対応した。つまりイギリスは、後述する「勢力圏分割」交渉で明示されるように、ルーマニアを「勢力圏の一部」とするソ連の主張を事実上うけ入れる方向に動いていくことになるのである。[9]

そして四三年に入りスターリングラードの攻防戦でソ連が勝利し、枢軸衛星諸国に戦争離脱への気運が一層強まる中で三月十日、イーデンは米ソ両当局への書簡において、特にルーマニアに関してはソ連が「戦争の主要な重荷」を負っている以上、和平交渉についてはソ連が「まず最初」にアプローチされるべきであり、さらにルーマニアを枢軸陣営から離脱させる上でイギリスよりもソ連が「より良い位置」に立っている、との基本姿勢を強調した。[10]さらに十月のモスクワ外相会議においてイーデンは、ルーマニア側との和平にかかわる問題についてはソ連政府が決定すべきものと考えると言明したが、ハル国務長官はこのイーデンの見解に「何ら付け加えることはない」と答えたのである。[11]

なお、それからおよそ一カ月を経たテヘラン会談においては、太平洋戦線の展開を踏まえつつヨーロッパ戦線での北フランス上陸作戦(「大君主作戦」)一本化論を強く主張するルーズヴェルトと、同作戦を主としつつも補助作戦としての東地中海・バルカン北上作戦の重要性を強調するチャーチルが対立したが、「一点集中主義」と「期日厳守主義」に立つスターリンが前者を支持し、四四年五月をメドに「大君主作戦」を実施することが最終的に決定された。この決定はとりも直さず、バルカン・東部戦線においてはソ連赤軍だけが展開し、英米軍は本格的な軍事作戦には一切参入しないということが事実上確定したことを意味しており、ルーマニアをはじめドイツ衛星諸国の将来に大きな影響を及ぼすことになった。[12]

さて、テヘラン会談においてスターリンは、「大君主作戦」の実施を援助するために四四年春に東部戦線で大攻勢を展開する旨を約していたが、同年三月四日に開始された「春季攻勢」によってソ連赤軍はドイツ・ルーマニア軍が占領していたウクライナ地域を解放し、つづいて独ソ開戦時に奪還されたベッサラビアにも進撃した。この急激な情勢展開の中で、「反対派」の指導者マニウの指示をうけ、アントネスク首相によっても〝認知〟された使節がカイロに派遣され、今やルーマニア全体が〝方向転換〟を求めていると正式に和平の打診を行ったことから、英米ソ三国の外交代表との間で事実上の交渉が開始された(13)。

当初は使節の資格に疑義を表明していたソ連側は三月二五日に至り、モロトフ外相がきわめて大胆な対ルーマニア方針を提示した。そこでモロトフは、ソ連に対する戦争行為においてルーマニアが「衛星諸国の中で最悪」であると激しく非難しつつも、「今やアントネスクとの接触を確立する用意がある」と述べた上で、アントネスクはルーマニア軍に対しソ連軍への降伏を指令すること、対独戦争の「相互協力の具体的な問題」を取り扱うためにルーマニアとソ連との両軍司令部間で折衝がなされること、との重大提案を行った。ここには、「ルーマニアによる即時の方向転換のチャンス」を捉えるというソ連当局のリアルな情勢判断が見受けられるが、カイロの英外交筋は従来の基本姿勢に立って直ちに同提案を支持し、ルーマニア側にその受諾を働きかけた(14)。

他方、アメリカの側においては三月二八日、一連の事態を検討したJCS(統合参謀本部)がハルあての書簡において、次のように重要な方針を提起した。つまりJCSは、ソ連政府の今回の提案は「事実上ルーマニアの降伏問題を排他的にロシアの手に委ねる」ものであるが、しかし軍事的視点から考慮するならば、降伏条項を実効あらしめ、それを利用することのできる唯一の軍隊がロシア軍である以上、このことは「至極当然」のこととおもわれると主張し、さらに「現在のルーマニアの情勢は、イギリスや我々に降伏した当時のイタリアの情勢に似ている。イタリア作戦へのロシアの参加が現実には困難であったので、西側連合国が……イタリアの降伏問題を扱い、イタリア情勢へのロシアの参加は……制限された」と述べたのである。そして結論として、ルーマニアの戦争離脱こそが「軍事的に最高の重要性」を付されるべきであり、従って「ルーマニア軍の早期の降伏に反するような、いかなる制限的な政治的配慮も提出されるべきではない」と強調したのである。[15] そしてこれを受けてハルも、「軍事的重要性を最優先した何らかの決定」が早急になされる必要があり、問題の解決は「イタリアの情勢に類似した調整の中に見い出されるであろう」と述べて、右のJCSの基本方針をカイロに伝えたのである。[16] つまり今やアメリカ側も、なお一般的なレベルではあるが「イタリア方式」のルーマニアへの適用に一歩踏み出すに至った、と言えるのである。

こうして、三月二五日付のモロトフ提案は英米ソ三国間で「全般的な合意」が確認され、この「合意の事実」が三一日に改めてルーマニア側に伝えられた。[17] 次いでソ連政府は四月八日には、「四〇年協定」に基づいたソ連・ルーマニア国境の再画定、ルーマニアの侵略による損害への賠償、占領は求めないが軍事情勢が必要とする場合にソ連軍部隊がルーマニア領内において「無制限の移動の自由」を享受する権利、等の五項目から成る「休戦の最低条件」を盛り込んだ休戦協定案(いわゆる「四月条項」)を英米側に伝達した。[18]

これに対し、チャーチルは一部の修正を除いて「きわめて理に適ったもの」と支持を表明し、米政府も「全面的な同意」を明らかにし、こうしてこれもまた三大国の一致を見た休戦案としてルーマニア側に送付された。[19] もっとも、「四〇年協定」はベッサラビア、北ブコヴィナのソ連併合を定めたものであり、これを承認することによって米政府は後述するように、領土問題の処理に関するそれまでの原則的立場からの大きな〝逸脱〟を印すことになった。

以上のように英米両国の承認をうけてソ連が休戦交渉のイニシアティヴを握ったわけであったが、アントネスクにせよマニウにせよ英米側依存の戦争離脱を求めていたルーマニア側は、結局のところドイツの占領かソ連の占領か、という選択不能の袋小路に追い込まれた形となり、その後何ら積極的な対応を示すことはなかった。こうして三月中旬以来のカイロ交渉は、戦線の膠着も加わって六月中旬には中断状態に陥った。[20]

ただ、この交渉中断の背後において、実はルーマニアの将来に大きく影響する別の交渉が開始されていた。それが英ソ両国間における「勢力圏分割」交渉である。その直接的な契機は、四三年末にルーマニア領内に潜入し治安当局に逮捕されたイギリスの特殊作戦部隊の処置に関する問題であった。[21]「このように小さい事件」が単独講和をめぐる様々の〃うわさ〃と結びついて英ソ関係を攪乱させるに至ることを危惧したチャーチルとイーデンは、特殊作戦部隊の作戦を禁止する一方、ギリシャ情勢へのソ連の直接的な介入を抑えるために、ギリシャとルーマニアを「トレードする」、つまりは、ソ連からギリシャにおけるイギリスの政策への支持をとりつける代わりに、イギリスは「ルーマニアから手を引く」という取り引きに乗り出したのである。かくして、五月五日のイーデンと駐英ソ連大使グーセフとの会談によって開始された英ソ交渉にあっては、常にギリシャとルーマニアの問題が中心的な位置を占めることになったのである。[22]

この交渉自体は、ソ連の慎重な対米配慮、米政府内でのルーズヴェルトとハルの不一致、等をも背景にしつつようやく七月中旬に、「勢力圏分割」にならないという前提で「三カ月間の試行」という〃結着〃を見た。[23]しかしこの間に、例えばチャーチルはルーマニア問題に関して、ロシアだけがルーマニアで行動できるのであって、「合理的な休戦条件の基礎の上で……、彼らはそこで生じる問題について一貫した指導を与えることを試みるべきである」との認識を示し、しかもルーズヴェルトもそれを黙認していたのであり、[24]こうしてなお不透明さを残しつつも、この交渉過程において「ソ連の勢力圏としてのルーマニア」に向けての大国間の枠組みが一歩固められることになったのである。

二　休戦協定の特質

膠着状態に陥っていたルーマニア情勢を一気に流動化させることになったのは四四年八月二十日、パリ解放の前夜に開始されたソ連軍による「夏季攻勢」であった。ルーマニア戦線の全線にわたるこの大攻勢にルーマニア軍は雪崩をうって敗走し、ブカレストでは遂に二三日に国王ミハイを擁する「宮廷クーデター」によってアントネスクが逮捕され、近衛師団長サナテスクを首班とし、戦争離脱を求めて六月に結成された国民民主ブロックを構成する社会民主党、共産党、民族農民党、自由党の代表を加えた新政府が組織された。こうして情勢は一転して、ソ連・ルーマニア軍とドイツ軍との間で激しい戦闘が展開され、やがて戦線はトランシルヴァニアの攻防をめぐるハンガリー戦線に移ることとなった。(25)

この間サナテスク新政権は、二五日にソ連政府への覚書において休戦協定に調印する用意のある旨を伝達したが、翌二六日モロトフはモスクワの英米大使に対し、ルーマニア側に提示すべき休戦案として、すでに英米側の承認を得ていた上述の「四月条項」に加えて、カイロ交渉の際にルーマニアの使節から要請されたという、政府所在地を外国軍隊の入らない「フリー・ゾーン」に設定する、賠償金を減額する、等の条件を付することを提案した。(26)

ここで興味深いことは、これらの条件は必ずしも明示的にカイロにおいて提出されたものではなかった、ということである。それらは実は、中立国スウェーデンの首都ストックホルムにおいて、アントネスク政府の副首相ミハイ・アントネスクの指示をうけたルーマニア大使ナーノとソ連大使コロンタイ女史との間で四三年末から四四年六月頃まで秘密裏に、しかし事実上は英米側の黙認の下に断続的につづけられてきた休戦交渉で、ナーノの側から打

診されモロトフが承認を与えていたものであった。(27)

ただいずれにせよ、すでに見たように「四月条項」ではソ連軍による占領ではなく「無制限の移動の自由」のみが規定され、今回はブカレストの「フリー・ゾーン」が打ち出されるなど、ソ連側の提案は少なくとも文言上はルーマニアに対して「寛容」な性格をもつものであった。ところが、二日後の八月二八日にモスクワに送られた英政府案は、右の「フリー・ゾーン」の規定を削除し、逆に連合国がルーマニア領内に軍隊を駐留させる権利とルーマニア側による「占領費」負担の義務を明示し、さらには連合国管理委員会の設置を初めて明確に規定するという、文字通り降伏した敵国に対する占領管理という性格を色濃く有するものであった。(28)

なお、当時米国務省は全二十項目の休戦案を準備していたが、それはあくまで駐ソ大使ハリマンの「便宜」に供するためであり、内容的にはソ連提案や右の英政府案等を整理しただけであって、独自の主張や方針は盛り込まれておらず、結局アメリカはルーマニアの休戦協定をめぐる交渉において主体的な役割を十分に果たし得ない状態に終止するのである。(29)

さて、サナテスク政府の全権代表団をモスクワに迎えたソ連政府は八月三一日、英政府案を含む従来の諸議論を踏まえつつ、新たに重要な諸条項を加えた全十七条より成る本格的な休戦協定案を英米側に伝え、さらに九月八日にはモロトフが休戦協定に付する全六項の議定書案を提出した。(30)そして実はこれらの提案が若干の修正をうけただけで全二十条に再編され、正式の休戦協定として九月十二日に、英米ソ三国を代表するソ連のマリノフスキー元帥とルーマニア側代表との間で調印されることになったのである。(31)しかもこのルーマニアの休戦協定は、その基本的な枠組みおよび条文の構成において、つづくブルガリアとハンガリーの休戦協定の〝モデル〟としての位置を占めることになった。

休戦協定においてまず何よりも重要な点は、協定の履行が、連合諸国の代表として行動する「連合国(ソヴィエト)最高司令部」(A(S)HC=Allied(Soviet) High Command)の管理監督の下で実施されることが明記されたことである。そして第十八条において、このA(S)HCの「全般的な指導と指令」の下で協定履行の規制と監督を行う連合国管理委員会(ACC)の設置が定められた。

ところで、この休戦協定には「ルーマニアの敗北」と休戦諸条項のルーマニア当局による「受諾」という表現はあるが、「無条件降伏」はもちろん「降伏」や「占領」という言葉さえ見い出すことができない。[32] しかも第十七条の規定によって、ソ連軍の直接軍政下におかれる前線から五〇―一〇〇キロメートルの地域を除く「ルーマニアの全領域」においてルーマニア側の施政権が認められているのである。従って、協定調印の直後にルーマニアの全権代表がハリマンに「……期待しうるだけ有利なものである」と語ったように、ルーマニアの「占領」体制は形式的には、そのほぼ全土が「非占領地域」とされる「間接統治」形態をとることになった。[33]

しかし現実には、「フリー・ゾーン」の設定が英政府提案をもうけて放棄された結果、ソ連軍は「移動の自由」の名目においてブカレストを含むルーマニアの全域を事実上占領下におき、ACCを通してA(S)HCが全面的な管理を実施した。その際、「ルーマニアの経済生活への無制限のコントロール」をA(S)HCに付与しているとハリマンが指摘した[34]休戦協定の諸条項は何よりも、ルーマニア領内にあるドイツと衛星諸国の全ての戦争物資を「戦利品」としてA(S)HCに引き渡すことを規定した第七条と、戦争中にルーマニアがソ連領内から奪い去った全ての「略奪物資」を「完全に良好な状態」で返還することを義務づけた第十二条であった。イタリアの休戦協定には見られず、おそらくは東部戦線の軍事情勢とソ連が被った損害の甚大さを反映したであろうこれらの規定と、後述する現物による賠償支払いの規定を最大限に〝活用〟して、ソ連当局は石油製品、製油施設、工業製品、車輌、穀物、家畜などのソ連領内への大量移送を行うことになるのである。[35]

さらに政治レベルで重要な意味をもったのは、戦争犯罪人の処罰(第十四条)、報道・文化活動・通信全般にわたる規制(第十六条)に加えて、何よりもルーマニア領内の「全ての親ヒトラー(ファシスト・タイプの)諸組織」の即時解体を規定した第十五条であった。なぜなら、そこでは解体の対象として「連合国、とりわけソ連に対して敵対的な宣伝活動」を行っている諸組織が並記されていたからである。ハル国務長官は当初、この「とりわけソ連」という字句の削除を求めたが、モロトフは「ソ連は隣国として特に関係がある」との理由でハルの要求を拒否した。そしてA(S)HCはこれらの規定を〝活用〟して、いわゆる「国家機構の浄化」に力を注いでいくことになるのである。[36]

さて、以上の占領管理体制において問題の焦点は、A(S)HCの「全般的な指導と指令」の下で活動するACCのあり方である。モスクワの英米大使がこの点を質したのに対してモロトフは、ルーマニアのACCは「イタリアの管理委員会と同じ方式」において機能する、つまりACCの執行機能は議長であるソ連代表に帰属し、英米代表の「職務」は「イタリアの連合国管理委員会におけるソ連代表の地位と類似」したものであり、それはACCと本国政府との「連絡の維持」である、と回答した。[37]

このモロトフの明快な〝本質規定〟に対し、イタリアにおいて文字通り「イタリア方式」をソ連に押しつけた英米側は一切の反論を行うことはできなかった。否、というよりは、例えば英政府はソ連がルーマニアのACCにおける英側スタッフの数を五人に制限していることに対し、イタリアのACCにおいてはソ連側はすでに十一人のスタッフを擁していると、逆にイタリアでの〝実情〟をあげて枠の拡大を求め、米政府も同様の要求を行った。[38] さらに英米側は、ACCの英米代表がルーマニア政府と直接交渉することが許されていない状況において、ソ連が四四年三月にイタリアのバドリオ政権を承認し正式の外交代表を派遣している〝実情〟を踏まえて、承認問題は別としてルーマニア政府と「直接的な関係」を維持できる「政治代表」をACCの代表とは「独立」した存在として派遣できるように要望した。[39] これらの要請に対してモロトフは前者については、イタリアにおける十一人のソ連側スタッフの中には「難民問題小委員会」のメンバーも含まれていると反論しつつも英米側スタッフの増員に応じ、後者についても「イタリアとのアナロジー」「イタリアとのパラレル」を強調しつつ承認した。[40]

以上のようにルーマニアのACC体制は、その議長代理ヴィノグラードフ将軍が言明したように、「イタリアにおける連合国管理委員会と同じパターン」として枠組まれた。[41] つまり、ルーマニアとの和平交渉におけるイニシアティヴの承認というレベルから今や英米側は、ソ連による事実上の排他的な占領管理という、「イタリア方式」のいわば〝裏返し〟の形での適用を受け入れた、あるいは受け入れざるを得なかったのである。

この深刻な事態について、例えばチャーチルやイーデンの場合は、イギリスの外交史家ウッドワードも指摘するように、[42]「勢力圏分割」プランの具体化として位置づけることもできたであろう。また米政府にあっては、「彼らが他の場所〔イタリア〕でつくり上げたのと全く同様の構造の中に住むことを拒否することはほぼ不可能であった」[43]と指摘される軍事的・政治的〝現実〟の否応なき承認を意味したであろう。もっとも、早くも四二年段階から「第二戦線」問題をも背景に「四人の警察官」というよりは「米ソの共同支配による平和」という戦後秩序を模索し、おそくとも四三年には「東欧は単純にロシアの支配に慣れなければならない」とソ連による東欧支配を事実上認める意向を表明し、さらに「イタリア方式」が「先例」となるであろうことを認識していたルーズヴェルトにとっては、〝許容〟し得る事態であったろう。[44]

とはいえ、公的なレベルで「原則」外交をかかげつづけるハルや国務省にとっては、問題は複雑であった。たしかに現実の対ソ交渉はハリマン自身が述べているように、「ルーマニアが、我々が干渉すべきでないソヴィエトの利害の支配的な地域であるという暗黙の了解」の上に立っていると、ソ連側が「信じる」ような姿勢においてすすめられた。[45] しかし、実はハル等の本来的な立場は、「ルーマニア国家の将来が、ルーマニアが直接戦闘にかかわっている一強国〔ソ連〕の手に排他的に委ねられるべきではない」[46] という所にあったのである。そこで後に検討するように、ルーマニアの休戦以降国務省は軍事と政治の区別、具体的には、ソ連の排他的イニシアティヴはあくまで軍事的レベルのものであって、対独戦争終了後の「〃政治的〃時期」においては、ACCを構成する三国間には「基本的な対等性」が確保されねばならない、という立場を強調していくことになるのである。

ところが、ルーマニアのACCを規定した休戦協定第十八条については、モスクワでの交渉でルーマニアの代表団が提出した要望によって、ACCの活動時期は「講和の締結まで」との〃期限設定〃が挿入されたが、対独戦争の終了後におけるソ連側の権限行使については「いかなる制限」も付されず、英米側もいかなる権利要求の「留保」も行っていなかったのである。[47] そしてこの問題が、アメリカにとって今後の重要な〃教訓〃となった。

さらにルーマニアの休戦協定には、米国務省の「原則」からして深刻な諸問題がはらまれていた。まず第十一条において、ルーマニアがソ連に対し、三億ドル相当の賠償を現物で六年間の期限内に支払うことが明記された。当初ハルや国務省は、そもそも賠償問題に関する連合国側の基本政策がなお未決定であり、ことは「原則にかかわる問題」であると強く異議を唱えた。しかしモロトフは、賠償額は「きわめてささやかな」ものであり、ソ連国内の世論を満足させるためにも不可欠であるときわめて強硬な対応を示し、結局米政府としては、今後の「先例」を定めたものとはみなしていない旨を通告しただけで受け入れざるを得なかったのである。[48]

さらに重要な問題は、第四条において、「四〇年協定」によって画定された国境線を復活させることが明記されたことである。既に触れたように、同協定はベッサラビアと北ブコヴィナのソ連併合を取り決めたものである。そもそも国務省は、戦争が進行中に何らかの国境線を引くことに反対する、との「原則的立場」を打ち出してきた。従って、四四年一月中旬に国務省内で作成されＪＣＳも承認を与えた「降伏時のルーマニアに課すべき諸条項」案に示された基本方針では右の両地方について、仮りにソ連の占領下におかれることになってもそれは連合国全体の利益のためになされる占領であって、全般的な講和での最終的解決まではいかなる国の領土にもならないことが三大国間で確認されるべきであろう、と指摘されていたのである。また、このような調整が事実問題としてソ連による即時の再併合によって不可能となる場合でも、少なくとも、四〇年に至るまで一度もロシアやソ連の領土に属したことのない北ブコヴィナについてはベッサラビアと違った扱いがなされるべきであり、その帰属は全般的な講和までペンディングにおかれねばならない、と主張されていたのである。(49)そして同様の趣旨は、先述したソ連の「四月条項」を検討した国務省南欧課の四月一一日付の覚書においても確認されていたのである。(50)

ところが、当然このような原則的立場に立っていたはずのハルが、(一)ソ連の度重なる公然たる再併合の要求、(二)ソ連がすでにそれらの地域に入っているという事実、(三)ルーマニア自身が多分に、それらの損失を甘んじて受け入れると推察されること、(四)ソ連側は「四〇年協定」の確認については、そのいかなる修正にも応じないであろう、等の諸理由をかかげてベッサラビアはもちろん北ブコヴィナについても、そのソ連への併合を、しかも戦争遂行中に事実上承認することに踏み切ったのである。(51)こうして、領土問題に関する原則からの重大な〝逸脱〟が画されることになったのである。

ちなみに、ソ連に併合されたベッサラビアの相当部分はモルダヴィア(現在名はモルドヴァ)共和国を構成してきたが(北ブコヴィナはウクライナ領に編入)、九一年八月にソ連邦からの「独立」を宣言した同共和国ではこの間、四〇年六月のソ連併合を〝根拠〟づけた三九年八月の独ソ不可侵協定におけるモロトフ・リッベントロップ秘密議定書にまで遡った歴史的批判が展開されてきた。

しかし、例えばバルト三国の場合は英米両国は、ポツダム協定の第五条でケーニヒスベルグを含む東プロイセンの北部地域のソ連領有に同意することによって事実上三国のソ連併合を認めたとはいえ、少なくとも公的にはそれを否認しつづけたのに対し、ベッサラビアと北ブコヴィナに関しては、以上に見たように英米両国もルーマニアとの休戦協定でソ連による再併合を正式に承認し、しかも四七年二月の講和条約においてそれを再確認した、という歴史的事実が看過されてはならない[52]。

(1) Stephen D. Kertesz (ed.), *The Fate of East Central Europe: Hopes and Failures of American Foreign Policy*, Univ. of Notre Dame Press, 1956, p. 249; Stephen Borsody, *The Triumph of Tyranny: The Nazi and Soviet Conquest of Central Europe*, London, 1960, pp. 15-19, 34-39; Hubert Ripka, *Eastern Europe in the Post-War World*, London, 1961, pp. 1 ff.; Stephen Fischer-Galati, *The New Rumania: From People's Democracy to Socialist Republic*, The M. I. T. Press, 1967, pp. 2 ff.; Hugh Seton-Watson, *The East European Revolution*, London, 1950, 初岡昌一郎訳『東欧の革命』新時代社、一九六九年、一六―一七頁、木戸蓊『バルカン現代史』山川出版社、昭和五二年、一七四―九四、二八五―九一頁、矢田俊隆編『東欧史(新版)』山川出版社、一九七七年、三九八―四〇〇頁。

(2) Walter Consuelo Langsam, *Historic Documents of World War II*, Princeton, 1958, p. 21.

(3) William Taubman, *Stalin's American Policy: From Entente to Détente to Cold War*, New York, 1982, p. 28.

(4) *FRUS: 1940 I*, pp. 479-90; Seton-Watson, *op. cit.*, 邦訳、八七頁、Taubman, *op. cit.*, p. 28.

(5) Seton-Watson, *op. cit.*, 邦訳、八八―八九頁、Vojtech Mastny, *Russia's Road to the Cold War: Diplomacy,*

Warfare, and the Politics of Communism, 1941-1945, Columbia Univ. Press, 1979, pp. 29-30, 木戸、前掲書、二九六—九七頁。

（6） Seton-Watson, *op. cit.*, 邦訳、一一六—一一八頁、矢田、前掲編書、四〇八—一〇頁。

（7） Seton-Watson, *op. cit.*, 邦訳、一一八—一一九頁、Kertesz, *The Fate*, pp. 251-52 ; Fischer-Galati, *op. cit.*, p. 15.

（8） Elizabeth Barker, *British Policy in South-East Europe in the Second World War*, London, 1976, p. 223 ; Fischer-Galati, *op. cit.*, pp. 8-12, 15 ; *FRUS, 1944 IV*, p. 151.

（9） Barker, *British Policy*, pp. 206, 224 ; Herbert Feis, *Churchill-Roosevelt-Stalin : The War They Waged and the Peace They Sought*, Princeton Univ. Press, 1957, pp. 26-27 ; Sir John Wheeler-Bennett and Anthony Nicholls, *The Semblance of Peace : The Political Settlement after the Second World War*, pp. 45-47 ; Taubman, *op. cit.*, pp. 47-48 ; Victor Rothwell, *Britain and the Cold War 1941-1947*, London, 1982, pp. 90-98, 伊東、前掲論文㈠『スラブ研究』第二一号、一九五—二一〇頁。

（10） Barker, *British Policy*, pp. 206, 226. なお、四月六日に同文の覚書が国務省に改めて手交された。*FRUS, 1943 I*, p. 487.

（11） *Ibid.*, p. 633.

（12） Ghita Ionescu, *Communism in Rumania 1944-1962*, Oxford Univ. Press, 1964, pp. 72-73, 伊東、前掲論文㈣『スラブ研究』第二六号、一七一—一八二頁、福田茂夫『第二次大戦の米軍事戦略』中央公論社、昭和五四年、二〇一—二二頁。

（13） Bernard Newman, *Balkan Background*, New York, 1945, p. 163 ; *FRUS, 1944 IV*, pp. 149-50 ; Barker, *British Policy*, p. 231.

（14） *FRUS, 1944 IV*, pp. 151, 159-60, 163 ; Barker, *British Policy*, p. 232.

（15） *FRUS, 1944 IV*, pp. 161-62.

（16） *Ibid.*, pp. 163-64.

（17） *Ibid.*, p. 165.

（18） *Ibid.*, p. 170.

(19) *Ibid.*, pp. 171-73 ; Feis, *Churchill-Roosevelt-Stalin*, p. 337 ; Barker, *British Policy*, pp. 232-33.

(20) *FRUS, 1944 IV*, pp. 174-78, 181 ; Mastny, *op. cit.*, p. 155. なお、当時のルーマニアの支配層内部における赤軍への警戒心と、英米側に「見捨てられた」との感情については、Barker, *British Policy*, p. 234.

(21) *Ibid.*, pp. 139-40, 229-30, 234-36 ; Woodward, *Vol. III*, p. 132, n. 1 ; *FRUS, 1944 IV*, p. 179.

(22) Barker, *British Policy*, pp. 140, 236.

(23) Hull, *Memoirs*, pp. 1451-58 ; Woodward, *Vol. III*, pp. 115-23.

(24) *Ibid.*, pp. 121-22.

(25) Mastny, *op. cit.*, p. 198 ; Barker, *British Policy*, pp. 226, 239-41 ; Ionescu, *op. cit.*, pp. 83-84 ; Fischer-Galati, *op. cit.*, pp. 21-22 ; Seton-Watson, *op. cit.*, 邦訳、一二三―一二四頁。

(26) Rothstein, *op. cit.*, p. 104 ; *FRUS, 1944 IV*, pp. 191-92, 196, 198.

(27) この秘密交渉については、拙論「『無条件降伏』の比較研究―ルーマニアの『休戦』―」『法学論叢』第一二〇巻四・五・六号、一五四―一五六頁を参照。Frederic C. Nano, "The First Soviet Double Cross : A Chapter in the Secret History of World War II," *Journal of Central European Affair*, XII 3, pp. 237-41. なお、当事者ナーノはこの交渉をソ連側の「裏切り」といっているが、英米側の黙認については、*FRUS, 1944 IV*, p. 150 ; Barker, *British Policy*, p. 236.

(28) *FRUS, 1944 IV*, pp. 198-99, 213, 221, 233-34. なお、この英政府案はあたかも、前節で述べたように、およそ一年前にイタリアの降伏に際してアイゼンハワーの簡略な軍事協定に対してやはり英政府が、政治・経済・社会レベルのコントロールにまでおよぶ包括的な本休戦協定を求めた過程を想起させるものであった。拙著、第一章第二・三節参照。

(29) *FRUS, 1944 IV*, pp. 200, 203-4 ; Lundestad, *op. cit.*, pp. 225-27 ; Cortlandt V. R. Schuyler, "The View from Rumania," in Hammond, *op. cit.*, pp. 157-58.

(30) *FRUS, 1944 IV*, pp. 209-12, 225-26.

(31) *A Decade of American Foreign Policy, 1941-49, Basic Documents*, Department of State, Washington, 1968, pp. 487-91 ; *FRUS, 1944 IV*, p. 218 ; McNeill, *op. cit.*, p. 468, 前掲拙論「ルーマニアの『休戦』」、一五七―一六〇頁。

(32) ルーマニアに対する「無条件降伏」要求の〝緩和〟の過程については、同上、一三八―一三九、一四一―一四二頁。

(33) *FRUS, 1944 IV*, p. 235. なお、形式的には統一的で間接的な占領管理方式は、分割的で直接的な「ベルリン方式」に対し、一般に「バルカン方式」とよばれる。高野雄一、前掲論文、四六―四七、五四頁。
(34) *FRUS, 1944 IV*, p. 236.
(35) *Ibid.*, pp. 236, 250-59, 261, 275; Schuyler, *op. cit.*, pp. 129-31; Rothstein, *op. cit.*, pp. 196-97, 前掲拙論「ルーマニアの『休戦』」、一五八、一六四―一六七頁。
(36) Rothstein, *op. cit.*, p. 197; *FRUS, 1944 IV*, p. 229.
(37) *Ibid.*, pp. 223, 230, 237.
(38) *Ibid.*, pp. 239-41.
(39) *Ibid.*, pp. 237, 239-41, 244, 253. なお、イタリアにおけるソ連の外交代表派遣の経緯については、拙著、一〇六―一一二頁。
(40) *FRUS, 1944 IV*, pp. 244, 252. Cf. *FRUS, 1944 III*, p. 888.
(41) *FRUS, 1944 IV*, p. 281.
(42) Woodward, *Vol. III*, p. 138.
(43) Kolko, *op. cit.*, pp. 130-31.
(44) 伊東、前掲論文㊦、二一〇―一一頁、同上㊂、一四二―四三頁。Gaddis, *Origins of the Cold War*, p. 90.
(45) *FRUS, 1944 IV*, p. 235.
(46) *Ibid.*, p. 169.
(47) *Ibid.*, pp. 231-32; Lundestad, *op. cit.*, pp. 82, 227.
(48) *FRUS, 1944 IV*, pp. 213-22, 226.
(49) *Ibid.*, pp. 136-44.
(50) *Ibid.*, pp. 172-73.
(51) *Ibid.*, pp. 174, 200. なお、ルーズヴェルトはすでに四三年三月のイーデンとの会談において、ベッサラビアがソ連に帰属すべきことを認めていた。*FRUS, 1943 III*, p. 14. Cf. Lundestad, *op. cit.*, p. 228.

(52) *Ibid.*, pp. 296-303 ; *A Decade of American Foreign Policy,* 1985, pp. 455-56.

第三節　ブルガリアの管理体制

一　対ソ関係の特殊性

一九三五年以来、国王ボリス三世による「王政ファシスト独裁」の下にあったブルガリアは、四一年三月に日独伊三国同盟に加入し、同年十二月には英米両国に宣戦した。しかしブルガリア国民に伝統的な親露・親ソ感情を配慮して、「ボリシェヴィズムの壊滅」を叫ぶフィーロフ首相もソ連に対する戦争には乗り出さなかったし、ヒトラーもルーマニアやハンガリーの場合とは違って対ソ戦への参加を求めることはなかった。[1]

もっとも、ブルガリアはドイツの戦争に対する〃後方支援〃には全面協力し、特に黒海沿岸のヴァルナ、ブルガスの二大港をドイツ軍に供し、ソ連のドイツに対するスパイ活動を妨げるためにヴァルナのソ連領事館を封鎖した。ただいずれにせよ、ブルガリアの実質的な戦争目的は、すでに四一年春の侵攻以来ドイツ軍が支配下においていたギリシャとユーゴにおける、とりわけマケドニアを中心とした隣接地域をドイツから譲り受け、占領することであった。[2]

このようなブルガリアの対外侵略、ドイツとの戦争協力に対し、比較的早い段階からレジスタンス運動が開始され、同国出身のコミンテルン書記長ディミトロフの反ファッショ統一戦線方針をもうけて、四二年六月には労働者党(共産党)、農民同盟左派、「ズヴェノ」グループ(戦前に政権を組織した知識人と軍人のグループ)、社会民主党などを中心に「祖国戦線」が結成され、パルチザン闘争が活発に展開された。[3] さらに四三年八月のボリス三世の急死、同年十一月からの連合軍によるソフィア空爆の開始によってブルガリア国内は深刻な動揺にみまわれ、とりわけ四四年の春以降英米側に対する非公式な和平の打診が相次いだ。[4]

かくして英米当局はこのような情勢展開の中で、ブルガリアが降伏する際に課すべき降伏条項の検討に入った。両国はルーマニアの場合とは違って、問題は四四年一月から活動を開始したEAC(ヨーロッパ諮問委員会)の場で協議されるべきである、との基本方針で臨んだ。

さて、七月上旬にEACの米代表ワイナント(駐英大使)に送られ、同二六日にEACの場に提出されたアメリカの降伏条項草案では、降伏文書に署名する連合国諸政府の「占領する権利」がうたわれると共に、対独戦争の遂行上ブルガリアの全部あるいは一部を占領する場合と、秩序維持の責任をブルガリア政府に委ねて占領しない場合の、二通りのケースが想定されていた。また、同じ日にEACに提出されたイギリスの降伏条項に関する覚書においても、連合国によるブルガリア領土の「使用あるいは占領」と記され、さらに連合国管理委員会を設置する場合と、単に「連合国の代表」を派遣する場合の、双方の可能性が指摘されていた。[5]

それでは、占領に関するこのように〝消極的〟ともいえる姿勢はどこからくるのであろうか。まず明らかなことは、後に英外相イーデンが「我々もアメリカ人もあの国〔ブルガリア〕に軍隊を派遣することはできない」と断じたように、アメリカは当初から、イギリスにあってもすでに当時においては占領軍を派遣する準備も方針も欠いており、従って「占領する権利」が実施に移される可能性はほぼなかった、ということである。[6] さらに、国務省南欧課の覚書も指摘する「〝母なるロシア〟への特別の感情と関係」を有する「ブルガリアの特別の立場」を尊重せざるを得ない、ということであった。[7]

従って英米側は早い段階から、ブルガリアと交戦関係にないとはいえソ連がブルガリア問題において重要な役割を果たすべきであるとの前提に立っており、ブルガリア側からの和平の打診はもとより降伏条項を検討するにあたっても、一貫してソ連側に情報を伝達し協議を行う方針で臨んできたのである。[8] その結果、EACの英代表ストラングとワイナントとの間で英米案を基礎に八月二五日にまとめ上げられた対ブルガリア休戦(降伏)条項案では、連合軍がブルガリア領内を自由に「移動する権利」がうたわれていたが、「占領する権利」やブルガリアの領土や資源を「利用する権利」といった規定については、連合国側に無制限の絶対支配を与えるおそれがあるとのEACソ連代表グーセフの反対意見を取り入れて削除され、純軍事的な休戦協定に近い内容となったのである。[9]

ところが、その直後からブルガリアをめぐる情勢は急激な展開を示すことになった。前節で述べたように八月二十日にソ連赤軍はルーマニアの全線にわたって総攻撃を開始し、三一日にはブカレストが解放された。枢軸陣営の強力な一角であったルーマニアの降伏は、ブルガリア当局にとって大きな衝撃であった。すでに八月中旬にイギリス側に正式に和平の打診を行っていたブルガリア政府は、八月二六日にはソ連側に対し「完全中立」の方針を伝えた。[10] それは、ルーマニアのサナテスク新政権がソ連に休戦を申し出た翌日のことであった。当時ブルガリア政府にとって焦眉の課題は、降伏前夜のルーマニアからソ連軍に追われて逃れてくるドイツ軍の扱いであった。そこで同政府は、これらドイツ軍の武装解除とブルガリア領からの撤退を求める決定を下し、ソ連および英米側にスタンスを移す意思表明を行ったのである。九月二日に組織された新政府も十二項目にわたる政府声明の中で、ドイツ側が外交関係を断絶しない限り「全ての国々に対する中立の態度」を維持する、との方針をかかげた。[11]

これに対し、九月五日に至りソ連外相モロトフは突如モスクワ駐在のブルガリア大使を招き、両国関係の断絶と戦争状態への突入を宣言した覚書を手交し、七日には外務省当局より、黒海沿岸の港がドイツ軍の対ソ攻撃の拠点となっている問題をめぐり四月以来両政府間で交わされてきた数々の覚書を含む、事態の経緯を説明した長文の声明が発せられた(12)。

それによれば、過去三年以上にわたりブルガリアはドイツの戦争に協力してきたが、ソ連政府は小国がドイツに抵抗することの困難さを考慮して「耐えてきた」、しかし今やイタリアもフランスもルーマニアもドイツから離脱しドイツはきびしい危機状態に直面しているにもかかわらず、ブルガリア政府は対独断交や対独宣戦に踏み出すどころか「いわゆる中立政策」をかかげつつ事実上は、ソ連軍の攻撃で退却していくドイツ軍に支援を与えつづけてルーマニアへの再進撃を許しており、これはソ連に敵対しドイツの陣営にたって戦争を遂行していることに他ならない、ということであった。

この突然の通告におどろいたブルガリア政府は七日にドイツとの外交関係を断絶し、翌日には宣戦を布告したが時すでにおそく、ソ連軍はルーマニア国境を超えてブルガリア領内に突入し、同時に「祖国戦線」が各地で発生したストライキを背景に八日から九日にかけてクーデターに決起し、大きな抵抗をうけることもなく政権を奪取したのである(13)。

この段階に至ってソ連政府は、八月二九日には一たん「不参加」を通告していたＥＡＣでの休戦条項の協議に改めて加わる意向を英米側に伝えた。この間のソ連側の〃一方的〃な行動に対し、米政府は「沈黙」を守り、英政府は事前協議なきソ連の対ブルガリア宣戦に「おどろき」を表明したのみであったが、両政府ともソ連の申し出を受け入れたばかりではなく、ハル国務長官も述べたように、むしろソ連側の提案を待つ姿勢を示したのである(14)。

かくして九月十二日、ソ連代表グーセフはＥＡＣにおいて、英米側の休戦条項案に対する「修正と追加」を提出した。[15] それは、ルーマニアの場合と同じくA(S)HCが事実上占領管理の実権を掌握することをねらいとしたもので、特に第十三条にルーマニア休戦協定第十八条とほぼ同文の、ACCに関する規定がかかげられていた。

これに対し英外務省はまず、ブルガリア側と休戦交渉を開始し休戦協定を締結する前提条件として、ブルガリア軍のギリシャ、ユーゴからの撤退を求める、との方針を公式に表明した。それは何よりも、ブルガリアとの講和条約の締結に際してソ連がエーゲ海への出口を確保しようとするのではないか、との危惧に基づいていた。[16]

次いで九月十九日には、EACの英代表ストラングが「新しい草案」を提出した。そこで何より問題となるのは、ソ連提案の第十三条に対する修正の提起である。それは二つの項目から成っており、第一項では、ブルガリア政府は休戦を実施に移すための「連合国の指示」を遂行すると述べられた上で、その指示の「解釈」は「連合国によって下される」と規定されていた。そして第二項において、ブルガリア政府に指示を伝え休戦条項の遂行を規制し指揮監督するために「ソ連のメンバーを議長とする連合国管理委員会」が設置される、と定められていた。ストラングは提案の趣旨として、ソ連のメンバーは常任議長となるがACCは決してA(S)HCの指揮下にあるのではなく、三大国が「対等の分担」を分かちもつ「三者対等の委員会」になることを意味している、と説明した。[17] これに対しグーセフは、ブルガリアはドイツに対する戦争を遂行しなければならず、ACCは当地で作戦を指揮する最高司令官の下に服さねばならない、と批判した。

そして翌二十日グーセフは、全部で十九の条項から成る対ブルガリア休戦協定草案を提出した。[18] 内容的にはルーマニアの休戦協定とほぼ同じで、ACCの規定は上記の「修正と追加」における第十三条から第十八条に移され、「連合国(ソヴィエト)最高司令部の全般的な指導と指令」の下で活動するACCが設置される、とうたわれていた。ただ、ルーマニアの協定の第十五条にあった「親ヒトラー組織」および「連合国、とりわけソ連」に敵対的なプロパガンダを遂行する諸組織の解散に関する規定は第八条に移されたが、米代表ワイナントの要求もあって「とりわけソ連」の文言が削除されていた。[19] なお当日グーセフから、英外務省が要求していた、ブルガリア軍のギリシャ、ユーゴからの撤退をブルガリアとの休戦協定調印の前提条件にするとの提案をソ連政府も承認した旨が報告された。

以上のように英ソ両代表が具体的かつ包括的な提案を提出し活発な議論を展開する中で、米代表ワイナントはあたかも〝オブザーヴァー〟の如くこの間の議論にほとんど積極的に加わらなかった、否、より正確には加わることができなかったのである。なぜなら、JCSから「いかなる意見表明もない」ために国務省として「最終的な指示」を作成してワイナントに送ることができなかったからである。[20] かくして、ソ連側から「問題に無関心」と受け取られかねない状況に陥り、米政府の見解を十分に展開し得ないままに休戦協定の最終的な合意形成に至ることを危惧したワイナントは九月二三日、問題の焦点となっている第十八条のACC規定について自らの提案をまとめハル国務長官に送った。[21]

ワイナントの私案は占領期を二つの時期に分け、ヨーロッパで戦争が継続している間(「第一期」)はACCはA(S)HCの全般的指揮下で活動するとしてソ連の「支配的管理」を認める一方、戦争の終結からブルガリアとの講和条約の締結までの期間(「第二期」)においては、ACCは英米ソ三国の「政府の指示に従って」休戦の遂行を規制し指揮監督する、というものであった。

これは、グーセフの提案で示されたように時期を特定せず実際上は講和の締結に至るまで「一方的管理」を求めるソ連の立場と、事実上全期間にわたって「三者対等の委員会」としてのACCを求めるイギリスの立場を、時期を区分することによって和解させようとする「妥協の公式」であった。そこにはまた、いかにブルガリアとソ連との間に「特別の関係」があるとはいえ、「流血なき五時間の戦争」を戦ったにすぎないソ連に対し、空爆に際して少なからぬ人命を失ったアメリカと、ギリシャの防衛にあたって「多大の損害」を被ったイギリスにもACCにおいて「より公平な代表権」が与えられるべきであり、少なくとも「第二期」においては「対等の発言権」が認められるべきである、との主張があった。[22] さらに言えば、ルーマニアの休戦協定第十八条において、講和条約に至るまでの〃時期区分〃を設けなかったことへの〃反省〃があったことも疑いを入れない。[23]

ワイナント私案をうけたワシントンでは九月二六日に至り、ようやくJCSの同意を得てハルがブルガリアの休戦問題に関する米政府としての見解を正式にワイナントに送ることができたのであったが、そこにおいてハルはワイナントの「妥協的草案」を承認し、それを強く要求していくように指示を与えた。[24] ただ、いずれにせよここで確認されるべきは、この段階ではソ連提案に対して、九月十九日の提案とストラングの〃趣旨説明〃に依る限りはイギリス側がより強硬で、アメリカ側が「妥協」による打開の道を探っていた、ということである。ところがこの関係は、十月九日から始まったモスクワでの英ソ首脳会談を経て〃逆転〃することになるのである。

二 「パーセンテージ協定」の〃成果〃

まず十月十一日のイーデン・モロトフ会談において、ブルガリア政府と休戦交渉を開始する「不可欠の前提」として、十五日以内にギリシャ、ユーゴからブルガリア軍が撤退することを求める声明文が最終的にとりまとめられ、駐ソ米大使ハリマンの〃個人承認〃をうけて同日付で三国政府の名でブルガリア政府に送られ、同政府は直ちにこの前提条件を受け入れた。[25]

次いで問題の休戦協定、とりわけ焦点となっている第十八条については、十四日まで繰り返された両者の会談によって、次のような条文にまとめられた。つまり、「休戦の全期間」にわたって「連合国(ソヴィエト)最高司令部の代表の議長の下に、イギリスとアメリカの代表の参加をもって」休戦の遂行を規制し指揮監督するACCが設けられる、そのACCは休戦の開始から対独戦争の終了までの期間「連合国(ソヴィエト)最高指令部の全般的指揮下におかれる」と規定されていた。[26]

この規定についてイーデンは、EACの英代表ストラングへの電報において、長い論争の末にモロトフが、対独戦争の終結後もA(S)HCがACCを指揮監督するとの文言を挿入せよという要求を「取り下げ」、代わりにA(S)HCの代表がACCの議長を担うとの表現に「同意した」ことを強調した。[27]

上述したように、九月十九日の英提案における「ソヴィエトのメンバーを議長とする連合国管理委員会」という規定は、ストラングによって「三者対等の委員会」を意味すると説明されたが、イーデンが指摘したかったことは、右のモロトフの要求を断念させて対独戦争の終了時までACCがA(S)HCの全般的指揮下におかれると明記し、さらに「連合国管理委員会の議長」と英米代表の「参加」に言及することによって、少なくとも戦争終了後の「第二期」においては、米代表ワイナントの提案(ACCは三国政府の指示に従って休戦の履行を監督する)以上の「改善」がはかられた、ということであった。

たしかにモロトフは十月十五日付のイーデンあて書簡において、「連合国管理委員会の議長は連合国(ソヴィエト)最高司令部の代表である」とのイギリス側が提案した規定を受け入れたのは、ACCの機能において「第一期と第二期の間を区分する」というイーデンやワイナントの希望に応えるためであると述べた。しかし同時にモロトフは、双方の時期を通して「連合国管理委員会の指揮権は連合国(ソヴィエト)最高司令部に属する」ことを強調し、ただ「第二期」においてはソ連の司令官の「指導的役割」が「英米の代表に有利なように一定程度制限される」であろうと付言した。[28] 明らかにここには、英外務省やワイナントが求めていた「三者対等」や「対等の発言権」といった認識は全く示されていない。

ところがイーデンはこのモロトフ書簡について、「モロトフの解釈に反対しても仕方がない」と述べ、今やソ連政府がACCの機能する限りブルガリアに軍隊を維持しようとしていることは明白であり、他方英米両国ともにブルガリアに「軍隊を派遣する立場にはない」、従って「我々は当分の間、ソ連政府がブルガリアに関するカードのほとんどを持っているという事実を受け入れねばならない」と、きわめて率直にその〃本音〃を明かしたのである。[29]

ここには明らかに、今回のモスクワ会談でとり交わされた英ソ間の「勢力圏分割」の結果が直接的に反映されていた、と言えるであろう。実は英外務省がストラングを通してEACの場に「三者対等の委員会」としてのACCという強硬な提案を示した二日前の九月十七日、チャーチルと共に第二次ケベック会談に臨んでいたイーデンは、ブルガリア問題について同省に対し、突如ブルガリアに宣戦布告した九月五日以来のソ連の行動に「憤慨」を示しつつも、もしソ連がギリシャにおけるイギリスの指導的役割を受け入れるならば、ソ連がブルガリアにおいて同様の役割を果たすことを我々は認めてきた、と指摘していた。そして現に、チャーチルはすでに三カ月前の六月八日に駐米大使ハリファックスに対し、イギリスがギリシャを取り扱い「ロシア人がルーマニア人とブルガリア人を取り扱う」ということは「理に適っている」と書き送っていたのである。[30]

かくしてモスクワ会談の場では、ブルガリアにおけるソ連の影響力の範囲について十月九日から三日間にわたり、七五%から九〇%までの数字が双方から出されて交渉が続けられた結果、九回目の提案としてモロトフが出した八〇%という数字で一応の〃結着〃を見た。[31] そして、このような「パーセンテージ協定」があったからこそイーデンは、モロトフとの間で新しい休戦協定案をまとめ上げた直後にストラングに対し、「ロンドンやワシントンでは、スラブ国家としてのブルガリアにおけるロシア人の強い特別の権益が十分に認識されていない[32]」と英米両当局を批判し、今回の協定案の〝受け入れ〟を求めたのである。

これに対しEACの米代表ワイナントにあっては、ブルガリアの休戦協定の問題はEACの場で協議がつづけられるとの了解をイーデンから得ていたとはいえ以上の経緯が示していることは、事実上イーデンがEACを「締め出し」「モロトフとの二者交渉の基礎の上で」合意を達成しようと試みている、と認識された[33]。こうしてワイナントは、次のようにきびしい二者択一を迫られることになった。

それは、この〝既成事実〟を受け入れ、EACをして「イーデンのモスクワ会談の結果を単に記録させる」ことにするか、あるいはワイナント自身が起草し米政府の提案となったところの[34]、占領期を明確に二つの時期に区分し「第二期」における「三者対等」を企図したACC案を強く要求していくか、という選択であった。そして前者の道は、EACという組織を守ることにつながるが、同時に「勢力圏分割」を受け入れソ連の要求に譲歩したとしてアメリカ国内から政治的な反発をうけるおそれがあった。

他方、ワイナントの報告をうけたハル国務長官にあっては、実はブルガリア問題ばかりではなく、次節で述べるように当時ハンガリーにおいても休戦交渉が開始される可能性があり、駐ソ米大使ハリマンも指摘したように、ブルガリアでのACCのあり方はハンガリーのそれに影響を及ぼすという問題をも考慮せねばならなかった[35]。

そこでハルは十月二一日、ワイナントに対し次のような指示を与えた[36]。それは、イーデンとモロトフによってまとめられた休戦協定案第十八条のACC規定は、「第二期」について明確に扱っておらず、そのあいまいさは両者の「解釈」や「了解」などによっても是正され得ない以上「不満足」である、従って修正が求められねばならないが、その修正要求は休戦協定全体の承認を拒否するところまではいかず、むしろ第十八条の「解釈の問題を後の時期に改めて持ち出す」ことの必要性を明確化させておくことが重要である、ということであった。

翌二二日EACにおいては、英ソ間でまとめられた草案に基づき既に十八日に事務レベルで作成されていた休戦協定案が正式に承認されたが、その際ワイナントは英ソ両代表に対して以下の内容の書簡を手交した。[37] そこでは、ブルガリアの代表団がすでに調印場所のモスクワで待機していること、ブルガリア軍のギリシャ、ユーゴからの撤退期限が迫っていること等の理由から今回の休戦協定案に米代表として承認を与えるが、しかしACCを規定した第十八条については、「第二期」においては英米ソ三国政府の指示に従ってACCが機能するとの米提案の規定が付加されるべきであり、この点に関して英ソ両政府と「後の時期」に議論する必要性があるとの米政府の意向を通知する、と述べられていた。これは第十八条に関して、モロトフやイーデンの「解釈」にとらわれることのない米政府の権利の「留保」を書簡によって明確化させたものであった。

以上の経緯を経てようやく十月二八日に至り、四項目の議定書を含む全十九条から成る休戦協定がモスクワにおいてブルガリア代表団との間で調印された。[38] 焦点となった第十八条のACC規定をルーマニアのそれと改めて比較しておくならば、ルーマニアの協定第十八条では「講和の締結に至るまで」「連合国(ソヴィエト)最高司令部の全般的な指導と指令の下」で機能するACCが設置されると定められていたが、ブルガリアの場合は前段において、「休戦の全期間」にわたって「連合国(ソヴィエト)最高司令部の代表の議長の下に、イギリスとアメリカの代表の参加をもって」機能するACCが設けられると規定され、後段に、対独戦争の終了までの間ACCは「連合国(ソヴィエト)最高司令部の全般的な指導と指令の下におかれる」と付記されていた。

つまりルーマニアの場合とは違って一応時期区分に触れ、「議長」や「参加」という文言をも入れることによって、ソ連側が英外務省内の強硬論やアメリカの側の要求に〝譲歩〟した表現となっている。しかし、「第二期」においてソ連の司令官の「指導的役割」が「一定程度制限される」であろうというモロトフのイーデンあて書簡を〝保証〟する明確な規定はなく、協定調印直後にソ連側がワイナントに改めて確認したように[39]、事実上は休戦の全期間を通して「連合国管理委員会の指揮権は連合国（ソヴィエト）最高司令部に属する」こととなり、ソ連が実権を維持しつづけるであろうことが予想される内容となっているのである。

要するにブルガリアの休戦協定、とりわけ第十八条は実質的に、「モスクワにおいて、この問題に関するイーデン氏との繰り返しの議論の後に、ソ連とイギリスの政府との間で合意された[40]」とソ連側も認めているように、EACの場を離れアメリカを除外し、「勢力圏分割」を取り決めたモスクワでの英ソ会談におけるイーデンとモロトフとの交渉の〝成果〟に他ならないのである。かくして、ルーマニアの場合とは表現が異なりアメリカの「権利留保」を伴うとはいえ、いみじくもイーデンがブルガリアにはソ連軍だけが存在して英米両国は軍隊を派遣できないと指摘したように、ブルガリアにおいても事実上「イタリア方式」の枠組みが貫徹することになったのである。

（1）「スラブ国家」としての宗教上・言語上等の関係や、一八七七―七八年の露土戦争とサン・ステファノ条約がブルガリアの独立への道を開いたといった歴史的経緯を背景としている。Kertesz, *The Fate*, pp. 274-75; Nissan Oren, *Bulgarian Communism: The Road to Power 1934-1944*, Columbia Univ. Press, 1971, pp. 222-23; Robert Lee Wolff, *The Balkans in Our Time*, Harvard Univ. Press, 1956, pp. 242-43.

（2）*Ibid.*, pp. 243-45.

（3）なお「祖国戦線」の全国委員会が正式に編成されたのは四五年九月であった。Oren, *op. cit.*, p. 232.

（4）Wolff, *op. cit.*, p. 245; Barker, *British Policy*, p. 216; Woodward, *Vol. III*, p. 138; *FRUS, 1944 III*, pp. 300-7.

(5) *Ibid.*, pp. 340-47, 882. Cf. *FRUS, 1944 I*, p. 39.
(6) *FRUS, 1944 III*, p. 463; Lundestad, *op. cit.*, pp. 258-59.
(7) *FRUS, 1944 III*, p. 304.
(8) Lundestad, *op. cit.*, pp. 257-58; *FRUS, 1944 III*, pp. 300-3, 306, 308-9.
(9) *Ibid.*, pp. 374, 378, 458; *FRUS, 1944 IV*, pp. 201-2.
(10) 八月末にはカイロで英米側とブルガリアとの正式の休戦交渉が始まる予定であった。Woodward, *Vol. III*, p. 138. 中立方針については、Rothstein, *op. cit.*, p. 105.
(11) *FRUS, 1944 III*, pp. 396-97.
(12) Rothstein, *op. cit.*, pp. 109-19.
(13) *Ibid.*, p. 120; Oren, *op. cit.*, pp. 253-55; Wolff, *op. cit.*, pp. 246-47; Elizabeth Barker, *Truce in the Balkans*, London, 1948, pp. 44-46.
(14) *FRUS, 1944 III*, pp. 378, 401-3, 405, 407-8, 415; Lundestad, *op. cit.*, p. 259.
(15) *FRUS, 1944 III*, pp. 415-18.
(16) *Ibid.*, p. 423; Woodward, *Vol. III*, pp. 139-40.
(17) *FRUS, 1944 III*, pp. 424-27.
(18) *Ibid.*, pp. 429-31.
(19) *Ibid.*, p. 421.
(20) *Ibid.*, pp. 415, 431-33.
(21) *Ibid.*, pp. 432, 435, 438.
(22) *Ibid.*, p. 437.
(23) Lundestad, *op. cit.*, p. 82.
(24) *FRUS, 1944 III*, pp. 438-39.
(25) *Ibid.*, pp. 448-49.

(26) *Ibid.*, p. 462.
(27) *Ibid.*, *pp.* 457-58.
(28) *Ibid.*, p. 463.
(29) *Ibid.*, pp. 463-64.
(30) Woodward, *Vol. III*, pp. 117, 140.
(31) Charles Gati, *Hungary and the Soviet Bloc*, Duke Univ. Press, 1986, p. 31. なおチャーチルはパーセンテージの数字について、「それによって、我々がいかに親密であるかを見い出すことのできる……一つの指標にすぎない」と指摘した。Rothwell, *op. cit.*, pp. 129-30.
(32) *FRUS, 1944 III*, p. 458.
(33) *Ibid.*, pp. 443, 452-53.
(34) なお、ロンドンのワイナントの下で十月上旬に、彼の私案を組み込んだ全十九条から成る米政府案が作成されていた。*FRUS, 1944 III*, pp. 444-46.
(35) *Ibid.*, pp. 456, 460.
(36) *Ibid.*, pp. 469-70.
(37) *Ibid.*, pp. 465-67, 473-74.
(38) 協定の全文は、*A Decade of American Foreign Policy*, 1968, pp. 482-85.
(39) *FRUS, 1944 III*, p. 482.
(40) *Ibid.*

第四節　ハンガリーの管理体制

一　ホルティの降伏交渉

海軍提督であったホルティが革命政権の崩壊をうけて一九二〇年に終身摂政に就任して以来、戦間期のハンガリーにとって最大の外交課題は、第一次大戦の戦後処理として締結されたトリアノン条約によって失った広大な領土（戦前地域の六〇%）を部分的にであれいかに回復するか、ということであった。従ってホルティ自身は親英派でファシズム・イデオロギーを嫌悪していたが、歴代政権は結局のところ〝失地回復〟をめざしてムッソリーニのイタリア、さらにはヒトラーのドイツに接近せざるを得なかった。

こうして、三九年二月には日独伊防共協定、四〇年十一月には三国同盟に加入し、四一年六月と十二月には相次いでソ連および英米に宣戦し、この間に独伊両国の調停によってチェコ、ルーマニア、ユーゴから一定地域の割譲をうけた。(1)

しかし、四二年の冬にソ連戦線でハンガリー軍が壊滅的な損害を被り、スターリングラードの攻防戦でドイツ軍が敗退して以降、ハンガリー当局は〝方向転換〟に踏み出し、ドイツの軍事戦略への協力を拒みつつ英米側に対して繰り返し使節を派遣し、秘密裏に降伏交渉の開始を打診した。これに対し、四四年三月にホルティを「召喚」したヒトラーは、ハンガリーの「裏切り行為」を激しく非難すると共に、間髪を入れずにドイツ軍を出動させて同国を事実上占領下におき、ホルティに強制して親独政権を組織させ、こうしてハンガリー内の「降伏グループ」は一掃されることになった。(2)

ホルティの側が戦線離脱をめざして再び降伏の打診を始めることができたのは、ルーマニアが〝陥落〟しソ連軍がハンガリー国境に迫った八月末以降のことであった。そして九月二二日には、ホルティおよびハンガリー政府から交渉権限を与えられたとするハンガリー軍の元司令官がイタリアに飛来し、地中海方面連合軍司令部のあるカゼルタ(ナポリ近郊)で英米側に〝支援〟を求めた。これを受けてEACにおいて英米代表は、この使節に提示すべき休戦条項について直ちに協議に入るようにソ連代表に求めた。(3)

しかしソ連側は十月に入り、「権限ある代表」とは認め難いとの理由で右の要請を拒否した。なぜなら、英米側さえソ連の拒否に「一定の正当性」があると認めざるを得なかったように、当使節のイタリア飛来のねらいが英米ソ三国への「同時降伏」という「誠実な申し出」ではなく、英米軍のハンガリーへの占領参加を求める「取り引きの試み」であるとみなされたからである。(4)

そして十月六日に至り、今度はソ連外相モロトフが、ホルティから「全権」を付与され彼のスターリンあての「私信」をたずさえた使節がモスクワに到着し、対ソ戦の即時停止、対独宣戦、連合国との休戦交渉の開始を求めている旨を英米側に伝えた。(5)その際モロトフは、ハンガリー側の要請を受け入れる「前提条件」として、同軍隊がチェコ、ユーゴ、ルーマニアの占領地域から撤退すること、その撤退を監視するため英米ソ三軍の代表が派遣されること、ドイツと国交断絶し宣戦布告を発することを挙げると共に、これらの「前提条件」が満たされるならばモスクワにおいて休戦交渉が始められるべきである、との提案を行った。右の「前提条件」は当然のこととしても、カゼルタの使節に〝疑義〟があり、チャーチルのモスクワ訪問が迫っているという状況において、モスクワでの休戦交渉の実施についても英米側が反対することは困難であった。(6)

こうして十月十一日、つまりブルガリアが同様の条件を受け入れたのとほぼ同じ頃に、ハンガリーの全権代表も「前提条件」の受け入れに署名し、正式に休戦交渉が開始されることになった。そしてここにおいても、すでに十月七日にモロトフが駐ソ英米大使に手交していた全二十条からなるソ連政府の休戦協定案を軸に議論が展開されることになった。(7)

同案の構成および内容はルーマニアの休戦協定を「綿密に」フォローしたものであったが、第十九条に示されたACC(連合国管理委員会)規定は、当時モロトフとイーデンとの間で固められつつあったブルガリアの規定に依っていた。ただ、ソ連代表の「議長就任」と英米代表の「参加」をうたった前段はブルガリアの場合とほぼ同じ文章であったが、ACCがA(S)HC(「連合国(ソヴィエト)最高司令部」)の全般的指揮の下に機能することを規定した後段では、ブルガリアの場合に明記された、対独戦争が終了するまでとの時期区分を示す文言がなく、休戦の全期間をカバーするかの如き表現となっていた。

これに対し十月十四日、ハル国務長官は駐ソ米大使ハリマンに急ぎ指示を送り、ACCがA(S)HCの指揮の下で活動するのはドイツとの戦争が終了するまでの「軍事期間のみ」であり、それ以降講和の締結までの期間においては三大国の政府はACCの活動に「対等に参加」しなければならない、と指摘した。(8) つまり前節で触れたように、ブルガリアとハンガリーの休戦交渉が〝同時進行〟する中でハルは、ブルガリアの休戦協定に関してワイナント本人が提起し国務省も積極的に支持した「第二期」における「対等性」の確保を、ハンガリーにおいてより明確に打ち出す姿勢を示したわけである。

他方、モスクワでソ連との会談に臨んでいたイーデンや英代表筋は、今回のモロトフ提案では削除されたブルガリアのACC規定の後段、つまりACCがA(S)HCの全般的指揮の下におかれるのは対独戦争終了までの期間であるとの間接的な〝期限設定〟を、ハンガリーのACC規定にも挿入するようにソ連側に働きかける「試み」を行った。(9) アメリカに比してのイギリス側のこのように〝穏健〟な対応は、当然のことながらブルガリアの場合と同様に「パーセンテージ協定」の結果を反映していた。

ハンガリーに関しては、十月九日の最初の会談でチャーチルは、ユーゴと同じく英ソの影響力が相い半ばする五〇%をスターリンに提示した。というのも、四四年七月上旬にイーデンの指示の下に外務省がとりまとめた東欧情勢の分析においては、ソ連に隣接する国々へのソ連の影響力に対して「いかなる直接的な挑戦をも避ける」ことがイギリスの基本的目標とされつつも、ハンガリーについては同国が「西側の相貌」をもった国である限りは、その改革はソ連よりもイギリスの方針に依る方が効果的に進展するであろうと指摘され、ハンガリーに関してイギリスの発言権の行使に躊躇せず、事態の展開について十分に協議がなされることを望んでいる旨を示すべきである、と結論づけられていたからである。(10)

ところが翌十日になってモロトフは、ハンガリーによってソ連軍が被った「甚大な損害」を検討し直した上でのスターリンの新たな指示を理由に、ソ連の影響力として七五%という数字を要求し、結局十一日に至ってブルガリアと同じ八〇%にはね上ったところで〝結着〟を見たのであった。(11) イーデンはハンガリーとブルガリアにおいて、九〇%のルーマニアよりは「より大きな発言権」を得たと〝満足〟の意を表明したが、少なくともこの時点において英外相は上述したように、ハンガリーの休戦協定におけるACC規定については、ブルガリアのそれと同じ規定にすることに関心を集中させていたのである。

ところが、このようにモスクワにおいて休戦協定の内容が煮つめられつつあった十月十五日、ブダペストでホルティが休戦交渉を開始する意向をラジオ放送でもって公けに表明した直後に、ドイツ軍の直接的な指揮の下でファシスト組織「矢十字党」によるクーデターが行われ、ホルティは逮捕されて同党の指導者サーラシが政権を奪取し、ドイツの側に立って戦争を継続することを改めて宣言したのである。こうしてハンガリーとの休戦交渉は完全に振り出しに戻り、国境を越えて進撃していたソ連軍および反独派のハンガリー軍と、ドイツ軍および親独派のハンガリー軍との間で激しい戦闘が展開されることになった。

そしてハンガリーの休戦問題が再び具体的日程にのぼせられることになるのは、十二月二一日にハンガリー東部の都市デブレツェンに、共産党、小農業者党、社会民主党、全国農民党によって十月に結成された「ハンガリー民族独立戦線」を主体とし、ドイツへの抵抗戦争をよびかけたハンガリー軍のミクローシュ将軍を首班とする臨時政権が樹立され、連合国側との即時休戦を要請してからのことであった[12]。

同政権については、その樹立に向けてモスクワにおいてハンガリー共産党の代表とモロトフとの間で〝準備〟がなされたが、共産党は農相と商業相というポストを得たに止まり、ミクローシュをはじめホルティ体制との〝継続性〟にも配慮された「真の連合政権」の形をとっていたことに加えて、すでに〝解放地域〟の四五の市町村で選挙が実施されていたこともあって、英米側も「親連合国の政治勢力を広範に代表」する政権と認めざるを得ず、このミクローシュ臨時政権を相手に休戦交渉が再開されることになった[13]。

二　米ソ交渉と「第二期」問題

同政権の代表団がモスクワに向かいつつあった十二月二七日、モロトフは駐ソ英米大使に対し、「情勢が変化した」ことを理由に、十月上旬にホルティの全権代表に提示するために準備された上述の休戦協定案に代えて「新草案」を手交した。[14] この「新草案」では、問題のACC規定は第十九条から第十八条にうつされ、モスクワ会談におけるイーデンの要請を受け入れたかのように、後段に間接的な〝期限設定〟を設けたブルガリアの休戦協定第十八条と全く同じ表現に変えられていた。

しかし、ハルに代わって十二月から国務長官に就任していたステティニアスは同二九日ハリマンに対し、ハンガリーのACCに関し「基本的な規約」となる何らかの「議定書」がとり結ばれるべきこと、その「規約」では英米代表の権利と権限が明確に規定されるべきこと、との国務省の方針を伝えた。[15] 具体的には、「第一期」においても英米代表との〝事前協議〟なしにはハンガリー政府にACCの名において政策指令が発せられないこと、両代表はハンガリー内での「行動の自由」を有すること、両代表はACCのソ連将校から「口頭ならびに書面」による情報提供をうけ、さらに休戦協定の実施にかかわる本国政府の提案をACCの場に提出する権利を有すること、そして「第二期」においては英米代表の「対等の参加」が確保されるべきこと、等であった。この指示をうけてハリマンはモロトフとの会談で、ソ連提案の第十八条のACC規定については「規約」に関して合意が得られるまでは受け入れられないと言明し、早急に米政府の「規約案」を提出する旨を伝えた。[16]

以上のように、ソ連側がイーデンの要請を受け入れてブルガリアの規定と全く同じACC規定を新たに提案したにもかかわらず、アメリカ側はきわめて強い対応を示したわけであったが、そこにはどのような背景があったのであろうか。まず挙げられることは、ルーズヴェルト自身がハンガリーをオーストリアと同列に位置づけ、「非共産国家」として維持したいという同国への「個人的なシンパシー」を感じていたという事情は別にしても、ルーマニアやブルガリアに比してハンガリーがより西側に結びつけられているとの認識が国務省においても一般的であった、ということである。[17] 従って、ヤルタ会談に向けて四四年末から四五年はじめにかけて作成された国務省のハンガリー問題に関するブリーフィング・ペーパー(背景説明書)では、米政府としては「ソ連がハンガリーにおいて何らかの特権的で支配的な地位をもっているとはみなしていない」と強調されていた。[18]

なお、右の文書でも指摘されているように、アメリカはハンガリーにおいて「投資と貿易」の権益、とりわけ石油にかかわる権益を有しており、具体的には「将来の発展へのきわだった展望」のある油田をスタンダード・オイル社が所有し、その支配力は全石油生産の十三%を握るルーマニアにおけるよりも大きなものであった。

この関係もあって国務省はハンガリーの休戦協定をめぐる議論においてACCの問題と共に、賠償問題にとりわけ重大な関心を払った。というのも、四四年十月上旬に提示されたソ連の休戦協定案第十三条では、総額四億ドルにのぼる賠償をハンガリーが五年間にわたって現物でソ連に支払うことが規定されており、それはハンガリー経済を「損ない」「自由貿易」を阻害し、ひいてはヨーロッパの経済復興をおくらせかねない、とみなされたからである。[19] そこで、最終的に合意された賠償規定(第十二条)では、総額三億ドルの内二億ドルがソ連に、一億ドルがチェコとユーゴに対し六年間にわたって現物で支払われると定められたが、賠償を扱う特別委員会をACCの下に設置するように求めていたアメリカは、協定の調印には応じたものの、後に議論を再開させる権利を留保する旨の書簡を英ソ側に提出することになるのである。[20]

ちなみに、四四年十月下旬にアチソン国務次官補と関係スタッフが協議してソ連の賠償提案への反対と右の「権利留保」方針を決定した際、「ヨーロッパでの石油配給システムにおけるアメリカの権益を防衛する」ことが議論のベースにおかれつつも、「アメリカの石油投資へのありうべき影響」の問題を方針決定の理由として公的に表明するべきではない、ということが取り決められた。[21]

アメリカがハンガリーの休戦問題についてルーマニアやブルガリア以上に強い関心と要求をもって臨んださらに直接的な背景は、右の二国におけるACC運営の〝現実〟に対する不安であった。上述した国務省のブリーフィング・ペーパーにおいても、アメリカは両国の休戦協定の調印者となりACCに代表を送ってその執行に一定の責任を負うているにもかかわらず、事実上はいかなる影響力も行使できず、ソ連は事前に米代表と協議することさえなしにACCの名において決定を行っている、と指摘されていた。[22]従ってハリマンも強調するように、もしハンガリーのACCにおける米代表の地位について明確な要求を打ち出さないならば、そこでもルーマニアやブルガリアの場合と「同じ扱い」をうけ、しかもソ連はこれら両国のACCにおける米代表の地位を米政府が「黙認」したとみなすであろう、ということであった。[23]アメリカがハンガリーのACCに関し、英米代表の権利と権限を明確に規定する「規約」を設けるように強い要求を提出した背景とは、以上のようなものであった。

さて、年明けの四五年一月二日、ハンガリー臨時政権の代表団がモスクワに到着したのと同じ日、ハリマンはモロトフに対しルーマニアとブルガリアの事態についての「不満」を説明しつつ、ハンガリーのACCの「規約」に関するアメリカ側の提案を手交した。これに対し同八日になってモロトフは、米提案への「対案」を提出した。[24]米提案では、「第一期」においてはACCの政策指令は英米代表との事前の「協議」の後にハンガリー当局に発せられ、「第二期」では事前の「意見の一致」を必要とすると規定されていた。しかしソ連の対案においては、「第一期」

ではソ連議長が政策指令について英米代表に「会議を召集して報告する」とされ、「第二期」では議長は英米代表との「協議の後」でなければACCの名においていかなる政策指令もハンガリー当局に発出しない、と規定されていた。つまり、米提案が「第一期」において求めていた〝事前協議〟がソ連の「対案」では「第二期」にうつされ、〝事前承認〟の要求は拒否されたわけであった。

その後のハリマンとの会談でモロトフは「第一期」について、軍事情勢が許容する場合には政策指令を発出するに「先立って」その内容を英米代表に「報告する」ことも可能であろうと述べたが、「第二期」については右の「対案」の〝事前協議〟という「原則」を譲ろうとはしなかった。

そこで一月十二日、国務次官のグルーはハリマンに対し、米政府の方針はあくまで「第二期」における「対等の参加」であり、従ってソ連が〝事前協議〟に固執しつづけるならば、その「対案」で「第二期」に触れた部分はむしろ「規約」から「完全に削除」されるのが望ましく、アメリカはACCを規定した第十八条については「未解決の問題」として後に問題を再提起する権利を「留保」する旨を明確化させるべきである、との指示を伝えた。その際グルーは「第一期」については、右のモロトフ発言を意識しつつ、ソ連の「対案」におけるACCのソ連議長は英米代表に「会議を召集して報告する」との一節の中に、政策指令を発出するに「先立って」という言葉が挿入されるべきである、との提案を付した。(25)

一月十五日の会談でモロトフは以上のグルー提案をほぼ受け入れ、ソ連の「対案」において「第二期」に触れた部分は「全面的に削除」し、「第一期」については「先立って」との言葉を挿入することで合意に達し、他方ハリマンはブルガリアの場合と同様に、休戦協定第十八条の中に対独戦争の終結後はACCは英米ソ三国の「政府の指示」に従って機能するとの規定が含まれるべきであるが、それが認められない以上、米政府としては「後の時期」に問題を再提起する権利を留保する旨の書簡を英ソ側に手交することを伝えた。[26]
なお、当時駐ソ英大使カーに代わって英代表としてハンガリーとの休戦交渉にあたっていたバルフォア公使には、この重要段階で本国政府からの具体的な指示がおくれていたが、ようやく一月十九日に至って同代表の承認も得た英米ソ三国の休戦協定案がハンガリーの代表団に提示され、翌二十日に正式の調印を見ることになった。[27]
ところでバルフォアは調印の後にACCの「規約」に関し、英政府としては「第一期」については「満足できる規定」として受け入れるが、「第二期」についてはその立場を「留保」し「後の時期」にACCが機能する「詳細な態様」に関して米ソ両政府と合意に達したい、との意向を述べた書簡をモロトフに手交した。[28]
賠償問題についてはアメリカとは違って「権利留保」の態度表明を行わなかったイギリスが、ACC規定に関して右の書簡を提出した背景には、すでに四四年十二月上旬にイーデンがモロトフに「不満」を表明していたように、「パーセンテージ協定」以降に明らかになってきたルーマニアそして何よりもブルガリアのACCにおいて英代表がおかれていた困難な立場の問題があった。つまりルーマニアの場合には、ソ連当局が英米側の同意を得なかったとはいえACCの「規約」を定めたが、ブルガリアでは「規約」それ自体が設けられておらず、英米側はスタッフの規模や国内の行動の自由などについて多くの制約をうけていたのである。
そこで一月二二日、英大使カーは本省の指示に基づき、ハンガリーのACCの「規約」を当面ブルガリアのACCにも適用するようにモロトフに要請した。しかしモロトフはそれを拒絶した。その理由は、かの「パーセンテージ協定」によってイギリスはすでに「二〇%の影響力の分担」を得ている、というものであった。[29]
さて、以上の複雑な経過を経てハンガリーの休戦協定が調印され、ACC規定が定められたわけであったが、英米側の「権利留保」があるとはいえ、当面ソ連が占領管理の実権を確保しつづけることとなった。しかもその際與味深いことは、ここでもたえずイタリアとの対比で議論が展開されたことである。

例えば、ACCの英米代表のハンガリー国内における行動の自由が問題となった際にモロトフは、後に制限が緩和されたとはいえイタリアのACCのソ連代表は当初自由な旅行を許可されなかった点を強調した。[30]またモロトフは、四四年九月のハイドパーク会談においてルーズヴェルトとチャーチルがイタリアのACC(連合国管理委員会)の名称からC(管理)という言葉を削除してAC(連合国委員会)に変える重要な決定を行ったことを当時ソ連政府が「新聞から知った」ことを指摘し、ハンガリーのACCに関して英米側が〃事前報告〃や〃事前協議〃を要求していることの〃一方性〃を痛烈に皮肉ったのである。[31]

このイタリアの〃現実〃に照らすならば、「第一期」とはいえハンガリーのACCの「規約」において英米代表に対する「口頭と書面」による情報提供と政策指令の〃事前報告〃が規定されたことは、ハリマンが秘かに期待していたように、「イタリアでロシア人に与えられている」よりも「より多くの配慮」をハンガリーにおいて英米代表がうける「一定の保証」を得たことを意味していた。[32]

とはいえ、モロトフが「イタリアとのアナロジー」で議論を展開する限り、つまり問題が「イタリア方式」から発している限り、英米側は東欧三国のACCに関して「後の時期」に問題を再提起するにしても、常にその要求内容はイタリアのACCの現実と対比されつづけることになるのである。[33]

(1) Borsody, *op. cit.*, pp. 72-78, 128-30; Ripka, *op. cit.*, pp. 35-40, 矢田俊隆『ハンガリー・チェコスロヴァキア現代史』山川出版社、一九七八年、一〇六、一四〇、一四二—四三頁、羽場久浘子『ハンガリー革命史研究』勁草書房、一九八九年、終章。
(2) Barker, *British Policy*, pp. 247–49, 257–59 ; Woodward, *Vol. III*, p. 142.
(3) *FRUS, 1944 III*, pp. 887–88, 890–91 ; Barker, *British Policy*, pp. 261–62.
(4) *FRUS, 1944 III*, pp. 889–90, 926 ; Woodward, *Vol. III*, p. 145.
(5) *FRUS, 1944 III*, pp. 895–96 ; Gati, *op. cit.*, pp. 24–25, n. 15.
(6) Woodward, *Vol. III*, pp. 145–46 ; *FRUS, 1944 III*, pp. 896–97.
(7) *Ibid.*, pp. 901, 903–6.
(8) *Ibid.*, p. 907. Cf. *ibid.*, pp. 893–94.
(9) *Ibid.*, p. 916.
(10) Barker, *British Policy*, pp. 260–61.
(11) Gati, *op. cit.*, pp. 29–31 ; Mastny, *op. cit.*, pp. 210–11.
(12) *FRUS, 1944 III*, pp. 912–13, 936–37.
(13) Gati, *op. cit.*, pp. 38–41, 87 ; *FRUS, 1944 III*, pp. 938–39, 942 ; *FRUS, 1944 IV*, pp. 839–42 ; *FRUS, The Conference at Malta and Yalta*, p. 244.
(14) *FRUS, 1944 III*, pp. 940–41.
(15) *Ibid.*, pp. 943–44.
(16) *Ibid.*, p. 947.
(17) *FRUS, The Conference at Quebec*, 1944, pp. 367–68 ; Lundestad, *op. cit.*, p. 117.
(18) *FRUS, Yalta*, p. 245.
(19) *Ibid.*, pp. 242–43 ; *FRUS, 1944 III*, p. 905 ; Lundestad, *op. cit.*, pp. 131, 229.
(20) *Documents on American Foreign Relations, Vol. VII*, pp. 246–47 ; *FRUS, 1944 III*, pp. 917, 922–23, 925, 944, 963–64, 968.
(21) *Ibid.*, pp. 917–18.

(22) *FRUS, Yalta*, p. 244.
(23) *FRUS, 1944 III*, p. 938.
(24) *Ibid.*, pp. 953-54, 965-66.
(25) *Ibid.*, pp. 969-71.
(26) *Ibid.*, p. 979 ; *FRUS, The Conference of Berlin* (*The Potsdam Conference*), *1945, Vol. I*, p. 368, n. 5.
(27) Woodward, *Vol. III*, p. 146 ; *FRUS, 1944 III*, pp. 974, 979 ; *Documents on American Foreign Relations, Vol. VII*, pp. 244-50.
(28) *FRUS, 1944 III*, p. 983 ; Woodward, *Vol. III*, p. 146.
(29) *Ibid.*, p. 566, n. 1 ; *FRUS, 1944 III*, p. 943.
(30) *Ibid.*, p. 969.
(31) *Ibid.*, p. 973, 拙著、一九五―一九八頁。
(32) *FRUS, Berlin I*, p. 368, n. 5 ; *FRUS, 1944 III*, p. 955.
(33) なお、一九四五―四七年のアメリカの対東欧政策を研究したノルウェーの外交史家ルンデスタートは、アメリカが「権利留保」を一方的に通告したのみで占領の軍事的時期(第一期)と政治的時期(第二期)の「明確な区分」を獲得できないままに休戦協定を受け入れたことは、「勢力圏に関するアメリカの基本的立場からの、東欧における最初の逸脱」として捉えることができる、と指摘している。Lundestad, *op. cit.*, p. 83.

第五節　ドイツの分割占領体制

一　ヨーロッパ諮問委員会と英政府案

ドイツ処理問題は言うまでもなく、英米ソ三大国に共通する最大の課題であった。そこで大戦開始以来最初の三国外相会議である四三年十月のモスクワ会議において、ハル国務長官はドイツの無条件降伏を求める「ドイツの処理」に関する米提案を提出し、そこで三大国による占領と「連合国間管理委員会」の設置を提唱した。この提案はイーデンとモロトフによって基本的に了承され、こうして対独政策における「共同責任」と「共同占領」「共同管理」の原則が確認された。そしてこの原則の具体化は、既述したように同会議で設置が取り決められたEAC（ヨーロッパ諮問委員会）に託されることになり、他の枢軸諸国の場合とは異なってドイツ占領の基本政策の形成にあっては、この三大国の常設諮問機関が決定的ともいえる重要な役割を担うことになるのである。(1)

さて、原則の具体化にあたって重大な議論の焦点となったのは、「共同占領」における責任分担のあり方、つまりは地域的分担をいかに行うか、という問題であった。しかもこの問題は、降伏以降のドイツを統一国家として維持するか、あるいは国家それ自体を分割・解体するかという、根本的な問題と密接にかかわっていた

現にモスクワ会議においても、イーデンはイギリスとしてはドイツがいくつかの国家に分割されること、とりわ

けプロイセンが他のドイツから分離されることが望ましいと考えているが、しかし強制的にそれを行うべきか否かで議論が分かれている、との発言を行った。モロトフは、ソ連としてはなお問題を「研究中」であり、ソ連の世論はドイツの分割を強く求めているが「政治的に得策」かどうか検討されねばならないと述べ、専らアメリカの側に〝ゲタを預ける〟姿勢を示した。これに対しハルは、米政府内部においても意見が分かれており、最終的態度を決する前にさらに検討が加えられねばならない、と発言した。(2)

たしかにハルの言うように、四二年春以来検討をつづけてきた国務省内の戦後問題に関する諮問委員会の多数意見はドイツ国家の分割に反対するものであったが、責任者の国務次官サムナー・ウェルズは三つの国に分割することを主張していたし、何よりもルーズヴェルトが分割を強く求めていた。

そもそも彼は、歴史的・文化的経緯からしてもドイツ人は国家の分割を望んでいるとの信念をもっており、すでに四三年三月にワシントンを訪問したイーデンにその強い意向を明らかにしていた。(3) そして四三年十一月十九日、カイロ・テヘラン会談に向かう船中でルーズヴェルトはＪＣＳ(統合参謀本部)のスタッフに対し、戦後のドイツは三ないし五つの国に分割されるべきであると述べ、具体的には、バーデン・ヴュルテンベルグ、バイエルンを中心とする「一種の南部国」、ハンブルグ、ハノーヴァー、そしてベルリンを含む「第二国」、以上の東方に位置するプロイセンとポメラニアから成る「第三国」、という三分割構想を提示していた。彼はこの分割の根拠について、ローマ・カトリック、プロテスタント、さらにはプロイセン主義という宗教的・文化的境界にほぼ合致するとの理由をあげ、このようなドイツの「解体」についてスターリンは反対しないであろう、との見通しを述べた。

なおルーズヴェルトは、三分割されるであろう各国の領域と英米ソ三国の占領地域とはほぼ合致するのが望ましいと考えていた。そして彼によれば、「南部国」の領域は英占領地域、「第二国」がアメリカ、「第三国」がソ連の占領地域になるべきであった。ルーズヴェルトは、イギリスはアメリカがフランスに隣接する南部ドイツを占領することを求めてくるであろうが、あくまで「フランスはイギリスのベイビー」であり、アメリカとしてはフランスの再建問題にかかわりたくないのでイギリスのプランには反対である、との立場を明確にした。(4) しかし彼の主張する英米間の占領地域の配分は、同年八月の英米軍事会議で承認された英米軍の対独進撃コース(英軍が北方、米軍は南方)とは逆になることもあって、今後大きな議論をよぶことになるのである。(5)

さてテヘラン会談では、ルーズヴェルトが上記の三分割地域をさらに中央部で二分して五分割とし、これら「五つの地域」に「自治」を与える一方、キール運河とハンブルグ、さらにはルール、ザール地域を国際管理の下におく、との提案を行った。これに対しチャーチルは、モスクワ外相会議でのイーデンと同様にプロイセンを他のドイツから分離すること、さらにはバイエルン、バーデン・ヴュルテンベルグ地域を分離してオーストリア、ハンガリー等と統合し「ダニューブ連邦」をつくる、という構想を提示した。スターリンはドイツ分割の必要性を強調しつつも具体案は提起せず、むしろ関心はドイツ人将校の「物理的な抹殺」に向けられているようであったが、ルーズヴェルトのプランに支持を表明し、チャーチルの「連邦」構想には〝反ソ防疫線〟となることを警戒して強く反対した。(6)

テヘラン会談ではこれ以上議論は煮つめられず、ドイツ処理問題は上述したようにロンドンのEACでの協議に託されることになった。四四年一月十四日に正式発足したEACにおいては、すでに触れてきたことであるが、駐英大使ワイナントとグーセフを各々代表に任命した米ソ両国に対し、外務次官補ストラングを代表に多くのスタッフを配置したイギリスがイニシアティヴを握った。(7) 一月十五日にストラングは「ドイツの軍事占領」と題する覚書を提出したが、タイトル通りそこで扱われていたのはドイツ国家の分割・解体といった根本的な問題ではなく、ドイツの降伏に備えて早急にまとめておかねばならない占領のあり方に関する問題であった。

覚書ではまず、占領側がその軍隊をドイツのいかなる場所にも移動させる権利をもつ全面占領と特定地域に限られる部分占領との適否が検討され、コスト問題とドイツ人の感情問題における後者のプラス面にもかかわらず、徹底した武装解除とナチ組織の解体、無秩序状態の防止といった無条件降伏に伴う諸目標を確保する上からも、全面占領が「不可欠である」との結論が導き出されている。(8) 次の問題は全面占領の具体的なあり方であるが、そこでは〝混合〟占領と地域分割に基づく占領という選択肢が提出されている。

〝混合〟占領とは、連合軍が小部隊毎に混合軍となってドイツ全体に展開するという方式であるが、そのメリットとしては、連合諸国が「一体」となって占領を遂行していることが明示される、全占領地域を通して「単一の政策」が適用される、占領に参加している部隊や兵士の相互理解と協力がすすむ、「勢力圏」形成への不安が除去される、等の諸点があげられた。

しかし他方で、指揮系統や兵器・装備の違い、言語や国民的性格の相違によって効率的な協力が妨げられ、かえって無秩序に陥る危険性が指摘され、実例として第一次大戦後の英仏・ベルギー軍によるラインラント占領やワーテルローの戦いの後に英・プロイセン・墺・ロシアが行ったフランス占領の〝教訓〟があげられた。かくして、法と秩序を維持し敵対活動を阻止し、全独レベルの指令を確実に遂行するための「より良い、より確かな」方式として地域分割に基づく占領がとられるべきである、との結論が下されている。なおこの分割占領が、内外からなされるドイツ国家の分離・分割の動きに「有利に」作用することへの〝期待〟もあわせて表明されている。(9)

このように分割占領の方針が明確化された上で、一九三七年現在のドイツ領土を前提に英米ソ三大国によって占領地域が三分割されるべきことが提案され、その際の〝線引き〟の基準としては、軍事作戦との関連を考慮すること、内部からの分離運動を励ます方向をもつこと、従ってできる限り旧ドイツ国家や州の境界に沿うこと、但しプロイセンについては〝例外〟として二分割されること、等々がかかげられた。こうして具体的に提示された占領地域の区分は、メクレンブルグからザクセン、チューリンゲンに至る東部・中部ドイツがソ連軍、ヘッセンからバーデン・ヴュルテンベルグ、バイエルンに至る南西ドイツが米軍、残る北西部を英軍がそれぞれ占領する、というものであった。なおベルリンについては、他から分離された共同占領地域とするとの方針が提起されていた(10)。

以上のように英提案についてやや詳しく見たのは、同提案が後に正式に決定される分割占領の方式と地域区分にほぼ合致しているからである。現におよそ一カ月後の四四年二月十八日にグーセフが提出したソ連案も三分割占領をかかげていたが、その分割地域は東プロイセンをソ連占領地域としている以外は、上記の英提案と概ね同じ内容であった(11)。しかし問題は、アメリカにあった。

二　ルーズヴェルトとチャーチル

そもそも英米間においては本章第一節で見たように、モスクワ外相会議でのEAC設置の決定前後からその位置づけについて意見の対立があったが、EACの発足に伴いより具体的に、枢軸諸国の処理ばかりではなくポーランドやユーゴなど解放諸国の体制問題や国境問題までも協議の対象に据えようとするイギリスと、枢軸諸国の降伏問題に限定するべきと主張するアメリカとの「鋭い分岐」が生じた(12)。

さらにワシントンにあっては、米代表ワイナントに対して統一した指示を送るために国務・陸軍・海軍の三省の「次官補レベル」で構成される安全保障作業委員会が四三年十二月に設けられたが、ドイツの降伏と占領は「純粋に軍事問題」であり軍事レベルで決定されるべきであると主張する陸軍省側の強い抵抗もあって十分に機能せず、結局ワイナントは明確な指示がないために英ソ提案について議論さえできない、という事態に直面した。[13] しかも、四四年三月八日付でようやく送付されてきた分割地域に関する指令の内容は、先述した四三年十一月十九日のルーズヴェルトの分割プランをカイロ会談に際してJCSが書き直したものの「コピー」という、まことに「粗雑な提案」であった。[14]

EACに提出されたイギリスとソ連の提案では、ドイツ北西部は英軍の占領地域であり、ソ連軍の占領地域の西境は後に成立するドイツ民主共和国(東ドイツ)のそれにほぼ合致するものであったが、ルーズヴェルトのプランでは、すでに指摘したように、北西部を米軍が占領し、しかもその東側の境界はベルリンにまで及んでいた。

当時ワイナントの政治顧問であったジョージ・ケナンは、右のプランをEACの場に提出することに強く反対し、直ちにワシントンに飛んで大統領に〝直訴〟した。西側占領地域の南部と北部の〝割り当て〟に関心を集中させていたルーズヴェルトは、ソ連軍の占領地域をめぐって英ソのプランと自らのプランとの対立が生じていることに驚いて、事態の収拾に乗り出した。かくして五月初めにはワイナントに対し、アメリカとしてもソ連軍占領地域についての英ソ提案を承認する、との指令が送られた。[15]

しかしルーズヴェルトは、ドイツの北西部を米軍の占領地域とすることには固執した。そもそも四四年一月にストラングがEACに提案した上述の覚書は、英内閣の副首相アトリーを長とする休戦と戦後問題を扱う委員会が四三年夏にとりまとめた報告とほぼ同じもので、同報告はカイロ会談においてアメリカ側に伝えられ、すでにルーズヴェルトが強く反対していたのである。北西部がドイツ最大の工業地帯であり、また極東に大部隊を移動させるためにもハンブルグやブレーメンの港を確保せねばならないという軍事上の理由もあったが、ルーズヴェルトは先に

触れたように、何よりも南西部を占領する場合のフランスとの関係を問題としていた。(16)

他方イギリスは、アメリカが主張する占領地域の区分は、モントゴメリー率いる英軍が北西ドイツに向かい米軍は中南ドイツに向かうという、すでに決定された〝進撃コース〟とは逆となり「大きな混乱」が生ずると反論した。こうして問題の結着は遂に四四年九月の第二次ケベック会談の場に持ち込まれ、ルーズヴェルトは、西側占領地域における南北間の境界線の一部手直しと、北西地域の軍港を米軍の管理下におく等の条件で、ようやく英提案を受け入れた。その背景には何よりも、事態を憂慮したスティムソン陸軍長官やステティニアス国務次官によるルーズヴェルトに対する必死の説得があった。(17)

ソ連が占領する東部の領域とベルリンの三分割共同占領については、すでに四四年九月十二日付のEACの三代表が調印した議定書によって決定されていたが、ここにようやく十一月十四日付の議定書(いわゆる「ロンドン議定書」)によって全ドイツの分割占領地域が確定することになった。(18) そしてこの地域区分は、英米ソ三軍の対独進撃コースにほぼ照応するものであった。

なお同じく十一月十四日には、ドイツの占領管理機構に関する議定書も調印された。戦争終結後の管理機構のあり方については、五月二日にイギリスがEACに覚書を提出していた。そこでは、英米ソ三軍の最高司令官が自らの占領地域において「最高権力」を有すると共に、「ドイツ当局」を統制しつつ「全体としてのドイツ」に権限を行使するために「中央管理機構」を樹立することの必要性が強調されていた。このような、各占領地域と「中央」とのいわば「二本立」の管理構想は、英提案に前後して提出された米ソ両国の提案においてもほぼ同様であった。(19)

こうして十一月十四日に正式に合意を見た占領管理機構のあり方は、まず英米ソ三軍の最高司令官が各国政府からの指令に基づいて自らの占領地域において「最高権力」を行使すること、三人の最高司令官によって「連合国管理理事会」(ACC＝Allied Control Council)とよばれる最高管理機関を設置すること、を根幹としていた。このACCの議長職は三人のメンバーによる「輪番」で行われ、決定は「全員一致」方式に基づき、その任務は各占領地域での最高司令官の行動の統一をはかり、「全体としての」ドイツに関わる諸問題について各国政府からの指令を基礎に一致した決定を行い、ACCの指示の下に活動する「ドイツ中央行政機関」を統制すること、にあった。[20]

なお、上記五月二日付の英提案では、「ドイツ政府」が存在する場合には同政府に対して連合国の政策が指令として下され、政府が存在しない場合には中央行政機関を通して占領が実施されるとの二通りのケースが想定され、従って「ドイツ当局」という表現が用いられたのであったが、右の議定書では「ドイツ政府」への言及は一切見られない。

以上のように、ドイツ降伏のおよそ半年前には分割占領に基づく管理体制の枠組みが英米ソ三大国によってまとめ上げられていたのである。そして四五年二月のヤルタ会談においてフランスの〝参加〟が問題とされ、結局英米占領地域から一部割譲して仏占領地域を設け、また仏占領軍の最高司令官をもACCのメンバーに加えることで合意を見た。[21]こうして四大国による四分割占領体制が確定したわけであった。

しかし実は、ドイツ降伏が時間の問題となってきた四月に入って、取り決められた地域区分のあり方を根底から崩しかねない議論がイギリス側から提起された。それは、ソ連軍がベルリンを「獲得」して権威を高めることを阻止するために、「政治的配慮」にたって英米軍が「ドイツ領内をできる限り東方に進撃し、ベルリンを我々の手中に収めるべきである」という、チャーチルがルーズヴェルトに送った四月一日付の〝方針修正〟を求める書簡であった。しかしルーズヴェルトもアイゼンハワーも、ソ連との軍事作戦の調整・協調というヤルタ会談で確認された基本方針をあくまで堅持し、チャーチルの主張を拒否した。[22]

ところがその後英米軍が、アイゼンハワーが計画しソ連側も了解した作戦に従って、ソ連占領予定地域を東進しライプチヒからエルベ川方面にまで進撃した四月下旬に至り、再びチャーチルはルーズヴェルトを継いだトルーマンに対し、英米軍をそのまま同地域に止め、ソ連の対独政策の「明確化」と東欧に関するヤルタ協定の「尊重」を確保するための「取り引き」を行うべきである、との提案を行った。これをうけて国務次官のグルーは、「取り引きの立場」を固めるためにモルダウ河にまで進撃すべきであると主張してチャーチル提案を支持した。

しかし、EACの米代表ワイナントはチャーチル提案を、連合国内の信頼関係を根本から破壊するものとして激しく批判した。さらに、EACで決定されヤルタ会談でも確認されたドイツ占領に関する議定書を自ら踏みにじる一方で、ソ連に対してはヤルタ協定の遵守を求めるという立場の〝根本的な矛盾〟を認識せざるを得なかったトルーマンもワイナントを支持し、結局六月十一日の書簡で最終的にチャーチルの要請を拒否したのである。そして七月一日には、予定されていたソ連占領地域に在った英米軍は各占領地域内に撤退し、他方ソ連軍もベルリンの英米占領予定地域から撤収し、ヤルタ会談での〝協調体制〟がとにかくも維持されることになった。[23]

ところで興味深いことは、右のチャーチルや英軍部の主張は、上述した米政府内の安全保障作業委員会において陸軍省民政局が提起していた議論と相いつながる側面をもっていた、ということである。それは、英米ソ三大国の占領地域はドイツ降伏時の「軍隊の配置」状況によって決定されるべきものであり、従ってあらかじめ地域配分について協定を結ぶ必要はない、という主張であった。この主張の背景にはソ連に対する〝疑念〟があったが、国務省のメンバーはこのような方式は、より大きな地域を獲得しようとする野心によって三大国間に深い相互不信を生み、そこにドイツが付け込みかねない「きわめて危険な方法」であるときびしい批判を加えた。[24]

ちなみに、右のような軍事的・政治的〝無政府主義〟のいわば対極に位置するのが、EACの英代表ストラングの覚書で検討された〝混合軍〟方式であったといえる。そして実は米国務省内部においても四三年秋には、連合国の政策の統一を維持する目的で、占領地域を分割することなく〝混合軍〟による共同占領がなされるべきである、との提案が出されていたのである。しかもこのような構想は国務省レベルに止まらず、他ならぬ対独戦の最高司令官アイゼンハワーも主張していたのである。彼は四四年一月に帰米した際ルーズヴェルトに対し、分割占領には反対であり、技術的困難さを伴うとはいえ「共同占領」が「唯一の実行可能な案」であって、それは「真の《四者共同行動》」の「試金石」となるであろう、と説得に努めた。(25)

先に見たように、〝混合軍〟方式はEACのレベルでも早い段階で放棄されたが、アイゼンハワーがドイツ打倒に向けての連合国間の協調体制の〝証〟とみなしたこの方式が仮りに採用されていたならば、その後のドイツの歴史が異なった道を歩んでいた可能性もあながち否定し得ないであろう。いずれにせよ現実には、〝無政府主義〟の方式と〝混合軍〟方式のいわば〝中間〟の方式として、ACCによる統一的管理という枠組みの下での分割占領方式が採られることになったのである。

三　「無条件降伏」と排他的分割

ところでヤルタ会談では、テヘラン以来の〝懸案事項〟でありEACの場においては協議の対象にのぼせられなかった、ドイツ国家の分割・解体の問題が改めて議論された。そこには、四四年九月の第二次ケベック会談においてルーズヴェルトが提出しチャーチルが一応承認した、いわゆるモーゲンソー・プランが影響を及ぼしていた。ドイツ「田園化」構想として有名な同プランでは、ドイツの分割と解体が重要な柱となっていた。それは、ポーランドに割譲される東プロイセン、フランスに与えられるザール地域、国際管理下におかれるルール地域などを除くドイツを南北二つの「独立国家」に分割する、というものであった。[26]

ヤルタ会談の場では、スターリンがドイツの分割・解体問題を具体的に決定すべき時期がきたと口火を切り、ルーズヴェルトも五ないし七カ国への分割が望ましいと応え、チャーチルもテヘラン以来の持論をくり返しつつ分割方針に基本的に同意した。かくしてモロトフの提案を基礎に、分割の時期や境界区分などを具体的に煮つめる「特別委員会」の設置が取り決められ、英外相イーデンを議長にロンドン駐在の米ソ大使で構成される委員会が発足した。[27]

しかし、この委員会は三月と四月の二回開かれただけで〝開店休業〟状態に陥った。なぜなら、例えば三月中旬に英外務省レベルでとりまとめられた覚書はドイツを東西南の三カ国に分割する構想であったが、そこで指摘されていたように、管理体制上の問題や賠償問題の取り扱い、ドイツ・ナショナリズムの復活への危惧など、問題の重大な「困難さ」が明らかとなってきたからである。

そして三月末にはソ連当局も、ドイツ分割に関するヤルタの決定は必ずしも「義務的プラン」ではないとの見解を表明し、つづいてスターリンが五月八日のドイツ降伏に際して、ソ連は「ドイツの分割や解体を求めていない」との演説を行った。さらに六月五日の「ドイツ最高権力の掌握」に関する四大国宣言においてもこの問題は一切ふれられることはなく、かくしてドイツ国家の分割・解体方針は〝自然消滅〟することになったのである。[28]

もっとも、右の四大国宣言によっていかなるドイツ中央政府も存在しないことが宣せられ、ドイツの最高権力を四大国が掌握するという、いわゆる「直接統治」の占領体制が実施されることになった。ところで、同宣言の草案は英外務省によって起草され、すでに三月末にはストラングがEACに提案していた。[29] ところが〝現場〟では、英軍当局が「ドイツ政権」の〝認知〟に動いて混乱が生じることになった。

つまり、四月三十日のヒトラーの自殺を経て政権をひきついだデーニッツ海軍元帥による、東部戦線での戦闘継続と英米側への降伏という「選択的降伏」方針に応えて、五月四日英軍総司令官モントゴメリーが一たんはデーニッツ側の代表と単独降伏に調印したのである。しかし、アイゼンハワーの司令部は右の方針を「アイゼンハワーとその同盟国ロシアの間にくさびを打ち込み、両者の仲を裂こうとする有名なナチ流のトリック」ときびしく非難して調印を無効とし、同七日と八日にドイツ国防軍の代表者をして全戦線にわたる全面降伏を取り決めた降伏文書に調印させ、さらに二週間後には〝延命〟をはかるデーニッツ政権のメンバーを逮捕して同政権を解体させる、という経緯があったのである。(30)

かくしてドイツにおいては結果的には、㈠降伏に際しての一切の交渉の拒否、㈡一切の相手側政権の不承認（「政治的空白」の形成）という「無条件たることのルール」が貫徹された、文字通りの無条件降伏がもたらされたのである。(31)

ただ、上述した四四年十一月十四日のロンドン議定書では、ACCの指示の下に活動する「ドイツ中央行政機関」の存在が予定されていた。そこでポツダム会談において、全独レベルの「中央行政省」の設置が取り決められた。しかし、強力ドイツの復活を恐れるフランスが同会談に加わらなかったことを理由に反対したこともあって、結局「中央行政省」は設置されず、これが後の東西ドイツ分裂の〝土壌〟を形成することになったのである。(32)

なお、占領されるべきドイツの領域として、四四年一月のEACでの英政府案以来一九三七年現在のドイツ領土が前提とされてきたが、ヤルタ会談でポーランドの領土を西方に「拡張」することで合意を見たのをうけて、ポツダム会談においてオーデル・ナイセ線（オーデル川、西ナイセ川）をポーランドの西部国境とすることが取り決めら

れ、上記ドイツ領土の二四%が切り離されることになった。(33)

さて、以上の経過を経て確定されたドイツの占領管理体制について改めて整理しておくならば、英米ソ仏の占領軍によって四分割された各占領地域の最高司令官が構成するACCにおいては、「輪番」によって各メンバーが議長をつとめ、全独レベルの諸問題について「全員一致」制をもって意思決定がなされることになった。他方、各占領地域においては、いみじくも米占領地域軍政長官代理のクレイが占領開始からおよそ一年を経た四六年五月に「……物資も人員も、そして思想においても自由な交流がほとんどない気密状態の領域」(34)と述べたように、各最高司令官が本国政府の指令に基づいて、文字通り「排他的」な管理を行った。

このような管理体制のあり方は基本的には、進撃コースと地域分担を相互調整しつつ共同の軍事作戦として展開された対独戦争の軍事的・政治的特質を反映するものであった。つまり図式的に言えば、共同作戦としての特質は全独レベルにおけるACCという、かのイーデンの「七・一覚書」を踏襲する管理方式に具体化され、各国軍の責任分担は各占領地域における「イタリア方式」の貫徹として表現されることになったのである。

なお、ACCは四五年七月からトルーマン・ドクトリンが打ち出された四七年三月までの間に、経済問題を中心に三つの宣言、五三の法令、四つの命令等を発して少なからぬ役割を果たした。(35)しかし政治的な重要問題については拒否権の発動で十分機能し得ないまま、遂には東西ドイツの成立という、四五年の春以降〝自然消滅〟したはずのドイツ国家の分割を、全く新たな次元で迎えることになるのである。

かつて四四年夏にEACの米代表ワイナントはルーズヴェルトに対し、三大国が参加する共同の占領管理機関を設置するだけでは十分ではなく、その機関が遂行する「連合国の一致した政策」を形成することに全力が傾注されねばならないと強調していたが、(36)そのような努力の欠落、あるいは「一致した政策」形成の困難さが、右の事態の背景にあったことは言うまでもない。

(1) *FRUS, 1943 I*, pp. 720-23; Hull, *Memoirs*, p. 1285; Philip E. Mosely, "The Occupation of Germany: New Light on How the Zones were drawn," *Foreign Affairs*, July 1950, p. 581; Dennis L Bark & David R. Gress, *A History of West Germany, Vol. 1: From Shadow to Substance 1945-1963*, Oxford, 1989, p. 21.

(2) *FRUS, 1943 I*, pp. 631-32.

(3) Philip E. Mosely, "Dismemberment of Germany: The Allied Negotiations from Yalta to Potsdam," *Foreign Affairs*, April 1950, pp. 488-89; William M. Franklin, "Zonal Boundaries and Access to Berlin," *World Politics*, October 1963, p. 3.

(4) *FRUS, The Conference at Cairo and Teheran, 1943*, pp. 253-54; Franklin, *op. cit.*, p. 10, 福田、前掲書、一九四—九六頁。

(5) Franklin, *op. cit.*, pp. 10-11, 福田、前掲書、一九六頁。

(6) *FRUS, Cairo and Teheran*, pp. 554, 600, 602-3. なおイギリスの「連邦」構想とソ連の態度については、伊東、前掲論文㈣、一六二—六五、一八六頁。

(7) Barbara Marshall, *The Origins of Post-War German Politics*, London, 1988, p. 3; George F. Kennan, *Memoirs, 1925-1950*, Boston, 1967, pp. 165-66, 清水俊雄訳『ジョージ・F・ケナン回顧録(上)』読売新聞社、一九七三年、一六〇頁。

(8) *FRUS, 1944 I*, pp. 140-47.

(9) *Ibid.*, pp. 147-50.

(10) *Ibid.*, pp. 151-52.

(11) *Ibid.*, pp. 177-78; Franklin, *op. cit.*, p. 13.

(12) Mosely, "The Occupation of Germany," pp. 581-82; Woodward, *Vol.* V, p. 249. なお問題を複雑にしたのは、EACの規程の第二項では「戦争の終結にかかわるヨーロッパの諸問題」について研究し勧告するとされ、第三項では「最初に取り組まれるべき課題の一つ」として降伏条項と管理機関に関する勧告、があげられていたことである。*FRUS, 1943 I*, p. 757.

(13) Mosely, "The Occupation of Germany," pp. 583-86; Woodward, *Vol.* V, pp. 251-53.

(14) *FRUS, 1944 I*, pp. 195-96; Franklin, *op. cit.*, pp. 11-12, 17-18; Mosely, "The Occupation of Germany," p. 591.

(15) Kennan, *Memoirs*, pp. 168-71, 邦訳、一六二―一六五頁、Mosely, "The Occupation of Germany," pp. 591-92; *FRUS, 1944 I*, p. 211.

(16) Woodward, *Vol.* V, p. 255; Mosely, "The Occupation of Germany," p. 590.

(17) Hull, *Memoirs*, pp. 1611-12; Mosely, "The Occupation of Germany," pp. 595-97; Franklin, *op. cit.*, pp. 20-21; *FRUS, 1944 I*, pp. 223-24, 232.

(18) *FRUS, Yalta*, pp. 118-23. なお東プロイセンは、ソ連とポーランドに分割されて各々の〝行政下〟におかれることになった。

(19) *FRUS, 1944 I*, pp. 185-88, 212-16, 299-301.

(20) *FRUS, Yalta*, pp. 124-27.

(21) フランス占領地域の具体的な〝地域割り〟の作業はEACに託され、米仏間の交渉が長びいたこともあってようやく四五年六月はじめに確定された。なおヤルタ会談ではルーズヴェルトとスターリンが管理理事会へのフランスの参加に強い難色を示したが、管理機関に加わらずに占領地域を管理することはできないとのチャーチルの主張が最終段階でようやく受け入れられることになった。Mosely, "The Occupation of Germany," pp. 559-601; *FRUS, Yalta*, pp. 617-19, 899-900; Woodward, *Vol.* V, pp. 276-77.

(22) *Churchill & Roosevelt: The Complete Correspondence III. Alliance Declining* (*February 1944—April 1945*), edited by Warren F. Kimball, Princeton Univ. Press, 1984, pp. 603-5, 607-9, 福田、前掲書、二八三―八四頁。

(23) Larson, *op. cit.*, pp. 161-62; Mosely, "The Occupation of Germany," pp. 602-3.

(24) *Ibid.*, p. 588.
(25) Franklin, *op. cit.*, p. 4 ; Dwight D. Eisenhower, *Crusade in Europe*, New York, 1948, 1977, p. 218.
(26) Woodward, *Vol. V*, pp. 222-29 ; *FRUS, Quebec, 1944*, pp. 86-87, 101-2 ; *A Decade of American Foreign Policy*, 1985, pp. 269-72, 真鍋俊二『アメリカのドイツ占領政策』法律文化社、一九八九年、第一章。
(27) *FRUS, Yalta*, pp. 611-16 ; Mosely, "Dismemberment of Germany," pp. 491-92.
(28) Woodward, *Vol. V*, pp. 320-36 ; Mosely, "Dismemberment of Germany," pp. 492-93, 498.
(29) *A Decade of American Foreign Policy*, 1985, pp. 273-76 ; Woodward, *Vol. V*, p. 259.
(30) Paul Kecskemeti, *Strategic Surrender : The Policy of Victory and Defeat*, Stanford Univ. Press, 1958, pp. 146-51, カール・デーニッツ著、山中静三訳『デーニッツ回想録―十年と二十日間』光和堂、一九八六年、三八五―四一一頁。
(31) Kecskemeti, *op. cit.*, pp. 218-19.
(32) *A Decade of American Foreign Policy*, 1985, p. 31 ; Douglas Botting, *From the Ruins of the Reich : Germany 1945-49*, New York, 1985, p. 201.
(33) *A Decade of American Foreign Policy*, 1985, pp. 26, 35-36.
(34) Mosely, "Dismemberment of Germany," p. 498.
(35) Legal Department, United Nations Secretariat, "Quadripartite Military Government Organisation and Operations in Germany," *The American Journal of International Law*, 1947, Vol. 41, p. 655.
(36) Mosely, "The Occupation of Germany," p. 595.

第六節　占領管理の〝対等性〟問題

一　「ヤルタ宣言」と「イタリア方式」

ヨーロッパの占領管理体制は、本章で見てきたように「イタリア方式」という排他的管理体制を軸に展開してきた。しかし、戦争の終結後もこの〝排他性〟が維持されるならば、ソ連占領下の東欧諸国は名実共にソ連の勢力圏に組み込まれてしまうであろうという危惧が、英米当局者の間でさらに深まっていった。そこで、戦後秩序のあり方が議論される重要なヤルタ会談に向けて米国務省は、改めて東欧三国の管理体制の問題を検討しブリーフィング・ペーパーとしてまとめた。

そこではまず、ルーマニアとブルガリアのACC（連合国管理委員会）が、英米が「指導的な役割」を果たしているイタリアのそれと「同じ基本的なパターン」の上で組織されていることが確認される。また当時はモスクワにおいてハンガリーの休戦協定交渉が最後のツメを迎えている段階であったが、このハンガリーの場合も「ルーマニアの休戦協定の基本的なパターン」が適用されるべきことについて米政府が同意している旨が指摘される。ただ、ACCの現実の運営をソ連の軍事当局が握るべきであるとのソ連側の見解に異議を申し立てないのは、なお戦争が継続しているからであり、ドイツが降伏して以降はハンガリーはもちろんブルガリアやルーマニアにおいても「対等の責任」「対等の参加」「真の三者体制」が求められねばならないと、いわゆる「第二期」における〝対等性〟の問題が強調されているのである。(1)

しかし、ヤルタ会談が開始された当日の四五年二月四日に、ステティニアス国務長官がルーズヴェルトに提出した覚書において、首脳間で議論されるべき議題の五番目に位置づけられた東欧三国のACC問題については、各ACC米代表の任地国における「行動の自由」および、ACCとしての決定がなされる際の「事前協議」の確保のみがかかげられていた。つまり、米側関係者の出入国や国内での行動に様々な制約が課され、また事前の協議や通知さえ行われないままにACCの名において指令が被占領国の政府に発出される事態を〝改善〟するというレベルの要求である。(2)こうして〝対等性〟要求はさし当り提出されなかった訳であるが、それは言うまでもなく、対独戦争が最終段階に入ったとはいえ、当時はなお熾烈な攻防戦が展開されている「第一期」であったからである。

しかし実は国務省は、「イタリア方式」に裏打ちされたソ連の「一方的」なACC体制を「第一期」においても〝切り崩す〟別の方策を考えていた。それが有名な「解放ヨーロッパに関する宣言」である。ただ注意されるべきは、本来この「宣言」は「解放ヨーロッパ」を対象とした新たな国際組織の設置に伴って発せられるべき「宣言」として位置づけられていた、ということである。

まず四五年一月八日付の国務省ヨーロッパ局の案では、設置されるべき「ヨーロッパ臨時安全保障理事会」の組織概要が次のように述べられていた。解放されるヨーロッパ諸国とドイツ衛星諸国における人民的(ポピュラー)政府の設立と秩序の維持を「監督」する任務をもったこの理事会は、英米ソ仏の四カ国の代表者によって組織され、当該諸国の政府の「地位」について「疑問」が生じると実情を調査し、人民のあらゆる要素を広く代表する連合政府の設立を要請する権限をもつ。この臨時政府は理事会の「直接的な監督」の下で設立され、秩序の維持と「自由選挙」の準備を行い、選挙の結果に基づいて形成される新しい政府を四大国は承認することになる。またこの理事会は、国際連合の安全保障理事会が設置されるまでヨーロッパの平和と安全に関する諸問題をも扱う任務をもつ。このように構想されていた全欧レベルの組織は、あたかもかつてのイーデンの構想をも想起させるものであったが、いずれにせよ休戦協定で規定され設置された各国ACCの管理権限を事実上〃無効〃とするような広範な任務と権限をもつものであった。(3)

次いで、一月十八日付のステティニアスからルーズヴェルトあての書簡においては、組織の名称は「解放ヨーロッパ緊急(エマージェンシィ)高等(ハイ)委員会」(EHCLE = Emergency High Commission for Liberated Europe)とされ、人民的政府の設置や早期の選挙実施などの「政治問題」と共に「緊急の経済的諸問題」の解決をめざすことが強調され、全部で四条九項から成る規程案が添えられていた。そして実は、この全欧レベルの組織がめざす目的や任務をうたい上げたものが「解放ヨーロッパに関する宣言」に他ならなかったのである。つまり、まずEHCLEの設置が企図され、その趣旨を内外に明らかにするために「宣言」が用意されたのである。(4)

ところが、翌十九日にステティニアスから説明をうけたルーズヴェルトは、国際連合の設立に向けて早期に合意に達するという「主要な目標」に努力を集中させるべきであり、それまでの間はEAC(ヨーロッパ諮問委員会)が活動をつづけることができると述べて、EHCLE設置の方針に否定的な反応を示した。

さらに、ヤルタ会談の開催当日の二月四日にステティニアスがルーズヴェルトに対して、チャーチルやスターリンと討議されるべき七つの重要議題の一つとして改めてEHCLE設置問題をもち出したが、大統領は組織の名称はもちろん、EACが活動している状況の中で「別の組織」をつくるという「発想」それ自体が好ましくないと述べ、会談で提案されることになっている三大国の常設の外相会議でいかなる情勢にも「十分に」対応できると、E

HCLEの構想に対して明確に反対を表明した。(5) かくしてヤルタ会談においては「宣言」だけが採択され、国務省の意に反してEHCLEの問題は全く何一つ議論されないままに終ったのである。

しかも「宣言」についても、二月九日にアメリカ側が提出した草案では、解放ヨーロッパ諸国において何らかの行動をとる必要が生じた場合には、三国政府は共同の責任を遂行するために「直ちに然るべき機関を設置する」とうたわれていた部分が、モロトフの修正提案もあって結局、とるべき必要な手段について「直ちに互いに協議する」という表現に変えられてしまったのである。要するにこの「ヤルタ宣言」も、ステティニアスが嘆いたように、本来「不可欠」である「実施機関」を欠いた単なる「格調高い希望の表明」となったのである。(6)

たしかにEHCLEの構想は、ヤルタに同行していたバーンズからさえ「屋上屋を架する」ものと批判されたようにEACや常設の三国外相会議との関係も不明確で、しかも本部をどこに設置するのかさえ未定の「試案的性格」をもったものであった。(7) しかし、米ソ協調体制の構築を主眼にヤルタに臨んだルーズヴェルトが右の構想に懸念を表明し最終的にそれを拒否したのは、同構想が東欧諸国における「イタリア方式」を突き崩すべく、ACCの上部にEHCLEを設置することによって、ソ連が排他的にコントロールしているACCを「排除」し「解体」するねらいをもっていたからであろう。(8) そして問題のありかは、ヤルタ会談が終了して二週間足らずで生じたルーマニアにおける〝政変〟に際して明らかとなった。

後に改めて検討することになるが、ルーマニアの政治情勢に不安を抱いたソ連は四五年二月二七日に外務人民委員代理のヴィシンスキーを同国に急派し、彼は国王に激しい圧力を加え、結局〝容共派〟の新政権が組織された。その直後に英首相チャーチルはこの憂慮されるべき事態についてルーズヴェルトに書簡を送ったが、四四年十月の「パーセンテージ協定」に基づいてギリシャにおけるイギリスの優越権をスターリンが承認しそれを〝厳守〟している以上、ソ連の優越権を認めたルーマニアの問題にイギリスとして抗議を行うことは困難である旨を述べた上で、まずルーズヴェルトの側が何らかの行動をおこすように求めた。

これに対しルーズヴェルトは、ソ連側に「ヤルタ宣言」を遵守させるように努力すると約しつつも、ソ連が当初よりルーマニアに対して「議論の余地なきコントロール」を行使していること、さらにルーマニアには対独戦のためのソ連の軍事連絡網が設けられており、今回のヴィシンスキーの行動を「軍事的必要性や安全保障上の口実」をもって容易に正当化し得る等の理由をあげて、ルーマニアはソ連と対決する「テスト・ケースとしてふさわしい場所ではない」と指摘し、きわめて〝消極的〟な姿勢を明らかにしたのである(9)。

しかし、三月十二日ステティニアスは駐ソ米大使ハリマンに、モロトフに対して以下の具体的な要請を伝えるように指示した。それは、改めて「ヤルタ宣言」の趣旨を確認しつつ、ルーマニアの切迫せる政治問題を解決し自由選挙を通して責任ある政府を設立するための協調的な政策をまとめるために三大国の代表による協議が直ちに開始されるべきこと、さらにそこで合意される政策を実施にうつすために三大国の政治代表から成る「共同委員会」をブカレストに設置することが必要であろう、というものであった。ハリマンはこれを、「三者委員会」の設置としてモロトフに要請した。

これに対し三月十七日の返書においてモロトフは、ルーマニアにおける新政権の設立によって対独戦争を戦うソ連軍の後方連絡網を確保するための「秩序と安定」が固められた以上、三大国による「いかなる特別の手段」も必要とはしないと、ルーズヴェルトが予想した通り軍事上の理由をかかげてアメリカの要請を拒否した。さらに「ヤルタ宣言」の理解についてモロトフは、ドイツの衛星諸国とのかかわりにおいて「宣言」は、それらの国々における「連合国管理委員会の存在に基礎づけられている」と指摘し、提案されている「三者委員会」については、これらACCを「無効」としACCの議長の役割を「去勢」しようと企図されたものである、と鋭く批判したのである。[10]

このようなモロトフによる「宣言」の解釈は、ハリマンも指摘するように、ドイツ衛星諸国に関して「宣言」を「無意味」にするものであった。そこで三月二六日国務次官グルーは、ACCはあくまで休戦条項の実施という「特別の機能」を果たすべく設けられたものであるのに対し、「宣言」に具体化された合意は解放諸国における自決権の擁護をはじめ「将来の発展」にかかわる「より基本的な性格の問題」について三大国間の政策調整をはかるものであって、両者の機能は異なっており決して「対立」するものではない、とモロトフに反論の書簡を送った。[11] さらにグルーは同二九日にはブルガリアについても、自由選挙を実施するための「連合国管理委員会から独立した」「三者委員会」の設置をモロトフに要請するように、との指示をハリマンに与えた。[12]

ちなみに、おそらくグルーの右の立場と方針の〝公正さ〟は、日本占領に関して、マッカーサーの権限は降伏の軍事的局面に限られ、ポツダム宣言にかかげられた日本の「将来の発展」に関する諸問題については、三大国ないし四大国がマッカーサーから「独立」した「共同委員会」を設けて対処するべきであると、グルー本人や国務省が方針提起する準備があったか否かによってはかられるべきであろう。

さて以上の議論に示されていることは、ヤルタ会談においてEHCLE構想を頭から拒否された国務省が「ヤルタ宣言」を最大限活用しつつ、同様の性格をもつ「共同委員会」を設置していくことによって、ソ連が排他的な権限を行使しているACC体制の〝骨抜き〟をねらったのに対し、ソ連側は戦時(「第一期」)であることを前面に出して、あくまで「宣言」よりもACC体制(「イタリア方式」)が〝上位〟にあることを強調することによって、事実上「宣言」の趣旨を〝骨抜き〟にすることを企図した、ということであろう。

このような状況において、米政府当局はソ連側にこれ以上の〝圧力〟をかけることはしなかった。なぜなら当時、ヤルタ会談でも最大の論点の一つとなったポーランド問題に重点がおかれていたばかりではなく、アメリカが〝受け身〟にならざるを得ない重大な事件が発生していたからである。それが有名な「ベルン事件」である。

イタリア方面連合軍司令官アレキサンダー将軍の「公式報告書」によれば、三月九日在伊ドイツ親衛隊(SS)司令官カール・ヴォルフとベルンの米戦略局(OSS)の責任者アレン・ダレスとの会談が行われ、ドイツ軍側の〝降伏の意思〟が確認されたのをうけて、三月十九日から同月末まで「正式の」会談が断続的に開かれ、ドイツ軍の「分離降伏」の問題が議論されたのである。この交渉を、ソ連を排除した英米独間の「秘密取り引き」とみなしたスターリンは、戦争期間中における「最も激烈で無気味な」書簡をルーズヴェルトに送り、ルーズヴェルトの死(四月十二日)の前夜まで両者間で激しい非難が交わされ、「ヤルタの合意」の崩壊さえ危惧される重大な政治問題に発展したのである。(13)

二 「ポツダム協定」第十一条

ルーズヴェルトの後を継いだトルーマンは四五年五月二日、ルーマニアとブルガリアのACC米代表と会見し、ソ連が両国を「完全に全体主義的な方法」で支配する決意で政策をおしすすめていること、両国のあり方は「テスト・ケース」であり、そこでソ連が成功するならば「ヨーロッパの他の全ての国々に同じゲーム」を試みるであろう、との強い〝警告〟に接した。そこで大統領は、そういう事態であるならばむしろ両国から米代表を完全に引き揚げた方がよいのではないかと問うたのに対し、グルー国務次官は、当面は米代表を維持することに「一定の利益」がある旨を指摘してトルーマンの〝焦り〟を抑えた。(14)

その後ドイツが降伏しヨーロッパの戦争が終結してからおよそ三週間を経た五月二七日、スターリンはトルーマンへの書簡において、ルーマニアとブルガリアが休戦(降伏)と共に対独戦争に加わりヒトラーの敗北に貢献した〝実績〟を強調した上で、両国およびハンガリー、フィンランドとは外交関係を確立するべき時がきたと強い要請を行った。これに対しトルーマンは六月七日の返書で、フィンランドとは外交代表の交換にすすむ用意があるとの意向を表明したが他の三国、とりわけルーマニアとブルガリアについては、人民の意思を代表した民主的な政権ではない旨を指摘してスターリンの要請を拒否した。(15) しかし実は国務省は、スターリン書簡が発せられた翌五月二八日、占領管理体制の問題に関する重要な提案を逆にソ連側に提起していたのである。

同日グルーからハリマンに送られたソ連外交当局あての書簡では、四五年一月二十日のハンガリーとの休戦協定の調印にあたって米政府が、特にACCを規定した第十八条に関して戦争終了後に問題を提起する権利の留保を宣言したことが確認された上で、ヨーロッパの戦争が終結していわゆる「第二期」に入った今こそ議論を「再開」するべきであるとして、ハンガリーのACCの組織と機能について以下の具体的な提案がなされた。つまり、㈠今後ACCは英米ソ三国政府の指示の下で行動し、ソ連代表が議長をつとめるとはいえ各代表は「対等の地位」を有する、㈡ACCの決定は三国代表全ての「一致」によってなされねばならず、各代表は重要問題については各々の政府に指示を仰ぐ、㈢三国政府はACCの各セクションや下部委員会にも代表を送る権利を有する、ということであった。(16)

さらに米政府は、六月八日にはルーマニアについて、また同十二日にはブルガリアについて、それぞれACCが右のハンガリーのACCに関する提案に沿って「再組織」されるべきことをソ連側に要請した。(17) かくして来たるべきポツダム会談に向けて、英政府が旧ドイツ衛星諸国との早期講和、ソ連軍の撤退という、かつて米政府も提起していた方針で臨む構えであったのに対し、米政府は方針を修正して、外交関係の再開や講和条約の締結の以前にまず、それら諸国における代表的民主政権の設立と、各ACCへの「真の参加」、ACCの「再組織」という提案を前面にかかげてソ連側に要求していくことになったのである。(18)

このような情勢展開の中で、ポツダム会談のおよそ一週間前の七月十二日、ハンガリーACCの英米代表はソ連側から、対独戦争の終結がもたらした「変化」に伴うACCの新しい「運営手続」を定めた同十一日付のソ連政府の指示文書を受けとった。

そこでは、ハンガリーとの講和条約の締結までACCの議長(ソ連代表)は重要な問題を議論するために少なくとも十日に一回は定期的に英米代表との会合を開く、英米代表はACCの各部門の責任者と協議することも各種委員会に参加することもできる、英米代表は〃事前通知〃によって国内を自由に移動できるといった規定と共に、「重要問題に関する連合国管理委員会の指令は、同委員会の英米代表との間でそれらの指令に関して合意が達せられて後に、同委員会の議長によってハンガリー当局に発せられる」との、〃事前承認〃を意味するきわめて重要な規定が新たに挿入されていた。(19)

また同じく十一日、ブルガリアにおいても英米代表は、ACCの機能に関する新しい「運営手続」をソ連側から伝達された。内容的にはハンガリーの場合とほぼ同じであったが、ACCの指令の扱いについては、「重要問題を含む連合国管理委員会の指令は、それらの指令に関する英米代表との事前の協議の後に同委員会の議長(議長代理)によって発せられる」との〃事前協議〃の規定となっていた。(20) さらに、ポツダム会談の前日十六日にはルーマニアでも、ACCの英米代表はほぼ同様の、ACCの新しい「運営手続」をソ連側から手交された。問題のACCの指令に関する部分は、「重要問題に関する連合国管理委員会の指令は、立案された指令をめぐる英米代表との事前の協議に〃つづいて同委員会の議長(議長代理)によって発せられる」と規定されていた。[21]

以上のソ連政府による突然の指示については、評価が分かれた。ハンガリーに関しては国務省のヨーロッパ局にあっても、ACC各代表の「対等の地位」と〃全員一致〃によるACC決定を求めた上述の五月二八日の米政府案と主要な点で合致している、との分析を行った。[22] しかし、ブルガリアについては現地の米政治代表から、「協議」がうたわれただけの今回の「手続」を受け入れるならば、ソ連は「外面」を満足させることができるが英米代表は「より効果的」に「ロシアの政策の道具」となるであろうときびしい反応が示され、ルーマニアについても現地から、ACCのソ連当局の「善意」が欠けるならば米代表が直面してきた「あらゆる困難」は今後もつづくであろうとの悲観的な見通しが伝えられた。[23]

なおイギリスの外交当局でも、英米代表に事実上の「拒否権」が与えられるハンガリーと、「協議する権利」が与えられるだけのルーマニアやブルガリアとの「差異」が問題とされ、とりわけ四四年十月の「パーセンテージ協定」でブルガリアと「同じパーセンテージ」(八〇%)が与えられたハンガリーにおいてソ連が「真の三者管理」を本当に認めるつもりがあるのか疑問が出されたが、とにかくもソ連の提案を「受け入れることによって失うものは何もない」というのがその基本的な立場であった。もっともそこでは、講和条約が締結されるならばACCの存在それ自体が消滅し、ACCのあり方を問題にする必要がなくなるという、早期講和方針が前提とされていた。[24]

さて、ポツダム会談は七月十七日から開催されたが、ワシントンにあって事態を検討していたグルーは同二十日、ポツダムのバーンズ国務長官に対し、ルーマニアとブルガリアのACCの新しい「運営手続」はハンガリーの場合とは異なって〃事前承認〃を認めておらず「不満足」であり、従って会談の場でこの「根本的な問題」について合意を獲得するために「あらゆる努力」をなすことがきわめて重要である、との方針を伝えた。かくして翌二一日ポツダムの米代表団は東欧三国のACCに関し、それぞれの休戦協定に調印した三大国の利害と責任を考慮しョーロッパの戦争が終ったという新しい情勢を踏まえつつ、今後ACCが「三者対等の基礎」の上で機能することで三国政府が合意する、との提案を行ったのである。(25)

この提案は二二日の外相レベルの会合で議論されたが、当初モロトフはACCの「改善」に関するソ連政府の指示がすでに東欧三国の英米代表に伝えられているはずであるとして議論に消極的であったが、問題はこの場で扱われるべきであるとのバーンズの強い主張もあり、結局新しい「運営手続」に関するソ連の指示文書が正式に英米側に提出されることになった。(26)

ただ、バーンズが後に「ソ連側の交渉努力の大部分はイタリアに集中された」と述懐したように、この二二日の会合や二四日の首脳レベルの会合においてもモロトフやスターリンは、東欧三国のACCの「モデル」となったイタリアにおいてソ連代表はACCにも参加できず、その活動について「何も知らされていない」、東欧よりも一年以上も前に降伏したイタリアにおいて未だに「自由選挙」が行われていない等の批判を展開し、それに対してチャーチルが、ルーマニアやブルガリアではイギリスの代表の周りに「鉄のフェンス」が張りめぐらされていると応酬するなど、問題の根底に文字通り「イタリア方式」の存在することが改めて印象づけられた。(27)

なおイタリアにおいては、国民解放委員会が軍事的・政治的に大きな力を獲得していったため、「空腹の共産主義」を恐れる米政府やACCの英代表マクミランがイニシアティヴをとってイタリアに対して経済援助によるテコ入れをはかると共に、四四年十月にはACCから管理(Control)の文字を削除し、四五年二月には「マクミラン覚書」によってイタリア側に大幅な「自治」を与えた。しかも同年四月には解放委員会の総蜂起によって北イタリアが「自力解放」されたこともあって、イタリアの「占領管理」体制は他の枢軸諸国とはかなり異なった様相を呈することになった。しかし、解放後北イタリア一帯を直接軍政下においた英米軍は、「共産主義者のさし迫ったクーデターのうわさ」を理由にイタリア側への施政権の返還を同年末まで引き延ばしたのである。[28] さらに、本章第一節で見たように四三年十月のモスクワ外相会議で決定されたAdCI(対伊諮問理事会)の規程によれば、連合軍最高司令官の「見解」において直接的な軍事管理を終了させることが可能となる時にAdCIはACCの「指導」を引き継ぐことになっていたが、ヨーロッパの戦争終結から七カ月も経た四五年十二月に英米合同参謀本部は、イタリアの「軍事管理体制」の維持・継続を決定し、AdCIへの執行権の委譲を事実上拒否する方針を打ち出すのである。[29]

さて、ソ連の指示文書は七月二四日に正式にポツダムの英米代表団に手交され、上述した二一日の米提案と共に下部の作業委員会での検討に付された。しかし二六日には、ポツダム会談の期間中にACC問題で細かい点まで含めて具体的な合意文書を作成する「時間がない」ことが明らかとなった。かくして三一日に米ソ双方が提出した〝妥協策〟を基礎に、八月一日の首脳レベルの会合で最終的な合意が達せられた。それが「ルーマニア、ブルガリア、ハンガリーにおける連合国管理委員会の改正運営手続」と題するポツダム協定第十一条である。[30]

そこでは、ACCの機能の「改善」に関してソ連が一連の提案をなしたことに留意しつつ、今や東欧三国における「連合国管理委員会の運営手続の改正」が着手されたこと、その際英米代表の〝事前承認〟を認めたハンガリーに対する七月十二日のソ連提案(指示文書)を「基礎として受け入れる」ことがうたわれ、同指示文書の全文が付属文書として添付された。

このポツダム協定第十一条は、ハンガリーにおけるACC体制の「改善」を軸としルーマニアとブルガリアに関しては〝事前協議〟のレベルに止めたいソ連と、これら両国についても「三者対等」を求めるアメリカとの〝妥協の産物〟であった。そこで、ハンガリーの現地においてソ連の指示文書に基づいたACCの新しい規約の成文化が問題となっていた八月中旬、ワシントンではSWNCC(三省調整委員会)が、かねてより「SWNCC一五一シリーズ」として検討されてきた「ハンガリー連合国管理委員会の規約案」を正式に承認し、その「採択」をハンガリーばかりではなくルーマニアやブルガリアに対しても強く求めていくことが取り決められた。[31]

この「規約案」の原案となり「SWNCC一五一」シリーズの出発点をなしたのは、上述した五月二八日のグルーによる米政府提案の諸原則をハンガリーACCの米代表キィが具体化して起草し、六月五日に同ACCのソ連議長に提出したものであった。[32]このキィの草案はSWNCCのヨーロッパ小委員会の検討に付され、若干の修正を経て「SWNCC一五一／一」として、すでに七月下旬にはJCSおよびSWNCCの陸・海軍省のメンバーによる承認を得ていたが、国務省は内容的には「完全に承認し得る」もののポツダム会談で交渉中ということもあって、右に述べたように八月中旬までその正式承認をさし控えてきたのであった。[33]

戦争終結後の「第二期」を「カバーするため」に練り上げられた全六条から成るこの「規約案」では、ソ連代表がACCの議長をつとめるが英米代表もそれぞれ副議長につき、ACCのスタッフには「三国政府の軍隊の将校」も加わり、ACCは少なくとも「毎月二回」開催され、そこで討議される議題には英米代表による提案も含まれ、そして「委員会の決定」は三代表の「一致をもってのみ」下される、と規定されていた。

これに対し、八月十四日にハンガリーACCのソ連議長から英米側に送られた全九条から成る「新規約」では、司令部、政治局、行政局、経済局等によって形成されるACCのスタッフに英米代表も参加できること、ACCの会合は少なくとも「十日毎に」開催されること、英米代表は〝事前通知〟によって国内の「自由行動」が許されること、英米代表は休戦協定の履行に関するいかなる問題についてもソ連側から「口頭ないし書面による情報」をうける権利をもつこと等々、七月十一日の「運営手続」よりもさらに踏み込んだ規定も見られた。ただ、ACCの議長代理をおくことは明記されていたが副議長のポストは用意されておらず、またハンガリー当局に対する重要問題に関する「連合国管理委員会の指令」が英米代表との「合意に達して後に」発せられると規定されたが、アメリカの「規約案」のように「連合国管理委員会の決定」全般にわたって英米代表に拒否権を与えるとの表現は用いられなかった。(34)

かくして米政府は八月十六日、先に触れたように自らの「規約案」をハンガリー、ルーマニア、ブルガリアのACCにも送付し、バーンズ国務長官がソ連やイギリスによる「その採択を確実にするために努力する」ことになった。(35) そしてまずハンガリーでは、米代表キィがソ連側の「新規約」を米政府としては「受け入れられない」と言明し、アメリカの「規約案」を提示して議論するように求めたのである。(36)

なお、ここで当然のこととして再確認しておくならば、右の方針は、英米側の単発的な空爆や諜報活動は別として、専らソ連赤軍のみが軍事作戦を行い、占領を実施し、しかもソ連が重大な利害関係を有している旧枢軸諸国の管理体制に関して採られた方針である、ということである。

以上が、日本が降伏した当時の東欧三国の占領管理体制をめぐる政治状況であった。ヤルタ会談以来すすめられてきた東欧における「イタリア方式」を切り崩す米政府の試みが、ヨーロッパ戦争が終結して三週間ばかりの五月二八日の「三者対等」をかかげたグルー国務次官の提案によって具体化され、ポツダム会談において少なくともハンガリーのACCに関しては一応「満足」できる成果が得られ、これを「基礎として」ルーマニア、ブルガリアにも同様のACC体制を求めていく足場がきずかれたのである。

他方、日本の降伏から一カ月近くを経たロンドン外相理事会に際して米政府は、日本占領に関して「三(四)者対等」や「全員一致」、あるいは「事前承認」やGHQスタッフへの各国代表の参加といった〝あるべき管理体制〟からはおよそかけ離れた方針、つまり東京にＡＣＣを設置するどころかワシントンに単なる諮問機関を設けるという提案のみをたずさえ、しかもそれさえ議題にのぼさせないという方針で臨んだのである。

改めて指摘しておくならば、東欧占領と日本占領に対する政策上のこの極端な〝落差〞、極端な「ダブル・スタンダード」こそが、ロンドン外相理事会の決裂をもたらす重大な要因となったのである。

（1） *FRUS, Yalta*, pp. 238-40. なおルーマニアのＡＣＣについては、「第二期」に関してアメリカがいかなる「権利留保」もなしておらず、またソ連が直接的な利害関係を有していることもあって、右のトーンはきわめて弱いものがある。*Ibid.*, pp. 239, 246-48.

（2） *Ibid.*, pp. 567-68. Cf. *ibid.*, pp. 238, 241.

（3） *Ibid.*, pp. 93-96. なお、この原案を担当したヨーロッパ局長代理ヒッカーソンの問題意識は主要にはポーランドとギリシャにおかれ、対独・対日戦争を遂行する上からもソ連との協力関係が必要であり、この「理事会」についてもソ連の理解を得られるとの認識に立っていた。しかし後述するように、「理事会」が果たすであろう機能と役割については別の文脈でとらえられることになった。

（4） *Ibid.*, pp. 97-100.

（5） *The Diaries of Edward R. Stettinius, Jr., 1943-1946*, edited by Thomas M. Campbell and George C. Herring, New York, 1975, pp. 215-16, 236.

（6） *FRUS, Yalta*, pp. 863, 873, 972 ; Messer, *The End of an Alliance*, p. 47.

（7） *Ibid.*, p. 46 ; *FRUS, Yalta*, p. 100, n. 4, p. 503.

（8） Kolko, *op. cit.*, pp. 360, 389. Cf. Gaddis, *Origins of the Cold War*, pp. 133-39.

（9） *FRUS, 1945* V, pp. 505-6, 509-10.

(10) *Ibid.*, pp. 510-11, 513, 517.
(11) *Ibid.*, pp. 521, 523.
(12) この要請に対しモロトフは、ドイツとの戦争がなお続いており、当面選挙は行われないし「外国の干渉」は避けるべきであると拒絶した。*FRUS, 1945 IV*, pp. 179-81, 186.
(13) 拙著、二九四―九五頁。
(14) Joseph C. Grew, *Turbulent Era: A Diplomatic Record of Forty Years, 1904-1945, Vol. II*, Cambridge, Massachusetts, 1952, pp. 1454-55.
(15) *Correspondence, Vol. Two*, pp. 239, 241-42.
(16) *FRUS, Berlin I*, pp. 368-69, n. 5.
(17) *Ibid.*, p. 372, n. 6; *FRUS, 1945 IV*, pp. 253-55.
(18) *DBPO, S. I, Vol. I*, pp. 152-53; *FRUS, Yalta*, pp. 245-48; *FRUS, Berlin I*, pp. 357-59.
(19) *FRUS, 1945 IV*, pp. 834-35.
(20) *FRUS, Berlin I*, pp. 405-6.
(21) *FRUS, Berlin II*, pp. 691-92.
(22) *Ibid.*, p. 687.
(23) *FRUS, Berlin I*, pp. 406-7; *FRUS, Berlin II*, pp. 690-91.
(24) *DBPO, S. I, Vol. I*, pp. 760-63.
(25) *FRUS, Berlin II*, pp. 646-47, 697.
(26) *Ibid.*, pp. 228-29.
(27) James F. Byrnes, *Speaking Frankly*, New York, 1947, p. 74; *FRUS, Berlin II*, pp. 229-30, 358-62. なおバーンズは、イタリアのACCに関して不満があるならば具体的に提示してほしいと述べ、モロトフが後に文書を提出することになったが、結局出されなかった。*Ibid.*, pp. 229-30, 241, 245, n. 6. Cf. *DBPO, S. I, Vol. I*, p. 1100. ところで、ポツダムでは英米首脳間においても対伊政策で対立が見られ、七月十五日にイタリアが対日宣戦を行ったことをうけてトルーマンが即時講和、国連加入を主張したのに対しチャーチルは、イタリアの政府は自由な選挙に基礎づけられていない非民主的なものであると、モロトフやスターリンと同様の議論を展開してトルーマンを批判した。Woodward, *Vol. V*, pp. 468, 471-72.

(28) 以上については、拙著、第三章第二・三・四節、終章、特に一九五—九八、二六八—七〇、三一八頁参照。

(29) *Civil Affairs*, p. 635.

(30) *FRUS, Berlin II*, pp. 324, 418, 556, 582, 732-33; *A Decade of American Foreign Policy*, 1985, pp. 37-38.

(31) 正式には八月十七日に承認され、「SWNCC一五一／二」の文書番号が付された。SWNCC 151/2, "Proposed Statutes for Allied Control Commission for Hungary," approved by SWNCC, 17 August 1945.

(32) SWNCC 151, Annex "A" to Appendix "A", "Draft of Statutes of the Allied Control Commission in Hungary," 5 June 1945.

(33) SWNCC 151/D, 18 June 1945; SWNCC 151/1, 27 July 1945; War Dept. Message, Report on SWNCC panel Berlin action on SWNCC 151, 30 July 1945; *FRUS, Berlin II*, pp. 725-26.

(34) *FRUS, 1945 IV*, pp. 844-47.

(35) *FRUS, Berlin II*, p. 707, n. 1; Memorandum by James Clement Dunn for the Secretary of State on SWNCC 151/D & 151/1, 14 August 1945.

(36) *FRUS, 1945 IV*, pp. 855-56, 859-60; *FRUS, 1946 VI*, p. 278.

第三章　アメリカ外交の動揺

第一節　バーンズの〝転換〟

一　ワシントンの対ソ認識

ポツダム会談で設置が決定された外相理事会の最初の会議であったロンドン五カ国外相会議が決裂に至ったことについて、それではワシントンはいかなる反応を示したのであろうか。ロンドン会議が事実上の決裂状態に陥った一九四五年九月三十日、米紙『ニューヨーク・タイムズ』はジェイムズ・レストン記者による「米ソ関係に関する首都における二つの見解」と題する解説記事を掲載した。(1) そこでレストンは、対ソ関係に責任を負うワシントンの官僚の間で、ロンドン会議の結果をめぐり次の二つの対立する見解があることを分析している。

その対立は基本的に、大戦がもたらした政治・経済・社会問題を対ソ関係において如何に解決していくかといういわゆる「ロシア問題」について、「数回の会議」で解決するべきものとみなすか、あるいは「過去と未来」との関係の視点から短期には解決できない「長期的目標」として捉えるかという、重要な位置づけの相違からもたらされる。従って、前者の見方に立つ役人達はロンドンの結果について深い「失望」を禁じ得ないが、後者のグループは、ロンドンは「国際的な〝集団的交渉〟の長い過程」における一つの会議にすぎないのであって、決して悲観的になる必要はないとの立場に立っている。その上で今後の展望について前者のグループは、世界が二つの勢力圏に分割されていかざるを得ないであろうとの見通しに立って、国内では原爆保有を維持しつつ強力な軍事体制を固め、外においては英仏両国や西半球諸国との軍事協力をすすめ、こうして「力の均衡」をつくり出すことによってソ連の力の拡大を抑えねばならない、と主張する。これに対し後者、とりわけ対ソ関係で「最も重要な役人のいく人」かは右のような立場を「性急で不必要で危険なコース」として拒否し、世界の平和と安全は「力の均衡」によってではなく、国際連合の発足でその「スタート」を見たところの「一つの世界的な安全システム」をもってのみ達成されるのであり、この方向への前進にとって主要な障壁である「三大国間の信頼の欠如」は、「ロシアのブロック」に対立する「力のブロック」の設立によって克服されるはずがないと主張する。

このように戦略的展望を異にする両者のグループは、当然のことながら当面する具体的な問題への対応においても大きな相違を示すことになる。前者のグループは、アメリカは世界のあらゆる地域における「正しい解決」をもたらす上で全ての大国は「対等の権益」を持っているという原則の適用をロシアに対して繰り返し説得してきたにもかかわらず、ロシアが東欧における「フリーハンド」に固執した以上、アメリカとしても太平洋と西半球における「フリーハンド」を主張しなければならないと考える。後者のグループはこれとは逆に、アメリカがなすべきことは「勢力圏分割システム」の破壊であり、従って東欧諸国に対するソ連の「フリーハンド」の要求を受け入れるのではなく、これら諸国の再建期の「管理における対等の役割」を求めねばならないと主張する。ただここで注意されるべきは、後者のグループは右の主張を行うに際し同時に日本占領に関しても、アメリカの決定をもって対日政策を決するとの立場に固執するのではなく、ソ連に対して「対等の発言権」を与える用意がなければならない、と強調していることである。(2) これに対し前者のグループの立場は、およそ二週間後の同じくレストンによるさらに具体的な分析に依るならば、東欧と日本での米ソ各々の「フリーハンド」を認め合うのではなく、日本でのアメリカの決定権はあくまで維持しつつルーマニアやブルガリアに対しては「対等の発言権」を求める、というところにあった。

さて以上に見たように、ソ連に対していかに対処するか、この「ロシア問題」をめぐって二つの立場・見解が対立する中で、当時のトルーマン政権はいずれを採るかなお明確な選択に踏み切っておらず、ギャディスも指摘するように[3]この不明確さによって四五年秋から四六年にかけてのアメリカ外交の動揺が生み出されることになるのである。そしてこの動揺は、外交を担うバーンズ自身において「体現」された。しかもそれは、「ロシア問題」において重要な位置を占めることになった「日本問題」への対処に象徴的に示されるのである。先取りして言うならば、「日本問題」における〃方針転換〃が、バーンズにおける「ロシア問題」への基本姿勢の〃転換〃をもたらすことになるのである。

二 極東諮問委員会の招集

ロンドンから帰国したバーンズは外相理事会の結果について声明を発し[4]、その中でルーマニア・ブルガリア両政権に対する米政府の不承認政策の正しさを強調すると共に、会議決裂の責任は、旧枢軸五カ国との講和条約をめぐる「手続き問題」で拒否権を発動したソ連にあるときびしい批判を加えた。しかし焦点となった「日本問題」については、なぜそれが激しい議論の対象として浮上したのかという点も含めて全く何一つ触れなかった。その上でバーンズは十月九日には関係各国に対し、米政府はFEAC(極東諮問委員会)の代表にマッコイ将軍(かつてのリットン調査団の米代表)を任命したこと、来たる十月二三日にFEACの発足会議をワシントンで開催すること、従っ

て各国も早急に代表を決定して同会議に参加するように、との招請を送付した。(5)

ところで、バーンズはこうしてようやくFEAC発足の体制を整えることができたわけであったが、それを可能とした最も大きな要素は、第一章第二節三で見たように、ロンドン会議の最終段階でベヴィン英外相の支持をとりつけたことであった。しかしバーンズは、その際にベヴィンと交わした「了解」の方は〝反古〟にするつもりであった。そして翌十日の記者会見において、アメリカの原案通りのFEAC規程の全文を公表したのである。これに対し英当局は急激に態度を硬化させた。なぜなら英米間の交渉において、バーンズ自らが十月一日付のアチソン国務次官への書簡で記していたように、FEACの規程は「公表しない」とのベヴィンの要求にバーンズが明確に同意していたからである。(6)ベヴィンの立場からすれば、実質的には「ロンドン条項」(「修正案」)について英米間で合意に達しており、ただバーンズの強い要請によって表面上だけアメリカの原案を受け入れるとの態度表明を行ったものである以上、公表されるべきはFEACの設立とそれがまずワシントンで開催されるということだけで十分であって、それ以上のこと、つまりは直ちに「修正」されるはずの原案の規程を公表するなどということは、文字通り「不必要」なことであったのである。(7)

それでは、なぜ米国務省は右のような「了解」があるにもかかわらず敢えて米原案の規程の公表に踏み切ったのであろうか。バーンズはこの問題について、アメリカ側としては「了解」の中味は原案ではなく「ロンドン条項」の規程を公表しないということであると理解していたのであり、「誤解が生じた」ことは遺憾であると述べたのであったが、(8)これは上述の彼自身の言明からしても全くの〝言い逃れ〟にすぎなかった。要するに、モロトフの〝攻勢〟に対処するにはFEAC発足の体制を整えることが文字通り急務であったわけであり、その中で「英政府が〔アメリカの〕提案に応じてこなかった」(9)ことがアメリカにとって大きな障害であった以上、バーンズは先述したような様々なレベルからの〃圧力〃をかけると共に、遂には「ロンドン条項」に応じるという〃空約束〃を行うことでイギリス側の同意をとりつけた、と言えるのである。ベヴィンからすればこれは正しく〃ペテン〃にかけられたも同然であり、従ってその後も執拗に「ロンドン条項」へのアメリカの対応如何を問い質していくことになるのである。

さて、実は同じ十月十日に開かれた国務・陸軍・海軍三省の長官で構成される「三人委員会」(Committee of Three)においてバーンズは、FEACをめぐる問題が彼が直面している「最もホットな問題の一つである」とその重要性を位置づけた上で、次のように率直に発言していた。(10) つまり、ロンドン会議でベヴィンはようやく英内閣をしてアメリカのFEAC案を受け入れさせたが、その際ベヴィンが自ら(バーンズ)に求めた「留保条件」は、東京においてもFEACの会合を開催するということだけであり、また自分としては米提案について「いかなる変更」の意思も持ち合わせてはいない、と。さらにバーンズはソ連との関係についても、FEAC発足の前にまずACC(連合国管理理事会)を東京に設置すべきであるとのモロトフの主張を「無視する」ことに決めたと述べ、二三日に発足するFEACにソ連が参加するかどうか定かではないが、もし他の国々が全て参加するならばモロトフは「弱い立場」に陥るであろうと、きわめて強気の発言を行っていた。そして三人委員会の終了後に行われた上述の記者会見においてもバーンズは、東京にドイツ型のACCの設置を求めるソ連の要求を拒絶すると共に、八月十一日の「バーンズ回答文」においてSCAP(連合国最高司令官)の従属下にある天皇を通して日本を管理すると日本人に約束したその「誓約」「管理の基礎」の変更は一切あり得ない、と明言したのである。(11)

以上のようなバーンズの強い姿勢を背景に翌十一日のSWNCC第二七回会合では、右のバーンズの記者会見が実質的に、アメリカの原案であるFEAC案(「SWNCC六五／七」)に基づいたものであることを確認しつつ、来たるべきFEACの発足会議において「ロンドン条項」(「SWNCC六五／九」)が「議論される」であろうことに備えて、SFE（極東小委員会）に対して「六五／九」を「優先事項」として研究し報告するように求めることが取り決められた。

十月四日にSWNCC内で検討資料として配布された「六五／七」と「六五／九」の比較表[12]に基づいて、ここで改めて両案の相違をまとめておこう。まず機関の名称は、前者の極東諮問委員会に対して後者は極東委員会、機関の性格は前者が日本の降伏にかかわる政策の形成に関する「勧告」であるのに対し、「六五／九」では政策形成機関と明確にうたわれている。さらに、「六五／七」ではSCAPとの関係は何ら触れられていないが、「六五／九」では委員会による「事前の承認なしには」SCAPに対していかなる指令も発せられない、と規定されている。また前者では議決方法についてはいかなる規定もないが、後者では全員一致が得られない場合には四大国の内少なくとも二国を含む多数決制の採用が定められている。本部の所在地について、前者はワシントンであるが、後者では当初はワシントンにおくものの条件が整えば本部を東京に移転する旨が明記されている。また委員会の終止については、「六五／七」では四大国の内一国の「通告」によって機能が終止されると記されているのに対し、「六五／九」では右の議決方法に基づいて終了の決定がなされる、と規定されている。

十月十六日の第四七回会合において「SWNCC六五／九」を検討したSFEは、翌日次のような報告をSWNCCに送った[13]。そこではまず、日本管理における最終的な権限はアメリカが保持し、他の連合国と不一致が生じる場合には「アメリカの政策をもってこれを決するものとする」との「SWNCC一五〇／四」（降伏後初期の対日方針）に示された米政府の原則を堅持する前提で報告が作成された旨が強調される。従って、FEACはあくまで「諮問機関」でなければならず、「六五／九」については「重要でない譲歩」だけが可能となる。

具体的には、「六五／七」では何ら規定されていなかった投票手続について、「六五／九」の提案（多数決制）が、全員一致制よりは「合理的なスピードと効率」をもって委員会が機能するであろう、との理由で受け入れられた。つづく「譲歩」は、これも「六五／七」では触れられていなかった委員会とSCAPとの関係の問題である。その内容は、「委員会は、重要な原則問題を含む政治問題に関するSCAPへの準備された全ての指令を審査する任務をもつ。そして緊急事態を除いて、委員会に検討のための合理的な時間が与えられることなしにいかなる指令もSCAPに発出されない。至急の指令がSCAPに送られる緊急事態においても、そのような指令の発出は委員会による問題の検討を妨げない」というものであった。この「譲歩」は、SCAPへの指令に関して委員会に「審査」し「検討」する機会を与えつつも、それはあくまでも「勧告」機能に止まり、「六五／九」の眼目であった〃事前承認〃制を骨抜きにするものであった。従って、「検討のための合理的な時間」という文言も、不当なおくれや長時間の議論によって指令が発出されない事態を防ぐねらいで挿入されたものであった。

以上のような「重要でない譲歩」を提案した上でSFEの報告は最後に、これ以上の譲歩をなすことなくFEACが「諮問機関」としてのみ機能し、日本の管理機構が〃現状〃のまま維持されるべく、米政府の立場を「補強」し「正当化」するための様々な論拠をあげている。その要点をまとめておくならば、㈠日本の打倒においてアメリカが最大の人的・物的負担を提供した、㈡最大の海洋国家であるアメリカこそが、海洋国家日本の帝国主義復活の阻止に最大の関心を有している、㈢中ソ両国にとっては、韓国から日本の存在がなくなったことに加えて共に広大な後背地をかかえている以上、復活する日本に対する防衛は太平洋におけるアメリカよりもはるかに容易である、㈣海洋国家日本の管理は、同じ海洋国家アメリカによって最も効果的に遂行される、㈤日本を占領した米軍は十分な人員と物資を備えており、SCAPたるマッカーサーは全ての連合国のためにその義務を最も効率的に果たしている、従ってこの体制を変えるならば大きな混乱が生じるであろう、ということであった。

このようにSFEの報告は、対日管理におけるアメリカの既得権と主導権の堅持を強く主張する内容のものであったが、実は報告がとりまとめられた十月十六日のSFEの会合では激しい議論が展開されていたのである[14]。例えば、連合国間で不一致が生じる場合には「アメリカの政策をもってこれを決するものとする」との米政府の原則についても、冒頭よりブレイクスリーが「他のいかなる国も同意していない」とクギをさし、従って問題は慎重に扱われねばならないと指摘していた。また彼は、アメリカが日本を独占的に管理するならばソ連は満州を「管理」し中国の支配も試みるかもしれないとの国務省内の見解を紹介したが[15]、陸軍省のマコーマック大佐も韓国情勢への波及を危惧する発言を行った。しかし海軍省のデニソン大佐は、もしソ連が満州や韓国に対して「悪い意図」をもっているならば、それは日本管理のアメリカ独占によって左右される問題ではない、との主張を展開した。

さらに議論となったのは、報告の最後に挙げられた、米政府の立場を「補強」し「正当化」するための一連の論拠にかかわる問題であった。この部分は海軍側メンバーによって起草されたものであったが、なかでもあり得べき日本の攻撃に対する中ソの大陸諸国と太平洋のアメリカとの関係をめぐりブレイクスリーなどが、日本がアメリカに挑戦することなく三度も大陸に侵攻した歴史を取り上げて批判したため、デニソンは苦しい答弁を迫られることになった。なお議論の中で、「日本に関して我々〔アメリカ〕は、ヨーロッパで我々が求めている譲歩に比較しうる譲歩を提供してはいない」との指摘がなされたが[16]、実は海軍側が起草した上述の諸論拠の多くは裏を返せば、ソ連が独占的な東欧管理を正当化する論拠としてそのまま〝転用〟できる内容のものであり、後で触れるように日本と東欧との関係の問題が改めて焦点として浮上することになるのである。

SFE内部ではこのように激論が交わされていたが、しかし同じ十六日に開かれた三人委員会においてバーンズは、モロトフから東京にACCを設置するまではFEACに代表を送らないとのメッセージが改めて送られてきたことに触れつつ、仮りにソ連がFEACの発足会議に参加しなくとも〝見切り発車〟すべし、との発言を行っていた。さらにソ連に対する基本的な態度として、ソ連は常に自らの立場を堅持し相手を屈服させることができるかどうかを注意深くはかっており、従って我々が屈しないことが分かるやソ連は我々の方に同調してくるであろう、との見通しを披瀝していた。(17)また翌十七日の中国大使魏道明との会見においてもFEACの発足会議について、ソ連の代表であれ誰であれ、参加しなくとも「問題ではない」と明言していた。(18)

三　〝転換〟とその背景

ところが、二日後の十九日に至り突然バーンズは、いくつかの政府から旅行日程のおくれのために開会日の延期を求める要望が出されているとの理由をあげて、FEACの発足会議を十月二三日から一週間おくらせて同三十日に開催する旨を「緊急に」関係各国に通知したのである。(19)そしてこの延期については、ソ連がアメリカの招請を受け入れなかった結果もたらされたとの〝観測〟も出され、またソ連から何らかの「応答」をひき出すための〝時間かせぎ〟とも評された。(20)さらに十月二二日に開かれたSWNCC第二八回会合では、上述した「重要でない譲歩」のみを提案したSFEの報告(「SWNCC六五／十二」)に対して批判が集中し、これまでの「SWNCC六五」シリーズの枠を大きく踏み越える議論が展開されたのである。(21)

そこではまず、陸軍次官補マックロイの代理として出席していたロヴェットが、SFE報告に示された「譲歩」案は「明らかに、いかなる実質的な譲歩も避けるための試み」であり、他の連合国は受け入れないであろうし、またアメリカの立場を正当化するためにかかげられた諸論拠も「非現実的」で説得力をもたないと、きびしい批判を加えた。さらにロヴェットは、報告の内容は、FEACの議長に予定されているマッコイに他国と交渉する上での「いかなる柔軟性」も与えていない以上、FEACは「デッド・ロック」に陥るだろうと指摘した。そして、出席していたマッコイ本人もこの見解に同意した。

ここから議論は、FEAC発足の前にまずACCが設置されるべきであると主張してFEACへの不参加を表明しているソ連の出方に集中した。当日の会合で議長代理をつとめた国務省ヨーロッパ局のマシューズ局長は、ソ連は目下これまでの公式態度を再検討しつつある兆候が見られ、彼の観測ではソ連はドイツ型のACCではなくバルカン型のACC(連合国管理委員会)を考えているのではないか、と指摘した。そこでバルカン型ACCとは何か、マッカーサーの立場はどうなるか、という質問が出された。マシューズはこれに応えて、バルカン型のACCではソ連の代表が議長を担当し他の参加国代表(英米)はいかなる拒否権も持たないこと、ソ連は日本のACCにおいてはアメリカ人の議長に同意していること、従ってマッカーサーの日本管理は妨害されないであろうこと、等を説明した。これをうけて、発足するFEACの議長として具体的な運営に責任を負わねばならないマッコイは、現在考えられているFEACの手続全体がきわめてあいまいなこと、SCAPがアメリカだけから指令を受けとるとするならば他国の代表にとっては「きわめて不快であろう」こと、日本をめぐる諸問題はヨーロッパのアイゼンハワーやクラーク(在伊第五軍司令官)にもはね返っていくであろうこと、等の危惧を表明した。

以上の議論を経てSWNCCは、わずか十日ばかり前の十月十一日の指示とは全く異なる立場に立ってSFEの報告(「六五/十二」)を再びSFEに送り返し、(a)予想される困難な諸問題の概要、(b)アメリカとして断じて譲れない最低限の要求、(c)アメリカとして可能な譲歩、の三点に「特別の注意」を払いつつ改めて「新しい報告」を書き上げるように要請することで一致を見た。しかし、このような決定はSFEからするならば、文字通りSWNCC

によって〝振り回される〟との感をいだかざるを得なかったであろう。それでは一体この間に、どのような情勢変化が生じたのであろうか。

実はこの変化の〝徴候〟については、既に上述した十月十六日のSFEの会合において明らかにされていた。それは、SFEの議長である国務省のヴィンセントやブレイクスリーが伝えたところの、国務省内のソ連専門家グループを中心としてソ連に対する実質的な譲歩案、つまり「〔FEAC〕規程の実質的な変更のための提案」が練られている、との情報であった。既述したようにそもそもSFEに託された作業は、十月十一日のSWNCCの指示に従って「SWNCC六五／七」に示された従来のアメリカの方針を堅持しつつ「六五／九」(「ロンドン条項」)を検討する、ということであった。そしてヴィンセントやブレイクスリー、さらにはデニソンの言によればマッコイの理解としても、トルーマン大統領もバーンズ国務長官もSWNCCの右の指示と同じ立場に立っているはずであった。従ってSFEは激論を交わしつつも、結局は以上の前提にたって報告をとりまとめたのである。ところが、この前提をこえる別の譲歩案が練られているとすればことは重大であった。いみじくもマコーマックが「あたかもSFEは、母親が誘拐されている間に娘を守っているようである」と指摘したように、SFEが「諮問委員会」の方針を堅持している間に、政府内の「他のセクション」ないしグループが、何らかの形の対日「管理理事会」案を勧告しようとしているのであった。

かくしてSFEとしては問題の性格を明らかにするために、既に見たようにSWNCCへの報告の冒頭に、この報告がFEACをあくまで「諮問機関」として位置づけるというこれまでの米政府の立場を堅持する前提でまとめられたものである、との一節を付加することになったのである。右の経緯には、日本の管理問題という本来ならばSFEが専らに扱うはずの問題が東欧問題とのかかわり等を背景に次第にSFEの手を離れつつある、あるいは問題の性格それ自体が日本や極東の枠組みでは処理できない問題になりつつある、ということが象徴的に示されていたと言えよう。

さらにこの間の事情については、ブレイクスリーが後に次のように記している。「極東局長〔ヴィンセント〕、国務長官、そして大統領も皆この立場〔米原案通りFEACを諮問機関として堅持する立場〕を支持していた、しかし国務省内のいく人かのヨーロッパ問題専門家達がイギリスやソ連の提案に対して追加的な譲歩を行うことに賛成した、といわれている。さらなる検討の後に国務省は、それらイギリスやソ連問題の専門家達の影響の下で(そう信じられている)より重要な譲歩を行うことを決定した」と。[22] バーンズ自身によって十月下旬にかけて提案されることになったこの「より重要な譲歩」の内容については後で詳しく検討するが、当時『ニューヨーク・タイムズ』のレストンも「日本問題」をめぐるワシントン内部の対立について次のような〝図式〟を描いていた。[23] それは一方における、「日本の共同管理」を求めるソ連・オーストラリア・ニュージーランドと「彼自身〔バーンズ〕の省の何人かのメンバー」であり、他方における「バーンズ氏がロシア人を《諮問委員会》の一員として認めようとすることにさえ批判的な上院外交委員会のいく人かの影響力あるメンバー」である。前者は、もしアメリカが日本の管理機構を独占しその決定を他国におしつける権利を有していると主張するならば、「インターナショナリズム」を支持するというアメリカの公言された方針はほとんど重要性を持たないことになる、と論じている。それに対し後者は、アメリカは自らが征服した日本を管理運営する権利をもっており、ソ連は締め出されねばならないと主張している。

この〝対立図式〟が、先述したレストン自身の分析になる対ソ政策全般にわたるワシントンの「二つの見解の対立」と重なり合う部分が多いことは言うまでもない。例えば後者は、ロンドン会議の決裂をめぐっても、ソ連に対して「タフな方針が正しかったかどうかではなく、十分にタフであったかどうか」が問題であるとの議論を展開していた。[24] それでは、右のような〃対立〃の渦中にあるバーンズが打ち出すことになった対ソ〃譲歩〃の背景と内容を具体的に検討してみよう。

四　連合国軍事理事会案

十月九日の招請の発出をもってFEACの発足に本格的に乗り出したバーンズは、既に見たように内外に向けてきわめて〃強気〃の姿勢を打ち出していたが、しかし彼にとってクリアーせねばならない最大の障壁がソ連の存在であったことは言うまでもない。そのソ連との間に立ってバーンズに重要な影響を与えたのが駐ソ米大使ハリマンであった。彼は、およそ二年前に駐ソ大使を引き受けるにあたって当時の大統領ルーズヴェルトに対し、ソ連の対日参戦を見届けるまではモスクワに留まることを約束していたが、その実現に際して、対日管理機構が形成されるまでは引き続き大使としての任務を果たすべきであると決意していたのである。そしてアメリカが提案したFEAC案に関しては、当時はその先行きについて一定の楽観的な見方を示していた。[25]

しかしながら、ロンドン会議の後半から展開されたモロトフの本格的な議論に直面してハリマンは、ソ連側が「アメリカの政策は、日本から彼らを完全にしめ出すものである」との疑念をいよいよ強めているとの認識にたって、直ちにバーンズに次のような具申を行っていたのである。つまり、戦争の終結に至るまでアメリカ側がドイツとの単独講和を準備しているのではないかという疑いを持ちつづけていたソ連は、「今や我々が彼らに敵対して日本を利用するつもりである」との恐れを抱いていることは間違いないと指摘し、不必要に彼らの疑いを強めるならば他の諸問題に大きな反作用をひきおこす以上、とにかくも彼らの疑念を「武装解除する」ためにあらゆることをなすべきであり、まず早急に、対日管理にどこまでソ連の参加を認める用意があるかを決定して彼らに伝えるべきである、と強調したのである。[26] しかし、結局バーンズが具体的な対応を示さないままにロンドン会議は決裂に至り、上述したように、バーンズのFEAC発足会議への呼びかけにモロトフはきびしい拒否回答を行ったのである。

ロンドン会議の決裂前夜に一旦は辞意を表明しバーンズの説得で改めて大使として当面留まる決意をしたハリマンは、事態打開のためにトルーマンがスターリンに親書を送るべきことを提案していた。そしてハリマン自身とダンが草案を作成しマシューズが一部修正を加えて練り上げられたこの親書について、マシューズはバーンズに対し、現在ソ連が英米政策全般を再検討している状況にあって、その方針が固まる以前に早急にスターリンに送るべきことを進言した。こうしてようやく十月十二日になって、「トルーマンの親書」はスターリンに手交されるべく正式にハリマンに送られた。[27] もっともこの親書は、トルーマン政権があくまでソ連との協調を切望している旨を強調しつつも、内容的には旧枢軸五カ国との講和条約の問題にしぼられたものであった。そこで十四日に親書を受けとって問題を再検討したハリマンは、長期の休暇でモスクワを離れているスターリンと直接会見できるとの感触を得た十六日にバーンズに書簡を送り、その中で次のように問題を提起した。

まずハリマンは、あり得べきスターリンとの会談では彼は他ならぬ日本問題を「最も重要なもの」とみなし、アメリカの態度について「ソ連を日本に対する戦争に加わるように招いておきながら、今や我々〔アメリカ〕は敗北した日本に対処するにあたって然るべき配慮を彼に払おうとしていない」との批判を提起し、かの十月一日付のモロトフの書簡を無視したまま何故FEACへの参加を求めてくるのかと問いかけてくるであろうと、きびしい判断を示した。そしてソ連はFEACを対日管理への「十分な参加」の場としても、あるいは根本的な問題を議論するのにふさわしい場としても見なしていないと改めて強調し、今やアメリカにとって二三日のFEACの発足会議に向けて、事前にソ連政府と十分に議論を行うか、あるいはソ連の参加なしに「前進する」かの、いずれを選ぶかが迫られていると指摘したのである。その上でハリマンは、彼としては前者によってスターリンの同意を得るように努力するのが「ベター」であると考えるが、もし後者が採られるならば「ソ連は、彼らが支配できる領域において一方的な政策を追求するであろう」との懸念を表明し、最後に改めて、日本に関してソ連政府と何らかの了解が達せられるまでは、外相理事会での講和条約を中心としたヨーロッパ問題の解決もむずかしいであろうとの見通しを示して、日本問題が文字通りヨーロッパ問題とリンクしていることを強調したのである(28)。

この書簡はバーンズに大きな影響を与えることになった。それは、ソ連にとって日本問題がいかに重要な位置を占めているか、その点においてバーンズに再認識を迫るものであったからである。そしてそのバーンズに同十六日、警戒すべき情報がとび込んできた。つまり、中国の国民政府が蔣介石大元帥の名において、ソ連がＦＥＡＣに参加しワシントンに代表を送ることが「死活的に重要である」との立場をソ連側に伝えたというものであり(29)、こうして同政府がソ連の対応如何をきわめて重視していることが明らかになったのである。そして実は、右のバーンズあての書簡においてハリマンは、中ソ友好同盟条約の調印に臨んだ国民政府の行政院院長宋子文に対してスターリンが、アメリカは対日政策において軟化していき、日本を「将来の脅威」には断じてさせないということに結局は関心を失っていくかもしれない可能性を中ソ両国は認識しておかねばならない、と語ったことに注意を喚起していたのである(30)。

さらにハリマンは十九日付の書簡においてバーンズに対し、日本にＡＣＣを設置する前にＦＥＡＣを発足させることには同意できないとの十二日付のモロトフの覚書に「回答」する用意があるか否かを問うた上で、いよいよスターリンとの会見日程(二四、二五日)が正式に決まったこと、その席でスターリンが「日本に関する未解決の諸問題」を出してくることは避け難いであろうことを指摘し、改めてバーンズの指示を求めたのである。[31] こうして、日本問題が正面から議論されるであろうスターリン・ハリマン会談を間近に控えてバーンズにあっては、二三日のFEACの発足に向けてソ連不参加のまま〝見切り発車〟するのか、あるいは何らかの〝妥協〟を用意してソ連側と交渉するのか、文字通りの二者択一を迫られることになったのである。同一九日にバーンズが関係各国に対してFEACの発足会議を一週間延期する通知を「緊急に」送った背景には、以上のような事態の展開があったのである。

しかもその際興味深いことは、ありうべき〝妥協〟の枠組みについて、その前日十八日にマシューズがバーンズに重要な示唆を与えていたことである。つまり、ソ連が日本に設置されるべきACCにおいてマッカーサーの議長就任を認めているということは、ソ連のACCシステムの下ではソ連議長が好きなように牛耳っている以上、ソ連はおそらくマッカーサーが「牛耳る」ことを当然のこととみなしていると考えられるのであり、従って日本でACCが機能してもマッカーサーの最終的権限については何の心配も要らないであろう、ということであった。[32] そしてそれから四日を経た二二日のSWNCCの会合において、先に見たようにバルカン型ACCの日本への〝適用可能性〟を説得してこれまでの「SWNCC六五」シリーズの枠を踏み越える方向でイニシアティヴを握ったのが、他ならぬこのマシューズであった。

ところでバーンズは、ウッドロー・ウィルソンの悲劇的失敗を〝歴史の教訓〟として重視し、対ソ協力を軸として戦後秩序を構想するルーズヴェルト外交の支持者ともされるが、同時に重要な側面は、原則や理念を唱える信念派というよりは、長年にわたる上院での議会対策の豊富な経験を活かして外交もその延長線上にとらえ、アメリカにとっての利害得失を具体的に勘案し合理的な選択を求めつつ「知的妥協」をはかるという、実務派的な政治家であったということである。[33] 従って外交当事者として、力で押し切ることができない、あるいはアメリカの主張の論理的な整合性それ自体が問われるという局面となれば、妥協の道を探る方向に〝転換〟することは彼にとって比較的容易なことであった。

かくして、ハリマンの指摘する〝見切り発車〟の選択がはらむリスクを認識したであろうバーンズは、FEAC発足の一週間延期を通知した翌二十日、今やスターリンとの直接会見が確定したハリマンへの書簡において、アメリカがFEACを提起して以来の経緯を整理し直した上で、まずは改めて、日本の降伏前夜に各国政府の承認を得てアメリカが日本政府に伝えた降伏条項〔バーンズ回答文〕において天皇と日本政府はSCAPの指令を遂行しなければならないと規定されていることを強調した。(34) なお、ここでバーンズが「降伏条項においては管理理事会に言及されていないので、我々〔アメリカ〕は管理理事会と連合国最高司令官を取り替えるという提案を承認できない」と指摘していることは、日本の占領管理体制における規定の欠落というその「特異性」が、当事者自身によって確認されているという点できわめて興味深いところである。

ただバーンズは、右のように従来のアメリカ側の立場を強調しつつも、最後に私見として次のように注目すべき提案を行ったのである。それは、日本に占領軍を派遣する主要政府の代表によって構成される連合国軍事理事会(AMC＝Allied Military Council)の設置であり、SCAPを議長とするこのAMCは実質的には各占領軍の司令官から成る「執行理事会」としての性格をもち、アメリカの軍事司令部のチャネルを通してSCAPに送られる全般的な指令や重要な政策指針が、その執行のための然るべき手続きを検討するためにこの理事会に託され、意見の一致を見ない時にはSCAPの命令が問題を結着させる、というものであった。

この提案は翌二一日に陸軍省からマッカーサーにも送られ、二二日中にマッカーサーのコメントが送り返されるように指示されていた。この指令の緊急性は、スターリン・ハリマン会談が二四日に迫っているという〝時間の問題〃からきていたことは言うまでもない。ところでこの指令[35]において、バーンズの提案理由がより具体的に説明されている。まず第一に、ACCの設置に反対するというアメリカの立場は確固たるものであるが、日本の管理において発言権をもちたいとのソ連さらにはイギリスの「明確な要望」もある以上、「主要連合国に、日本の管理に関して何らかの立場を与える方式」を探ることが望ましい、ということである。第二に、アメリカが「日本の占領において他の国々から支援を得る」ためには、各国の軍事司令官達に、それらの軍隊に執行が要請されるところの決定にかかわって「一定の立場」を与える「何らかの方式」を練り上げることが必要であろう、ということであった。

SCAPの最終的な執行権や米占領軍の支配的な地位の維持は確認されつつも、東京にAMCを設置するとの提案の重要性は、何よりも次のところにあると言える。つまり、アメリカの軍事チャネルを通して送られてくる「連合国の決定」について、この理事会が執行の責任を有しているということであり、執行手続を検討するために「決定」は理事会に付託されるということであり、このような「執行理事会」という「方式」によって主要連合国に対して日本の管理における「発言権」を付与しようということである。これは、八月十一日の「バーンズ回答文」によって日本占領の全権がSCAPに付与されたとの従来の米政府の立場からするならば注目すべき〃譲歩〃であり、しかも、連合国の管理機関が被占領国の首都におかれるというヨーロッパ占領の〃先例〃あるいは〃常識〃に一歩近づいたものであった。この意味で今回の提案には、上述した十月十八日のマシューズの示唆が影響を与えているといえるであろうし、現に駐米英公使のサンソムによればバーンズ自らが大使ハリファックスに対して、このAMC案は「管理理事会を求めるロシアの要望に合致するであろう」と述べていたのである。[36]しかしここで検討されるべき重要な問題は、バーンズが提案理由の第二で指摘している「他の国々からの支援を得る」問題、つまり他の連合国による占領軍派遣の問題である。なぜならこの問題も日本占領の「特異性」をあからさまに示すものであり、バーンズをして譲歩案を提出せざるを得ない状況におい込んだものであったからである。

(1) *New York Times*, September 30, 1945.
(2) *Ibid.*, October 14, 1945.
(3) Gaddis, *Origins of the Cold War*, p. 273.
(4) *A Decade of American Foreign Policy*, 1985, pp. 43-48.
(5) *FRUS, 1945 VI*, p. 738.
(6) *Ibid.*, p. 728.
(7) *DBPO, S. I, Vol. II*, p. 437.
(8) *FRUS, 1945 VI*, p. 761.
(9) *Ibid.*, p. 727. なお当時バーンズは，中国はもちろん，既述したようにソ連も九月七日にはとにかくもFEACの設置に同意した，という事実を強調していたのである。これに対するモロトフの反論については，*ibid.*, p. 730.
(10) NNFD Reference File, Minutes of Meetings of the Committee of Three 1944-1947 (= CT Minutes), October 10, 1945.（国立国会図書館所蔵）
(11) *New York Times*, October 10, 1945.
(12) SWNCC 65/10, "A comparison prepared by the Secretariat between the terms of reference established in SWNCC 65/7 and the telegram from the Secretary of State in SWNCC 65/9," 4 October 1945.
(13) SWNCC 65/12, "The present United States position with respect to the terms of reference for the Far Eastern Advisory Commission," report by SFE, 17 October 1945.
(14) SFE Minutes, 47th Meeting, 16 October 1945.
(15) 実はこの見解は，本報告の原案で国務省が準備した "Suggested Changes in Present Terms of Reference" の第八

項で展開されていたが，海軍側の反対で削除されることになった。

(16) 国務省のエドウィン・マーティンの発言。

(17) CT Minutes, October 16, 1945.

(18) Memorandum of Conversation of Sec. Byrnes and Dr. Wei, October 17, 1945, State Department Decimal File 1945-1949 (= SDDF), Box No. 3812, Sheet No. SDDF (A)—00455. (国立国会図書館所蔵)

(19) *FRUS, 1945 VI,* pp. 758-59.

(20) *New York Times,* October 20, 24, 1945.

(21) SWNCC Minutes, 28th Meeting, 22 October 1945.

(22) *The Far Eastern Commission : A Study in International Cooperation, 1945 to 1952,* written by Dr. George Blakeslee, The Department of State, Washington, 1953, p. 13.

(23) *New York Times*, October 26, 1945.

(24) *Ibid.,* October 14, 1945.

(25) *FRUS, 1945 VI,* p. 689.

(26) Harriman and Abel, *op. cit.,* p. 508.

(27) *Ibid.,* pp. 509-10 ; *FRUS, 1945 II,* pp. 562-63 ; Memorandum for the Secretary by H. Freeman Matthews, October 8, 1945, Records of the Office of European Affairs 1934-1947 (= Records of OEA), Reel No. 2. (同志社大学アメリカ研究所所蔵)

(28) *FRUS, 1945 VI,* pp. 755-56.

(29) *Ibid.,* p. 754.

(30) *Ibid.,* p. 756.

(31) *Ibid.,* p. 758.

(32) Memorandum by H. F. Matthews for Sec. Byrnes, October 18, 1945, Records of OEA, Reel No. 2.

(33) Robert L. Messer, " 'Et Tu Brute !' James Byrnes, Harry Truman and the Origins of the Cold War," in *James*

F. Byrnes and the Origins of the Cold War, edited by Kendrick A. Clements, Durham, North Carolina, 1982, p. 40 ; Larson, *op. cit.,* pp. 192-94 ; John L. Gaddis, *Strategies of Containment : A Critical Appraisal of Postwar American National Security Policy*, Oxford Univ. Press, 1982, pp. 16-17 ; Richard D. Burns, "James F. Byrnes," in *An Uncertain Tradition : American Secretaries of State in the Twentieth Century,* edited by Norman A. Graebner, Connecticut, 1961, 1980, pp. 227-28.

(34) *FRUS, 1945 VI,* pp. 758, 765-67.

(35) Letter from War Department to Commander in Chief, 21 October 1945, Records of Subcommittee for the Far East 1945-1948(= Records of SFE), Reel No. 2. (同志社大学アメリカ研究所所蔵)

(36) Memorandum of Conversation of Sir George Sansom and Mr. Joh C. Vincent, October 24, 1945, RG 59 General Records of the Department of State, Decimal File, Box No. 3920, 740. 00119 FEAC/10—2445, N. A.

第二節 「占領軍派遣」問題

一 〝二原則〟のジレンマ

占領軍派遣問題は、ＳＷＮＣＣにおいて「ＳＷＮＣＣ七〇」シリーズとして検討された。同シリーズは、一九四五年三月十二日にＳＦＥがＳＷＮＣＣに提出した報告をもって始まる。「日本本土占領軍の構成」とのタイトルを付した報告[1]においてＳＦＥは、日本における軍政および占領軍に関わるアメリカと他の連合国の参加のあり方について基本方針を練り上げるために、まず国務省が原案を作成することを求めた。

これに応えて国務省は四月三十日に「日本本土占領軍の国別構成」と題する報告(「ＳＷＮＣＣ七〇／一／Ｄ」)をまとめた[2]。この報告は次の二つの柱から成っている。第一に、四三年十月のモスクワ四カ国宣言やカイロ・テヘラン会談での宣言でうたわれた大国間の〝共同行動〟の原則に基づいて、占領と軍政の実施はアメリカ単独ではなく他の連合国の参加をもってなされなければならないという〝共同占領・共同軍政〟の原則である。第二に、しかし他の連合国の参加の程度は、軍政の「すぐれてアメリカ的な性格」を損うほどに大きくなってはならず、従って占領地域は分割ではなく中央集権化され、占領軍の構成では米軍が多数を占め、最高司令官はアメリカ人が担わなければならないという、アメリカの〝主導権堅持〟の原則である。

ところで、この相い矛盾した二つの原則から成る「SWNCC七〇／一／D」の内容は、実はおよそ一年前の四四年三月十三日に同じ国務省の「極東に関する部局間地域委員会」が「国および地域の諸委員会」(CAC＝Country and Area Commitees)文書としてまとめた「CAC八〇＝日本占領軍の構成」[3]の基本線を踏襲したものであった。もちろん、時間の経過と情勢の進展等を背景に付加修正が行われている。例えば、〃共同占領〃方針の根拠づけとして、アメリカだけが負担を背負い込むことへの世論の反発や、「人種問題」に対処する上での「アジア人部隊」を利用することの重要性といった理由に加えて、第一章第一節三で検討した四五年四月十日のSFEによる「SWNCC六五の修正」と同じく、八年以上にわたって抗日戦争をつづけてきた中国のような連合国の意向に十分な配慮を払うべき「道徳的義務」が指摘されることになった。さらに何よりも、国連の設立に向けてのダンバートン・オークス会議の決定やサンフランシスコ会議の召集に示される「国際協力の原則」に照らして、アメリカ単独の日本の占領管理はこの原則に「真向うから対立」する旨が新たに強調された。

他方、〃主導権堅持〃の原則に関しては、分割占領を回避する論拠として日本の中央集権的な伝統があげられている点は変りはない。ただ、占領軍や軍政においてアメリカが優先的で支配的な立場を維持しなければならない理由として「CAC八〇」では、日本が米陸海軍の管轄下におかれるとの四四年一月の英米合同参謀本部における確認に加えて、日米間の地理的位置、アメリカの軍事的・財政的資源、太平洋戦争に至る諸経緯、という三点があげられていた。ところが今回の「SWNCC七〇／一／D」ではこれら三点が消える一方で、四四年一月の合同参謀本部の確認に対して同年九月のケベック会談において、英首相チャーチルがルーズヴェルトにイギリスの対日軍事作戦への参加を強く求めた旨が強調されているのである。そして〃主導権堅持〃の根拠づけとしては、アメリカが戦争遂行において「最大の責任」を担ってきたことのみが挙げられているのである。

以上のように見てくるならば、〝共同占領〟と〝主導権堅持〟という二つの原則において、「SWNCC七〇／一／D」は「CAC八〇」よりも前者に比重がかかっていると言えるかもしれない。ただ、「CAC八〇」では軍政の具体的な機関として、占領に加わる各国軍の高級将校から成る「諮問軍事理事会」の設置が構想されていたのに対し、「SWNCC七〇／一／D」では日本の降伏後の連合国による軍政参加が一般的に指摘されるに止まっている、という問題の重要性は見落すべきではないであろう。

なぜなら、国務省がこの報告をSWNCCに提出したのとほぼ同じ頃、これも第一章第一節四で述べたようにSWNCCはFEAC設立の方針(「SWNCC六五／二」)を決定したが、これはあくまでもワシントンにおかれる機関であり、ヨーロッパの〝先例〟に従うならば問題は日本現地にいかなる管理機関を設けるか、にあったからである。ただいずれにせよ、ここで改めて確認されるべきは、「SWNCC七〇／一／D」は〝共同占領〟とアメリカの〝主導権堅持〟という相い矛盾し相い対立する二つの原則の上に立っているということであり、今後「SWNCC七〇」シリーズは、このジレンマの中でジグザグを繰り返すことになるのである。

さて、国務省の原案として「SWNCC七〇／一／D」をうけたSFEでは、五月十八日から六月七日、八日の会合に至るまで議論を重ねたが、結局下部の作業小委員会において原案に対する修正案が起草されることになった。六月二二日にSFEで承認され翌日SWNCCに送られた修正案[4](「SWNCC七〇／二」)は、しかしその基本線においては「七〇／一／D」を受け継ぐものであった。ただ、例えばアメリカの〝主導権堅持〟の原則の理由づけとして、対日戦争においてアメリカが最大の役割を果たしてきたし今後も果たすであろうという点に加えて、「太平洋地域」の平和と安全にかかわるアメリカの「恒久的な利害と責任」は「全ての連合国」によって一般に認識されているとの〝信念〟、つまり日本本土に止まらず太平洋全域にわたる〝主導権堅持〟の方向がうたわれていることが注目される。その上で、日本における軍政の中央集権化の再確認と共に、全占領軍の司令官(軍政長官)とその配下の主要な司令官はアメリカ人でなければならないと、〃主導権〃の内容がさらに具体化されている。

ところで、ここで興味深いことは、この「SWNCC七〇／二」においてはアメリカの〃主導権〃が対日管理政策の遂行にかかわるものとして位置づけられ、政策の形成・確立は主要連合国が他の連合国との調和を保ちつつ関与するべき問題として、いわば〃レベル分け〃されていることである。これは、「七〇／二」それ自体の中でも指摘されているように、六月五日に大統領が「SWNCC六五／二」(FEAC案)を承認したこと、つまりアメリカなりに他の連合国との「協議原則」を具体化する準備を整えた問題と関連を有しているようにおもわれる。こうしてアメリカは、「主要連合国が同意した政策の遂行の管理」を担うべきことが強調されているのである。

他方、〃共同占領〃の原則に関しては、「不定期」にわたって占領軍の大半を維持する負担は米国民だけの責任ではなく他の主要連合国の「実質的な貢献」が求められねばならないとし、その負担分担はそれら連合国の「義務」である、と指摘されているのである。その主要連合国としては、イギリス、中国、そして対日参戦するならばソ連が含まれるとされ、さらにその他にオーストラリア、カナダ、フランス、インド、ニュージーランド、オランダ、フィリピンの各国に軍政と占領軍への参加が求められることになるであろう、とされている。とはいえ、この「SWNCC七〇／二」においても、軍政の具体的なあり方や機構については何ら触れられていないのである。

「七〇／二」に関して「軍事的観点」からの意見提出を求められたJCS(統合参謀本部)は、七月十七日に修正意見書をSWNCCに送った(5)。この意見書は、〃共同占領〃と〃主導権堅持〃という相い反する原則において軍部が直面したジレンマを象徴的に示すものであった。「七〇／二」の政策は軍事的にも「受け入れられる」との基本姿勢を明らかにした上で意見書はまず、他のいかなる国による日本占領の支配も拒否することが望ましいと述べ、「七〇／二」が指摘するように、アメリカが対日管理政策の実施をコントロールすることを当然のことながら支持する。ただ、その際重要な点は、上述したように「七〇／二」が政策の形成・確立と政策の実施を区別し、前者については他の連合国との協調・協議が強調されていたのに対し、JCSの意見書では政策の確立においてもアメリカが「指導的役割」を果たすことを求めていることである。

このようにアメリカの〝主導権堅持〟を強く主張する一方で意見書は、軍政と占領軍の構成においてアメリカが「大半の負担」を引き受けることに反対する。理由の一つは、占領者に対する日本側の敵意がアメリカだけに向けられないように、東洋人を含む少なからぬ国々が軍政を担っているとの印象を日本側に与える必要があるからである。次いでさらに重要な問題は、戦後期において制限されるであろうアメリカの軍事力使用にあって「節約」につとめねばならない、という問題である。「支配的発言権」の行使と軍事力使用の「節約」を両立させる道として意見書は、日本本土での米占領軍の量的優越ではなく、日本の周辺地域や隣接海域に空海軍を戦略的に配置することによる軍事力の「示威」を提案する。

以上の検討をふまえて意見書は、「SWNCC七〇／二」において最高司令官や配下の主要な司令官はアメリカ人でなければならないとされていたところを、アメリカが「任命する」に修正し、さらに米占領軍を「戦略的に配置」するとの一節を加えるべきことを求めたのである。

このようにJCSの意見書は、日本側の敵意を一身に受けることを避け、そして何よりも軍事力使用の「節約」をはかるという要請と、〝主導権堅持〟の原則を維持するという目標を両立させるための〝綱渡り〟にも似た試みであり、また別の面からいえば、他国軍隊を利用しつつ「支配的発言権」は確保しようとする、きわめて〝エゴイスティックな方針〟であったと言えるであろう。

「SWNCC 70」シリーズ(本節対象分)

日付(1945年)	報告者等	文書番号	摘　要
3月12日	SFE 報告	70	国務省に原案作成指示
4月30日	国務省報告	70/1/D	二原則の矛盾
6月23日	SFE 報告	70/2	米人司令官，政策実施管理
7月17日	JCS 意見書	70/3/D	支配的発言権，軍事力節約
7月26日	SFE 報告	70/4	JCS 意見書に基づく 70/2 の修正
8月11日	SWNCC 決定	70/5	同上(8月18日，大統領承認)
8月16日	SFE 報告	70/6	統合プラン
8月31日	SWNCC 会合		修正を指示
9月7日	SFE 報告	70/10	70/6 の修正
9月12日	SWNCC 会合	70/10	同上，一部再修正
9月25日	JCS 報告	70/11	70/5 と 70/10 の矛盾指摘
10月24日	JCS 報告	70/13	各国軍派遣要請

「SWNCC七〇／二」に対するJCSの修正意見書は改めてSFEに送られ、七月二六日にSFEは検討結果をSWNCCに報告した。(6) SFEはJCSの求める修正をうけ入れ、「七〇／二」において占領軍の多数は米軍でなければならないとか、最高司令官をはじめ主要な司令官はアメリカ人でなければならないとされていた部分を、上述したように占領軍は「戦略的に配置」されねばならない、また司令官はアメリカが「任命する」、との表現に修正した。さらに、アメリカは軍政において「支配的発言権」を行使しなければならないという一節を挿入すると共に、これもJCSの意見書で述べられていたように、日本近海に空海軍を配置することによって米占領軍の削減が可能となり、アメリカは軍事力使用の「節約」を行うことができるとの一文が付加された。その他、主要連合国は占領軍への「実質的な貢献」を「求められるであろう」との「七〇／二」の表現を、「求められねばならない」と変更するなど、JCSの意見書の基本線に沿ったいくつかの追加修正が行われた。もっとも、JCSが政策の形成・確立においてもアメリカは「指導的役割」を果たさねばならないと強調していた点はここでは採用されず、他の連合国との協調的な政策形成がうたわれた「七〇／二」の

方針がなお存続することになった。

このSFEの報告は若干の変更を除いてほぼそのままSWNCCによって受け入れられ、八月十一日SWNCCは以上に指摘した修正を加えた「SWNCC七〇／二」を、日本の占領と軍政における他の連合国の責任と分担に関する「アメリカの政策」として決定し(「SWNCC七〇／五」)、同十八日にトルーマン大統領による正式の承認を得た。(7)

二　管理体制の位置

以上のように困難なジレンマをはらみつつも、とにかくも基本的な方針は定められた。しかし、なお重要な問題が残されていた。それは、日本における軍政の具体的なあり方をどうするか、という問題であった。これに関し、上述したJCSの修正意見書はその最後で、他の連合国とのきたるべき議論に備えて、占領管理機構において各連合国が果たすべき役割についてのアメリカの要望を盛り込んだ日本占領に関する「統合プラン」を「優先事項」として策定するようにSWNCCに勧告していた。これに応えてSFEは日本の降伏直後の八月十六日、「日本帝国の連合国管理機構」と題する「統合プラン」をSWNCCに送った。(8)

この報告に依れば、日本の占領管理は二つの時期に分けられる。第一期は、武装解除や動員解除といった軍事目的の達成をめざす時期であり、ここでは相当の軍事力を必要とする。第二期は、政治経済構造にまでおよぶ非軍事化や賠償支払の実施をめざす何よりも政治的性格をもった時期であり、従って大きな軍事力を必要とはしない。第一期においては、SCAPが占領管理の最高権力と占領軍の司令官を一身に担う。SCAPには、彼の執行を「援助」し彼に「助言」を与える任務をもった四大国(英米中ソ)の軍人と文官から成るスタッフが配置される。第二期においては、占領軍の指揮は一人の米人司令官にゆだねられる一方、占領管理権力はひきつづきＳＣＡＰが担うか、あるいは米政府が任命する「他の個人」(おそらくは「文官」)によって担われる。ここでは、占領管理権力の責任者に「助言」を与えるために、占領諸国が指名する代表者によって構成される「連合国理事会」が組織される。但し、同理事会は執行権力も政策形成の権限も有しない。なお、第一期・二期を通して対日管理政策は、四大国を軸とするＦＥＡＣで検討され、米政府によって日本の管理責任者に伝えられる。但し、政策形成において関係諸国の意見が一致しない場合には、米政府は政策指令を発する権限と責任を有する。

このＳＦＥの「統合プラン」に示された構想がどのような意味と性格をはらんでいるのか、という問題を考える際に興味深い材料となるのが、これより十日前の八月六日に国務省極東局が国務次官グルーに提出した覚書[9]である。この覚書は、かつて「ＣＡＣ八〇」を起草したボートンとブレイクスリーによってまとめられたものであったが、そこにおいて日本が本土決戦前に降伏する場合に考えられる「妥協的プラン」が提示されていた。この「日本管理に関する試案」によれば、占領期は三期に分けられる。第一期では、武装解除や動員解除に向けてＳＣＡＰが全権を握り彼によって全政策が決定されるが、日本側の行政機構も可能な限り利用される。第二期においては、日本管理の権限はＳＣＡＰから、主要連合国の文官の代表者によって構成される「連合国管理(スーパーヴァイザリィ)委員会」に移される。同委員会の政策は日本人自身によって遂行され、連合国の軍隊は拠点に駐留して必要な場合には政策の実施をはかる。その後、日本側が積極的に連合国側と協力をおしすすめるに至った段階で、管理権限は日本側に返されることになる。

この「試案」でとりわけ興味深い点は、第二期における管理権限のＳＣＡＰから「連合国管理委員会」への移行の問題である。実は、JCS内の研究・立案機関である統合戦争計画委員会(JWPC)が八月十六日にとりまとめた、いわゆる「日本分割占領案」においても、占領の第三局面でSCAPが最高権威の座を連合国管理理事会(議長はアメリカ)に譲ることが予定されていた。(10) このようなSCAP権限の委譲は、アメリカの〃主導権堅持〃原則を危うくするものに他ならない。しかし、第二章で見たようにヨーロッパ占領の〃先例〃に照らすならば、これらの権限委譲あるいは占領管理権における〃対等性〃の確保は、右の〃先例〃からもたらされる当然の〃論理的帰結〃とでも言えるものであった。しかし、提出されるべき「統合プラン」の内容が検討された八月十四日のSFE第三三回会合では、国際法の権威で国務省の顧問であるクインシー・ライト博士をはじめ圧倒的多数が、合意が得られなければ行動不能となるような機関の設置構想に反対し、そこでのボートンの発言は完全に孤立することになったのである。(11)

かくして、上述したように八月十六日に最終的にとりまとめられた「統合プラン」の眼目は、二つの時期の区分にもかかわらず全占領期を通してアメリカが管理権を行使するところにあり、それは具体的にはアメリカが占領管理の責任者として「任命する個人の継続性」によって担保される、ということとなった。ヨーロッパのような連合国管理委員会を設置せずに右の方式を採る理由としては、管理の効率性が維持されつつアメリカの政策の効果的な遂行が確保される、という点が強調された。なお以上の方針の背景としては、「統合プラン」の冒頭にも指摘されているように、八月十一日の「バーンズ回答文」において降伏の瞬間から天皇と日本政府の国家統治の権限は「連合国最高司令官に従属する」と明記されたこと、さらにSCAPとしてマッカーサー元帥を任命するとのトルーマン大統領の提案が各国に了承された、という情勢の進展も挙げることができるであろう。(12)

さて、「SWNCC七〇/六」と名付けられたSFEの「統合プラン」は、八月三一日のSWNCC第二二回会合において具体的な検討に付された。[13] まず陸軍民政部長のヒルドリング少将は、「七〇/六」において占領期が二つの時期に分けられていることとそれ自体に危惧を表明した。とりわけ第二期に他の連合国による「より大幅な参加」が予定されていることは、それら諸国に第二期への「早急な移行」に向けて圧力を行使させる機会を与え、その結果アメリカの立場は危険にさらされ占領目的が損なわれるおそれがあると指摘し、むしろ逆に「一貫した軍事的管理」が強調されるべきである、と持論を展開した。これに対しドーマンは、第二期は「政治的配慮」が優先されるべき段階であり、アメリカの占領目的が実現されるためにはこの段階が重要である、と反論した。

同じく陸軍次官補のマックロイも、日本の占領管理はアメリカの一方的な行動ではなく「共同事業」であり、もしアメリカが他の連合国による相当程度の占領参加を求めるのであれば、彼らの軍隊の使用に関して一定の管理権を与える準備がなければならないと述べ、さらに日本に関してアメリカが「排他的態度」を採用しないならば、それはヨーロッパにおける対ソ関係に資することになるであろうと強調した。しかし国務次官補のダンはまず、日本の降伏とマッカーサーがSCAPに任命された経緯をふり返ると共に、イギリスがドイツに似た管理機構の設立を提案してきたこと、さらにソ連も近々に新しい提案を行うであろうとの見通しを述べた。その上でダンは、要するにアメリカの目的は全占領期を通じて「一人の司令官の下での管理を維持する」ことにあるのであって、従って他国政府の働きかけに抗して、マッカーサーをSCAPとした「現在の取り決め」を堅持しなければならない、との強い主張を行った。

以上の相い対立する議論を経て当日のSWNCCでは、「SWNCC七〇/六の基本概念は維持されるべきこと」、同時に「占領を二つの異なった時期に分けることを示す言葉は削除されるべきこと」においてとにかくも合意を見、この観点に立って修正が行われるように「七〇/六」を再びSFEに差し戻すことが決定された。しかし、このあいまいで矛盾をはらんだ「合意」は、その後深刻な混乱を招くことになった。

九月七日のSFE第三九回会合[14]では、SWNCCが「SWNCC七〇/六」(「統合プラン」)をどのように修正すべきとSFEに指示したのか、当然のことながらその「解釈」をめぐって諸議論が交錯した。しかし結局、SWNCにおけるヒルドリングやダンの主張を色濃く反映したところの、陸軍のロバーツ准将が準備した修正草案がほぼ受け入れられてSWNCCに提出された[15]。

SFEによる「七〇/六」の重要な修正点は、まず占領期を二期に分けるという時期区分それ自体をなくしたことである。その上で、「七〇/六」では第二期においてはアメリカの任命する「文官」が占領管理権を担うことも予定されていたが、今回の修正案では日本の管理は「占領の全期間」を通してアメリカが任命する「最高司令官」が執行しなければならない、と明記された。その理由としてまず、占領目的を実現するためには軍事力の継続的存在が必要であり、占領は何よりもまず「不定期の軍事作戦」として遂行されねばならない、との占領認識が示されている。さらに、他の三大国も承認した「バーンズ回答文」においてはSCAPの権限行使の期間に制限は設けられていないこと、アメリカは太平洋と極東の安全に主要な利害と責任を有していること、日本ではドイツにおけるように分割占領がなされていない以上、他の連合国の占領軍はSCAPの全面的な指揮下に入らねばならないこと、等々があげられた。

また時期区分が廃された結果、「七〇/六」では第二期に組織されることになっていた「連合国理事会」の構想も削除され、第一期において各国のスタッフがSCAPに配置されるというプランだけが、全期間を通ずるものとして引き継がれた。なお占領政策の形成に関し、「七〇/六」では関係諸国の意見が一致しない場合にはアメリカは政策指令を発する責任を有するとされていたが、この修正案において、主要連合国間で合意に達しない場合には「アメリカの政策をもってこれを決するものとする」との文言が初めて書き入れられた。これは、SFEが修正案を決定した九月七日の前日の六日にトルーマン大統領が承認した「降伏後初期の対日方針」(「SWNCC一五〇／四」)[16]に盛り込まれた一節をそのまま引き写したものである。

この重要な意味をもつ一節は、四五年六月十一日の「SWNCC一五〇」から八月十二日の「一五〇／二」に至るまでは見られなかった。しかし日本の降伏を経て、陸軍次官補マックロイが「一五〇／二」を大幅に書き改めた八月二二日の「一五〇／三」[17]において、主要連合国間で意見が相違する場合には「アメリカの権限によりこれを決するものとする」との一節が初めて挿入された。次いで、同三十日のSFEによる「一五〇／三(修正版)」[18]において「アメリカの政策をもってこれを決するものとする」との表現となり、それが「一五〇／四」に引き継がれたのである。

以上に明らかなように、今回のSFEの修正案においては、占領軍の派遣を要請しなければならない他の連合国に対する〝配慮〟をほとんど見ることはできない。「七〇／六」が〝共同占領〟原則から〝主導権堅持〟原則の方に傾いていたとすれば、この修正案は後者の原則に極端なまでに偏った、といっても過言ではないであろう。そして当然のことながら、激しい批判が加えられることになった。

三　軍部の派遣要請

九月十二日、陸軍省作戦部のリンカーン准将はマックロイ次官補に覚書を送り、作戦部としての見解を伝えた。[19]リンカーンはまず、「七〇／六」を検討した八月三一日のSWNCCの会合においてマックロイが述べたところの、他の連合国の協力を期待するならばアメリカは日本で排他的な態度をとるべきではないこと、日本占領はアメリカの一方的な行動ではなく共同事業である、との陸軍省の立場を再確認する。その上で、ＳＦＥの修正はこの立場に全く合致しておらず、そこで構想された管理機構は「ほぼ排他的に」アメリカのものであると批判を加えた。リンカーンは特に、修正案がアメリカによる排他的管理を軍事的必要性によって合理化しようとしている点を問題として、武装解除・動員解除といった初期の軍事的課題が終了すれば、日本の再建はすぐれて政治的な性格の課題であることを強調する。この基本的観点に立って彼は、ＳＦＥの修正案に対する陸軍省作戦部としての再修正を列挙し、当日開かれるＳＷＮＣＣの会合においてマックロイが提起するように求めた。

再修正されるべき主な点は、ＳＦＥの修正案が占領を「不定期の軍事作戦」として位置づけた一節の削除、日本が「共同（コンバインド）占領の下に」おかれることの明記、そして「アメリカの観点からして連合国最高司令官は、連合諸国によって準備された政策にのみ従って米政府を通して行動する軍事的執行管理者（エージェント）とみなされる」との一節を新たに付加すること、等であった。

さて、当日開かれたＳＷＮＣＣの第二四回会合においてＳＦＥの修正案が議論された[20]。海軍側委員のドウニィは修正案に同意を示しつつ、それが他の連合国による占領軍派遣を促すものになるかどうか疑問を呈した上で、現状においてアメリカの利害を守ると共に他国にも受け入れられる文書を作成することの困難さを指摘した。マックロイはその困難さを認めつつも、他国の参加を促すためにはアメリカは偏狭さを脱してもっと柔軟でなければならない旨を強調し、次いでリンカーンの覚書に示された右の再修正を提起した。しかしながら、ＳＷＮＣＣとしては議論の結果、「不定期の軍事作戦」にかかわる一節の削除と「共同占領」の明記については承認したが、ＳＣＡＰの位置づけに関する新しい付加部分は「不必要」として受け入れなかった。こうして、以上の修正変更を経た「七〇／

六」に関するSFEの修正案が「SWNCC七〇／一〇」として、SWNCCからJCSに送られることになった。[21]

JCSは九月二五日、つまりロンドン外相会議において「日本問題」が鋭い〝対決点〟として浮上していた正にその時、「七〇／一〇」の検討結果をSWNCCに伝えた。[22] 一部の変更を除き、全体として軍事的観点から異論はないとの結論を述べた上でJCSは、「七〇／五」と「七〇／五」との「非一貫性」という重要な問題を指摘した。既述したようにトルーマン大統領が承認した「七〇／五」は、日本占領においてアメリカが「支配的発言権」を確保することを前提としつつも、他の連合国の参加とアメリカの軍事力使用の「節約」を強調するものであった。他方、マックロイの提起をうけて一部修正されたとはいえ、「七〇／六」をベースとした「七〇／一〇」が〝主導権堅持〟の原則に著しく偏っていることは明らかなところであった。JCSはこの矛盾を問題にすると共に、「七〇／一〇」の政策の下で他の連合国による占領軍派遣を確保し、さらには韓国におけるソ連との協力関係を確かなものとする「十分な政治的取り組み」がなされるように、との難題をつきつけたのである。

右のJCSの報告は「SWNCC七〇／一一」と名付けられたが、十月二日に開かれたSWNCCの第二六回会合[23]は、「七〇／一〇」と「七〇／一一」との関係をいかに〝調整〟するかという困難な課題に直面することになった。しかし、別の方面からさらに厳しい問題が飛びこんできた。それが、当時ロンドンで取り決められた「ロンドン条項」(「SWNCC六五／九」)である。これは既に前節二で見たように、アメリカが提案していたFEACの構想を根底から崩しかねない内容を有していた。そしてここにおいて、SWNCCの「六五」シリーズを別個のレベルで論じることの意味自体が問われることになってきた。[24]

たしかに「七〇」シリーズは、検討課題を「占領軍の国別構成」に限定するものであった。しかし、いかにアメリカの〝主導権堅持〟の原則に偏ったプランであっても、他の連合国による占領軍の派遣を前提とせざるをえず、その派遣を確保するためには占領管理の枠組形成・政策形成への各国の発言権を何らかの形で保証せざるをえない、ということであった。つまり、「七〇」シリーズが〝主導権堅持〟原則と〝共同占領〟原則とのジレンマの間で揺れ動いてきた、あるいは揺れ動かざるを得なかったということの背景には、「七〇」シリーズの〝結着〟は「六五」シリーズの〝結着〟と表裏一体、否むしろそれを前提にする、という両者の関係がはらまれていたのである。

かくして当日のSWNCCは、「七〇／一〇」と「七〇／一一」に関する議論を、バーンズがロンドンから帰国し、「六五／九」にかかわる問題が明らかになるまで延期することを取り決めたのである。さらに十月十一日の第二七回会合において、「SWNCC七〇／一〇と七〇／一一はSWNCC六五／九と密接に関係している」として、「七〇／一〇」と「七〇／一一」をSFEに送り、「六五／九」に関する検討と併せて研究し報告するように求める旨が決定された。[25] すでに「六五／九」とアメリカのFEAC案(「六五／七」)との比較検討をすすめていたSFEは、十月十六日の第四七回会合において問題を検討した結果、「六五」シリーズの〝結着〟を優先させ、FEACの設置と権限に関する「より高いレベル」での決定がなされるまで「七〇／一〇」と「七〇／一一」の具体的な検討をペンディングにおくことで合意を見たのである。そして実はこれら二つの文書は、その後再び議論の対象にのぼせられることなく、同年十二月のモスクワ外相会議を経て四六年一月に入り、SWNCCの議論そのものから削除されることになるのである。[26]

ところがこの間に、上述したように「SWNCC七〇／一〇」と「七〇／五」との「非一貫性」を問題としたJCSにおいて重要な動きが見られた。それは、十月十一日にJCSの下部機関である統合計画参謀(JSP)がJCSに提出した報告である。[27] この報告は、JCSからSWNCCに送られるべき覚書の草案であったが、冒頭より「七〇／五」で確認された主要点が列挙されていることからも明らかなように、改めて明確に「七〇／五」の諸前提に立ち返り、その具体化をはかろうとするものであった。ただ重要な問題は具体化にあたって、報告が特に次のようなマッカーサーの企図と方針に依拠したことである。つまり、アメリカが「支配的発言権」を維持し、かつ米軍の削減をすすめるためには、米占領軍と他の連合国の派遣軍とが量的にほぼ等しくなければならないとの〝基準〟が提起され、日本占領のために総数二十万人の軍隊が必要であるとするならば、英中ソ三大国で各々約三万に対しアメリカは九―十万の軍隊を駐留させればよい、との〝試算〟がはじき出されているのである。しかもその際、各国軍は米軍に統合されマッカーサーの指揮と裁量に全面的に服する一方、各軍隊の維持はそれを派遣した各政府が責任を負わねばならない旨が併せて強調されている。そして報告は以上の前提に立って、軍隊の派遣を要請するためにバーンズ国務長官が直ちに各国と交渉に入ることを求めているのである。

　この報告は十月二三日に、細部の修正を除いてほぼそのままJCSによって正式に承認され、翌二四日SWNCCに送られ、「SWNCC七〇／一三」と名付けられた[28]。しかし、十一月に入ってSWNCCは「七〇／一三」を「現状に照らして」「再考」するようにJCSに求めることになる[29]。これは、当時の「現状」からして当然の結論といえるであろう。なぜなら、JCSが上述の報告を正式に承認した前日の十月二二日には、既に述べたようにSWNCCは日本でのバルカン型ACCの〝適用可能性〟をも論ずるマシューズのイニシアティヴの下に、「SWNCC六五」シリーズに関して従来の枠を大きく超える方向に踏み出していたからである。しかも、JCSが送った「七〇／一三」はいわば「七〇／五」を、各国の軍隊派遣「義務」と米軍の「節約」とマッカーサーの「支配的発言権」確保において徹底化させたものであり、占領軍派遣は実質的な発言権を伴わねばならないという「ヨーロッパの論理」に立つならば「ダブル・スタンダード」も極まれり、といえる内容であったからである。

　さらに、JCSから軍隊派遣について各国との交渉開始を求められたバーンズをめぐる状況はどのようなものであったろうか。既に述べたように、当時英外相ベヴィンは「ロンドン条項」の取り扱いをめぐってきびしい抗議をバーンズに突きつけており、さらにソ連はＦＥＡＣへの不参加を明確にした上で、まずＡＣＣの設置を先行させるべきことを要求していたのであり、バーンズは十月二三日に予定していたＦＥＡＣの発足会議を一週間おくらせてソ連の対応を待つ中で、何よりもハリマンとスターリンの重要会談の成り行きを大きな期待をもって見守っていたのである。要するにバーンズが直面していた課題は、各国に軍隊派遣を要請するはるか以前の問題、つまりは日本の占領管理の国際的枠組みをいかにつくり上げるか、とりわけそこにソ連の参加をいかに確保するかにあったのである。従ってバーンズにあっては、あくまでも「ＳＷＮＣＣ六五」シリーズを軸とし、「七〇」シリーズについてはむしろその一側面を「六五」シリーズの中に組み込み、その上で「ダブル・スタンダード」の「修正」をはかりつつ対ソ交渉の壁をのり越える道を探ることになるのである。そしてその具体的な試みが、前節末尾で見たＡＭＣ案に他ならなかったのである。

（1） SWNCC 70, "Composition of Forces to occupy Japan Proper," report by SFE, 12 March 1945, SWNCC Policy Files 1944-1949, Reel 9.
（2） SWNCC 70/1/D, "National Composition of Forces to occupy Japan Proper," report by the Department of State, 30 April 1945.
（3） "Japan : Occupation and Military Government : Composition of Forces to occupy Japan," prepared and reviewed by the Inter-Divisional Area Committee on the Far East, 13 March 1945, Post World II Foreign Policy Planning, State Department Records of Harley A. Notter, 1939-1945, 1987, MD, Miscellaneous Subject Files 1090

-CAC-80.（京都大学法学部所蔵）

（4）SFE Minutes, 27th Meeting, 22 June 1945; SWNCC 70/2, "National Composition of Forces to occupy Japan Proper in the Post-Defeat Period," report by SFE, 23 June 1945.

（5）SWNCC 70/3/D, "Size of United States Occupation Forces for Japan," memorandum by the Joint Chiefs of Staff for the SWNCC, 17 July 1945.

（6）SWNCC 70/4, "National Composition of Forces to occupy Japan Proper in the Post-Defeat Period," report by SFE, 26 July 1945.

（7）SWNCC 70/5, "National Composition of Forces to occupy Japan Proper in the Post-Defeat Period," 18 August 1945.

（8）SWNCC 70/6, "Allied Control Machinery for the Japanese Empire," report by SFE, 16 August 1945.

（9）*FRUS, 1945 VI*, pp. 587-90.

（10）五百旗頭、前掲書、二一九頁。

（11）SFE Minutes, 33rd Meeting, 14 August 1945.

（12）なお、ＳＦＥはこの「統合プラン」を提出するにあたって、それが「ＳＷＮＣＣ八八」と直接関係をもつと指摘していた。「ＳＷＮＣＣ八八」とは、四五年四月五日にＳＦＥがＳＷＮＣＣに提出した「日本帝国の初期連合国管理機構」と題する報告である。(SWNCC 88, "Initial Allied Control Machinery for the Japanese Empire," report by SFE, 5 April 1945, SWNCC Policy Files 1944-1949, Reel 10) ここでは対象領域は、①日本本土と南樺太、②台湾、③韓国とされ、連合諸国間での占領地域分割の可能性や、管理機構を日本帝国の様々な領域に拡大していく方法等々について議論し、原案をまとめていく必要性がうたわれていた。しかしその後具体的な報告は全くなされず、やがて九月中旬に至り、「ＳＷＮＣＣ七〇」シリーズが「ＳＷＮＣＣ八八」をカバーしているとの理由で、「ＳＷＮＣＣ八八」はＳＷＮＣＣの議題から削除されることになる。SWNCC 88/2, Note by the Secretaries on SWNCC 88, 18 September 1945.

（13）SWNCC Minutes, 22nd Meeting, 31 August 1945.

（14）SFE Minutes, 39th Meeting, 7 September 1945.

(15) SWNCC 70/10, "Allied Control Machinery for Japan," report by SFE, 8 September 1945.

(16) SWNCC 150/4, "United States Initial Post-Defeat Policy relating to Japan," 6 September 1945, SWNCC Policy Files 1944-1949, Reel 14.

(17) SWNCC 150/3, "United States Initial Post-Defeat Policy relating to Japan,"(a revision of SWNCC 150/2 by the Assistant Secretary of War), 22 August 1945.

(18) SWNCC 150/3(Revised), "United States Initial Post-Defeat Policy relating to Japan,"(a revision of SWNCC 150/3 by SFE), 30 August 1945. なお、この一節の原文は the policies of the United States will govern であるが、これまで和訳としては「米国ノ政策ニ従フモノトス」(外務省特別資料部編、前掲書、九四頁)、あるいは「米国の政策が効力をもつものとする」(五百旗頭、前掲書、二五四頁)などがあったが、近刊の山極晃・中村政則編集、岡田良之助訳『資料日本占領1・天皇制』(大月書店、一九九〇年)において「米国の政策をもってこれを決するものとする」(三九三頁)との訳がなされ、筆者もこれに依ることとなった。なぜなら、本文で述べた「ＳＷＮＣＣ一五〇／三」における当該箇所の原文は the authority of the United States will be decisive(「米国の権限によりこれを決するものとする」)であり、「一五〇／三(修正版)」は当然右の表現内容をひきついでいると考えられるからである。

(19) Memorandum by G. A. Lincoln for the Assistant Secretary of War on SWNCC 70/10, 12 September 1945.

(20) SWNCC Minutes, 24th Meeting, 12 September 1945.

(21) マックロイはこの「ＳＷＮＣＣ七〇／一〇」について、他の連合国に発言権を与えつつアメリカが主導権を維持することのできる〝ギリギリの線〟である、との苦しい評価を与えた。

(22) SWNCC 70/11, Memorandum by the Joint Chiefs of Staff for the SWNCC, 25 September 1945.

(23) SWNCC Minutes, 26th Meeting, 2 October 1945.

(24) なお、既にＳＦＥが「ＳＷＮＣＣ七〇／六」をまとめてＳＷＮＣＣに送った際、「ＳＷＮＣＣ六五」シリーズとの関係が問題となり、ＳＷＮＣＣは「ＳＷＮＣＣ六五／七」(アメリカのＦＥＡＣ案)と「七〇／六」との関係を検討するようにＳＦＥに求めた(SWNCC 70/7/D, 22 August 1945)が、ＳＦＥは八月二五日に、「七〇／六」は「六五／七」についてなされている行動と「完全に合致している」との回答を送った。Report by SFE for SWNCC on SWNCC 70/6, 25

August 1945.

(25) SWNCC Minutes, 27th Meeting, 11 October 1945.

(26) Memorandum by the Acting Secretary of SFE for the Secretary of SWNCC on SWNCC 70/10 & 70/11, 9 January 1946; "Decision on SWNCC 70/16," Notes by the Secretaries of SWNCC, 16 January 1946.

(27) Report by the Joint Staff Planners of JCS, "Draft Memorandum for SWNCC," 11 October 1945, *FRUS, 1945 VI*, pp. 744-47.

(28) SWNCC 70/13, "Allied Participation in the Occupation of Japan," memorandum by JCS for SWNCC, 24 October 1945.

(29) SWNCC Minutes, 29th Meeting, 6 November 1945.

第四章　「ダブル・スタンダード」の諸問題

第一節 日本占領とヨーロッパ占領

一 マッカーサーにおける「新しい概念」

AMC(連合国軍事理事会)案の重要性は、ハリマンの具申をも背景に、もはやFEAC(極東諮問委員会)の設置だけでは事態を乗り切れないと判断したバーンズが、それまで「バーンズ回答文」に基づいて付与されたとアメリカが主張してきたSCAPの権限にかなり大きな制限を加えかねない管理機関の設置を提案することによって、スターリンとの〝妥協〟に乗り出したというところに求められるであろう。とはいえ、これはあくまでもバーンズを中心とした国務省首脳部の私案であり、スターリンに対して正式に提案するには軍部やマッカーサーとの事前の協議を必要とするため、バーンズはハリマンに対して同案が単なる「情報とガイダンス」である旨を強調していたのである。(1) そして、この「妥協に向けての新たな機会」(2) を示唆したバーンズのAMC案の前に大きく立ちはだかることになったのが、他ならぬSCAPたるマッカーサーであった。

ワシントンから直ちに東京に提示されたこのAMC案に対するSCAP側の回答に「一定の誤解」が含まれていると判断した国務省は、十月二二日(日本時間で二三日早朝)に太平洋をはさんで東京との間でテレタイプによる会談を行った。出席者はワシントンの側は、国務次官のディーン・アチソン、ヤルタ会談で通訳を務めたボーレン、それに陸軍省のスタッフであり、東京の側はGHQの副参謀長のマーシャル少将、マッカーサーの政治顧問ジョージ・アチソン、そして当時滞日中のマックロイ陸軍次官補等であったが、主として、バーンズの指示をうけた国務次官のアチソンと、マッカーサーの意を体することになったマックロイとの間で議論が交わされた(3)。

アチソンは、FEACの発足会議を前にして事態の打開に向けての重要なハリマン・スターリン会談が迫っているという時間的制約に注意を喚起しつつ、このAMC案はあくまでも「ソ連が現在の立場から権威を失うことなく撤退することができる」ように考えられたものであることを指摘する。そして彼はここでは明確に、四大国によって東京に設置されるAMCは「純粋に諮問的な機能」をもつにすぎず、「そこにはおよそ、SCAPの権限を侵害するものは何もない」旨を繰り返し強調し、マッカーサーの側が現在の「問題解決への切迫した必要性」を理解することを訴えた。

これに対しマックロイは、「マッカーサーは、彼から独立のものであれ彼と共存するものであれ、何らかの執行権限を有するいかなる形態の理事会も東京に設置することに反対である」と、マッカーサーの断乎たる意思を明らかにした。ただマックロイは、マッカーサーとしては主要大国の「政治顧問」であるならば受け入れる用意があり、これら「政治顧問」は日本政府と直接交渉する権限はもたないが、個人であれ「グループとして」であれSCAPと十分に接触し議論することができるという、そのようなマッカーサーの意向を明らかにし、これは実質的にはバーンズが要求しているものに合致するのではないか、と問い返した。

しかしアチソンは、ソ連が求めているものは実質ではなく「理事会」という「形式」に他ならないと指摘し、またボーレンも、彼らにとって重要な問題はマッカーサーが「完全で最終的な権限」をもつとしても、とにかくもソ連が「理事会のメンバーになるという……そのプレスティージ」であると強調した。さらにアチソンは、バルカン諸国（東欧三国）ではソ連軍司令官が「理事会（管理委員会）の一員である」という事実を改めて指摘し、「ソ連の要求に対処する上での我々の問題は、バルカン諸国で彼らが我々に与えているみじめな地位を（日本において）彼らに拒否することの困難さから生じている」と述べたのである。

ここでアチソンが主張したかったことは、東欧三国においては英米ソ三大国の代表によって構成されるＡＣＣ（連合国管理委員会）が占領管理を担っているが、事実上は議長であるソ連軍司令官が「まず行動し」、「その後で」英米の代表に情報が伝えられるという、そのような「みじめな地位」に英米側はおかれているということである。しかし同時に、このような地位であっても、とにかくも被占領国の首都にＡＣＣが組織され、そこにソ連軍司令官と共に英米代表が加わっているという事実であり、これと同じような管理組織を日本にも設置せよというソ連の要求を拒否することは困難である、ということであった。

以上のアチソンの主張に対し、マックロイはマッカーサーの考えを〝代弁〟しつつ、問題の焦点はやはり「理事会」というものの設置それ自体にあり、そもそもマッカーサーは「彼ら（他の連合国の代表達）と一緒にすわることは好まないであろう」として、たとえ諮問的権限しかもたないものであっても「その正式の設置と、その組織を四大国の理事会として名付けることに含まれる意味」が問題であると強調した。そして日本には連合国の「全ての参加諸国による合意に基づいて設けられたＳＣＡＰ」があり、従ってアチソンが主張するようなバルカン情勢との「アナロジー」はおよそ成り立たないと指摘し、この「連合国の権威」に基づいたＳＣＡＰの存在そのものの故に、他国の占領管理体制とは異なった「新しい概念の設定（ノーメンクレイチャー）や手続き」が必要であろうと論じたのである。

これに対しアチソンは、例えばルーマニアの休戦協定においては「連合諸国の名において行動する連合国（ソヴィエト）最高司令部」と規定されている点を指摘し、マッカーサーのように、ＳＣＡＰ規定の独自性に基づくとの理由で「新しい概念やモデル」を主張することは困難であると反論したのである。

さて、以上の議論の要点を改めて示すならば、マッカーサーの側は、たとえ諮問的機能にすぎないものであれマッカーサーがその一員となるいかなる理事会(委員会)も東京に設置することは認められないということであり、その主張の根拠は連合国がその設置と権限を認めたSCAPの存在そのものにあるとされ、ここにヨーロッパあるいは東欧占領と対比され得ない日本占領の独自性があり、このような「新しい概念」でもって日本の占領管理体制は枠組まれねばならない、と強調したのである。[4]

言うまでもなく、マッカーサーの占領管理権の〝不可侵性〟を正当化しようとする右の主張は、実はバーンズや国務省がこの間英ソ両国や他の連合国に対して主張しつづけてきた議論に他ならない。しかし、ロンドン会議での激しい論争を経て国務省は、一方で東欧の占領管理体制における米英代表の権限の拡大と〝対等性〟を求め、他方で日本におけるSCAP規定の独自性を理由にマッカーサーの全権を維持しつづけるという、いわば典型的な「ダブル・スタンダード」の主張はもはや通用しないことを認識するに至っていたのである。従ってアチソンの議論のポイントは、SCAP規定の独自性という主張を大きく後退させ、日本の占領と東欧の占領をできる限り「アナロジー」でとらえてリンクさせる、つまりは単一の「スタンダード」に近づけて問題を処理しようとするところにあり、その具体化がAMCの設置であったわけである。しかし、マッカーサーの側は「ダブル・スタンダード」を象徴する「新しい概念」に固執してこのAMC案を拒否し、かくして国務省は、きわめて重要な意味をもつハリマン・スターリン会談においてAMC案を正式案として提示することが不可能となったのである。

ところで、マッカーサーの占領管理権の〝至上性〟を正当化しようとする議論を支えていたのは、SCAPというポストの性格よりもむしろ実質的には、SCAPたるマッカーサーという個性の存在そのものにあったと言えるであろう。彼はトルーマンやバーンズをはじめワシントンの主な指導者達よりも年長で、しかも米陸軍史上最も輝かしい経歴を誇り、すでに「英雄」として歴史的人物に擬されると共に、大統領選挙における共和党の有力候補でもあり、そして何よりも自らをローマ法王にも伍する超越的指導者とみなす強烈な使命感をもっていた。[5]従って、同じ占領軍の司令官といっても、イタリアの連合国委員会のストーン議長やドイツの米占領地区軍政長官代理のクレイ将軍などとは比較すべくもない大きな存在であった。そして重要な問題は、上述したように諮問的機能であれいかなる理事会も自らの「立場が危うくなる」[6]としてマッカーサーは反対したわけであったが、彼は単にソ連や他の連合諸国を排除しようとしたばかりではなく、実は大統領や国務省をはじめワシントンの「介入」をも極力排除しようと努めていた、ということなのである。

そもそもマッカーサーは、「日本の管理に関する政策は、その大部分はワシントンよりも東京においてつくられるべきである」[7]と考えていた。そしてこのような彼の基本姿勢を背景に、例えば次のような問題が生じたのである。マッカーサーは九月十七日に、米占領軍を六カ月以内に二十万人(当時はおよそ四十万人)に減じることができるであろうとの声明を発表したが、これはJCSや国務省、そしてトルーマン大統領にとっても〃寝耳に水〃であった。そこでこの声明を「不正確」で「全く余計なもの」と断じて激高したトルーマンは、当日と十月十九日の二度にわたってマーシャル陸軍参謀総長を通してマッカーサーに対し、一時帰国するように求めたのである。しかしマッカーサーは、日本の「デリケートで困難な情勢」や「きわめて危険で本来的に激化しやすい情勢」を理由に、この〃召還命令〃を拒絶したのである。[8]

さらにこの問題は、ディーン・アチソンの国務次官としての正式承認にも影響を及ぼした。というのも、九月十七日のマッカーサー声明についてコメントを求められたアチソンが十九日に、必要とされる軍隊の数は国務省が直接関係しない「純粋に軍事問題」であるが、重要なことは米政府の対日政策の遂行において「占領軍はあくまでも政策の道具であって、政策の決定者ではない」と語ったからである。この発言に対して一部の議員からマッカーサーを「侮辱した」との批判が出され、二四日の上院においては彼の任命それ自体は結局承認が得られたものの、アチソンの記すところによれば、彼の発言にかかわりつつ事実上は大統領とマッカーサーの日本占領に関する「立場と権限」をめぐって議論がたたかわされたのである(9)。

さらにマッカーサーは、彼の政治顧問として国務省から派遣されていたジョージ・アチソンの活動に様々な制限を加えた。例えば、十—十一月にかけて重要な動きが見られた憲法改正問題について、いわゆる「近衛委員会」に国務省が接触を深めていることをつかむとマッカーサーはアチソンに対して、近衛との議論を中止し、しかも彼の活動を日本の「対外問題」に限定するように「命じた」のである(10)。アチソンによれば、要するにマッカーサーは「できるならば国務省をこの問題(憲法改正問題)から締め出したい(11)」と望んでいたのである。

そして以上のような文脈の中で、十月上旬から中旬にかけて、仮りに日本管理のための四大国委員会(理事会)が設置されるならば「マッカーサー元帥は日本での最高司令部を辞任するであろう」、そしてその際には「何本かのダイナマイトを落とす」であろうというニュースが東京から流され、バーンズがあわてて記者会見をして「マッカーサー元帥の地位をかえる意図は全くない……アメリカは管理理事会という方針に反対である……」旨の確認を余儀なくされる、といった事態さえ生じたのである(12)。

かくして、後にマッカーサーの政治顧問となるシーボルトが「アメリカの歴史において、これ程巨大で絶対的な権力が一人の個人の手に握られたことはかつてなかった(13)」と述べた、そのような権力基盤を固めつつあったマッカーサーの存在が、「SCAP問題」というよりは正に「マッカーサー問題」として、日本の占領管理体制の形成過程に大きな影を落としつづけることになるのである。

二　スターリンにおける「ヨーロッパの論理」

ワシントンと東京との討議の結果を受けて直ちにバーンズはハリマンに対し、マッカーサーの側がAMC案に対して「一定の反対を提起した」のでスターリンとの会談ではAMC案をそれ自体として議論してはならない、ただ、「何らかの新しい理事会の創設」などの可能性を示唆することによって、バーンズが「ソ連の立場に応えるような解決」に向けて努力している旨を伝えることはできる、との指示を送ったのである。かくして十月二四日と二五日の両日にわたって黒海沿岸の都市ソチ郊外の保養地ガグリで行われた会談においてハリマンは、彼が強く求めていた十月十二日のモロトフの覚書に対するアメリカ側の具体的な「回答」をもたないままにスターリンに臨まざるを得なかったのである。(14)

さて、会談の冒頭ハリマンはまず「トルーマンの親書」を手交したが、そこにはロンドン会議で激しい議論となったイタリア、東欧三国、フィンランドの講和会議の手続問題に関するアメリカ側の新たな提案が述べられているだけであった。(15)そこでスターリンは当然のことながら、「ここには日本問題は何も触れられていない」と指摘した。それを受けてハリマンは、日本問題については現在国務省、陸軍省、マッカーサー、トルーマンの間で検討中であるが、非公式の形においてならば議論する用意がある旨を伝え、スターリンも秘密保持を約して実質的な意見交換に入った。

ハリマンはアメリカによるFEAC提案以来の各国との交渉経過を整理した上で、管理機構のあり方としてワシントンで検討されている「一般的な考え方」を次のように説明した。まず日本の降伏と日本軍の武装解除という「第一段階」は、複数の軍隊よりも単一の軍隊による方が「賢明である」と考えられたので米軍によって処理されたが、この段階はほぼ終了したか、あるいは数週間で終了するであろう(翌二十五日の会談でハリマンは、十一月一日までには、この「第一段階」は終了するであろうと述べた)[16]。これにつづく日本の管理という「第二段階」(「占領期」)においては、英中ソの軍隊を招くことが考えられているが、その具体的な内容について情報を与えることはできない。ただそれに関わって検討されていることは、それら外国軍の司令官がマッカーサーと共に行動する軍事理事会の設置であって、ここで彼らは「あらゆる問題」について十分に議論することができる。しかし結論に達しなかった場合にはマッカーサーが最終的な決定を下すことになる。またFEACについては、東京に移され「日本に関するあらゆる政治的・経済的問題」を取り扱うであろうが、一部には、軍事と政治の二つの機能を単一の「政治理事会」に結合しようとする考えもある。ただいずれにせよ、マッカーサーの最終的な権限は「支配的なもの」でなければならない、と[17]。

以上のハリマンの説明に対し、スターリンはまず日本の管理機構において使われるべき「正しい用語」は、中央政府のないドイツにおいてのみ存在する「管理理事会」ではなく、ルーマニアやハンガリーに見られる「管理委員会」であろうと指摘した。この「理事会」か「委員会」か、という用語の問題については、ロンドン会議以来のモロトフ自身の使用法の〝変化〟[18]もあってその区別の基準は必ずしも明確とは言えないが、とにかくもここでスターリンが強調したかったことは次の点である。

つまり、「管理委員会」が組織されているハンガリーやルーマニアにおいてはソ連軍以外に他国の軍隊はいないので、同委員会での最終的な決定権はソ連軍司令官が担っている。この意味において日本ではマッカーサーが「管理委員会」の常任議長となり、彼が最終的権限をもつべきである。しかしながら、もし他国の軍隊も日本の占領に参加するならば「ドイツにおけるのと同じように、その結果はマッカーサー元帥の権限を制限することになるであろう」ということであった。そしてスターリンは、これは「望ましくない」ことであろうし、「マッカーサーの行動の自由を維持するためには、おそらくは他国の軍隊を日本に派遣することは賢明ではないであろう」と指摘し、「これの方がはるかに論理的である」と結論づけたのである。(19)

この後両者の議論は講和会議の問題に移ったが、以上の意見交換で明らかになったことは、ハリマンがAMC案を〝示唆〟することによってアメリカ側の譲歩の姿勢を示そうとしたのに対し、スターリンが「イタリア方式」をベースとする「ヨーロッパ占領の論理」をもって、AMC案の前提となっている他の連合国の軍隊派遣とマッカーサーの占領管理権との矛盾を鋭く指摘した、ということであった。

さて、翌二五日の会談においても再び日本問題がまず取り上げられた。そこでハリマンは、間近かに迫っているFEACの発足会議へのソ連代表の参加を促すトルーマンの要請を改めて繰り返し、ソ連側は九月初旬には米提案を一旦は受け入れていたではないか、と問うた。(20)これに対しスターリンは、ロンドン会議におけるモロトフの主張と同様に、日本情勢がその当時と全く変化したことを強調した。そしてドイツ問題との対比で、ある面でFEACに機能が似たEAC(ヨーロッパ諮問委員会)が設置されたのはドイツがまだ降伏する前のことである、しかし今や日本は降伏した、従ってこの段階でFEACの設置を提案するということは、「アメリカ人は……ドイツへの勝利に先立ってたどったのと同じ道をすすんでいる」(21)ことになると指摘したのである。

ここでスターリンが述べていることは、第二章第五節で見たように、ドイツ問題を中心にヨーロッパの枢軸諸国の降伏問題を協議する諮問機関としてのEACは四三年十月のモスクワ外相会議においてその設置が決定され、ドイツ降伏に先立つこと約一年四カ月前の四四年一月からその活動を開始し、ドイツの分割占領の基本を取り決めたわけであったが、ドイツの降伏に伴い右の取り決めに基づいた対独占領管理機構が正式に発足した、ということである。従って、日本において降伏と武装解除が終了した段階にあって諮問的機関を設置するということは、そのレベルを根本的に取り違えているのであり、今や求められているのは「管理委員会」の設置に他ならない、ということであった。

次いでスターリンは日本国内の情勢に触れ、そこではマッカーサーは連合国の最高司令官としてソ連をも代表しているどころか、ソ連代表はいかなる情報も与えられず何も相談されず全く無視され、単なる「一点の無用の家具」のように扱われてきたと、十月はじめのデレビャンコ代表の召還の背景を指摘した。そして具体的に、日本の新しい政府やその交代についてもソ連は何も知らされず、また事前の情報もなしに銀行が封鎖されて彼らの資産が没収されてしまった。さらに日本のマスコミは、ソ連の占領地域ではおこり得ないような、連合国の一員であるソ連に対する非難・攻撃を繰り返しており、こうして日本の情勢は日々悪化しつつあり、その中でソ連は日本に関していかなる責任も与えられない「つけ足し」として扱われ、あたかも「ソ連は太平洋におけるアメリカの一つの衛星国になってしまった」かのようであると、アメリカ側の姿勢をきびしく批判したのである。(22)

このようなスターリンの批判に対しハリマンは、自分としてはそのような事情はよく知らなかったので直ちにワシントンに伝えると約束した上で、たしかに過去二カ月間のいわゆる「降伏後の最初の時期」は様々な困難が生じたであろうが、実はルーマニアやブルガリアにおいても当初英米両国の代表は同じような扱いをソ連側から受けていたのであり、従って現在の「スターリン大元帥の感情」は当時の「アメリカ人の感情」と同じであると反論した。これに対しスターリンは、バルカンと日本の情勢は全く違うと指摘し、そもそもアメリカ側は「ソ連がイタリアにおいて与えられたのと同じ待遇を〔ルーマニアやブルガリアで〕付与された」のであり、しかもポツダム会談を経て「ブルガリアとルーマニアにおいてアメリカとイギリスの代表に与えられる待遇は改善された。しかしイタリアにおいては、ソ連代表に関していかなる変化も生じていない」と、きびしく論じたのである。[23]

さて、以上のような議論をハリマンと交わす中でスターリンは、もしソ連がFEACに代表を送るならば事態はむしろ混乱し、米ソ関係はさらに悪化するであろうと指摘した上で、「ソ連にとっては、むしろ脇に寄って、日本でアメリカ人をして彼らが望むように行動させる方がよりましではなかろうか」と問題を投げかけたのである。ここで彼が言いたかったことは、実はこれまでアメリカがとってきた「孤立主義」の政策のことであり、「今やソ連がそのような政策を採用すべきであろう」ということに他ならなかった。[24]

この「孤立主義というスターリンの突然の発想」は、ハリマンに大きな衝撃を与えた。ハリマンは彼一流の解釈によって、スターリンのいう孤立主義は「古典的なアメリカのパターン」ではなく、「一方的行動の政策」に重点がある、と捉えた。その政策は、ソ連の現実の安全保障を他国の善意に基づく集団的措置に託することなく、従ってアメリカや西側諸国の経済援助に頼らず、将来の軍事協力もあてにしない、ということが前提とされている。そして具体的には、東欧全体のソ連による支配を維持し、各国の共産党を使って西欧やその他の地域でロシアの影響力を拡大しようとする政策である。かくして右のスターリンの言明は、ソ連の指導部が「戦後期の新しい政策、増大する好戦性と自立自助の政策」を議論し決定したことの「一つの証拠」である、とハリマンは理解した。[25]

もっともハリマンは、必ずしも事態の先行きに失望したり、状況を悲観的にのみ見ているわけではなかった。なぜなら、ソ連が「一方的な行動」を追求しようとしているのは、「ロンドン会議でモロトフが望んだものを獲得することができなかった」からである。かねてよりハリマンは、対ソ関係において日本問題がきわめて重要な意味をもつことを再三にわたってバーンズに忠告してきたわけであり、今回の会見によっても「彼〔スターリン〕にとって日本の問題は、ルーマニアとブルガリアの講和条約〔の問題〕と結合されている。彼は、日本に関して満足〔な解決〕をうけとるまではバルカン諸国について動き出さないだろう」との認識を深めたのである。従ってハリマンは、ソ連の意図に重大な警戒心をもちつつも、上述したようなソ連側の問題意識や危機意識も十分に理解していたのである。かくしてハリマンにあっては、「日本について了解に達することができるならば状況は好転するであろう」との期待をもっていたのである。(26)

同様の認識は、このソチ会談の直後にハリマンから「極秘」に会談内容を教えられたモスクワの英大使館の参事官ロバーツ(27)(後の駐ソ大使)も表明していた。彼は当然のことながらハリマンの判断を反映して、会談全体の中で「最も重要な点」が、この「孤立主義」の問題であると本省に報告している。なおロバーツはその際、孤立主義の理解において、「勝者はそれぞれ、自らの方法で自らの領域を支配することができる」とのスターリンの発言に注目している。そしてロバーツにあっても、ソ連外交の中に孤立主義という政策選択の可能性があることをかねてより認識しており、とりわけここ数週間、「三大国」の協力関係が破綻する場合に備えてそのような兆候が見られたが、今回のスターリンの言明は「その最初の明確な証拠」である、と考えられたのである。

とはいえロバーツは、ハリマンが語った講和会議をめぐるスターリンの議論を踏まえつつ、ソチ会談が「スターリンの精神構造」を理解する上できわめて有益であるととらえ、そこから明らかになったこととして、ロンドン会議でのソ連の対応はモロトフにではなくスターリンに責任があること、同時に「極東における アメリカの態度が今や最大の障害である」という点を挙げたのである。そして彼は、ソ連が「三大国」の協力を将来の彼らの政策の「テスト・ケース」として位置づけている以上、「日本に関するソ連の真の不満を取り除く」ことがヨーロッパにおける

「交渉の再開」を準備するものである、との認識を示したのである。[28]

さて、会談を通して、スターリンは「日本の管理が、解決が求められている最初の問題である」と考えており、「日本の問題が彼〔スターリン〕の心の中で最も重要なものである」と報告していたハリマンは結論として、スターリンはアメリカと問題を解決することを望んでいるが、しかし「我々のあらゆる動きについて過度に疑い深くなっている」と指摘し、スターリンに示すことのできるような「日本に関する明確な提案」を早急に送るように、バーンズに求めたのである。[29]

三 「ダブル・スタンダード」の構図

ソチ会談に関するハリマンの報告は、バーンズにとっても大きな衝撃であった。彼はそのメモアールにおいて「〔会談の〕結果は一つの啓示であった」と記している。要するに、少なくとも彼の認識に従えば、それまで彼はロンドン会議におけるモロトフの日本問題の提起は、「単なる彼の神経戦の一部にすぎない」と考えていたのである。しかし、「今や我々は突然、我々が誤まっていたことを悟った」のである。つまりロンドン会議を決裂に導いたソ連側の行動は、「彼らが日本において我々のスタッフによって十分に配慮されていないというロシア人の信念によって鼓舞されていた」ということが明らかになったのである。[30] かくしてバーンズにとって、ハリマンの求めるような「明確な提案」を提起することが、文字通り焦眉の課題となったのである。

しかしながら、このように四五年秋の国際政治の焦点となった「日本問題」の打開に乗り出そうとするバーンズの前には、様々に困難な問題があった。それらの問題のありかを、事態の構造を簡略化して示した別掲の図(二一九頁)を参考に検討してみよう。

まず、すでに触れたようにバーンズは、ソ連やイギリス等の〝参加〟要求に応えるべく、FEACとは別に東京にAMCを設置するという提案を行ったわけであった。しかしこのAMC案自体、スターリンも指摘したように重要な〝論理矛盾〟をかかえていた。そもそもこのAMCは、少なくとも英中ソの三大国が日本に占領軍を派遣することが前提とされ、それら各国軍の代表者によって構成されるのであるが、彼らには拒否権は与えられず、最終的決定権はマッカーサーが有するとされた。

しかし、このようなアメリカの構想は、改めてヨーロッパにおける占領と比較する時、これまた実に特異な性格を有するものであった。なぜなら、中小国の場合はともかくとして、少なくとも英米ソ(仏)の大国が当該枢軸国に対する軍事作戦を直接担い同国に占領軍を派遣する場合には、占領管理においても支配的な発言権をもつことが前提とされていたからである。イタリアにあっては英米連合軍を主軸として進攻・占領作戦が展開された結果、占領管理においても「常に英米二国の旗が共に掲げられる」という両国対等の共同統治方針が確定し、軍事作戦にも占領軍にも加わらなかったソ連は占領管理の実権から排除された。また逆に、英米軍が進攻作戦にも占領にも参加せずソ連赤軍が「解放」を担った東欧三国では、ソ連だけが実権を確保した。さらにドイツにあっては、東西から挟撃する協調軍事作戦を反映して、それを担った英米ソ三国そしてフランスが四分割された分割地域内において全権を握ると共に、全独レベルに設置された連合国管理理事会においては四大国が対等の立場で拒否権を保持して占領管理に臨んだのである。これに対しバーンズのAMC案は、他の三大国に占領軍の派遣を求めながら、彼らにはマッカーサーと対等の権限を与えないという、かつてない〝一方的な論理〟の上に立っていたのであり、スターリンはその問題を「ヨーロッパの論理」に立って鋭く突いたわけであった。

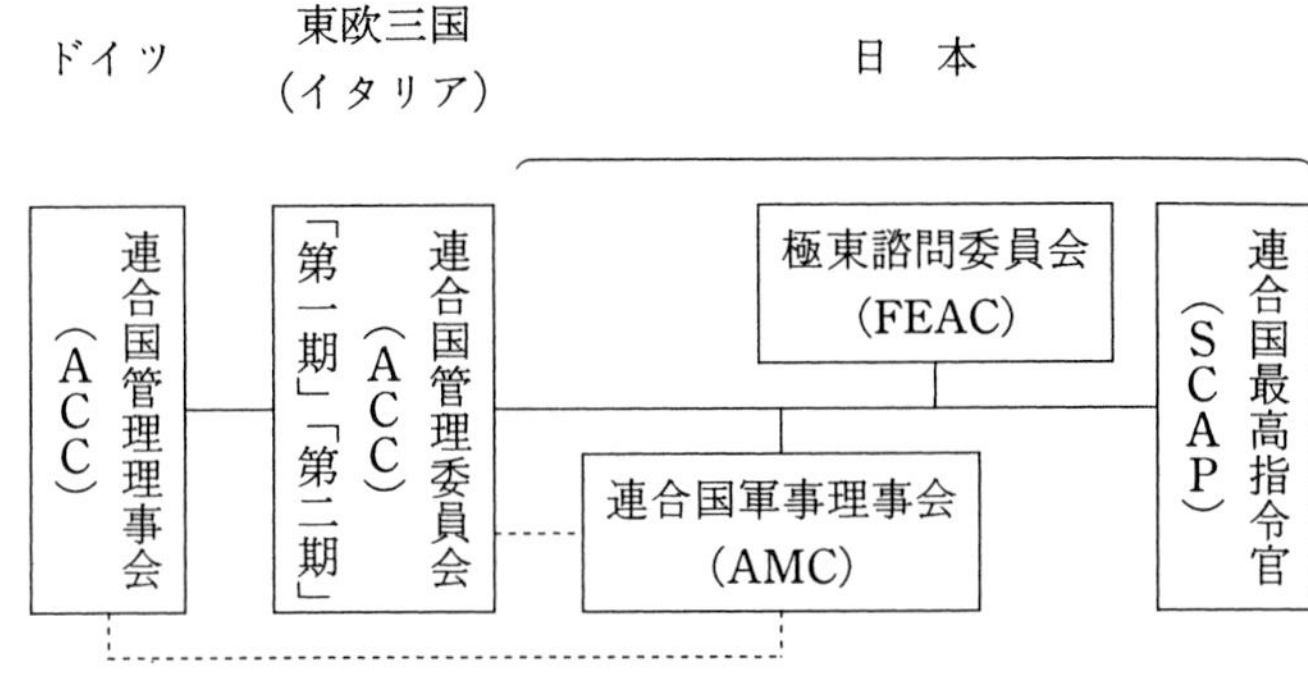

ところがマッカーサーは、彼にとって〝有利な〟条件をもったこのAMC案さえも明確に拒否したのである。それはSCAPという、彼によれば日本占領に独自なポストの存在に裏打ちされた「新しい概念」を理由とするものであった。たしかにこのような論理は、バーンズや国務省が主張してきたものであった。しかし今やバーンズは「ヨーロッパの論理」に直面して、三人委員会において次のように指摘せざるを得なかったのである。つまり、「不幸にもマッカーサー元帥は、当然のことではあるが、事態を主として日本の問題の観点から見て、世界の他の部分への影響を考えようとはしていない。……スターリンの立場は理にかなっている」と。(31)

ここでバーンズが指摘していることは、マッカーサーの立場は、日本占領をヨーロッパの占領と別個の基準で処理しようとする、あるいはヨーロッパ占領の問題を考慮することなく日本占領の立場だけを排他的に主張しようとする典型的な「ダブル・スタンダード」(32)の立場である、ということに他ならなかった。そしてこのような立場は、東欧三国において「イタリア方式」に代えて〝対等性〟の確保を求め、それら地域への「介入」を試みているアメリカの主張と行動の正当性を、文字通り崩壊させかねないものであったのである。

他方、それではスターリンの立場は、バーンズが指摘するように「理にかなって」おり、スターリン自らが述べるように「論理的」であるのであろうか。たしかに、「イタリア方式」に基づく東欧三国のACCを東京にも設置せよという譲歩し得ぬ要求を背景に、もしマッカーサーが主張するように、あるいはAMC案に見られるようにソ連軍の派遣が求められるならば、ドイツ型の管理権限がソ連にも与えられるべきであり、またマッカーサーが最終的権限を確保したいのであればソ連軍は日本占領に参加するべきではない、という論理はきわめて明快なものであった。しかし実はそこには、すでに触れたように二つのレベルの問題が内包されていたのである。

まず一つのレベルは、ソチ会談の前夜にモロトフが、ソ連が日本の管理機構について求めているのは、ドイツ型の管理理事会に似たものではなく、「例えばルーマニアにおける連合国管理委員会に類似した基礎の上で機能する」ACCであり、要するに重要なことは「他の国々における管理委員会での米代表」の立場とおよそ同じような立場が日本においてソ連代表にも与えられることである、と指摘した問題である。[33] ここでは、いわゆる「第一期」の管理体制を象徴するルーマニアがとり上げられることによって、「イタリア方式」が強調されているのである。そこでは言うまでもなく、東欧三国においてはソ連軍司令官の、日本においてはマッカーサーの最終的決定権が前提とされている。

ところが他方、ソチ会談においてスターリンは、このモロトフと同じような議論を展開しつつも、ルーマニアと共にハンガリーにも言及し、さらにはポツダム協定の問題をも取り上げているのである。ここでいうポツダム協定とは、既述したように、ハンガリーのACCにおける英米両国代表の〝拒否権〟を確認した第十一条のことであり、これは「第二期」における〝対等性〟を求めた英米側の強い要求に対するソ連側の譲歩に他ならなかった。そして、日本の占領はいうまでもなく降伏後の「第二期」の占領である以上、ここでスターリンが示唆した問題は、ソ連側には単に「第一期」のルーマニア型のACCだけではなく、ハンガリーに示されるように、ソ連軍が占領軍に加わるか否かに関係なく「第二期」の〝対等性〟を日本において要求する権利がある、ということであった。もちろん、ソチ会談で直ちにハリマンが指摘したように[34]、ポツダム協定第十一条がソ連によって実際に遵守されているかどうかがきわめて重要な問題であり、ここにソ連側の「ダブル・スタンダード」の問題がはらまれてくるのである。

ただいずれにせよ、ソ連側の議論に内包された右の二つのレベルの問題は、この後ハリマンやバーンズに一定の当惑や混乱をひきおこすことになるのであるが、同時にそれはアメリカ自体がかかえた深いジレンマをも示すものであった。つまり、日本と東欧のリンクを前提にする、あるいは前提にしなければならない以上、マッカーサーの実権を維持するためには東欧におけるソ連軍司令官の実権を尊重せざるを得ず、東欧でポツダム協定第十一条の厳正なる実施を求めるならば、今度はマッカーサーの実権に対する制限を認めなければならなくなる、ということであった。しかもアメリカにとっては、スターリンが強調したところの[35]、ソ連の対日参戦と極東・「旧日本領」におけるソ連軍の存在という東欧には見られない「独自性」の問題が、今後無視し得ぬ重要な問題となってくるのである。

かくの如くバーンズは、「新しい概念」をかかげてSCAPの全権と日本占領の立場だけに固執するマッカーサーと、「孤立主義」のおどし[36]を背景に右に見た二つのレベルの問題を内包する「ヨーロッパの論理」をかかげるスターリンとの間で〝板挟み〟になりつつ、「日本問題」の打開に向けての「明確な提案」を提起することを余儀なくされることになったわけである。

(1) *FRUS, 1945 VI*, p. 767.
(2) Feis, *Contest*, p. 57.

(3) *FRUS, 1945 VI*, pp. 768-69, n. 66. 以下、議論の内容については、*ibid.*, pp. 769-73.
(4) なおバルカン諸国との対比の問題については、*ibid.*, p. 776.
(5) Michael Schaller, *The American Occupation of Japan : The Origins of the Cold War in Asia*, New York, 1985, pp. 20-21.
(6) Dean Acheson, *Present at the Creation : My Years in the State Department*, New York, 1969, 1987, p. 427.
(7) Truman, *Memoirs*, p. 457.
(8) *Ibid.*, pp. 457-459 ; Acheson, *op. cit.*, p. 126 ; *FRUS, 1945 VI*, pp. 715-19.
(9) Acheson, *op. cit.*, pp. 126-27.
(10) D. Clayton James, *The Years of MacArthur, Volume III*, Boston, 1985, p. 121.
(11) *FRUS, 1945 VI*, p. 837. なお、アチソン政治顧問の、「連合国最高司令官は、直接的な国務省の要請に基づいて行動することを好まない」という指摘も参照。*Ibid.*, p. 820.
(12) Clayton James, *op. cit.*, p. 29.
(13) William J. Sebald with Russell Brines, *With MacArthur in Japan : A Personal History of the Occupation*, New York, 1965, p. 103.
(14) *FRUS, 1945 VI*, pp. 758, 773.
(15) Harriman and Abel, *op. cit.*, p. 512.
(16) *FRUS, 1945 VI*, p. 791.
(17) *Ibid.*, pp. 783-84. AMCの権限の対象については、Harriman and Abel, *op. cit.*, p. 513 ; Feis, *Contest*, p. 60 ; *FRUS, 1945 VI*, pp. 767, 773.
(18) 九月二四日の提案時には「理事会」という表現を用いたが、その後「委員会」を使ったり、両者を〝併用〟している。*FRUS, 1945 II*, p. 357 ; *FRUS, 1945 VI*, pp. 730, 768, 828.
(19) *FRUS, 1945 VI*, p. 785.
(20) ソ連による米提案の受け入れとその背景については、本書二一八頁。

(21) *FRUS, 1945 VI*, pp. 788-89.
(22) *Ibid.*, pp. 787-91. なお、クレイトン・ジェイムズは、例えばデレビャンコがしばしばマッカーサーとの会見の約束をすっぽかされ、また時には「無謀運転」の故にMPによって逮捕され、あるいは羽田において彼の飛行機がアメリカ人管制官によって着陸許可を不必要にひき延ばされる、といった諸々の〝実例〟を挙げ、「一点の家具」のように扱われたとスターリンが非難するのは「正しい」と指摘している。Clayton James, *op. cit.*, pp. 25-26.
(23) *FRUS, 1945 VI*, p. 792.
(24) *Ibid.*
(25) Harriman and Abel, *op. cit.*, p. 515.
(26) *Ibid.*, pp. 517-19. なおハリマンは、アメリカの原爆もソ連の不安感をかきたてる重要な要素であると指摘している。*Ibid.*, p. 521.
(27) ロバーツは「極秘」の理由として、ハリマンがバーンズの対ソ交渉戦術にきわめて批判的であるから、と指摘している。*DBPO, S. I, Vol. II*, p. 506.
(28) *Ibid.*, pp. 507, 509.
(29) *FRUS, 1945 VI*, pp. 785, 793, 796.
(30) Byrnes, *Speaking Frankly*, p. 108.
(31) *FRUS, 1945 VI*, p. 833.
(32) この「ダブル・スタンダード」という概念については、Clayton James, *op. cit.*, p. 30; Gormly, *op. cit.*, p. 60 を参考としたが、もちろんそこで指摘されているように本来この概念は、米ソの対立が深まる中で、各々が自らの勢力圏は維持し、他の勢力圏を切り崩すという戦略戦術を駆使することにあてられている。そして筆者も今後展開するように、基本的には同じ視点にたっているが、ここで強調したかったことは、マッカーサーの立場がもつ際立った性格に他ならない。
(33) *FRUS, 1945 VI*, pp. 767-68.
(34) *Ibid.*, p. 793.

(35) *Ibid.*, pp. 792-93.

(36) もっともロバーツは、ハリマンのうけた印象について、スターリンはおどすつもりではなく「単に事実を述べている」にすぎないというものであった、と報告している。*DBPO, S. I, Vol. II*, p. 507.

第二節 「二本立」管理体制案

一 「政策形成機関」の提起

袋小路の状況に追い込まれたバーンズが事態の打開に向けて打ち出したのが、FEACの発足会議の三日前、十月二七日にハリマンに送った新たな提案であった。それは、上述のAMC案と、アメリカが提案してきたFEAC案をベースに、それらに修正を加えて〝セット〟にした「二本立」管理体制案であった。(1)

まずAMCについては、アメリカ(議長となるSCAPあるいはその代理が代表を兼任する)、中国、ソ連そして英連邦の代表によって構成され、その任務は降伏条項等の実施に関してSCAPと「協議し助言する」こと、とされる。具体的には、日本側に指令を発するSCAPは「重要問題を含む指令に関して、事態の緊急性が許す限り、その発出に先立って理事会と協議し意見を求める」。ただ、あらゆる問題についてSCAPの決定は支配的であり、あらゆる場合に行動は、連合国の「唯一の執行権者」であるSCAPの下で遂行される。

既に検討したように、十月二十日にバーンズが提起したAMCの当初案でも、たしかに意見が不一致の場合には議長たるSCAPの命令が問題を結着させるとの一節があった。しかしAMCの性格については、「連合国の決定が最後的にそれらの軍隊を通して遂行されるべき各連合軍司令官から成る執行理事会」とされていた。そして米本国の軍当局からSCAPに送られる指令や政策指針は、「その執行のための然るべき手続について検討するために理事会に付託される」ことになっていた。この当初案と比較する時、今回のAMC案は、「執行理事会」との規定が消える一方でSCAPが「唯一の執行権者」と明記されたことに象徴されるように、マッカーサーの側からの批判に譲歩して、何よりも「諮問機関」としての性格を明確化させるものであった。もっとも後述するように、このような性格のAMCであっても、マッカーサーはその設置にあくまで反対を表明することになるのであるが。

それでは、FEACについてはどのような修正がなされていたのであろうか。バーンズの新提案では、組織の名称それ自体がFEAC(極東諮問委員会)からA(諮問)がおとされて極東委員会(FEC=Far Eastern Commission)に変更され、その「機能」については、降伏文書を実効あらしめるために必要な「政策を形成すること」と、組織の性格それ自体が諮問機関から政策形成機関に大きく修正されている。しかも構成メンバーにインドを加えることも含めて、かの「ロンドン条項」の冒頭部分が一字一句違わずそのまま採用されているのである。つまり、当時国務省からFEACの米代表マッコイに、他国の代表と協議する場合の「ガイダンス」として送られた文書[2]にも指摘されているように、国務省は「可能な妥協」として「ロンドン条項」の受け入れに踏み切ったわけであった。

とはいえ、そこにはいくつかの重要な「条件」が付されていた。なかでも、「ロンドン条項」の〝眼目〟であったFECによる「事前の承認」なしにはいかなる指令もSCAPに発せられないという規定が外され、代わりにアメリカ側の〝主張〟が次のように盛り込まれている。まず第一に、米政府からSCAPへの命令系統およびSCAPの占領軍隊への指揮を含む現存の日本管理機構をFECが尊重し、すでに米政府が発した政策や指令はFECによって修正されるまでは拘束力を有する、ということである。第二に、米政府はFECの政策決定に基づいて指令を準備しSCAPに伝達するが、緊急事態が生じる場合にはいつでも、FECが行動をとるまでの間に「中間指令」

をSCAPに発することができる、ということである。

さらにFECの議決方法については、「ロンドン条項」では全員一致が得られない場合には英米中ソ四大国の内「二カ国」を含む過半数の同意が必要とされていたが、今回の提案では四カ国の内「三カ国」を含む、に修正されている。この修正の意味について、上記マッコイあての「ガイダンス」は次のように説明している。つまり、インドを含めた加盟国十一カ国の中でイギリスは当のインドをはじめオーストラリア、ニュージーランド、カナダの英連邦諸国を加えて五票をあてにすることができる、従って四大国の内「二カ国」を含む過半数という「ロンドン条項」の規定でいけばソ連の投票行動が重大な意味をもってくることになる、そこで表決にあたっては「四大国の過半数」つまり「三カ国」以上の同意が必要という規定に改められねばならない、ということである。(3)

またFECの終了について、従来の米政府のFEAC案では四大国の内一国の「通告」によって機能を終えると明記されていたが、今回は右の議決方法に基づいて終了が決定される、と規定されている。なお、「ロンドン条項」では委員会の本部の所在地について、当初はワシントンにおかれるもののやがて東京に移される旨が記されていたが、今回の提案では、東京を含む他の場所で会合を開くことはできるが本部はあくまでワシントンにおかれる、とされている。

ところで前章第一節三で指摘したように、日本の占領管理体制という本来ならばSWNCCの下部組織SFE(極東小委員会)によって担われるべき問題が同委員会の手を離れた所で政策形成されつつあることが既に十月十六日の会合の段階で明らかになっていたが、今回のバーンズ提案についてもSFEは組織として具体的にタッチできず、ようやく十一月一日の第四九回会合において文字通り〝事後的〟にブレイクスリーからこの間の経緯について報告を受けるだけであった。そこでブレイクスリーは、AMC案とFEC案の二提案について「新しいワンセットの規程」とよび、いずれかを提案した上で「取り引き」を試みるというものではなく、十月三十日に開催されるFEACの発足会議にソ連を「ひきつける」ために「双方とも」がセットとして提案された、と説明した。[4] つまり今回のバーンズ提案は日本占領について、文字通り「二本立」の管理体制を企図するものであった。それでは何故このような形態が提案されることになったのであろうか、その背景をさぐってみよう。

二 「二本立」案の背景

翻って見るに、そもそも十月二十日にバーンズがはじめてAMC案を提起した時、そこでは既に、ワシントンにおけるFECと東京におけるAMCとの「二本立」が事実上想定されていた、と言える。従って、やや図式的に整理しておくならば、東京からはるかに離れたワシントンに純然たる諮問機関のみを設置するというアメリカの構想に対して各国の批判が高まり、とりわけソ連がヨーロッパ問題もからめてきびしい対決姿勢を示す中でバーンズは、十月二十日段階ではFEACの諮問機関としての性格を堅持するために、いわばその〝代償〟として、東京での政策の執行レベルにおいて各国に一定の「発言権」を付与するという〝妥協〟に乗り出したわけであった。これに対し今回の提案においてバーンズは逆に、政策の執行レベルにかかわる管理機関を諮問的な性格に留める代わりに、FEACを諮問機関からFECという政策形成機関に改め、政策の形成レベルにおいて各国に「発言権」を付与しようと企図した、と言えるのである。現に上述したマッコイあての「ガイダンス」においても、各国はアメリカが日本において政策執行を管理することは許容しているとの〝認識〟が示された上で、FECが成功裏に機能するためには政策の形成においてアメリカと各国とが責任を分かち持つことが不可欠である、と指摘されているのである。

そして実はこの問題は、十月二十日のAMCの当初案の段階で既に出されていたのである。例えば、十月二二日付の陸軍省あての書簡においてマッカーサーはAMC案に激しい批判を浴びせたが、その際、もしアメリカが他国に「より大きな管理」を与えたいのであるならば、それは東京の執行機関におけるよりはむしろ「政策〔形成〕グループ」のレベルでなされるべきである、と主張していた。(5) また翌二三日に陸軍省のマコーマック大佐もブレイクスリーにあてた書簡で、政策の形成において他国に「かなり強い発言権」を与えることには反対しないが、「日本における執行機関」に関してはいかなる議論や論争からも「完全な自由」が維持されねばならない、と強調していたのである。(6)

このように、今回のAMC案はマッカーサーや陸軍省側の〝圧力〟をも背景に提案されたわけであったが、実はその提案内容それ自体にきわめて興味深くかつ重要な問題がはらまれていた。それは、既に引用した次の一節である——「彼〔SCAP〕は、重要問題を含む指令に関して、事態の緊急性が許す限り、その発出〔日本側への〕に先立って理事会と協議し意見を求める」。

なぜこの一節が重要であるかといえば、それが、第二章第六節二で検討したポツダム会談の前夜にソ連がルーマニアとブルガリアのACCに関して提起した新規約(運営手続)の骨子部分と、その表現・内容がほぼ同じだからである。改めて引用しておくならば、ルーマニアのACCの新規約では「重要問題に関するACCの指令は……英米代表との事前の協議につづいてACCの議長〔ソ連代表〕によって発出される」となっており、ブルガリアの場合は、「重要問題を含むACCの指令は……英米代表との事前の協議の後にACCの議長〔ソ連代表〕によって発出される」と表現されていた。(7) 言うまでもなくこれらに共通する核心的な問題は、事前〝承認〟ではなく事前〝協議〟の手続を規定していることである。相違点といえば、バーンズ案の場合は重要問題を含む全ての指令が対象となるかのように読める（結局は重要問題のみに限定されるが）点でブルガリアの新規約に表現が似ているのに対し、ルーマニアの場合は明確に重要問題と限定されていることであり、またルーマニアとブルガリアにあってはバーンズ案のように「事態の緊急性」といった〝条件〟がつけられていないこと位である。

既述したように、ポツダム会談において米代表団はこれらルーマニアとブルガリアの新規約を「不満足」として批判し、「三者対等の基礎」に立ったACC体制を求める提案を行った。具体的には、ソ連がハンガリーのACCについて提起していた「英米代表との合意が達せられて後に」という事前〝承認〟制にたった新規約を両国にも適用せよという主張であり、結局この〝趣旨〟を盛り込んだポツダム協定第十一条が取り決められた。もちろん、ソ連がその後この取り決めを遵守しているか否かが問題となってきたが、しかしワシントンや東欧諸国の米代表がなお公的に第十一条の実施、「第二期」における〝対等性〟の実現を要求している状況の中で、自らが「不満足」として批判したルーマニアやブルガリアの事前〝協議〟制の規約と同様の内容のものを、今やバーンズは日本占領に関して提案したわけなのである。とすれば、この提案がソ連によって直ちには受け入れ難い内容であることは明らかなところであった。

しかも、これまでも指摘してきたように東欧の場合と決定的に違う点は、アメリカは日本に関して他の連合国による占領軍派遣を要請しようとしていたことである。既述してきたヨーロッパ占領の〝先例〟を見るまでもなく、軍隊派遣を求めておきながら、それら各国には「諮問機関」レベルの〝占領参加〟しか許さないとすれば、ソ連はもちろん他の連合国によってもアメリカの立場がきびしい批判にさらされるであろうことは、これまた明らかであった。とするならば、アメリカがなりふり構わず「ダブル・スタンダード」の立場で〝強行突破〟をはかるのでない限りは、何らかの別のレベルで各国の「発言権」を確保しなければならない、というところにバーンズは迫られていたといえよう。そしてそれが他ならぬＦＥＡＣのレベルで行われることになった、と言えるのである。

さて、諮問機関としてのＦＥＡＣから政策形成機関としてのＦＥＣへのバーンズの〝方針転換〟には、以上に述べた背景と共に、より具体的な影響を与えたものとして次のような諸要素をあげることができるであろう。まず、前章第一節二で見たようにロンドンから帰国したバーンズは「ロンドン条項」をめぐる英外相ベヴィンとの「了解」を事実上〝反古〟にするつもりであった。当然のことながらベヴィンの反発はきびしかった。すでにベヴィンはロンドン外相会議が決裂した直後の英連邦自治領の代表者達に対する報告で、日本問題に関して「バーンズ氏は文字通りロシア人と同じ位に悪い」と非難し、「ロシア人は自分達だけでバルカンを支配しようと望んでいるが、今やアメリカは同じ方法で日本をコントロールしようとしている」ときびしく攻撃していたのである。(8)

そもそも当時ベヴィンは、十月十九日付のバーンズあての書簡で国務次官補のダンが改めて指摘していたように、英米間で了解された「一定の諸条件」を明らかにすることなしに米政府案(ＦＥＡＣ案)の受け入れを認めるように内閣を説得するという「非常な困難さ」を抱え込んでいたのであり、従って、仮りにＦＥＡＣの規程が少なくとも「ロンドン条項」に近い形で現実に修正されないならば「きわめて困難な立場」に陥るという状況にあったのである。そこで同十九日ベヴィンは、「ロンドン条項」のとりまとめにあたった英外務省極東局長のベネットとダンに当時の経緯を改めて確認し直すように求めた。その結果ダン自身の認識としても、当時のバーンズとベヴィンの間の了解は、イギリス側がアメリカのＦＥＡＣ案を受け入れる形をとる代わりにアメリカ側はイギリスの提案する「ロンドン条項」を「支持する」という内容であったことが確認されたのである。(9)

このように、イギリス側ばかりではなくアメリカ側の当事者である国務次官補までが、英米間の「了解」の内容が単にＦＥＡＣで「ロンドン条項」を「議論する」だけではなく、米政府がそれを「支持する」というものであったことを確認したのに対し、バーンズは十月二二日のベヴィンへの書簡において、「ロンドン条項」がＦＥＡＣで検討されるべきであるというベヴィンの示唆に同意したことは間違いないが、実はまだ「ロンドン条項」を「読んでいなかった」[10]と述べ、いずれにせよダンがベネットと合意に達していたという事実に「当惑している」と〝釈明〟したのである。

しかし十月二四日、国務省の極東局長ヴィンセントと会見した駐米英公使のサンソムは、バーンズによるＡＭＣの当初案に対するイギリスの要求の核心は「政策形成の具体的で現実的なコントロール」にあると強調した上で、近い内に満足のいく解決が得られないならばイギリスとしては発足するＦＥＡＣの場に「ロンドン条項」を「持ち出す」であろうと、アメリカが最も危惧していた点を突いて「譲歩」を迫ったのである。[11]

「ロンドン条項」をめぐってイギリスが右のように強い圧力を加える中で、既にダンは同条項の基本的な受け入れをバーンズに進言していたが、同じく政権内部からも新たな譲歩案がいくつか提起されていた。例えば、ヴィンセントは国務次官アチソンへの覚書において、ＦＥＡＣの内部に、四大国あるいはオーストラリアを加えた五大国から成る理事会をつくる私案を提起していた。[12]これに依れば、まず政策指令が十一カ国から成るＦＥＡＣで審議され、三分の二の多数決(その理由は、先述したマッコイあての「ガイダンス」の説明と同じである)によって理事会に託され、そこでは単純多数決によって指令が最終的に決定され米政府を通してマッカーサーに送られる、ただ緊急行動が必要な問題については米政府からマッカーサーに直接的な指令を発することが必要となろう、ということであった。ヴィンセントは、この案はイギリスやソ連の要求に合うばかりではなく、いかなる理事会も東京に設置されることに反対しているマッカーサーや陸軍省にも受け入れられるであろう旨を強調した。

ただ、このヴィンセント私案よりも大きな影響をもったであろうとおもわれるのは、海軍予備役大尉でＳＦＥの書記をつとめるファーレーが十月十九日に同委員会の常任メンバー等に送った覚書である。[13] ここでファーレーは、日本の管理を確保しようとするアメリカの政策を維持しつつFEACの権威を上げるための「可能な譲歩」として、まずFEACを「政策を形成する」機関に変更するように提案している。三日前の十六日にSFEがまとめた「重要でない譲歩」案では先述したように(前章第一節二)、FEACはなお基本的に「指令を審査する任務」をもつにすぎない諮問機関であったが、ここでファーレーは明確に政策形成機関に踏み切ったわけである。ただ「アメリカの特別の権益」を維持するための〝歯止め〟として彼は、米政府からSCAPに至る指令系統の堅持と「中間指令」を発する権利の確保をあげると共に、議決方法として四大国を含む単純多数決制を主張する。つまりファーレーのねらいは、国連安保理と同様に四大国が拒否権をもつことによって、アメリカは自らの権限を行使してその見解に合致しない政策の実施を阻止することができる、というところにあった。

議決方法については、今回のバーンズ提案では既に見たように四大国の内「三カ国」となっており、さし当りは採用されなかったが(後の米ソ交渉の中で結局このファーレー案が採用されることになる)、他の骨子部分はほぼそのままバーンズ提案に取り入れられたと言ってよく、ファーレー案は重要な意味を有していたのである。

三 問題の「特異性」

以上に検討したように、マッカーサーや陸軍省の〝圧力〟、AMC案それ自体に内包された〝限界〟、イギリスによる「ロンドン条項」遵守の強い要求、ヴィンセントやファーレーの提案等の背景をもって、東京に諮問機関、ワシントンに政策形成機関という「二本立」管理体制案が提起されることになったわけである。ただ、それをヨーロッパの占領管理体制と比較するならば、問題の「特異性」が改めて浮き彫りになってくるのである。既に検討した問題であるが要点を指摘しておくならば、まずイタリアの場合、形式上はACCとAdCI(対伊諮問理事会)という「二本立」となっており、AdCIは連合軍最高司令官と関係政府に助言・勧告を行うだけの諮問機関であって、その意味ではバーンズ提案におけるAMCに性格が似ているといえる。しかし、ACCとAdCIはその発足当初よりイタリアの「同じ場所」に設置されることが取り決められており、イタリアの解放に伴いシチリアからローマまでその所在地を共に〝北上〟させていったのである。さらに重要な点は、イタリアにおける軍事作戦の終了後はAdCIが最高司令官から占領管理の執行権を引き継ぐ旨が規定されていたことであり、従ってバーンズの提起するAMCとは全く異なった機能が予定されていたのである。なお、政策指令については英米両国の協議によって決定され、合同参謀本部を通して連合軍最高司令官に伝達され、彼を議長とするACCがその執行を担うことになっており、連合諸国によって構成される独自の政策形成機関は設けられていないのである。

次にルーマニア、ブルガリア、ハンガリーの東欧諸国においては、イタリアのAdCIにあたる諮問機関は設けられなかったが、ACC体制だけがイタリアとは〝裏返し〟の形で適用された。つまり、政策指令はこの度はソ連政府から各首都におかれた連合国(ソヴィエト)最高司令部に伝達され、ソ連軍司令官を議長とするACCが執行を担うわけである。従ってイタリアの場合と同様、独自の政策形成機関は設けられなかった。そして戦争終了後英米側がこれら諸国の占領管理において求めた〝対等性〟とは具体的には、ACCという執行レベルにおける〝対等性〟、あるいはソ連の執行権に対する拒否権の獲得にあったと言えるのであり、ポツダム会談において少なくともハンガリーに関してACCの規約上はその目標は達成されたのである。

さてドイツにおいては、ベルリンに設置された連合国管理理事会はたしかに政策決定機関ではあるが、その構成メンバーは分割された各占領地域の最高司令官であり、彼らは各々の政府から独自に指令を受けとり実施に移す責任を有していた。つまり、各ゾーンにおける執行の責任者が同時に各政府の指示に従いつつドイツ全体の政策決定の任務を担うという構造になっていたわけである。

以上のように見てくるならば、基本的に政策形成だけの任務をもつ独自の機関を被占領国の首都とは別の場所に設置するというバーンズの「二本立」管理体制案は、ヨーロッパ占領には見られない特異な性格をもったものといえるのである。それでは、なぜこのような「特異性」が生み出されたのであろうか。これまでの議論を改めて整理しておくならば、まず問題のそもそもの出発点は、アメリカが日本の管理体制を構想する際に、PFEHC(太平洋・極東高等委員会)案が提起された当初より連合国の管理機関を東京に設置しない前提で臨み、しかもワシントンに設ける組織も諮問機関としての性格に限定していた、というところにある。この構想を東欧諸国にあてはめてみるならば、連合国の諮問機関がモスクワに設けられるにすぎず、遠く離れた現地ではソ連軍司令官が他の連合国による機関としてのいかなるチェックもなしに〝自由に〟管理権全般を行使する、ということになるであろう。

日本が降伏して後のアメリカのFEAC案がこのような性格をもっていた以上、ロンドン会議の最終段階で『ニューヨーク・タイムズ』紙が「ソ連、イギリス、中国の全てが多かれ少なかれ、ベルリンのそれに似た連合国管理事会を東京に(設置することを)を望んでいる」として、米提案は「全ての人々によって全く受け付けられなかった」「アメリカはこの問題で、いわば全世界を敵に回した」と報じた(14)のも当然の成り行きであった。こういう状況においてとりわけソ連が、アメリカが東欧で追求している目標、つまり執行レベルでの〝対等性〟、執行レベルでの拒否権の獲得を〝裏返し〟に日本占領において強く要求する中で、バーンズは東京に「執行理事会」を設置する案を提起したのである。しかし、この方針はマッカーサーや陸軍省の激しい反対をうけて挫折せざるを得なくなった。

これはたしかに、ヨーロッパ占領には見られない現地司令官の〝比重の大きさ〟という特別の問題であろう。そこでバーンズは、ポツダムでは自らが反対した諮問的性格をもった機関を東京に設置する代わりに、当初より提案してきた諮問機関としてのＦＥＡＣを政策形成機関に〝改組〟する方向に踏み切った、あるいは踏み切らざるを得なかったのである。

もっともその際も、アメリカの実質的な管理権を維持するために、いくつかの重要な〝歯止め〟を設けたわけであった。しかし、そもそも日本と東欧諸国を比較する時、既述したようにそこには重大な相違点がある。それは、東欧の〝解放〟は事実上ソ連の赤軍によって単独で遂行されたが、日本の場合は中国における長期の抗日闘争、規模はアメリカに比すべくもないが英連邦軍等の戦闘参加、そして四三年以来アメリカが要請してきたソ連の参戦が最終段階とはいえ実現を見た、ということである。さらに、東欧では占領軍は引き続きソ連軍だけであるのに対し、日本ではアメリカは各国に占領軍の派遣を要請しているのである。そしてこれらの重大な相違点が、この後バーンズの「二本立」管理体制案を揺り動かしていくことになるのである。

(1) *FRUS, 1945 VI*, pp. 797-800. なお「二本立」の表現については、Clayton James, *op. cit.*, p. 30, 外務省編『初期対日占領政策・朝海浩一郎報告書(下)』毎日新聞社、一九七九年、三三七頁。

(2) SWNCC 65/14, "Possible Revision of the Terms of Reference of Far Eastern Advisory Commission," memorandum by SFE, 2 November 1945.

(3) なおこの「ガイダンス」では、国連総会の決定手続を採用して、重要問題については四大国の内「三カ国」を含む「三分の二の多数」という議決方法が提示されていたが、バーンズの正式提案では本文で述べたように四大国の内「三カ国」を含む単純多数決となっている。

(4) SFE Minutes, 49th Meeting, 1 November 1945.

(5) Letter from Commander in Chief Army Forces Pacific Advanced Tokyo to War Department, 22 October 1945, Records of SFE, Reel No. 2.

(6) *FRUS, 1945 VI*, pp. 775-76.

(7) 本書、一五〇―五一頁。

(8) *DBPO, S. I, Vol. II*, p. 480.

(9) *FRUS, 1945 VI*, pp. 759-60. Cf. *FRUS, 1945 II*, p. 516.

(10) *FRUS, 1945 VI*, p. 774.

(11) 第三章第一節、注(36)を参照。

(12) Memorandum by Vincent for Dean Acheson, October 24, 1945, SDDF, Box No. 3920, 740. 0019 FEAC/10-2445.

(13) Memorandum by Hugh D. Farley for Vincent, McCormack et. al., 19 October 1945, Records of SFE, Reel No. 2.

(14) *New York Times*, September 30, 1945. なお後述するように、十月二九日中国政府は、直ちに東京に連合国管理理事会を設置するべきであるとの覚書をバーンズに提出した。*FRUS, 1945 VI*, pp. 802-3.

第三節　グローバル「ダブル・スタンダード」

一　バーンズの〝パラレル〟演説

前節で検討したように、バーンズの「二本立」管理体制案はAMCについていえば諮問機関であり、政策形成機関に踏み切ったFECについてもアメリカのイニシアティヴを維持する様々な〝歯止め〟が設けられていた。とはいえ、前者についていえば、たとえ諮問的権限しかもたないものであっても、自らが一員となる理事会という組織の設置それ自体に強く異議を唱え反対してきたマッカーサーの立場を十分に認識しつつ、バーンズはあえてAMCを提案したわけである。そして現にマッカーサーは十月三一日にはマーシャル参謀総長に対し、同提案は「受け入れ難い」と改めて反対の姿勢を伝えたのである。(1)さらにFECについても重要な〝歯止め〟があるとはいえバーンズは、各連合国の代表によって構成される独自の政策形成機関という、ヨーロッパ占領には見られない機関の設置に踏み切ったわけであった。

さて、このようにバーンズをして〝苦肉の策〟を労させることになった最も大きな動機は、今回の提案のねらいがソ連をFEACの発足会議に「ひきつける」ところにあったことからも明らかなように、言うまでもなく対ソ関係(ロシア問題)への配慮であった。要するにバーンズ提案の眼目は端的に言えば、ソ連を日本占領から完全に排除しないこと、何らかの形でソ連の占領〝参加〟を確保するところにあった。そしてこの「二本立」管理体制案こそ、後述するように、来たるべき米ソ間の〝妥協〟の原案となったのである。

　ロンドン会議の決裂以来の動揺を経てバーンズがこの対ソ譲歩を打ち出すにあたって決定的ともいえる大きな影響を及ぼしたのは、彼自らも認めているようにスターリンとハリマンの「ソチ会談」であったろう。そこで明らかになったことは、既述したように「彼（スターリン）にとって日本の問題はルーマニアとブルガリアの講和条約（の問題）と結合されている」ことであり、「日本の問題が彼の心の中で最も重要なもの」であり、彼にとって「日本の管理が、解決が求められている最初の問題である」ということであった。そしてアメリカが「ダブル・スタンダード」の立場に固執しつづけるならば、つまりは東欧において〝対等性〟を求めつつ日本においてはアメリカの排他性を維持しつづけるならば、ソ連は「孤立主義」の政策を採用するであろう、ということであった。こうして今回のバーンズ提案は、提案直後のハリファックスとの会談でバーンズ自らが「日本問題」への対処如何を「広範なヨーロッパ問題」の解決への〝突破口〟と位置づけている旨を明言した[2]ように、右のスターリンの問題提起に対する一つの〝回答〟であったといえる。要するに、ソ連の排他性・孤立主義を防ぐためには自らの排他性・孤立主義を改めねばならない、ということであった。そしてこのような認識と問題意識を、バーンズがより整理された形で、しかもグローバルな視点から打ち出したのが、十月三一日の『ニューヨーク・ヘラルド・トリビューン』紙主催の一九四五年フォーラムでの「一つの世界における近隣諸国」と題する演説であった[3]。

　興味深いことに、バーンズはこの演説を「善き隣人」たる中南米諸国に対するアメリカ外交の〝反省〟をもって始めた。つまり、「それほど古くない時期に我々がドル外交や干渉を試みてヤンキー帝国主義と非難された時代があった」という率直な指摘である。そしてそこから汲み出されるべき〝教訓〟は、善き隣人を得るためにはアメリカ自らが善き隣人でなければならないということ、人民大衆の「理解と善意」は買うことも押しつけることもできず、しかもそれなしには政府間レベルでの友情も永続しえない、ということであった。従って「米州システム」における原則は、隣人の内政に干渉せず干渉もさせない、ということでなければならないのである。

このようにバーンズは〝反省と教訓〟にたって「不干渉政策」を強調しつつも、しかしそれに対して重要な〝条件〟を付すのである。それは「内政への不干渉政策は、決して各国における専制政治の承認を意味するものではない」ということである。その理由としてバーンズは、ナチスやファシストの対外侵略が国内における専制政治と密接にかかわっていたという「きびしい経験」をあげる。従って「米州システム」の内部において、いずれかの国で専制政治が生まれ諸国の安全がおびやかされる場合には「相互防衛のための共同政策」を打ち出すべく協議が始められなければならない、とバーンズは主張するのである。もちろんこの場合、何が「専制政治」であるかの〝認定〟は事実上アメリカが行い、それに対する「干渉」はアメリカが指揮をとって「共同」で執行される、ということが暗黙の前提になっていると言えるであろう。

さてここで注目すべきは、バーンズはアメリカの隣人たる中南米諸国に対する基本方針、あるいはアメリカの〝特権〟を以上のように整理した上で、実はソ連もその近隣諸国に対して同じような〝特権〟を有しており、それを行使することを認知するのである。つまり、「ソ連がその中東欧の隣人達と、より密接で友好的な関係をとり結ぼうとする努力に共感」を示すと共に、それらの国々に対するソ連の「特別の安全保障上の利害」をアメリカが十分に認識している旨を強調するのである。

そしてより具体的に、中東欧諸国において「ソ連の安全と生活様式に敵対する」ような政策が追求されることをソ連として許容できないであろうことを認めた上で、アメリカとしてはこれら諸国でのソ連に対する「敵対的な陰謀」には決して加担しないことをバーンズは明言するのである。ただその際同時に、西半球におけるアメリカに「敵対的な陰謀」にソ連が加わらないであろうことを確信していると述べて、いわば〃相互不干渉〃を求めているのである。以上のバーンズの議論は端的に言うならば、中南米諸国と中東欧諸国に対して米ソそれぞれが不干渉と自決権の尊重をかかげつつも、自らの「安全」がおびやかされる場合には「介入」する権限を有するという、そのような〃特権〃の相互承認であり、事実上の「勢力圏」の相互認知に他ならない。

もっともバーンズは「勢力圏」については、もちろん慎重である。彼は次のように強調する。つまり、近隣諸国との「特別の関係」の相互承認も、あくまで米ソ各々が「単一の相互依存世界の一部」であることが前提であり、決して世界を「排他的な勢力圏」に分割することにつながってはならない、と。従って相互防衛のための「米州協力」も、国連で認められる地域的安全保障取り決めも、世界の他の部分からの「孤立」ではないし「諸国間の世界規模の協力」と矛盾するものであってはならない、ということである。要するにバーンズの認識は、「我々は一つの世界に生きており、そしてこの原子力の時代においては地域的孤立主義が国家的孤立主義よりもはるかに危険でさえある」との主張に明確に示されているのである。

それでは、近隣諸国との「特別な関係」の維持と「一つの世界」における国際協力の確保とは、どのようにして両立し得るのであろうか。バーンズによれば、その答は「知的妥協」に他ならない。要するに、米ソ双方が各々の〃特権〃を相互に承認しつつ、「妥協」し得るところ「譲歩」し得る部分をすり合わせつつ歩み寄っていく、という筋道である。この意味においてバーンズの立場は、第三章の冒頭で見たジェイムズ・レストンによるワシントンの二潮流の分析に照らすならば、いわばその〃中間〃にあったといえるであろう。さらにそこには、友人からは「調停者」、敵からは「フィクサー」とよばれ、国務長官の就任演説において「他者」の生活様式に対する寛容と尊重を説いた「妥協の人」バーンズ(4)の〝真骨頂〟を見ることもできるのである。

それでは、以上のバーンズ演説の意味をどのように捉えるべきであろうか。問題のありかは、バーンズにあっては、いわゆる「ダブル・スタンダード」の問題は単に「日本問題」には限られないグローバルな問題であるとの認識がなされていた、ということである。つまり、アメリカが中南米諸国を事実上排他的な「勢力圏」においたままで、ソ連が東欧諸国を「勢力圏」におくことを批判しそれに反対することは明らかに説得力に欠ける、との認識であろう。

二 「西半球問題」

そもそも「勢力圏」概念や「勢力圏分割」については周知のように、かつてルーズヴェルト大統領やハル国務長官が、戦争に通ずる勢力均衡政治をもたらし小国の権利を犠牲にするものとして、少なくとも建前上は反対の立場を貫いてきた。しかしながら、彼らの「勢力圏」議論においてはアメリカの「勢力圏」としての中南米諸国の問題は一般に除外されていた。例えば、ヤルタ会談に向けて国務省によって準備された「勢力圏分割」問題に関する文書では、大国がある国において「特別の影響力」を行使し、あるいは「そうした影響力が至上のものとして認められるような地域を限定する取り決め」が締結されることに反対するとの原則がかかげられていたが、議論の対象はあくまでバルカン地域であり、後述するように米政府自身はヤルタの直後に、右に述べられた〝定義〟にそのまま当てはまるような地域取り決めを「西半球」において取り結ぶことになるのである(5)。そしてチャーチルがスターリンと「勢力圏分割」交渉を開始する際の重要な〝論理〟の一つは、正しくここにあった。つまり、「南米に関して我々はできるだけアメリカの指導に従う」以上、東欧・バルカン諸国の「勢力圏」についてソ連と交渉することは「何ら問題はない[6]」という立場である。さらに今回のバーンズ演説がなされた後にも、英外相ベヴィンは内閣に提出した覚書において、西半球に向けられたモンロー・ドクトリンが今や極東にも拡大されつつあると指摘し、かつてモンロー・ドクトリンの下ではなお他の世界との「交流の自由」があったが、今やソ連と同様にアメリカも「極東と南米」において事実上その地域の「全生活を編入する」ことを試みていると、非難の矢を放ったのである[7]。

他方、ソ連の側にあっては当然のことながら英米両国の〝世界大〟に拡がる「勢力圏」の存在を批判してきたが、西半球と東欧との関係について次のような議論を展開していた。例えばロンドン会議に際してモロトフは、ルーマニアとソ連の関係を説明するにあたってバーンズに対し、仮りにアメリカがメキシコによって侵略され国土の一部を占領されていたならば、米政府はアメリカに敵対的な政府がメキシコに存在することを認めないであろうと、アメリカの「勢力圏」下にある〝近隣諸国〟の例をあげていたのである[8]。

ところで、このような「西半球問題」をも含めてグローバルな視点からする米外交批判は、イギリスやソ連からなされるだけではなかった。ジェイムズ・レストンの分析によれば、当時ワシントンの内部にも少数ながら次のような議論があった[9]。つまり、アメリカは東欧の旧枢軸諸国については「対等の管理の原則」を主張しながら日本ではそれを拒否している、太平洋諸島において基地の獲得を追求しながらソ連が主張するイタリアの旧植民地エリトリアの信託統治には反対している、ダーダネルス海峡の国際管理を議論しながらパナマ運河についてはそれを受け入れるつもりはない、そして西半球では「アメリカによる共同行動」という概念を強化しながら西半球以外の国々の問題については「不干渉の原則」を主張している、ということである。

さて具体的に、このような批判は政権内部においてはウォーレス商務長官に見ることができる。彼は自らの解任の因をなした四六年九月の有名な演説において、「ロシアがラテンアメリカ、西欧、アメリカの政治問題に関与する資格がないのと同様に、我が国も東欧の政治問題に関与する資格がないことを認めなければならない」と指摘して、経済的な門戸開放に基づく「一つの世界」を前提としつつも、米ソ双方の「勢力圏」あるいは「安全保障圏」の相互承認を主張した。(10)

さらにワシントンにあって、よりラディカルにアメリカ外交を批判した一人が、フロリダ出身の民主党上院議員クロード・ペパーであった。熱烈なニューディーラーであった彼は、米ソ関係においては対決ではなく「平和的協調」が可能であるとの確信を前提に、トルーマン政権の外交にきびしい批判を浴びせ「代替」の方向を提示した。ペパーの批判の核心は、アメリカは他の国々の国際行動には「一つの基準」を、そしてアメリカ自身の行動には「別の基準」を適用するという、アメリカ外交の文字通りの「国際的(インターナショナル)ダブル・スタンダード」にあった。ペパーは、ソ連は「メキシコあるいは中南米あるいはカナダ」とアメリカとの関係を問題にしているのであろうかと問い、ハンガリーやルーマニアからソ連軍の撤退を求めるためには、アメリカはアイスランドへの空軍基地設置の決定を取り消し、地中海での艦隊の示威行動を慎しみ、ラテンアメリカへの軍事脅迫をやめねばならないと主張し、さらにソ連の防衛にとってダーダネルスがもつ位置はアメリカにとってメキシコ湾やパナマ運河がもつそれと同じであり、従ってダーダネルスの管理問題について何らかの決定をなすにあたっては、カリブ海やパナマ問題についてソ連と協議する用意がなければならない、といった議論を上院において展開していたのである。(11)

以上のように見てくるならば、この度のバーンズの演説は、アメリカの「西半球勢力圏」を含むグローバルな「ダブル・スタンダード」への内外からの批判に対する一つの〝回答〟であった、とも言えるのである。もっとも、このようなアプローチは既にバーンズ演説のおよそ二週間前に、国務省のソ連問題専門家ボーレンによって示唆されていた。彼は、もしソ連が東欧諸国の内政に関してアメリカがラテンアメリカで行っているのと「同様の抑制」を示すことに同意するならば、アメリカは東欧におけるソ連の「正当な」安全保障上の権益を認めてもよいであろう、との覚書を提出していた。ただボーレンは、ソ連はあらゆる徴候からして勢力(インフルエンス)と支配(ドミナンス)の違い、あるいは友好政府と傀儡政府との区別をなすことは不可能であろうとの判断から、右のアプローチには根本的な困難さがあるとみなしていた。(12)

とはいえ、バーンズが文字通り公に行った今回の演説は大きな反響をよび、ソ連に対する「重要な友好のジェスチャー」であり、東欧における「ロシアの特権の承認」であり、そして何よりも「東欧の小さな国々にかかわるロシアの位置と、アメリカのラテンアメリカに対する善隣政策との間にはパ、ラ、レ、ル、〔な関係〕が存在する」との認識を提示したもの、と評価されたのである。(13)

それではここで、バーンズがこの〃パラレル〃演説において対ソ関係を論じるにあたって、あえて「西半球」の問題をもち出さねばならなかった背景を、改めて具体的・歴史的に検討しておきたい。まず問題となるのは、バーンズが演説の冒頭で「米州システム」のあり方を論じた際に強調した「相互防衛のための共同政策」の意味するところである。これは言うまでもなく、ヤルタ会談の直後の四五年二月下旬から三月上旬にかけてメキシコ・シティの郊外チャプルテペックで開催された「戦争と平和の諸問題に関する米州会議」で採択された「チャプルテペック決議」を念頭においたものである。

この「決議」では、米大陸以外の「非アメリカ国家」による侵略と共に、同じ「アメリカ国家」による他の「アメリカ国家」に対する侵略行為も「大陸の安全と連帯」をおびやかすものとされ、一国の領土・主権・独立に対する「いかなる攻撃」も「決議」に署名した全ての国々に対する侵略行為とみなされ、さらに重要な点は、その侵略に対しては「軍事力の行使」をも含む対抗措置がとられる、とうたわれていたことである。[14] これは、国連憲章草案の起草作業が行われたダンバートン・オークス会議で作成された「一般的国際機構設立に関する提案」における、地域的組織は「安全保障理事会の許可なしには、いかなる強制措置もとってはならない」との規定[15]を事実上〝骨抜き〟にするねらいをもっていた。こうして「チャプルテペック決議」は周知のように、武力攻撃が生じた場合安保理が必要な措置をとるまでの間(別言すれば、拒否権を有する大国にとっては安保理を無視して)個別的または集団的自衛権を行使しうる、との国連憲章第五一条をもたらすことになったのである。

さらに同「決議」は、ルーズヴェルトの「善隣政策」以来アメリカが追求してきた、西半球諸国に対する単独干渉から集団的干渉への移行、しかも「軍事力の行使を伴う集団干渉の原則」を初めて国際協定として確認するものであった。たしかにチャプルテペック会議は、大国主導の戦後国際組織の構想に対するラテンアメリカ諸国の「地域自治」の主張が反映された場でもあった。しかし、コロンビア外相によるアメリカの「一方的行動」に対する激しい非難に示されたように、アメリカは枢軸寄りとみなしたアルゼンチンを各国の招請の要求にもかかわらず会議から排除し、また汎米同盟の本部をワシントンから他国に移転せよとの要望も受け入れなかった。[16] 要するに、米州会議はなお事実上アメリカのイニシアティヴの下におかれつづけていたのである。

この問題は、既にヤルタ会談に際して改めて鮮明に示されていた。つまり、同会談においてルーズヴェルトはスターリンの主張を受け入れてウクライナと白ロシアの国連加盟に同意したが、それを〝相殺〟するために直ちに国務長官ステティニアスに命じてラテンアメリカ諸国に対し対日独宣戦を行うように勧告させた。かくして、会談終了日の二月十一日のペルーに始まり、パラグァイ、チリ、ベネズエラ、そしてチャプルテペック会議開催から二日目の二月二三日のウルグァイに至るまでの諸国が連合国宣言に署名し、同時に〝アメリカ票〟として国連に加盟する資格を得ることになったのである。[17] まさに、アメリカ外交の〝道具〟としてのラテンアメリカ諸国の存在を象徴する事態の経過であった。ちなみに、四七年八—九月の米州会議で制定され「アメリカの政策の乗物」として、いわゆる「冷戦条約」の先駆をなすことになった「リオ条約」は、他ならぬ「チャプルテペック決議」の諸原則を条約化したものであった。[18]

さて問題は、右の「決議」で確認された軍事的「集団干渉」体制が仮りに他の国々、具体的にはソ連とその「近隣諸国」によって形成されることになる場合、アメリカはどのように対応すべきか、ということである。極端な「ダブル・スタンダード」の立場に立たない限り、それを〝論理的〟に拒否することは不可能であろう。ましてや国連憲章五一条は、既にその〝法的基礎〟を与えているのである。そして当時バーンズが直面していた問題は、ソ連と東欧諸国による「チャプルテペック決議」の可能性にいかに対処するか、というところにあったはずなのである。

ちなみに、「チャプルテペック決議」が採択された当時は既に国務長官を辞していたハルは、「一定の状況」において米州諸国の「いかなる一国」に対しても軍事的な介入ができることとなる同「決議」に反対した。それは、「一度我々が介入に関するこの新しい地位に同意するならば、ロシアは近隣諸国に介入するより多くの口実をもち、我々はロシアがそれを行うことに反対する根拠を弱めることになる」との〝見通し〟に立っていたからである。[19]

もっとも、ラテンアメリカ諸国と東欧諸国とを単純に〝並列〟において比較することはできないであろう。なぜなら、言うまでもなく後者は敗北した旧枢軸国として連合国の占領下におかれているからである。そしてここから、バーンズ演説の背景をなす次の問題が出てくる。それは、東欧諸国の占領政策においてソ連側との間で最大の対立点の一つとなった「自由選挙」の問題である。

三 「自由選挙」問題

既述したように、ヤルタ会談でとりまとめられた「解放ヨーロッパに関する宣言」においては、住民の中の全ての民主的要素を広く代表し、「自由選挙」を通じて人民の意思に応える政府をできる限り速やかに樹立することを誓う臨時政府を形成することの必要性がうたわれた。そして英米側、とりわけチャーチルとスターリンの「パーセンテージ協定」にしばられないアメリカは後述するように、この「宣言」に基づいて東欧諸国において早急に「自由選挙」が実施されるべきことをソ連側に強く要求してきた。これに対してソ連は、被占領国においては「ヤルタ宣言」よりも占領管理体制が優越すること、また東欧諸国よりも一年以上も前に降伏し英米の管理下にあるイタリアにおいて「自由選挙」がなお実施されていない問題、あるいは英軍占領下のギリシャの非民主的な実情等をあげて英米側の対応を逆に批判してきたのである。

こういう状況の中で、その後ハンガリーにおいては比較的自由な選挙が実施される展望が生まれ、現に十一月に入って実現を見るのであるが、ブルガリアでは八月に予定された総選挙の選挙方式の〝非民主性〟が問題となって十一月に延期されることとなり、またルーマニアでは選挙実施のメドさえつかない状況であった。かくして、いわゆる「東欧問題」において、米政府はもとより議会も世論も「ヤルタ協定」の遵守＝「自由選挙」の実施を、ソ連との重要な「対決点」に位置づけていたのである。ところが、そもそもこの「自由選挙」問題は、アメリカとラテンアメリカ諸国との関係において重要な歴史的意味を有してきたのである。

というのも、「自由選挙」こそ米西戦争以降アメリカの対ラテンアメリカ外交の重要な柱の一つであったからである。ただ、その動機ないし位置づけは、民主主義を「普遍化する」というよりは、西半球からヨーロッパの勢力を排除し大国としての地位を確保する、というところにあった。この問題の研究者セオドール・ライトJr.によれば、米西戦争に勝利したアメリカはプエルト・リコを併合したものの、キューバやパナマ、ハイチ、ドミニカ等に関しては併合か、植民地化か、保護国化か、という選択肢の中で、内外世論への配慮から結局は事実上の保護国化政策を採らざるを得なくなった訳であるが、その際第三国による介入を阻止するためにも「秩序ある整った政府」による「自治」という〝体裁〟が求められることになった。そして実は、このような「政府」形成の前提として「自由選挙」が位置づけられ、こうしてラテンアメリカに対する「自由選挙」外交が展開されていくことになったのである。[20]

しかしラテンアメリカ諸国においては、アメリカ的な「自由選挙」と「民主的な自治」を実施する客観的・主体的条件が欠落していた。その結果アメリカは、「自由選挙」を確保するために「介入」するというパラドキシカルな事態に直面することになったのである。「介入」の方法としては、協定による「介入」権の保証、「不正選挙」に対する外交的抗議、「不正選挙」で成立した政府の不承認、特別使節の派遣、選挙監視や選挙管理、「欠陥」選挙法の改正の指導、さらに極めつけとして「自由選挙」実施のための威嚇と軍事力行使、等々があった。[21] それでは、これらの「介入」によってラテンアメリカ諸国において「自由選挙」が確保されることになったのであろうか。答は否であった。各国の歴史的特性や政治・経済・社会・文化の実情をほとんど知るところもない米当局者達による「介入」がかえって矛盾を拡大させ、独裁と軍事クーデターが繰り返される結果を招いたのである。かくして一九三〇年代のはじめ、フーヴァー政権の国務長官スティムソンは、ラテンアメリカ諸国への「選挙干渉」から「撤退」する方向を打ち出さざるを得なくなったのである。[22]

しかし、その後も事態は改善されなかった。大戦中、少なからぬラテンアメリカ諸国はアメリカへの原材料の輸出増大によって経済的には潤いを見せたが、逆に政治・社会的不安定状況が高まった。その背景としては、「善隣政策」に基づく各国への経済援助がしばしば権威主義的政権を支え民主的反対派に対する抑圧を手助けする結果を招いたこと、さらに戦争中にアメリカへの協力を獲得するために「非民主的体制」のいくつかに大量の軍事物資を供給したこと、等をあげることができる。[23] そして現に、バーンズが今回の〝パラレル〟演説を行った四五年十月だけでも、南米の三カ国においてクーデターが相次いだのである。

バーンズ演説の前夜、十月二九日にはブラジルで軍隊が大統領の宮殿に突入し、十五年間にわたって独裁政権を維持してきたバルガス大統領が失脚した。その背景には、大戦中にアメリカの莫大な援助で軍備を拡張し発言力を強化した軍部の側の、バルガスと左翼勢力との〝接近〟に対する危惧があったといわれる。[24] これより十日ほど前の十八日にはベネズエラで、急進的知識人の党と革新派将校グループが決起して革命政権を樹立したが、同国では総人口の五％のみが選挙権を有するという寡頭支配がつづけられていたのであり、[25] ここにも世紀初頭以来のアメリカによる「自由選挙」推進外交の〝成果〟を見ることができるのである。

さて、十月の一連のクーデターの口火を切りアメリカ外交に多大の影響を及ぼすことになったのが、アルゼンチンにおける〝激変〟であった。同国は、太平洋戦争の勃発以来ほとんどのラテンアメリカ諸国がアメリカを支持して枢軸陣営と断交し、あるいは宣戦布告を行う中で一貫して中立を維持してきたが、四四年一月、度重なるアメリカの圧力によってドイツ等との断交を余儀なくされた。しかし、その直後に成立したファレル新政権にあっては、アメリカが「ウルトラ・ナショナリスト」とよぶペロンが実権を握って対米批判を強め、アメリカは「政府転覆」をも企図して不承認政策と経済制裁の強化をはかった。その後ステティニアス国務長官の下で〝妥協〟が成立し、関係の正常化とアルゼンチンの対枢軸国宣戦が行われたが、ファレル・ペロン政権の反米姿勢は変ることはなかった。

これに対し、四五年五月にブエノス・アイレスに着任した米大使ブラーデンは、後に(九月)ラテンアメリカ担当の国務次官補に任命されるにあたって上院外交委員会においてさえも、アルゼンチン内政への「直接介入」にも等しいとの批判を受けることになるほどに、ペロンに対する公然たる批判とペロン反対勢力への〃テコ入れ〃をおしすすめた。(26) こうした状況の中で十月九日、反ペロン派の軍人グループによるクーデターで遂にペロンは副大統領職を解かれ幽閉されるに至った。ところがペロン支持の労働者による未曾有の大デモンストレーションが展開された結果ペロンは釈放されて復帰し、クーデターは失敗に終ったのである。(27) 〃パラレル〃演説においてバーンズが、西半球における「専制政治」に対する「共同政策」を強調した際念頭におかれていたのが、このアルゼンチンであったことは言を俟たない。そして四六年二月、ペロンが「自由選挙」を約して立候補した大統領選挙にあたっては、今や国務次官補となっていたブラーデンの指示の下で露骨な選挙干渉が行われたが、これをとらえて「ブラーデンかペロンか」のスローガンをかかげたペロンが大勝利を獲得するのである。(28) こうしてアメリカにとって、そもそも「自由選挙」推進の外交と「介入」とが〃表裏一体〃であった歴史が改めて再認識されることになるのである。

さて問題は、以上のような歴史的背景をもち、ラテンアメリカ諸国においてほぼ失敗に帰したのと「同じ手段」たる「自由選挙」を、今やアメリカが東欧諸国に適用しようとしていることであった。そしてここにおいて、問題のありかを明らかにするために、いわゆる「封じ込め政策」の理論的支柱であったジョージ・ケナンに触れておくことは無駄ではないであろう。

当時はモスクワにいたケナンは、後年になって次のように興味深い分析をまとめることになった。四九年末に国務省政策企画部長の職を辞したケナンは翌年二—三月にラテンアメリカ諸国を視察し、三月末にその結果をディーン・アチソン国務長官に報告した。省内配布禁止となったこの報告書[29]においてケナンはまず、人間生活を営む上でこれ程不幸で希望のない環境をつくり出している地域はこの地球上でラテンアメリカ以外にないであろう、おそるべき無気力の影が今やラテンアメリカ世界の大部分をおおい尽している等々と、たしかに公にされれば外交問題にも発展しかねない〝率直な印象〟を語っている。その上で問題の「政府形態」について、アメリカの民主的制度がそのままラテンアメリカにおいて適用し得る訳ではないばかりか、当地域の伝統においては民主的政府か権威主義的政府かの区別は相対的なものであり、きわめて「あいまい」でさえあると指摘する。そしてアメリカの制度を「他の国」の政府問題の解決策として提示することに疑問を投げかけ、それを押し付けることは宗教的信念の押し付けと変りはないと極めつけ、さらには米政府当局者はラテンアメリカ諸国の政府の性格やその妥当性について公的な論評をさし控えるべきであろう、との要請を行っているのである[30]。

このようなケナンの分析に立つ時、東欧諸国に対する「自由選挙」要求がいかなる歴史的意味をもっていたのか、ということが改めて問われることになるであろう。もちろん「自由選挙」要求が、スターリンも署名した「ヤルタ宣言」に基づいたものであったことは既に述べてきたところである。しかし、例えば英外務省がロンドン外相理事会に向けてまとめた対東欧政策の覚書[31]においても、「ヤルタ宣言」をめぐる困難さが次のように指摘されていた。

まず「宣言」自身が「あいまいに起草された文書」であり、その実施にあたって三大国は拒否権を有しているということである。しかしより重要な問題は、「宣言」がめざした目標自体が「非現実的な目標」に他ならない、ということである。覚書によれば、チェコスロヴァキア等を除く東欧地域(ドナウ川流域)の大多数の国々では、「民主政府」や「自由選挙」や「議会制度」は経験されたことがないのである。従って、仮りに「公平で自由な」選挙が実施されても、特にルーマニアやブルガリア、ユーゴスラヴィア、そしておそらくはハンガリーにおいても、当面の間は「何らかの形の専制政治あるいは寡頭政」がつづくことは「ほぼ確実に避けがたい」ということであった。

それでは、この覚書においては明示的に論じられていない、英軍支配下のギリシャはどのように位置づけられるのであろうか。この点にかかわって歴史家マクニールは、ロンドン外相理事会において東欧諸国における「自由選挙」と「民主政府」をソ連に求めたバーンズやベヴィンの外交を評して、広範な貧農をベースとした社会構造をもった東欧諸国に西欧型の民主的制度を導入しようとした戦間期の試みが失敗した経験を指摘した上で、西側の勢力圏下にありながら議会政治の定着から程遠いギリシャこそ、英米の対東欧政策の根深い矛盾を浮き彫りにするものであると、鋭い批判を加えた[32]。要するに、「ヤルタ宣言」はソ連占領下の東欧諸国と共にギリシャにおいてもその実施可能性が問われていた、ということなのである。そしてここにおける東欧諸国とギリシャとのアナロジーは、ケナンの分析からも明らかなようにラテンアメリカ諸国とのアナロジーにも通じるものである。いずれも「自由選挙」と「民主政治」が実施されるための客観的・主体的条件の欠落において特徴づけられる、ということである。

ところで、実はワシントンにも、「ヤルタ宣言」をめぐって以上に検討してきた問題を〝認識〟していた政府当局者がいた。その一人がスティムソン陸軍長官である。四五年四月下旬、ルーズヴェルトの死去をうけて大統領に就任したばかりのトルーマンは閣僚を集めて対ソ関係を検討したが、そこで議論となったのがポーランドにおける政権問題であった。「ヤルタ宣言」を字義通りに解釈してソ連との対決も辞さずに「自由選挙」を求めるべきであるとの見解がいくつか出される中で、上述したようにフーヴァー政権がラテンアメリカ諸国への「選挙干渉」から撤退に踏み出した時の国務長官であったスティムソンは、二七年に特使としてニカラグアの〝選挙監視〟におもむいた経験を踏まえつつ、「イギリスを例外としてアメリカの他には、自由選挙を理解している国はほとんどない、という

ことを我々は認識しなければならない」との重要な指摘を行ったのである。(33)

さて、当時はなおバーンズが国務長官に就任する以前で、彼がスティムソンの右のような認識をどこまで〝共有〟していたかは明らかではない。しかし、アメリカの〝裏庭〟として世紀初頭以来「自由選挙」を求めつづけてきたラテンアメリカ諸国におけるかくの如き不安定状況と打ちつづくクーデターを前にして、バーンズが東欧諸国に字義通りに「自由選挙」を要求していく上での〝説得力〟に疑問をいだいたとしても、何ら不思議なことではなかった。そして後述するように、ルーマニアとブルガリアの政権問題についてバーンズは、それを「原則問題」として扱うのではなく、すぐれて〝現実的な妥協〟をはかる対象として位置づけていくことになるのである。

四　トルーマン演説の位相

以上に検討してきたように、バーンズが対ソ関係を論ずるにあたって何よりもまず西半球の問題にふれた背景には、同地域における「チャプルテペック決議」に示される軍事的「集団干渉」体制の追求と、世紀初頭以来の「自由選挙」外交の惨憺たる〝実績〟があった、と言えるであろう。つまり、ソ連と東欧の関係を問題とするに際して外交当事者としては、「内政不干渉」と「自由選挙」のスローガンをかかげつつ事実上自らの「勢力圏」下においてきたラテンアメリカ諸国とアメリカとの関係の問題を避けて通ることはできないということ、従ってソ連の排他性と孤立主義を防ぐためには、むしろ互いの「勢力圏」における各々の〝特権的地位〟を承認し〝相互不干渉〟を確認し合った上で、「原子力の時代」の「単一の相互依存世界」における国際協力体制の中にソ連を組み込んでいく以外にはないという、そのような方向性をバーンズ演説の中に見ることができるのである。

十月三一日のバーンズ演説の意味と背景については、さし当り以上のようなものとして捉えることができるであろう。なお、その前日の三十日には、バーンズがその発足に力を傾注してきたFEACの最初の総会がソ連を除く十カ国の参加で開催された。しかし、開会のセレモニーと米代表のマッコイを「暫定議長」に選んだだけで、中国代表魏道明が提出した一週間の休会を求める動議が承認されて直ちに散会した。(34) 魏の動議の理由は、FEACの規程に関して提起された「提案」について四大国が検討する時間が与えられるべきであるというものであったが、実はこの休会措置については既に前日の二九日にバーンズと魏道明によって〝打ち合わせ〟がなされていたのである。(35) 従って、魏の言う検討されるべき「提案」とは、当然のことながらバーンズの「二本立」管理体制案であり、バーンズは後述するようにきびしい情勢判断に立ちつつも、この新提案に応えてソ連代表がFEACの次回の会議(十一月六日)に参加することになお期待をかけていたのである。しかも興味深いことは、当時このあり得べき米ソ間の妥協について、それは日本の管理体制と東欧のそれを「パラレル」にするものであろう、と報じられていたことである。(36)

かくして、十月二七日の「二本立」管理体制案の提起と、同三一日の「一つの世界における近隣諸国」と題する演説に示されたバーンズの基本姿勢は端的に言うならば、ラテンアメリカと東欧、東欧と日本とを〝パラレルな関係〟において捉えるという、そのようなものとして基本的に認識されるべきであろう。

ところで、右のバーンズの〝パラレル〟演説としばしば対比してとらえられるのが、その四日前、十月二七日の海軍記念日におけるトルーマン大統領のセントラルパーク演説(37)である。この演説は、大統領に就任して以来初めて、そしてまた大戦が終結して以来初めて、トルーマンが内外に向けてアメリカ外交の原則的方針を包括的に提示するものとして注目を浴びた。

四七隻の軍艦がハドソン川に威容を誇る中でトルーマンは百万人を超える聴衆に対し、アメリカが世界最大の海軍力と強力な空軍・陸軍を保持しつづけるとの決意を表明すると共に、原爆独占についてはそれを「神聖なる信託」と位置づけ、これらの軍事力を背景に正義と公正の原則に基づいて「悪とのいかなる妥協」も認めないと、きわめて強い姿勢を打ち出した。さらに、領土不拡大、自決権擁護、海洋・貿易の自由、〝運命共同体〟としての西半球等々、アメリカ外交の十二原則をあげる中でその第六項において、外国権力によって力で押し付けられたいかなる政府の承認も拒否すると、明らかに東欧諸国を念頭においた「不承認政策」を文字通り「原則」として強調したのである。

このように〝力の姿勢〟によって深く印象づけられることになったトルーマン演説に対しては、例えばワシントンの英大使館筋さえ、人民の同意なき一切の領土変更の不承認という「原則」と、戦略上必要な地域に基地を設置する「権利」の主張との矛盾をとらえて、「信じがたい不条理」とのしんらつな批判を加えることになったのである。(38)

しかし実は、トルーマンは他方において、「共通の危険」に対して統一して勝利した戦勝国の間には解決できないような利害の対立はないと指摘すると共に、アメリカとしても他の国々の「特別の問題」をよく認識し「安全保障に対する彼ら自身の正当な主張」を理解するように努めねばならないと〝柔軟な姿勢〟も示しているのである。さらに、今日の「最大の脅威」とは「幻滅の脅威、しのび寄る懐疑の危険、つまり国際協力の効果に対する信頼の欠如」である、とさえ明言しているのである。しかも興味深いことに、トルーマン演説の全文が新聞で報じられたモスクワにおいては、この演説はロンドン会議の決裂以来国際協力が最低のポイントにまで落ち込んでいた情勢にあって「きわめて勇気づけられる」ものであり、「国際関係がより緊張の少ない時期に入りつつあることの証左」である、といった評価が出されていたのである。[39]

そしてトルーマン自身、四日後の十月三一日の記者会見において、ソ連がFEACに参加するであろうとの期待と楽観的な見通しを強調したのである。さらに十一月二日には国務省が、懸案となってきたハンガリー臨時政府の正式承認に踏み切った。こうしてモスクワにおいては、ソチ会談から帰ったハリマンがモロトフと交渉をつづけていることやバーンズの〝パラレル〟演説等も含めて、ロンドン決裂以来明らかに状況は改善されたとの認識が広まっていたのである。[40]

以上の一連の流れにトルーマン演説を位置づけるならば、バーンズ演説と相い重なる側面をもっていたことは間違いないであろう。とはいえ、その方向性において西半球問題と東欧問題を〝パラレル〟にとらえようとするバーンズと、なお「不承認政策」の原則を強調するトルーマンにあっては言うまでもなくニュアンスの違いが存在するのであり、[41] これが後の両者間の深刻な亀裂につながっていくことになるのである。

(1) Clayton James, *op. cit.*, p. 32 ; *New York Times*, Dicember 31, 1945.
(2) *DBPO, S. I, Vol. II*, pp. 510-11.
(3) *New York Times*, November 1, 1945.
(4) Burns, *op. cit.*, pp. 225-27.
(5) *FRUS, Yalta*, pp. 103-8, 237 ; Hammond, *op. cit.*, pp. 294-96, 拙著、一五七頁。
(6) Winston S. Churchill, *The Second World War, Volume VI : Triumph and Tragedy*, London, 1954, p. 65, 拙著、一五八頁。

(7) Alan Bullock, *Ernest Bevin : Foreign Secretary 1945-51,* New York, 1983, pp. 193-94.

(8) Larson, *op. cit.,* p. 222 ; Hammond, *op. cit.,* pp. 293-94. Cf. *Dominant Powers and Subordinate States : The United States in Latin America and the Soviet Union in Eastern Europe,* edited by Jan F. Triska, Duke Univ. Press, 1986.

(9) *New York Times,* October 14, 1945.

(10) 安藤次男『アメリカ自由主義とニューディール』法律文化社、一九九〇年、一三五、二六四頁。

(11) Thomas G. Paterson, "The Dissent of Senator Claude Pepper," in *Cold War Critics : Alternatives to American Foreign Policy in the Truman Years,* edited by Thomas G. Paterson, Chicago, 1971, pp. 118, 124, 129.

(12) John Lewis Gaddis, *The Long Peace : Inquiries into the History of the Cold War,* Oxford Univ. Press, 1987, p. 53.

(13) *New York Times,* November 4, 1945.

(14) *A Decade of American Foreign Policy,* 1985, pp. 221-26.

(15) Proposals for the Establishment of a General International Organization "Dumbarton Oaks Proposals," 7 October 1944.

(16) Irwin F. Gellman, *Good Neighbor Diplomacy : United States Politics in Latin America 1933-1945,* The Johns Hopkins Univ. Press, 1979, pp. 202, 205, 207, 215-16.

(17) *A Decade of American Foreign Policy,* 1985, p. 3.

(18) 加茂雄三「西半球における集団安全保証体制」『国際政治』六三号、一二六―一二八頁。

(19) Hull, *Memoirs,* pp. 1466-67, 1644-45.

(20) Theodore P. Wright, Jr., "Free Elections in the Latin American Policy of the United States," *Political Science Quarterly,* Vol. LXXIV, 1959, pp. 91-92.

(21) *Ibid.,* pp. 94-105. アメリカは「自由選挙」を標榜しつつも、反米の候補者やラディカルな政党を事実上選挙戦から排除するためにもしばしば「介入」し、かくしてアメリカが特定の候補者に〝肩入れ〟する結果を招いた。アメリカの

「介入」による選挙の腐敗と政治的混乱の具体例については、*ibid.*, pp. 105-11.

(22) Theodore P. Wright, Jr., "The Origins of the Free Elections Dispute in the Cold War," *The Western Political Quarterly*, December 1961, p. 857.

(23) Gellman, *op. cit.*, p. 206; *New York Times*, October 28, 1945; CT Minutes, December 11, 1945.

(24) Gerald K. Haines, *The Americanization of Brazil: A Study of U. S. Cold War Diplomacy in the Third World 1945-1954*, Wilmington, Delaware, 1989, pp. 14-15, 41-43.

(25) 中川・松下・遅野著『ラテンアメリカ現代史II』山川出版社、一九八五年、九五頁。

(26) *New York Times*, October 28, 1945. なお、ブラーデンは九月はじめに、「ペロン・ナチ体制」下のアルゼンチンにおいて民主主義が実現され自由選挙が実施されるように、ロンドン外相理事会で五カ国外相が共同声明を発し、さらには国連が「経済制裁」を行使するように求めていくべきであるとの提案をバーンズに送ったが、文字通り自らの「勢力圏」としての「西半球」というアメリカの立場を象徴するかの如く、国務省当局は「アルゼンチン問題への非米諸国の介入」は好ましくないと反対した。*FRUS, 1945 IX*, pp. 406-8, 411.

(27) 松下洋『ペロニズム・権威主義と従属』有信堂、一九八七年、九章を参照。

(28) 同上、二〇三頁、中川・松下・遅野、前掲書、三六五頁、*New York Times*, October 28, 1945.

(29) *FRUS, 1950 II*, pp. 600-17; Kennan, *Memoirs*, pp. 479-80, 邦訳、四四九頁。

(30) もっとも、右のケナンの分析は一面では彼の〝共産主義対策〟と密に連関している。つまりケナンは、政府の基盤が共産主義者の攻勢に対応できる程強固でない場合には、アメリカの民主的概念とは相容れないであろう体制であっても、その政府によるきびしい抑圧手段の行使が「唯一の回答」であり「好ましい選択」であると結論づけているのである。なおこの問題にかかわって、「自由選挙」「自決権」「民主主義」に関するケナンの認識のあり方を端的に示しているのが、四八年四月に行われたイタリアの総選挙への対応である。当時イタリア共産党は社会党と「民主人民戦線」を結成してキリスト教民主党との間で激しい選挙戦を展開していたが、三月中旬ケナンはマーシャル国務長官に対し、イタリアはヨーロッパでの「キイ・ポイント」であり、そこで共産党が選挙に勝利するならば地中海さらには西欧全体に大きな影響を及ぼすであろうと事態の重大性を指摘し、それを阻止するために「選挙前」に共産党を「非合法」の下におき、内戦に誘い出した上で軍事拠点を「再占領」し、ひいては「イタリアの軍事的分割」も辞さないとの強硬な対策を提起した。これは同時期の、「合法手段による共産主義者の政府参加の可能性に照らしてのイタリアに関するアメリカの立場」と題する国家安全保障会議の報告（NSC一／三）における「反共地下組織への財政・軍事援助」や事実上の「軍事介入」という方針とほぼ軌を一にするものである。*FRUS, 1948 III*, pp. 775-79, 848-49, 拙著、三二一―二二頁。

(31) *DBPO, S. I, Vol. II*, pp. 44-45.

(32) McNeill, *op. cit.*, p. 700, n. 1.

(33) Truman, *Memoirs*, pp. 81-82 ; Wright, Jr., "Free Elections," p. 100. ところで、「自由選挙」の議論にかかわって指摘されねばならない重要な問題は、ケナンにせよスティムソンにせよアメリカの論者のほとんどが、アメリカが「民主的制度」を体現した国であることを自明の前提の如くに位置づけていることである。しかし、周知のように、同国の南部諸州においてはアパルトヘイトにも擬せられる黒人差別が戦後においてもつづけられ、大部分の黒人が選挙権の行使から排除されていたのである。そして、黒人の投票権の保護を目的とした公民権法が成立したのは、ケナンが上述の報告書をまとめてから七年後の一九五七年、さらに文盲テストなど、その後も事実上黒人の選挙を妨げていた諸々の障害を廃棄する新公民権法が成立したのが、戦後二十年も経過した一九六五年のことであった。この歴史に示されていることは、すでに「西半球」からも鋭い批判が出されていたように、「自由選挙」の要求は外国に対してではなく、まず自らの国の内部に対して行われるべきであった、ということであろう。さらにそれは、外と内との政策適用の相違において、「ダブル・スタンダード」の〝極致的表現〟とでも言えるものであった。猿谷要『アメリカ黒人解放史』サイマル出版会、一九六八年、第十・十一章、Wright, Jr., "Free Elections," p. 110.

(34) Records of the First and Ceremonial Meeting, October 30, 1945, Far Eastern Commission 1945-1951, Box No. 3, Sheet No. FEC(A)-0018.（国立国会図書館所蔵）

(35) *FRUS, 1945 VI*, p. 804.

(36) *New York Times*, November 4, 1945.

(37) *A Decade of American Foreign Policy*, 1985, pp. 915-18.

(38) Larson, *op. cit.*, pp. 230-31.

(39) *New York Times*, October 29, 1945.
(40) *Ibid.*, November 1, 3, 4, 1945.
(41) 現にブルガリアの米代表M・B・バーンズは、三一日のバーンズ国務長官の演説はトルーマン演説における十二原則の第六項(不承認政策)を「うすめる」ものであり、ソ連との「妥協」をはかるものであると現地では捉えられている、との報告を長官自身に送ったが、後述するように、このような認識は当人もいだいていたのであろう。*FRUS*, *1945 IV*, p. 360.

第五章　「第二のヤルタ」へ

第一節　モロトフの対案

一　「ハンガリー型」管理体制

ロンドン外相理事会の決裂以来きびしさを増していた米ソ関係は、前章末尾で見たように四五年十月下旬から十一月上旬にかけて一転して明るさを取り戻しつつあるかの状況を呈した。しかし、日本における占領管理体制の構築という問題を具体的に煮つめていく作業そのものについては、いくたの新たな困難が待ち受けていた。

バーンズは自らが提案した「二本立」管理体制案について、モスクワのハリマンに対しては「実質的にソ連の要望に合致する」[1]ものとして積極的にソ連側を説得するように指示し、FEAC(極東諮問委員会)への同国の参加になお期待をかけていたが、例えば十月三十日の三人委員会において「スターリンが連合国軍事理事会(AMC)という我々の提案を受け入れるとは信じられない」[2]と率直に語ったように、決して甘い見通しをもっていたわけではなかった。そして彼の〝予測〟を裏付けるかのように、十一月四日モロトフ外相は「二本立」管理体制案に対し、次のようにきわめてきびしい対案を提出してきたのである。[3]

まず、AMC案に対するモロトフの「修正」案における核心部分は次の二点である。第一は、AMCの名称をACC(連合国管理理事会あるいは管理委員会)に変更することである。その理由としてモロトフは、AMCであればその機能は「軍事問題にのみ」限られるのに対し、ACCにおいては軍事問題と共に行政・経済・文化・政治問題等も扱われる、と主張した。第二は、ACCのメンバーとSCAP（連合国最高司令官）との間に「重要問題」に関して不一致が生じる場合の処理にかかわる問題である。バーンズの提案ではAMCはあくまでSCAPと協議し助言する諮問機関であったが、今回のソ連側の「修正」案ではACCはあくまでも「執行の管理」をも担う管理機関としての性格をもつ。そしてモロトフは、「重要問題」として日本の占領管理体制の変更や日本政府の構成の変更、総辞職、政府の交代などと具体的に例示した上で、これら「重要問題」に関してSCAPとACCメンバーとの間に「不一致」が生じる場合には、関係政府間あるいはFEC（極東委員会）において「合意が達せられるまで」SCAPは当該問題に関わる執行を「さし控える」、との規定を挿入するように提案した。

次いで、FEC案に対する「修正」案において重要な意味をもつのは以下の二点である。第一に、バーンズ提案の眼目であった、アメリカの「中間指令権」を規定した条項の削除である。第二に、議決方法に関しバーンズ提案では四大国の内「三カ国」を含む過半数の同意が必要とされていたが、モロトフは国連安保理の投票手続と同じ基礎に立つものとして四大国の「全員一致」、つまり四大国の各々が拒否権をもつという「修正」を提起した。なおFECの加盟国に関してモロトフは、イギリスが強く主張してきたインドについて、植民地であるのか主権国家であるのかその「政治的地位」がなお明らかでないという従来の立場を維持して、「排除されるべき」との見解を明らかにした。

それでは、バーンズの〝苦肉の策〟をあっさりと突き崩すような今回のソ連側の「修正」案について、その背景をも含めてより具体的に検討してみよう。まずFECの議決方法については、既にハリマンがバーンズに対し、四大国の内「三カ国」というバーンズ提案は、ソ連の拒否権を封じるという同国への敵対を企図したものとスターリンは受け取るであろうし、またキャスティング・ボートを握ることになる中国も苦しい立場に立つであろうと問題点を指摘していたし、バーンズ自身もこの問題についてはソ連の意向を考慮する用意がある旨をハリマンに伝えていた。(4) では、問題の「中間指令権」についてはどうであろうか。もちろんバーンズもハリマンもこれは譲り得ない一線であり、アメリカの権利はいささかも損われてはならない、という立場であった。(5) ただモロトフは「中間指令権」に関する規定の削除を求めるにあたり、この問題は東京のACCにおける「重要問題」の処理に関する提案において扱われている、との指摘を行った。つまり「中間指令権」の全面否定というよりは、アメリカの権利は認めつつも「重要問題」はその対象から除外する、というのがモロトフのねらいであったと解されるのである。

かくして、今回のソ連側の「修正」案の眼目、ひいてはアメリカとの〝対立〟の焦点は、日本現地における管理体制のあり方に絞られてくることになる。現にモロトフは、FECの本部の所在地をめぐってワシントンか東京かという議論がなされてきた問題については、ワシントンにFECの「常設の本部」がおかれるという、米提案に完全に沿った規定を挿入するようにハリマンに提案していたのである。

そこで改めて、バーンズ提案で東京に設置される予定のAMCに対するモロトフの「修正」を分析してみよう。モロトフがまず求めたのは、AMCという名称それ自体の変更であり、それはこの名称に依る限り、その機能は「軍事問題」に限定されるであろうからである。そしてモロトフは、四五年八—九月という日本軍の武装解除が課題の時期とそれ以降の時期とを区別しなければならないにもかかわらず、アメリカは「第一期」におけるSCAPの特権をそのまま維持しようと企図しているようである、しかし政治・経済・文化・行政・財政等の諸問題の解決が求められる「新しい情勢」においては「連合国の管理機関」が設置されねばならないと、ロンドン会議以来の批判と主張を改めて突きつけたのである。(6) これは、バーンズ提案の〝あいまいさ〟を鋭くえぐるものであった。

第三章第一節四で見たように十月二十日の当初のＡＭＣ案においては、バーンズはその機能を「全般的な指令や重要な政策指針」の執行を担うものと、かなり幅広い位置づけを行っていた。しかしマッカーサーから、同機関が経済・財政・政治問題をも扱うことになるのではないかとの批判を受けた結果、今回の提案ではＡＭＣを諮問機関とし、提案直後に行われた中国大使魏道明との会談でも言明したように、その機能を「軍事問題」に限定していたのである。(7) ところが、その後ハリマンから改めてこの点の明確化を求められたバーンズは、軍事と同様に「非軍事」問題も機能に含まれる、との回答を送ったのである。(8) モロトフにとってこのような〝あいまいさ〟を突くことはまことに容易なことであった。ちなみに、右のバーンズとの会談で中国側も、日本の軍事占領と武装解除は達成され、今や日本の管理に関する将来の政策を連合国が協力して形成する時期がきたとの認識を強調して、ＡＣＣの設置を提案していたのである。

さて、今やモロトフはバーンズのＡＭＣを拒否してＡＣＣを対置し、ＦＥＣにおける「合意」の達成という〝条件〟を課してＳＣＡＰの執行権にしばりをかけるねらいを明確化させたわけである。前章第二節二で指摘したように、バーンズのＡＭＣ案におけるＳＣＡＰとＡＭＣとの事前〝協議〟を規定した一節が、ポツダム会談の前夜にソ連がルーマニアとブルガリアのＡＣＣに関して提起しアメリカ側が「不満足」として批判した新規約とほぼ同様のものであったのに対し、モロトフのＡＣＣ案の規定は、ポツダム協定第十一条として三大国によって確認されたハンガリーの新しいＡＣＣ規約と内容的に同じ意味をもつものであった。つまり、ＡＣＣのソ連議長は英米代表との「合意が達せられて後に」ハンガリー当局に指令を発するという事前〝承認〟の規定によって英米両国に拒否権が付与されたのと同様に、日本においてソ連代表も拒否権を有する、ということなのである。

しかしこの提案は、ハリマンやバーンズに大きな衝撃を与えるものであった。とりわけハリマンにあっては、ソチ会談において直接スターリンからマッカーサーの「最終的権限」を認める言明を得ていた、あるいは、そのように自ら受けとっていたのである。つまり、スターリンはマッカーサーが管理機関の「常任議長」になることを認めたのであり、従って日本における管理体制は、ソ連議長の「最終的権限」がなお規約上維持されている「ルーマニア型」の管理体制のアナロジーとなることを認めた、とハリマンには思われたのである。[9] 第三章第一節四で触れたように、マシューズが対ソ譲歩に向けてイニシアティヴをとりバーンズやSWNCCの〝説得〟に努力した際にも右のような認識が踏まえられていたのであり、従ってバーンズが「二本立」管理体制案を提案する前提となっていたのである。ところが、モロトフが対案として提出してきたものは、「ルーマニア型」ではなく「ハンガリー型」の管理体制であった。

ここにおいてようやくハリマンも、先に指摘したようにスターリンの議論の中に「ルーマニア型」と「ハンガリー型」の「二つのレベル」の問題が内包されていたことを再認識させられることになったのである。[10] つまりソ連側の真意が、SCAPは「ポツダムで提案されたハンガリーの管理委員会方式についてのソ連の修正案で規定された程度においてのみ最終的な発言権をもつべきである」[11]というところにあることがようやく明確になったわけである。それでは、その「程度」とはどのようなものであろうか。モロトフが強調したことは、スターリンはSCAPの最終的権限に関し「あらゆる問題」についてそれを認めたことは決してないのであり、SCAPはただ「重要問題」を除いた場合にのみその権限を享受することができる、ということであった。[12] たしかに第二章第六節二で見たように、ポツダムでソ連が提出したハンガリーの新しいACC規約では、英米代表の拒否権の発動の対象として「重要問題」に関するACCの指令、と規定されているのである。かくして、ソ連が日本において「重要問題」に関して「完全な拒否権」を求め、「ソ連の承認なしには」日本の管理が機能し得ないような方法でアメリカの手をしばりつける意図をもっていることが鮮明となったのである。[13]

ハリマンは、FECはハンガリーでは設けられていない政策形成を担う機関であること、AMCとFECという「二本立」の管理体制は日本の情勢により良く適応するものであること等をあげて説得に努めたが、モロトフはFECのような機関がバルカンには存在しないこと、さらには日本問題に関してアメリカが「より多くの責任」を有していることを認めつつも、自らの対案について一歩も譲ろうとはしなかった。[14] ハリマンはこうしたソ連側の強硬な態度について、次のような分析を行っている。

二 「日本政府」問題

まず問題の焦点は、ソ連が政策形成機関としてのFECの重要性を認めつつもその最大の関心を、AMCをACに「修正」するところに集中していることである。この点についてモロトフはいみじくも、占領管理の重要性は指令(政策)の形成にあるばかりではなく、何よりも「日本の現地」でそれらの指令を執行するところにある、と強調した。ハリマンの説明するところによれば、ソ連側が危惧していることは、FECで決定される政策はその性格において一般的なもので執行に際して様々な解釈が可能であり、従ってSCAPが「自由な」行動をとることによってソ連政府はたえず「既成事実」に直面させられるのではないか、ということであった。[15]

それでは、どのような「既成事実」を危惧しているのであろうか。ハリマンは、日本が「二世代」にわたって極東におけるロシアの安全に対する脅威でありつづけてきたとソ連側は認識しており、ドイツと同様に日本がいつの日かソ連攻撃の「跳躍台」として西側諸国によって利用されるのではないかという恐れをいだいている、と指摘する。その理由はどこにあるのか。「日本帝国主義と侵略の広範な基盤がなお根絶されていない」とソ連側がみなしているからである。こうして問題はアメリカの占領政策と、その実施主体であるマッカーサーの施策と行動のあり方に立ち戻ってくる。つまり、「ソ連は、我々の政策がソ連に敵対し脅威となるような日本の発展をもたらすであろうとの、はっきりとした疑いをもっている」ということなのである。[16]

たしかに、このような危惧や批判は既にロンドン会議以来ソ連が提出してきた問題であった。だが今やソ連においては、日本の情勢に対するきびしい評価が改めて噴き出していたのである。つまり、東久邇内閣は戦犯を擁護し古い政治制度や抑圧法を維持し反動的政策をつづけたのでその倒壊は「当然の結果」である、しかし「民主的政治」を掲げる幣原内閣もポツダム宣言の実施をサボタージュする構えである。天皇制は維持され、反動的統治機構は解体されるどころかそれを通して占領が行われ、軍隊は武装解除されたとはいえ警察力は逆に大幅に増強され、戦争を支えた金融・工業界もそのまま維持され、吉田外相は財閥の解体に公然と反対し、また封建的な土地制度の改革も何ら手がつけられていない、このような事態をもたらしたアメリカによる「不十分な一方的管理」を早急に終らさねばならない、等々の手厳しい批判が展開されていたのである。[17]

アメリカ、とりわけマッカーサーの占領政策に対する右のような批判は、ソ連以外にもニュージーランドやオーストラリアからも出されていたが、例えばイギリスの新聞にも、天皇制を支えたメカニズムは維持され、戦前および戦争中に日本を支配したと同じ指導者達がなお権力を握りつづけており、結局のところ軍隊の武装解除と動員解除だけがマッカーサーが行った「唯一の立派で明確な業績」であるといった、東京特派員の辛辣な報告が掲載されていた。[18]

さらに重要な問題は、このように諸外国ばかりではなく、マッカーサーのお膝元からも彼の占領政策に対するきびしい批判がなされていたことである。それは既に第一章第二節二で触れたように、国務省からマッカーサーの政治顧問として派遣されていたジョージ・アチソンの〝告発〟であった。彼は十一月五日付のトルーマン大統領あての書簡において、着任から六週間にわたる「観察」を踏まえた日本分析を報告した。[19] アチソンは、大きな混乱も生じずに占領が遂行されてきたことを「成功」とみなしつつも、頑迷で墨守の官僚達が改革を阻み、また「根本的に保守で反動」である「大企業」の経営者達は装いをかえて改革を志向するように振舞いながら旧来の権益を確保しようと試みていると指摘し、さらに天皇制についても、当面天皇を利用することは有益であるとしても、結局のところ天皇制が存続する限り日本人民は民主主義を学び民主主義的な生活を営むことは不可能であろうと、きびしい評価を下していた。アチソンはまた四日後の十一月九日にマッカーサーに提出した覚書において、今度は議会の問題をとり上げ、現状のままでいけば大政翼賛会を母体とした「現在の反動的な議会メンバー」が次の選挙でも再選される恐れがあると指摘し、彼らがポツダム宣言に言う「日本人民の間の民主主義的傾向の復活強化を阻止する」存在である以上、具体的な方策が講じられねばならないと警告を発した。[20]

さらに、十一月十五日のバーンズあての書簡においてアチソンは、「支配的な寡頭政治の執政者達」が、貴族階級・官僚制・財閥・軍国主義者達の支持を背景に「旧秩序」を維持し、人民を国体の観念に基づく伝統的な思考様式の枠内におさえ込もうと努めている、そして幣原首相も憲法改正に関して明治憲法の「新しい解釈」で十分とみなしており、このように「後向きの内閣と反動的な議会」の下にあって、自由や独立した思考を未だ身につけていない人民の側から憲法改正が提起される可能性は少ないときわめて悲観的な見通しを伝えると共に、SCAPやその周辺はあくまで「大いに楽観的」であると、辛辣な皮肉と批判を投げかけたのである。[21]

このように、マッカーサーの管理下にある日本の情勢に関しては彼の政治顧問からさえも、あたかもソ連が展開するのと同じような批判が鋭く提起されていたのである。かくして、モロトフと交渉するハリマンもこの問題については次のように苦しい〝弁明〟を試みる以外にはなかった。つまり、バルカン諸国においては一般国民も指導者の多くも基本的には国際連合の理念に好意的であるのに対し、日本の情勢は「きわめて複雑で危険」である、と。[22]さて、問題はここからである。ハリマンは、このように「困難で危険な情勢」に直面しているからこそ、必要な行動をとらねばならないマッカーサーの手をしばるべきではないと主張した。それに対しモロトフは全く逆に、日本の帝国主義の根がなお断たれていないといった「危険な情勢」を生みだしたのは他ならぬマッカーサーの占領政策であり、それ故「SCAPによって行動がとられる以前」にSCAPとACCとの「合意」がはかられなければならない、とハリマンに迫ったのである。[23]

ここでモロトフが、四大国の「合意」が必要とされる問題として特に重視したのが「日本政府の性格」の問題である。というのもソ連側は、連合諸国の知らない間にマッカーサーが自らの裁量によって日本の政府を組織したり解散させたりしてきた、とみなしていたからである。しかもそれらの政府のあり方が、上述してきたようにソ連の疑念と危惧を生み出していたのである。かくしてハリマンも指摘するように、モロトフは「政府の変更」に「一定のコントロール」を行使することを「死活的な問題」ととらえ、個々の日本政府に対して「発言権」を保持することが「ソ連の最大の関心」となったのである。[24]モロトフが「重要問題」に関してソ連の拒否権を要求し、その「重要問題」として管理体制の変更と共に何よりも「日本政府の構成の変更」をあげた理由は、以上のようなものであった。

三　バーンズの〝動揺〟

さて、ハリマンを通してソ連側の対案をうけとったバーンズは、当然のことながら激しく反発した。FECにおいてはアメリカの中間指令権が奪われ、政策決定についても指令の発出についてもソ連の拒否権が行使され、しかもSCAPの日本政府に対する指令についてもしばりをかけられる、というのである。バーンズによればこのような管理体制は、スターリンやモロトフが言明してきたはずの、最高司令官が「最終的発言権」を保持するという「ルーマニア型」から完全にかけ離れたものであり、多くの困難が生じている「ドイツ型」と同じ「全員一致」原則を日本にあてはめようとするものである。これは「アメリカの第一義的な責任」という原則に対する「根本的な攻撃」に他ならない、米政府もマッカーサーも「最終的な決定権」を行使する責任を断じて奪われないと、彼はきびしい調子でハリマンに返信を送った(25)。

しかしながら、実はバーンズは〝本音〟のところではかなりの〝動揺〟を示していた。ポツダム協定第十一条や日本の情勢をめぐるソ連の主張に一定の〝正当性〟があるとはいえ、ハンガリーにおいては後述するように英米側の拒否権は実際上は必ずしも機能していないのに日本に対して「ハンガリー型」を求め、東欧諸国には存在しない機関であるFECについても「拒否権」を要求するといったように、ソ連側の対案には〝行き過ぎ〟の面があるのである。にもかかわらず、それではバーンズはなぜ〝動揺〟しなければならなかったのであろうか。

第一に挙げられるべきは、「SWNCC七〇」シリーズで検討されてきた、連合諸国に日本への占領軍派遣を要請する問題である。本章冒頭で触れたように、バーンズは「二本立」管理体制案を提案した直後の十月三十日の三人委員会において、スターリンは今回の提案を受け入れないであろうとの悲観的な見通しを語っていたが、その重要な根拠が他ならぬこの占領軍派遣問題であった。バーンズは、スターリンはソ連軍を「アメリカ人の司令官」の指揮下に委ねるつもりは全くないことを指摘した上で、そもそも日本にアメリカ以外の占領軍が存在することは情勢をきわめて複雑にし、多くの困難とあつれきを生み出すであろうとの「信念」を表明した。さらに彼は、日本の占領管理体制について大国間で「何らかの合意」が達せられるまでは、この占領軍派遣問題に関して行動をおこすことを差し控えるように、陸海軍側に要請したのである。[26]

この問題は、つづく十一月六日の三人委員会でも大きな議論となった。というのは、前日の五日にパターソン陸軍長官がバーンズに書簡を送り、右のバーンズの要請は、これまでＪＣＳ(統合参謀本部)がその下で行動してきた「ＳＷＮＣＣ七〇／五」(日本占領軍への各国の実質的な貢献の要請)の政策の有効性それ自体を問題とするものであり、それならばバーンズにあってはこの政策への「修正」案が準備されているのかどうか、を問うていたからである。[27]三人委員会の席上パターソンは、他の連合国の軍隊が占領の負担を分担すること、それらの軍隊はマッカーサーの指揮下に入ること、とのマッカーサーの要望を改めて強調した。これに対しバーンズは、既に触れたように、不幸なことにマッカーサーは問題を専ら日本問題の観点からとらえ、世界の他地域への影響についておよそ考えていないと批判し、他の連合国の軍隊が参加する場合には各々に指揮権が与えられねばならないし、そうでないならば日本占領はアメリカ軍にのみ委ねられるべきであるとのスターリンの立場の方が「理にかなっている」とさえ言い切ったのである。[28]この発言は、バーンズがアメリカの、あるいは軍部やマッカーサーの「ダブル・スタンダード」の問題性を十分に認識していたことを示している。

パターソンはバーンズの発言に対し、もしソ連軍が参加するつもりがないならば〝勝手に〟させればよいのであり、イギリス・中国・オーストラリア各軍の参加を求めていけばよい、と応えた。しかしバーンズは、そうなればソ連は「世界の他の全て」が自らと敵対していると受け取り、「二つの世界」が形成され「新たな戦争」が準備されることになるであろうときびしい警告を行い、世界の将来の平和にとってソ連との協力を求めつづけていくことが「最も重要」なことである、との認識を強調した。議論がここに至って陸軍次官補のマックロイは、今や「唯一の選択」はアメリカ自身が占領の全負担を背負うことであろうとの見解を示した。すかさずパターソンは、そうなれば全体として十万人の「誤差」が出てくると指摘した。たしかに、第三章第二節三で見たように十月二三日にJCSが承認した日本占領軍の国別構成によれば、英中ソ三カ国が各々三万ずつでおよそ九―十万人を派遣することが〝予定〟されていたのである。かくしてこの日の議論は、アメリカ軍の動員解除が余りにも早いテンポで進行しすぎたのではないか、という問題にまで広がることになった。以上のように占領軍派遣の要請問題は、占領管理体制をめぐってソ連と渡り合わねばならないバーンズにとって、きわめて〝頭の痛い〟問題であったのである。

ところで、この日の委員会においても、ソ連が「ドイツ型」に似た占領管理体制を日本に求めているのではないかといった議論が出され、また上述したようにバーンズもハリマンへの返信において、モロトフの対案は「ルーマニア型」からかけ離れて「ドイツ型」と同じ「全員一致」原則を日本にあてはめようとするものであるとの批判を行っていた。しかし注意されるべきは、おそらくバーンズ自身は十分に理解していたであろうが、今回のモロトフ案はあくまでソ連が軍隊を送らないことを前提としたものであり、英米軍が占領に参加していないハンガリーで実施されているはずの「ハンガリー型」管理体制を日本に適用することを求めたものであった。他方、ロンドン外相理事会でモロトフが提案したACC案は、たしかにドイツ型に似た管理体制を想定していた。つまり、米代表が議長を担うとはいえ四大国の代表によって構成されるACCは政策形成機関であると共に執行機関であり、各代表は拒否権をもち、しかも東京に派遣される四大国の軍隊は「共同」して駐留の任務につくのである。[29] 言うまでもなく両案の相違は明瞭である。

(1) *FRUS, 1945 VI*, p. 806.
(2) CT Minutes, October 30, 1945.
(3) *FRUS, 1945 VI*, pp. 828-30.
(4) *Ibid.*, pp. 805-6, 808, 832.
(5) *Ibid.*, pp. 836, 848.
(6) *Ibid.*, pp. 845-46.
(7) *Ibid.*, pp. 773, 802; Letter from Commander in Chief Army Forces Pacific Advanced Tokyo to War Department, 22 October 1945, Records of SFE, Reel No. 2.
(8) *FRUS, 1945 VI*, pp. 802, 808.
(9) *Ibid.*, pp. 816, 821, 849.
(10) 本書、二二〇—二二一頁。
(11) *FRUS, 1945 VI*, p. 831.
(12) *Ibid.*, p. 846.
(13) *Ibid.*, p. 831.
(14) *Ibid.*, pp. 816, 843.
(15) *Ibid.*, pp. 846, 850.
(16) *Ibid.*, pp. 809, 850.
(17) *Moscow Bolshevik* (Oct. 19, 1945), October 20, 1945, SDDF, Box No. 3812, Sheet No. SDDF (A)-00449.

(18) Despatch from Gallman (London) to the Secretary of State on *Sunday Observer* (Oct. 21, 1945), October 22, 1945, SDDF, Box No. 3812A, Sheet No. SDDF (A)-00459.
(19) *FRUS, 1945 VI*, pp. 825-27.
(20) *Ibid.*, pp. 844-45.
(21) *Ibid.*, pp. 854-56.
(22) *Ibid.*, pp. 821, 843-44.
(23) *Ibid.*, p. 821.
(24) *Ibid.*, pp. 831, 846, 850.
(25) *Ibid.*, pp. 835-36.
(26) CT Minutes, October 30, 1945.
(27) *FRUS, 1945 VI*, p. 824.
(28) CT Minutes, November 6, 1945.
(29) 本書、三八頁。

第二節 「東欧問題」とアメリカ外交

一 アメリカの政治代表

バーンズが「二本立」管理体制案に対するモロトフの対案をうけて、ソ連側を〃説得〃する上で不安や動揺をいだかざるを得なかった第二の問題は、東欧諸国の現地における米代表達による〃対等性〃の主張と米政府の「直接介入」を求める強い要請であった。

たしかにバーンズは、ロンドン外相理事会においては、とりわけルーマニアとブルガリアの両政権の承認問題についてきわめてきびしい姿勢で臨んだ。しかし、彼自身にせよトルーマンにせよ個人的には、総じて東欧問題に深い関心をもっているわけではなかった。(1) 何よりもそこにおいては、動かし難い〃既成事実〃が進行しているようにおもわれた。そもそも具体的に溯るならば、チャーチルの主張してきたバルカン北上作戦を否定し、東部戦線におけるソ連赤軍による事実上の単独作戦を承認したテヘラン会談が大きな枠組みを形成した、と言えるであろう。さらに四四年九月にルーマニアにおいて「イタリア方式」の〃逆適用〃が行われ、第二次ケベック会談にあたってJCSと国務省が、東欧三国に作戦軍はもちろんいかなる占領軍も送らないと最終的に決定した時点で、右の枠組みはより一層固められたわけであった。(2)

かくして、バーンズとトルーマンが初めて主役として臨んだポツダム会談に際し国務省が作成したブリーフィング・ペーパーには、「ロシア人は東欧における効果的な勢力圏の設立に既に成功してしまった」と指摘されていたのである。[3] 従って、米政府による東欧三国の不承認方針は継続され、ハンガリーにおけるＡＣＣ規約の改善が約され、また「ヤルタ宣言」をめぐって激論が交わされたが、結局ポツダム協定それ自体においては同「宣言」や「自由選挙」についても全く触れられないまま、イタリアやフィンランドと共に東欧三国の講和条約と国連加盟問題をも協議する外相理事会の設置が決定されたのである。要するにポツダムでのアメリカの目標は、東欧での「西側の影響のどのような残滓でも拾い上げる」ことに限られていた、[4] と言えるのである。もちろん常に正義の原則をかかげなければならないアメリカ外交にとって、「ヤルタ宣言」の履行、「自由選挙」の実施、民主的代表政府設立の旗が下ろされることはなかったが、ワシントンの当局者は何よりも東欧三国の内政にまきこまれることを恐れていた。[5]

しかし、四四年秋から四五年はじめにかけてこれら諸国に派遣され、ソ連の介入とＡＣＣにおける「不当な」取り扱いという〝現実〟に直面したアメリカの代表達の認識は、当然のことながら大きく異なるものとなった。そして既にヤルタ会談の以前から、つまりなお占領の「第一期」の段階から、東欧問題により積極的に介入するようにワシントンに要請していた。これに対し当時の国務長官ステティニアスは、「完全にパラレルという訳ではないが、イタリアで確立された先例に留意しなければならない」[6] と、〝身の程〟をわきまえるように警告を送ったのである。しかし、その後に打ち出された「ヤルタ宣言」は、「自由選挙」と「民主政府」という願ってもない〝錦の御旗〟を東欧の現場にある米代表達に付与し、彼らの活動に一層の活気をもたらすことになった。

その際中心的な役割を果たしたのは、各国のＡＣＣの米代表というよりはむしろ、国務省から派遣された政治代表達であった。というのもアメリカの場合、四二年四月のルーズヴェルト大統領の指令により、海外の全ての米代表は「政治代表」の管轄下におかれることになり、(7) 従って、この度の東欧諸国の占領管理にあたっても、ACCに席を占める米代表は主にJCSから指令を受ける軍人であって休戦協定に関わる諸問題のみを扱うのに対し、政治問題については、「大使の資格」を有しACCからは独立した機能を果たす政治代表が国務省から派遣されていたからである。(8) そしてACC代表が専らACCのソ連議長との交渉を担ったのに対し、政治代表は当地の政府や各政治勢力、国王などと接触して「アメリカの利害の全般的な保護」のために活動したのである。(9) 従ってACCの代表の場合、例えばルーマニアのACCに派遣されたシュイラーのように、ルーマニアについて「ほとんど何も知らない」(10) 軍人が指名されたりもしたが、政治代表にはベテラン外交官が配置された。つまり、ルーマニアのバートン・Y・ベリー、ブルガリアのメイナード・B・バーンズ、ハンガリーのアーサー・ショーエンフェルドである。(11)

彼らはソ連代表を議長とするACCの管理体制下にあって、当然のことながらACCにおける〝対等性〟の獲得を重要な課題にすえていたが、「ヤルタ宣言」以降は右の課題と「自由選挙」の実施を結合させることになった。その際特徴的なことは、ACCから独立して政治活動を行うことができるという、ソ連側の同意の下に許容されていた(12) 条件を活用して各々の任地国の親米あるいは反ソ勢力と〝提携〟し、彼らの活動に〝テコ入れ〟をはかったことであった。ハンガリーのショーエンフェルドの場合は特定の政治勢力との結び付きというよりは、後述するように、一般的な支持と〝対等性〟の要求など原則問題での主張と行動が中心であったといえるが、何よりも問題となったのがルーマニアとブルガリアであった。つまり、ルーマニアのベリーはとりわけ民族農民党の指導者マニウや国王ミハイと緊密な関係を維持し、ブルガリアのM・B・バーンズは農民同盟の指導者ディミトロフ(労働者党の指導者でコミンテルンの元議長とは別人)やその後継者ペトコフを〝支援〟した。

まずルーマニアでは、既述したように四四年八月の〝宮廷クーデター〟によってアントネスク独裁体制が倒れ、近衛師団長サナテスクを首班とし民族農民党、自由党、社民党、共産党の代表も加えた新政府が発足し、連合国側との休戦協定に調印した。その後、共産党、社民党に加えて急進的な農民運動組織である耕民戦線や労働組合などをも結集した国民民主戦線が結成され、十一月には耕民戦線の指導者グローザを副首相とする第二次サナテスク政権が組織された。つづいて十二月には、激しいアントネスク批判で知られたラデスク将軍が政権をひきついだ。しかし土地改革問題などで全国的に政治危機が深刻化する中で、ヤルタ会談の直後にソ連のヴィシンスキー外務人民委員代理が乗り込み、ラデスクは休戦協定の義務を履行していないと批判して国王ミハイに〝直談判〟で迫った結果、グローザを首班とし国民民主戦線が主体となり自由党や全国農民党の分派も一部参加した新政権が四五年三月に発足した。(13)

この重大な危機に際して米代表ベリーは国王を支えてソ連の圧力に抵抗させようと試み、またかねてより親英米派として知られグローザ政権と完全にたもとを分かった民族農民党の指導者マニウに積極的な〝テコ入れ〟をはかった。しかしワシントンは、ソ連の「直接介入」に対して表向きは激しく抗議しつつも、いかなる明確な指示もベリーに与えないままに、アメリカとしてはルーマニアの「いかなる政治勢力も支持しない」との意向を内々にソ連側に伝えていた。このような事態にあって、国王やマニウからアメリカの直接的な介入を求められていたベリーは、ルーマニア共産党の活動に抵抗する指導者達を励ますどころかソ連主導政権の成立に手をかしたと、激しい非難をワシントンに送った。(14)

その後もベリーと国王、マニウ等は日常的に接触し、春から夏にかけて国王が改めてグローザ政権への抵抗を試みる一方、クーデターによる新政権樹立をはかるマニウは、対決が内戦に発展しそこに米ソが介入して戦争が勃発するといった〝展望〟さえ米代表筋に語るに至った。そしてポツダム会談を経た八月下旬、国王は公然とグローザの辞職を要求し、英米側に事実上の介入を求める書簡を送ったが、同時にベリーもバーンズ国務長官に対して、今こそ明確な態度表明を行いルーマニア情勢に影響力を発揮するように要請した。要するに、ルーマニア内部の抵抗とアメリカの圧力を結合させることによってグローザ政権を転覆させようとする試みであった。[15] しかし、ルーマニアにおける「最終的な権力」が当然のことながらソ連赤軍にあることを認識していたバーンズは米代表部に対し、「危機が英米の介入によってひきおこされたとの疑いをソ連に与えるようないかなる行動」もとらないこと、「当分の間、ルーマニアの政治指導者達との接触を避けるべし」とのきびしい命令を伝えた。[16] これに対しベリーは再三にわたって彼の活動の禁止を撤回するように求めると共に、このような対応をつづけているならば米政府がヤルタ等で公言してきた政策は敗北するであろう、との警告を送り返した。そしてその後もソ連政府とルーマニア当局に「直接的な圧力」をかけるように主張し、イギリスの代表筋さえその「否定的な行動」の故に〝距離〟をおき始めたマニウを、「ルーマニアの民主主義の紛うことなきシンボル」と称して事実上の〝支援〟をつづけたのである。[17]

ブルガリアにおいては、労働者党(共産党)、農民同盟、「ズヴェノ」グループなどによって組織されレジスタンスを闘った祖国戦線が四四年九月のクーデターによって政権を獲得し、連合国側との休戦協定に調印した。しかし、その前後に亡命先のカイロから帰国したG・M・ディミトロフが農民同盟の書記長に就任し、全国的な組織化をおしすすめた段階から祖国戦線内部の亀裂が深刻化した。彼は地方遊説において農民同盟による権力の獲得と英米軍のブルガリア進駐を訴えたとも伝えられ大きな批判を受けたが、というのも、そもそもディミトロフはブルガリアの対英米宣戦の前後に英情報機関の手で中東に逃れ、以来イギリスの宣伝活動の一翼を担ってきたため「イギリスのエージェント」とのレッテルをはられていたからである。彼の立場は、四四年十二月に隣国ギリシャにイギリスが軍事介入し左翼勢力を弾圧したことによってさらに悪化した。[18]

四五年春には「自由選挙」をめぐり、労働者党が祖国戦線の単一候補者名簿方式を主張したのに対し、農民同盟などが政党別の方式を求めて対立が鋭さを増した。そして遂に「自宅拘禁」におかれたディミトロフは五月下旬に英代表筋に保護を求めた。しかし、四四年十月の「パーセンテージ協定」によってギリシャにおける支配権の代わりにブルガリアにおけるソ連の支配権を認め、選挙問題についても既に労働者党の主張する方式を受け入れる方向を示唆していた英当局は、ディミトロフの要請を拒否した。このようなイギリスの〝後退〟に代わって前面に登場したのが米代表M・B・バーンズであった。彼はワシントンの許可を受ける前に直ちにディミトロフを自らの邸宅にかくまい、その保護下においた。既に前年末以来、非共産勢力を支えてソ連の介入に抵抗するとの明確な方針をワシントンが打ち出すことを求めてきたM・B・バーンズは、こうして農民同盟の指導者達を本格的に〝テコ入れ〟することになった。(19)

彼がとりわけ密接な関係をもったのは、ディミトロフの後を継いで書記長となったニコラ・ペトコフであった。彼自身はレジスタンスにおいても労働者党との協力に積極的な姿勢を示した人物であったが、八月下旬に予定された総選挙の方式をめぐって両者間の対立が深まっていった。そしてポツダム会談が開かれていた七月下旬に至ってペトコフは、かねてよりM・B・バーンズが主張してきた三大国の管理下における実施が保証されるまで選挙を延期すべきとの抗議書簡をゲオルギエフ首相(「ズヴェノ」グループ)に突きつけ、同時に英米代表にもそのコピーを送付して助力を要請した。この行為によって彼は政府紙から、外国の介入を求める「裏切り者」との激しい非難を受けることになったが、M・B・バーンズはペトコフに〝呼応〟して直ちに米当局に対し、農民同盟書記長の訴えに応えて彼を支援するようにとの、きわめてきびしい申し入れを行った。(20)

バーンズ国務長官は、全ての民主的要素が参加し得る選挙が準備されねばならず、それが米政府による新政権承認の前提条件であるとの公式声明を改めて発し、結局ソ連当局の政治判断もあって八月二四日に至り、総選挙は急遽十一月に延期されることになった。しかし同時に国務長官は、M・B・バーンズがブルガリアにおいて公然と総選挙の延期を求める行動をとってきたことについて、「ブルガリアにおける代表民主政府の形成はブルガリア人が取り組むべき問題であり、休戦協定に対応する条項がない以上、連合国管理委員会によって検討される問題ではない」と指摘し、要するにM・B・バーンズは〝越権行為〟を行ったのであり、総選挙の延期を提起する以前に国務省と協議するべきであったと痛烈な非難を浴びせた。(21) この文字通りの「叱責」に対し、以上の政治過程を「選挙戦争」と名付けるM・B・バーンズは、自らの行動はアメリカが承認し得ない政府の形成を防ぐためであり多くのブルガリア人によって「感謝」されていると、その正当性を逆に主張したのである。そして十一月の総選挙に向けて政党活動や機関紙発行の自由など事態がかなり改善された中でも、M・B・バーンズは今や反政府派のリーダーとなったペトコフと密接に〝提携〟しつつ、内務大臣の更迭や政府・軍隊の再組織、果ては「自由選挙」を確保するための「赤軍の撤退」にまで言及するに至ったのである。(22)

二 ソ連と東欧三国

それでは、以上に見てきたようなルーマニアの米代表ベリーとブルガリアの米代表M・B・バーンズによる、特定の政治勢力や指導者との緊密な提携関係を維持した活動は、どのように位置づけられるのであろうか。端的に言ってそれは、占領下政治の典型的なパターンとしてとらえ得るであろう。つまり排他的な占領管理体制の下においては、一方で、自らが占領した国の政治勢力の中から自らの政策に協力する「占領協力者」を求めようとする占領権力と、国内政治におけるイニシアティヴの獲得と勢力拡大をはかるべく、占領権力によって「特権的対話者」として認知されるために相い争う諸勢力、他方で、占領政策を批判しそれに敵対する政治勢力を〝テコ入れ〟することによって占領国家による排他的な戦後体制の構築を妨げようとする、占領管理の実権から排除された大国あるいはその代表者と、それら〝外部〟の支援を導き入れることによって自らの対抗力を強めようとする反政府勢力、これらのベクトルが複雑にからみ合う政治過程が展開されるのである。言いかえるならば、国際政治におけるヘゲモニー争いと国内政治におけるヘゲモニー争いとが文字通り直接的かつ密接に連関し合うのが占領下政治といえるのである。(23)

最初の被占領国イタリアの場合、占領管理権から排除されたソ連は当然のことながらイタリア共産党と密接な関係をもっていたが、同党の指導者トリアッティの「イタリアの道」という〝独自路線〟もあって、イタリアの国内政治への影響力はあくまで間接的で限られたものであった。かくして複雑な占領下政治は何よりも、対等の形で排他的管理を担った英米両国を軸として展開された。それは、国王・バドリオ政権を支持するイギリスと、国民解放委員会(CLN=Comitato di Liberazione Nazionale)の穏健派のリーダーであるベネデット・クローチェおよび元外相のカルロ・スフォルツァをバックアップするアメリカ、という〝構図〟であった。ファシズムの「共犯者」と非難された国王ヴィットリオ・エマヌエーレ三世の退位問題を背景に、王家との伝統的なパイプを拠り所として「イギリスのイタリア」の確保をめざすイギリスと、長年のアメリカ亡命による国務省との密接な関係から「アメリカの使者」と目されていたスフォルツァを介して反ファシズム勢力への〝テコ入れ〟をはかるアメリカとの対立は、四四年三月にはチャーチルとルーズヴェルトが互いの立場をきびしく非難し合う深刻な事態を生み出した。さらに、六月のボノーミCLN政権の成立を阻止しようとするチャーチルの「露骨な介入」を経て、十一―十二月にかけてのスフォルツァの〝処遇〟をめぐる政治危機の中で「二人のリーダー間の感情は、おそらくはかつてなかった程のきびしい緊張状態にあった」と言われるまでに、英米両首脳間の関係は険悪な状況を呈するに至った。個々の事件の背景にあった対立の本質は、言うまでもなくイタリアにおける英米両国の「ヘゲモニー争い」であり、結局はアメリカが勝利し、親米派の政権獲得を通して戦後のイタリアは、とりわけ四八年以降事実上アメリカの「勢力圏」に組み込まれていくことになるのである。(24)

ちなみに日本の場合、占領末期にコミンフォルム・中ソ両共産党の「批判」を契機に共産党が分裂するという事態が生じたが、マッカーサーのきびしい管理下にあって、アメリカ以外の特定の大国あるいはその代表者と特定の国内政治勢力との提携が政治過程の重要問題として浮上することは余りなかった。むしろ占領政治下において大きな影響を及ぼしたのは、周知のように占領権力内部の対立、つまりGHQのGS(民政局)とG2(参謀第二部)の対立であり、それが国内諸勢力の抗争と複雑にからみ合いつつ様々な政変をひきおこすことになった。

右に述べてきた占領下政治のパターンに従うならば、東欧三国においては、占領権力者たるソ連が最も重要な占領協力者とみなしたのが各国の共産党(労働者党)であったことは言うまでもない。しかしそうであるからといって、四四—四五年段階からソ連が当時のスターリン体制と同じ体制をこれら諸国に押しつけようと企図していた、と捉えることは必ずしも正しくないであろう。「後知恵」としての議論ではなく、当時の「具体的で歴史的な情勢」に身をおいて検討する必要があるであろう。(25)

例えばハンガリーの場合、共産党、社民党、小農業者党、全国農民党によって構成される民族独立戦線が四四年十二月に新政権を樹立し、連合国側と休戦協定に調印した。当時共産党の勢力は閣内においても全国レベルにおいても、なお小さいものであった。またソ連による「近隣諸国」の戦略的重要性の〝格付け〟においても、ハンガリーはルーマニアやブルガリアよりも〝下位〟に位置づけられていた。そして四五年八月に調印され十月に批准されたソ連・ハンガリー経済協力協定に見られるように、当時のソ連の主要な目標は経済面におけるコントロールの確保にあったと言えるであろう。[26] 従って、ポツダム会談において少なくとも文言上であれ英米代表に〝対等性〟を付与するACC規約の修正に応じ、総選挙についても同年十一月に比較的「自由」な選挙の実施を許し、五七パーセントを獲得した小農業者党の党首ティルディを首班とする新政権の発足を認めたのである。[27]

当時米代表ショーエンフェルドの下でブダペストに駐在した外交官ルイス・マークJr.は、四七年に入るまでは「ハンガリー政治へのソ連の介入はどちらかといえば間接的なもの」であり、しかも「民主的な装い」をまとっていた、と指摘している。[28] 従ってショーエンフェルドの対応も、内政にまきこまれることを避けるべしとする本省の指示にさし当りは従い、特定の政治勢力との〝提携〟というよりは、ACCにおける〝対等性〟の実現や自由で民主的な選挙の実施という原則的なレベルでの活動が中心であったといえる。いずれにせよ、「間接的」なものであれソ連による共産党への〝テコ入れ〟が始まるのは、小農業者党のナジ首相が訪米して経済援助を要請した四六年六月以降のことであった。[29]

ブルガリアにおいては、労働者党を主体としてレジスタンスを指導した祖国戦線が大衆的にも大きな支持を受けており、後述するように、バーンズ国務長官がルーマニアとブルガリアの両国に実情調査のために派遣した特別使節エスリッジでさえ、四四年末段階で自由選挙がなされていたならば祖国戦線は八十パーセント近くを獲得したであろうし、また労働者党についても「かなりの活力をもって自生的な成長」を遂げ選挙民の二十パーセントを代表している、と指摘していたほどであった。[30] 従ってルーマニアに比してソ連の介入もそれ程強いものではなく、同じくエスリッジの指摘によれば、「ソ連占領軍は〔ブルガリア〕政府の立場にほんのわずかな影響力しか行使していないし、ほぼ全ての民主的グループは少なくとも当初は、ソ連の政策に文字通り進んで順応していた」のである。かくて米国務省にあっても、既にポツダム会談の以前にブルガリアの代表を非公式にワシントンに受け入れることさえ検討されていたのである。(31) しかし、農民同盟のディミトロフやペトコフを〃テコ入れ〃するM・B・バーンズの強力な突き上げによって、結局国務省は不承認方針を継続することになったわけである。要するに、モスクワをはさんでワシントンとブルガリアの間であり得た〃妥協〃の可能性が、バーンズ国務長官が「叱責」したM・B・バーンズの〃越権行為〃によって妨げられる形となったのである。このようなM・B・バーンズの行動の背景にあったものは、彼の言うブルガリアとアメリカとの「自然の友情」への〃信念〃であったろうが、そこで浮き彫りになってくることは、枢軸陣営の一角を占めたブルガリアが最後までソ連に宣戦しなかったことに象徴される、ブルガリア人の歴史的・伝統的な親露・親ソ感情というものを理解し得ない歴史認識の欠落であろう。(32)

以上の二国に比して、より直接的な介入がなされたのがルーマニアであった。その背景には、そもそもルーマニアの共産党がきわめて弱体であったという事情もあるであろうが、何よりもソ連にとって介入に有利な枠組みが用意されていたのである。それは、エスリッジも「ロシアが圧力を行使する主要な手段は休戦協定であった」と指摘したように、四四年九月に調印された休戦協定そのものであり、なかでも重要なことはその第十五条に「連合国、とりわけソ連」に敵対的な組織の解散・禁止が規定されていることであった。(33) ブルガリアやハンガリーの休戦協定では「とりわけソ連」という文言が削除されたが、少なくともルーマニアの場合、ACCのソ連議長は英米両国も承認したこの条項に基づいてルーマニアの内政に介入することができたのである。それは、バーンズ国務長官がラテンアメリカにおいて「専制政治」を認定して介入する以上に、はるかに〃合法的〃な装いをとることができるものであった。しかしそうだからと言って、ソ連が当初より弱体の共産党への〃テコ入れ〃を通してルーマニアの共産化をはかっていたわけでは決してなかった。むしろソ連の最大の関心は物質やサービスの徴発・徴用であり、共産党による権力獲得の準備どころか、逆に同党による政治的な煽動活動を「生産を妨害するだけ」とさえみなしていたのである。(34)

また、上述したように四五年二月末のヴィシンスキーによる介入は英米両国に衝撃を与えたが、そこにはACCの米代表シュイラーさえ指摘しているような、政府諸官庁におけるアントネスク独裁体制以来の親独派官僚の広範な残存、同じく戦前戦中時代とほとんど変らない警察機構や地方行政機関の構造、あるいは土地改革に対するラデスクの抵抗、といった諸々の背景があったのである。(35) さらに第二章第六節一で触れた問題であるが、モロトフが軍事連絡網の確保の必要性を主張しルーズヴェルトもその〝正当性〟を認めざるを得なかったように、当時のソ連にとって至上課題は言うまでもなくドイツに対する軍事作戦の円滑な遂行であり、ハンガリー情勢がなお安定化していない状況にあってルーマニアは重要な後背地であり補給基地であった。だからこそヴィシンスキーの介入の動機として、対ソ戦を戦った親独派がなお残存しているルーマニア参謀本部の「裏切り」に対する警戒が指摘されてきたのであり、現に介入の直接的な契機は、ラデスクが国内政治に対処するためにこのルーマニア軍を動員したことであった。(36) いずれにせよ、当時モスクワに駐在していたジョージ・ケナンでさえ、ソ連の行動はルーマニアの「ボリシェヴィキ化」をめざすというよりは、「ルーマニアの過去の犯罪に法外な値段を支払わせるという決意と、事実上すべての政治指導者や政治グループへのあからさまな不信と不支持」によって支配されている、と指摘していたのである。(37) 裏返して言えば、米代表ベリーが認識し得なかった、あるいは無視しようとしたことは、正しく「ルーマニアの過去の犯罪」、つまり同国が戦争中にウクライナの一部を占領しスターリングラードにも進撃し、東欧諸国の中にあってドイツの対ソ戦争を支える上で最大の貢献をなした、という歴史的事実であったろう。(38)

三 「自由選挙」と「友好政権」

ところで、四五年当時に「身をおいて」問題を考える際さらに重要なことは、「ヤルタ宣言」によって「自由選挙」が求められていたのは東欧三国だけではなかった、ということである。ドイツの占領から解放されたギリシャはもちろん、最初の被占領国イタリアも当然のことながら「宣言」の〝対象国〟であった。しかし同国で総選挙が実施されたのは、休戦協定の調印から二年九カ月後、戦争の終結からでも実に十三カ月も経た四六年六月のことであった。四五年五月はじめのドイツ軍の降伏、北イタリアの解放直後より、レジスタンスを主導したCLNの左派勢力は早期の総選挙(制憲議会選挙)実施を要求した。しかし南部の保守的農民票に期待をよせる保守・穏健派は、地方選挙の優先をかかげて出来る限り総選挙の時期を引き延ばそうとはかり、そのために当時の首相でローマ以南にしか組織をもたない労働民主党の党首ボノーミは、選挙に「必要な投票箱をそろえるだけの木材が足りない」[39]といった〝理由〟さえもち出す始末であった。

しかも重要なことは、新たな占領協力者と目したキリスト教民主党のデ・ガスペリの要請をもうけてアメリカが、東欧諸国に対するのとは全く逆に総選挙の引き延ばしに介入したことであった。バーンズ国務長官やアチソン次官はデ・ガスペリや親米派の駐米伊大使タルキアーニと〝提携〟しつつ、駐伊米大使カークに再三にわたって指示を与え、ボノーミに代わって六月に首相に就任したパッリに対し、同内閣で総選挙を先行させ地方選挙を後に回す議論がなされていることは米政府として「全く理解できない」等と強力な圧力を加え、結局一年近い選挙の延期を事実上決定させてしまったのである。[40] その際アメリカ側にとって大きな圧力要因となったのは、「共産主義者の差し迫ったクーデターのうわさ」を口実に、北イタリア一帯を直接軍政下においていたことであった。同地域の施政権がイタリア側に返還されたのは、当初予定の四五年九月から三カ月を経た十二月、いよいよ〝本命〟のデ・ガスペリがパッリの後を襲って新内閣を組織した直後のことであった[41]。

　イタリアにおける総選挙の引き延ばしに向けられたアメリカ側の直接・間接の行動を見る時、東欧三国において米代表達が「ヤルタ宣言」の履行をかかげて「自由選挙」の早期実施を求めたことは、余りにも〝政治的〟であったと言わざるを得ないであろう。なかでも、ヤルタ会談の直後から、つまり対独戦争がなお熾烈に戦われていた最中から「自由選挙」問題が重要な政治的「争点」になった、あるいは英米両国やその代表達が「争点」におし上げたことは、あえてイタリアの経緯をもち出すまでもなく、これまた余りにも〝恣意的〟という以外にないであろう。しかもその結果、とにかくも反独・反ファシズムで統一してきた政治諸勢力の分解が早まり、旧体制の解体や国の再建の課題がいたずらに政治的混乱にまき込まれてしまったことは、これら諸国のその後の歩みにとってまことに不幸なことであった。

　もちろん、「自由選挙」をめぐるその後の情勢展開の中で、政権党による、あるいは内相や法相のポストを利用した選挙操作や反対派候補者に対するテロリズムといった事態が生じたこともたしかである。しかし、互いに癒着し特権を享受し合う政治家と企業家、巨大化し無能で腐敗した官僚機構、極端な貧富の差といった後進性を背景に、一部特権層によって選挙が仕組まれ暴力と金力をもって操作されることは、東欧諸国の〝伝統〟であった。現に、ルーマニアの米代表ベリーが「ルーマニアの民主主義の紛うことなきシンボル」とよんだ民族農民党のマニウも、実は政争と腐敗に明けくれた二〇―三〇年代の政党政治を担った指導者の一人であり、その後ファシズム組織「鉄衛団」と不可侵協定さえ結んだ人物であった[42]。

ところで、このような選挙の構造的な不正・腐敗は英軍管理下のギリシャはもちろんのことラテンアメリカ諸国においても広範にみられるものであった。そしてギリシャについて言えば、例えばポツダム会談に際して英外務省が改めて強調したように、イギリスの対ギリシャ政策の根幹は「強力で独立」した、しかも「イギリスに友好的な」国家をつくることにあったが(43)、そこで民主的な「自由選挙」が実施される展望はほとんどなかった。同様に、アメリカが親米政府の樹立と維持をめざすラテンアメリカ諸国においても、「自由選挙」をめぐる状況は既に述べたところである。要するにここで示されている問題は、四五年九月のロンドン外相理事会でバーンズがモロトフに求めた、ソ連に友好的でかつ「自由選挙」に基づいた民主的な政権という目標は、イギリスやアメリカの「勢力圏」諸国においても実現困難なものであった、ということに他ならない。

以上に検討してきたように、東欧三国の米代表達は、生起する諸問題を歴史的にあるいは相対化してとらえることができなかった、あるいはそれを怠っていた、と言えるであろう。もちろん彼らは、選挙の操作とソ連の介入が、やがてはスターリン体制と同様の恐怖支配をもたらすであろうことを早くから〝予見〟していたのかもしれない。しかし、彼らをしてソ連に対する強硬な姿勢、国務省へのきびしい突き上げを行わしめた直接的な契機は、ちょうど日本においてソ連のデレビャンコ代表がマッカーサーによって「一点の無用の家具」のように扱われたのと似た扱いを受けたところにあったのではなかろうか。もっとも、ルーマニアのACCでさえ当初より「毎週あるいは十日毎」に会合が開かれていた(44)のに対し、デレビャンコにはそもそもACCといった正式の連合国の管理機関が用意されていなかったのであり、後述するようにマッカーサーとの協議の場さえほとんど与えられていなかったのであるが。ただいずれにせよ、「イタリア方式」の〝裏返し〟の適用という大きな枠組みを十分に認識してはいなかったであろう米代表達にとっては、まことに不当な扱いとおもわれたはずである。そしてそこに反ソ・反共意識が結合されて、「ヤルタ宣言」をかかげた「原則外交」による〃突出〃が生み出されることになったのであろう。

しかしこのような行動は、対ソ関係をグローバルな立場において、言いかえれば個別の問題を相対化しつつ対処しようとするバーンズ国務長官にとっては、まことに危ういものにおもわれた。従って既述したようにバーンズは、東欧諸国の米代表達に対して再三にわたって各任地国の内政から距離をおき、政治家との接触をつつしみ、行動を抑制するように求めつづけたのである。決裂したロンドン会議から帰国した直後の十月十日にバーンズが、ルーマニアとブルガリアの「自由選挙」をめぐる状況について具体的に調査するために、ニューディールの信奉者でリベラルなジャーナリストであるエスリッジをあえて両国に派遣したのも、右に述べたバーンズの懸念のあらわれであった。つまりバーンズからすれば、例えばブルガリアのM・B・バーンズ代表は「祖国戦線の分派と余りにも親しすぎる」とみなされたように、両国の米代表は内政に「深く入り込みすぎ」ていて、いわば「木を見て森を見ない」状況にあり、従って客観的で独立した調査と分析が必要であるとおもわれたのである。(45)

四 「マッカーサー問題」

このようにバーンズ国務長官が慎重で抑制的な姿勢を示したのは言うまでもなく、東欧諸国の米代表達の〃突出〃が直接日本にはね返ってくることを恐れていたからに他ならない。例えば彼らのソ連当局に対する要求をそのまま日本におきかえて、三大国ないし四大国の管理下における「自由選挙」の実施や、「自由選挙」を確保するための〃米軍の撤退〃などがソ連、中国あるいはオーストラリア等から突きつけられるとしたならば、マッカーサーはどのように対応するであろうか。さらにバーンズにとって憂慮される問題は、実は当時東欧と日本では〃逆方向〃の動きが生じていることであった。

それは、外国人ジャーナリスト・特派員の処遇問題である。エスリッジの派遣に前後してルーマニアやブルガリアにおいては、外国人特派員の自由な取材活動と当局による検閲なしの報道が基本的に許されるようになった。[46]ところがほぼ同じ時期の十月十二日、日本ではGHQ当局が突如として、日本で駐在が許される外国人特派員(報道写真家も含む)の総数を七六人に限定する旨の指令を出したのである。[47]当時の特派員数は公式には百二人とされていたから、この指令はおよそ三分の一のカットを意味していた。百二人の内七五人は米人特派員であったから、削減数としてはアメリカが最も大きなものであった。なかでも『ボルチモア・サン』紙は事実上「追放された」といわれた。同紙はその編集長が、例えば連合国の諮問委員会が設置されるならばマッカーサーは辞任するであろうとの東京からの報道を論評して、アメリカはヨーロッパでは「多元的な行動」を提唱しながら日本や太平洋諸島については「本質的に一方的な行動」をとっているとその矛盾を鋭く突き、日本の将来は孤立した問題ではなくアメリカはヨーロッパとアジアの政策を結合させねばならないといった指摘を行い、さらにはGHQのスタッフがロシア人に対して威圧的にふるまっているとの東京からの特派員報道を伝える、といった立場に立っていた。[48]同紙特派員の「追放」の背景には、当然のことながら同紙の右のような報道姿勢があったと思われる。

そもそもマッカーサーは占領当初より、自らの占領政策に対する内外からの批判にきわめて過敏であったが、その政策の具体的なあり方が明らかになってきた当時、マッカーサーへの〝風当り〟はいよいよきびしいものであった。ニュージーランド各紙は、天皇を含む戦争犯罪者に対するマッカーサーの「寛容な政策」を手厳しく批判し、イギリスの新聞も、日本の政府は代わっても官僚制は代わらず天皇の特権も廃止されず、要するに戦前の支配層が再び基盤固めを試みているとの、東京からの長大な特派員報告を掲載していた。また十一月上旬の英ギャラップ調査によれば、マッカーサーの占領政策に満足している者三三％に対し、不満足は四四％を数えた(49)。このような状況の中で、上記十月十二日のGHQ当局の指令によって量的には米特派員の削減数が大きかったが、英紙の場合それまで五紙が東京に特派員を送っていたのに対し、今や二紙のみが駐在を許される事態となった。

さらにマッカーサーは、奇しくもバーンズが〝パラレル〟演説を行ったと同じ十月三一日に陸軍省に書簡を送り、過去二カ月間にわたってロイター通信は、日本では軍国主義を一掃する取り組みがなされていないとか、占領当局は旧勢力に〝デコ入れ〟しているといった「プロパガンダ」に満ちた記事を送りつづけているときびしく批判し、英政府に対して「注意」を促すように求めたのである。これに対しバーンズは、ロンドンの米大使館が英外務省に、「抗議の形ではなく情報として」マッカーサーの指摘を「非公式」に伝えるように指示した(50)。

ところで、GHQ当局によって「受け入れられた」特派員達には「自由な」取材が許されたのであろうか。彼らは今や宿舎であった第一ホテルの部屋を三日間留守にすると明け渡しを命ぜられることとなり、地方に取材に行って帰京すると「ホームレス」の状況を余儀なくされ、次いであてがわれる宿舎といえば冬を迎える季節にもかかわらず暖房もなくシャワーも冷水しか出ない、といった有様であった。ちなみにGHQ当局は、このような取り扱いの背景として非公式ながら「住宅不足」との理由をあげていた(51)。

なお、さらに付言しておくならば、すでに見てきたように東欧三国では英米の政治代表は各任地国の政府や国王との「直接的なコンタクト」を自由にもつことができたが、日本ではマッカーサーの指令によって、外国使節が政府と接触するためにはSCAPから事前の「許可」を受けねばならなかった(52)。

マッカーサーによる以上のような方針や行動を見る時、おそらくバーンズは、東欧三国において米代表達がかかげる〝対等性〟要求をはじめとした内政にもかかわる主張や行動が、そのまま日本にはね返ってきた場合に生ずるであろう重大な摩擦を認識していたにちがいない。彼は「二本立」管理体制案を提案する前夜の十月二六日、ハンガリーの米代表ショーエンフェルドに書簡を送り、「真の三者対等に基礎づけられた連合国管理委員会の活動」を求めるACC米代表ウィリアム・キィの要望に支持を表明しつつも、現在これ以上この問題を追求することは「何ら有益な目的にも役立たない」であろうし、「この問題に関するいかなる議論も避ける」ようにキィに伝える旨を命じたのである。(53)

しかしながら、その後もショーエンフェルドは、ソ連側は例えばハンガリー軍の削減問題といった「重要問題」では英米代表に「対等の基礎」の上での議論参加を許さないままに「連合国管理委員会の名」において指令を発し、ただ「ささいな問題」についてのみ「(三者)一致」を求めてくるとのソ連非難をバーンズに送り、またキィも、ACCの米人スタッフの出入国についてソ連当局の「許可」を求めねばならないのは不当であるといった、それこそマッカーサーが聞けばまことに〝耳の痛い〟問題等も指摘して、ポツダム協定に基づく「三者対等の誓約の実現」をあくまで要求していかねばならない、との主張をくり返した。(54)

以上、バーンズが「二本立」管理体制案を提起したにもかかわらずその先行きに不安をいだき〝動揺〟を示した背景には、第一の問題として指摘した占領軍派遣の要請問題と共に、東欧三国での米代表達の〝主張と行動〟が日本占領に及ぼすであろう〝はね返り〟の問題があったのである。

(1) Larson, *op. cit.*, p. 200 ; Hammond, *op. cit.*, p. 301.
(2) *FRUS, Quebec, 1944*, pp. 212-14.

(3) Larson, *op. cit.*, p. 200.

(4) *Ibid.*

(5) Lynn Etheridge Davis, *The Cold War Begins : Soviet-American Conflict over Eastern Europe*, Princeton Univ. Press, 1974, p. 374.

(6) *FRUS, 1944 III*, p. 509. Cf. Louis Mark, Jr., "The View from Hungary," in Hammond, *op. cit.*, pp. 194-95 ; Lundestad, *op. cit.*, p. 262.

(7) Cyril E. Black, "The View from Bulgaria," in Hammond, *op. cit.*, p. 68 ; *FRUS, 1945 IV*, p. 809.

(8) *Ibid.*, pp. 799, 804.

(9) *Ibid.*, p. 807 ; Schuyler, *op. cit.*, p. 131.

(10) *Ibid.*, p. 124.

(11) Hugh De Santis, *The Diplomacy of Silence : The American Foreign Service, the Soviet Union and the Cold War 1933-1947*, The Univ. of Chicago Press, 1979, 1980, pp. 6, 8 ; *FRUS, 1944 III*, pp. 483, 888, 933, 944.

(12) *FRUS, 1945 IV*, p. 804, n. 14.

(13) Ionescu, *op. cit.*, pp. 87-109 ; Joseph Rothschild, *Return to Diversity : A Political History of East Central Europe Since World War II*, Oxford Univ. Press, 1989, pp. 108-9.

(14) Lundestad, *op. cit.*, p. 232 ; De Santis, *op. cit.*, pp. 134-35.

(15) *FRUS, 1945 V*, pp. 539-40, 553-54, 574-76 ; Schuyler, *op. cit.*, p. 141 ; De Santis, *op. cit.*, pp. 145-46 ; Lundestad, *op. cit.*, pp. 234, 238, 241 ; Barker, *Truce*, p. 69.

(16) *FRUS, 1945 V*, p. 594 ; Lundestad, *op. cit.*, p. 239 ; De Santis, *op. cit.*, p. 163.

(17) *Ibid.* Cf. Taubman, *op. cit.*, p. 146.

(18) Oren, *op. cit.*, pp. 252-55 ; Rothschild, *op. cit.*, p. 116 ; Barker, *British Policy*, pp. 212, 221-22 ; Barker, *Truce*, pp. 52-53 ; Wolff, *op. cit.*, pp. 294-95.

(19) Black, *op. cit.*, pp. 76-78 ; Barker, *Truce*, p. 53 ; Wolff, *op. cit.*, p. 295 ; De Santis, *op. cit.*, pp. 147-48 ; Lundestad,

op. cit., pp. 261-62. なお、M・B・バーンズは「ラディカルな解決」を求めたが国務省の対応は慎重で、結局ブルガリア当局との交渉の結果ディミトロフは八月末に国外に逃れた。

(20) *FRUS*, *Berlin II*, pp. 724-25, 728-30; Black, *op. cit.*, p. 79; Barker, *Truce*, p. 56; Lundestad, *op. cit.*, p. 267.

(21) *FRUS*, *1945 IV*, pp. 284-94, 302-6, 308-9, 312; Lundestad, *op. cit.*, p. 269; Black, *op. cit.*, p. 80.

(22) *FRUS*, *1945 IV*, pp. 309, 311-12, 334-36, 345-46; Wolff, *op. cit.*, pp. 296-97; Lundestad, *op. cit.*, pp. 271-72; Black, *op. cit.*, p. 81. 選挙方式も改善されたにもかかわらずペトコフが結局十一月の総選挙をボイコットした背景には、西側からの支援に対する過大評価があった、とも指摘される。Wolff, *op. cit.*, p. 297. 新しい選挙方式については、Black, *op. cit.*, p. 82.

(23) 拙稿「比較占領史の分析枠組」『書斎の窓』三七六号を参照。

(24) 拙著、第二章第四節、第五章第二節、終章を参照。

(25) Martin Kitchen, *British Policy towards the Soviet Union during the Second World War*, London, 1986, pp. 273-74.

(26) Mark, Jr., *op. cit.*, p. 199; *New York Times*, October 18, 23, 1945; Lundestad, *op. cit.*, pp. 438-42; Stephen D. Kertesz, *Between Russia and the West: Hungary and the Illusions of Peacemaking, 1945-1947*, London, 1984, pp. 42-45; Gati, *op. cit.*, pp. 14-23.

(27) Rothschild, *op. cit.*, pp. 97-99; Gati, *op. cit.*, p. 70.

(28) Mark, Jr., *op. cit.*, pp. 189, 203-4.

(29) Lundestad, *op. cit.*, pp. 126, 134-36; De Santis, *op. cit.*, pp. 144-45; Kertesz, *The Fate*, p. 245; H. F. Arthur Schoenfeld, "Soviet Imperialism in Hungary," *Foreign Affairs*, April 1948, p. 558.

(30) Mark Ethridge and C. E. Black, "Negotiating on the Balkans 1945-1947," in Dennett and Johnson, *op. cit.*, p. 187; *FRUS*, *1945* V, p. 636.

(31) *Ibid.*; Lundestad, *op. cit.*, pp. 266, 275.

(32) De Santis, *op. cit.*, p. 206; Wolff, *op. cit.*, pp. 23, 242-43.

(33) Ethridge and Black, *op. cit.*, p. 198, 本書、九〇頁。

(34) Ionescu, *op. cit.*, pp. 89-102.

(35) Schuyler, *op. cit.*, p. 132; Barker, *Truce*, pp. 102-3, 153-54. もっとも、ソ連が後押ししたグローザ政権の副首相タタレスクは三十年代後半に首相であった際に共産党の弾圧を行った人物であるし、また共産党は戦後党勢拡大のためにファシスト団体鉄衛団の旧メンバーの入党をも認めていた。*Ibid.*, pp. 135, 137; Schuyler, *op. cit.*, p. 135; Larson, *op. cit.*, p. 121. なお、後述するエスリッジ報告も参照。*FRUS, 1945* V, p. 634.

(36) Seton-Watson, *op. cit.*, 邦訳、二七二—七三頁、Kolko, *op. cit.*, p. 405.

(37) *FRUS, 1944 IV*, p. 259.

(38) De Santis, *op. cit.*, pp. 205-6.

(39) Antonio Gambino, *Storia del Dopoguerra : Dalla Liberazione al Potere DC, Vol. I*, Bari, 1978, p. 78.

(40) *FRUS, 1945 IV*, pp. 972-75, 980-83, 987; Gambino, *op. cit.*, pp. 82-83, 85-86.

(41) 拙著、三一八頁。

(42) Seton-Watson, *op. cit.*, 邦訳、六六—六八頁、木戸『バルカン現代史』、二一四—一九、二六七頁。

(43) Woodward, *Vol.* V, p. 488.

(44) Schuyler. *op. cit.*, p. 130.

(45) Black, *op. cit.*, pp. 81, 92; *New York Times*, October 14, 1945; Lundestad, *op. cit.*, p. 244.

(46) *FRUS, 1945 IV*, p. 346; *New York Times*, October 17, 1945.

(47) *Ibid.*, October 14, 1945.

(48) *Baltimore Sun*, summary New York Tass despatch Pravda (Oct. 19, 1945), SDDF, Box No. 3812, Sheet No. SDDF (A)-00446.

(49) Despatch from American Legation, Wellington to the Secretary of State, October 6, 1945, SDDF, Box No. 3812, Sheet No. SDDF (A)-00447; Despatch from Gallman (London) to the Secretary of State on *Sunday Obserber* (Oct. 21, 1945), October 22, 1945, SDDF, Box No. 3812A, Sheet No. SDDF (A)-00459; Despatch from Winant to the

Secretary of State, November 8, 1945, SDDF, Box No. 3812, Sheet No. SDDF(A)-00453.

(50) Message from General MacArther to War Departmant, October 31, 1945, SDDF, Box No. 3812, Sheet No. SDDF(A)-00451 ; Despatch from James F. Byrnes to Embassy London, November 8, 1945, *ibid.*

(51) *New York Times*, October 14, 1945.

(52) Buckley, *op. cit.*, pp. 104-5.

(53) *FRUS, 1945 IV*, p. 900.

(54) *Ibid.*, pp. 911-12 ; *FRUS, 1946 VI*, pp. 279-80. Cf. *FRUS, 1945 VI*, p. 751.

第三節　バーンズ外交の〝選択〟

一　新提案と「憲法規定」の導入

前二節で検討してきたように、バーンズはモロトフの対案に対して激しく反発しながらも、その〝本音〟のところでは大きな動揺を示していた。しかもソ連側の意向を分析したハリマンは、次のような〝譲歩〟の必要性をバーンズに提言してきた。ハリマンによれば情勢はきわめて深刻であって、「ソ連が論理的に納得するのでなければ」同国はアメリカの政策に敵対するような手段によって「極東の安全」の構築をはかり、そのようなソ連の対応はひいては国連やヨーロッパ問題にもはね返っていくであろう、ということであった。その上でハリマンは、四大国一致の投票手続に加えてソ連が「ミニマム」と考えているであろう要求として、東京に設置される機関の名称に「管理」の言葉を入れること、SCAPはこの管理機関と「事前」に協議するばかりではなく、事態が緊急でない状況で「不一致」が生ずる場合には、「日本政府の変更」といったその性格においてきわめて重要な問題については、関係諸政府あるいはFECに協議のために付託されるとの規定を設ける、という諸点をあげたのである。(1)

既に指摘したように、十月二七日のバーンズの「二本立」管理体制案にはSCAPとAMCとの関係について、ポツダム会談に際してアメリカ側が批判したルーマニアとブルガリアのACCに関するソ連提案の新規約とほぼ同じ内容の一節があった。従ってこの点だけからしても、ソ連側が「論理的に納得する」ことはそもそも期待し得ないところであった。しかも、日本への軍隊派遣の要請や東欧における米代表達の〝対等性〟要求といった〝アキレス腱〟をかかえるバーンズにとって、ハリマンの右の提言は大きなインパクトをもつものであった。かくして十一月十七日に至りバーンズはハリマンに対し、これまでの米政府の方針の枠組みを大きく超える新提案を送ったのである。[2]

ハリマンの「有益なコメント」を参考にしつつ「ソ連の要望」にできるだけ近づく方向でまとめられた新提案では、まず東京にAMCに代わって連合国対日理事会(ACJ = Allied Council for Japan)を設置することが提起されている。その理由は、モロトフから批判を受けたように、AMCであれば軍事問題のみを扱うかのような印象を与えることを避け、政治・経済・文化等の問題をも含む指令の実施を扱うことを明確にさせるためである。さらに、このACJの機関としての〝安定性〟と〝信頼性〟をソ連側に示すためにバーンズは、およそ二週間毎に定期的に理事会の会合が開かれる旨を規程に挿入することを提案している。ちなみに、ハンガリーのACC規約では少なくとも十日に一回の会合、と規定されている。

次いでバーンズはSCAPとACJとの関係について、議長たるSCAPと他のACJメンバーの意見が一致しない場合には、いかなる政府もFECあるいは米政府に問題を提起することができ、協議の結果SCAPのとった行動がFECの政策指令の「合理的な解釈」と矛盾することが明らかとなった場合には、その行動を「修正」する手段がとられる、との譲歩を提示する。ただ、今回のACJ案の眼目は何よりも次の点に求められるであろう。つまり、連合諸国の合意に基づいて形成されるであろう日本の管理体制を変更する問題、そして「日本の憲法の改正や修正を承認する」問題にかかわるSCAPの行動は「極東委員会の決定に基づいてのみなされる」ということである。

この重要な提案は当然のことながら、FECに関する規程の修正をもたらすことになる。FECについてバーンズは、中間指令権を発出する米政府の権利は維持されねばならないと主張するが、しかしその権利は日本の情勢が遅滞を許さない場合にのみ行使され、その中間指令は事後にFECによる審査にゆだねられる、との〝歯止め〟が強調される。その上でバーンズは、モロトフの主張する四大国の全員一致という投票手続を受け入れる意向を表明すると共に、右のACJ提案と〝連動〟させる形で、「日本の憲政機構あるいは占領体制の根本的な変更」にかかわるいかなる指令もFECによる「事前の協議と承認」をうけて後に初めて発出されるとの規定を新たに挿入する、というきわめて重要な提案を行ったのである。

このように、FECでの〝事前承認〟という正にアメリカの「手をしばる」ことになる「重要問題」の対象に、占領管理体制の変更の問題と共に「日本の憲法の改正や修正」の問題を含ませることが、ソ連からではなくアメリカの側から提案されたのである。後述するように、四五年十二月のモスクワ三国外相会議においてこの「憲法規定」を含むFEC規程が正式に決定され、「憲法改正」問題がFECの政策決定事項となるわけであるが、四六年二月二六日に迫ったFECの発足総会を前に同月上旬にマッカーサーがGHQ民政局に急ぎ憲法草案の作成を命じ、十日も経ずにまとめ上げられたGHQ案が直ちに日本側に手交され、ちょうど同じ二六日の閣議において正式の受け入れが決定されたという経緯については周知のところである。(3) まさにマッカーサーにとっては〝時間との勝負〟であったわけであり、この意味からしても、戦後日本を枠組み基礎づけることになった新憲法の制定過程にあって、FECの機能に「憲法改正」問題が組み込まれたことが、決定的ともいえる重大なインパクトをおよぼしたことは明らかであろう。とすれば、この十一月十七日のバーンズの新提案は、その後の事態の展開に照らす時、文字通り期を画する意義をもつものであった。それではなぜバーンズは、この「憲法規定」の導入に踏み切ったのであろうか。以下の二つの側面から検討してみよう。

本章の冒頭で見たように、十一月四日のモロトフの対案においては、ＦＥＣでの「承認」を前提とする「重要問題」として、占領管理体制の変更に加えて「日本政府の構成の変更」(政府の交代など)がかかげられていた。この点で、ソ連側が日本政府のあり方について最も大きな関心と危惧を示していたことについても既に述べた。そして実はこの「日本政府」問題こそが、当時モロトフとバーンズとの間で激しい議論が交わされ、遂にはモスクワ会議の場に至るまで結着がもちこされることになる「重要な障害の一つ」(4)に他ならなかったのである。従って今回の新提案に際してもバーンズは、日本政府あるいはそのメンバーの変更(交代)にかかわる問題がＳＣＡＰの権限からとり上げられて四大国の全員一致の対象とされるならば、ＳＣＡＰは彼の指令を実効あらしめるに必要な本質的で根本的な権限を剝奪されることになり、ひいては連合国の政策の効果的な執行が危険にさらされるであろう旨を強調して、モロトフの要求をきびしく退けたのである。

以上の文脈で考えるならば、バーンズが米政府が「手をしばられる」ことになる「重要問題」に、将来の日本のあり方にとってそれこそ「重要」な意味をもつ「憲法規定」を導入するという譲歩にあえてふみ切った背景には、マッカーサーの基本的な管理権限を〝直撃〟しかねない「日本政府」問題に対するモロトフの攻勢を避けようとする、あるいはそれとの〝取り引き〟を行うというねらいがあった、とおもわれるのである。

次に検討されるべきは、当時すでに発足していたＦＥＡＣにおける議論と活動の状況にかかわる問題である。十月三十日にオープニング・セレモニーを終えたＦＥＡＣでは、臨時の事務局長に任命されたアメリカの元中国大使ネルソン・Ｔ・ジョンソン(十一月六日の第二回会合で正式の事務局長として承認される)が十一月一日に、ＦＥＡ

Cが長期的観点で取り組むべき諸々の課題をリストアップした「試案」を各国代表に配布して検討を求めた。[5] その「試案」には、対日基本政策、軍国主義の一掃・民主化の推進、軍需産業の縮減・管理、賠償、社会・経済問題など十一項目の課題が網羅されていたが、その第八項に「憲法改正」問題があげられていた。これをうけて同六日、オーストラリアは右の「試案」をさらに具体化したところの、全部で十三項目から成る修正案を提案したが、第九項にかかげられた「憲法改正」については、取り組まれるべき諸問題が以下の七点にわたって指摘されていた。つまり、(a)天皇、(b)国会、(c)内閣、(d)地方政府、(e)政党、(f)市民的自由、(g)新憲法の起草機関、である。[6]

なお、同六日にニュージーランドが提出した対日基本政策に関する覚書においては、天皇を含む日本の政治・社会・経済制度の「ラディカルな変更」の必要性が強調されていた。[7] またFEAC発足前夜の十月二九日に中国政府がバーンズに提出した連合国管理理事会案においては、理事会が権限を有する政策形成の課題として、(i)日本の天皇の制度、(ii)日本の政府、(iii)経済と貿易の管理、(iv)社会と文化の管理、(v)戦争犯罪人、(vi)賠償、があげられていた。[8]

さて、ジョンソンの「試案」や右のオーストラリア案等をうけてFEACでは十一月七、八日の両日にわたって各国の専門家グループによる会合が開かれ、翌九日のFEAC第四回会合においてFEACが取り組むべき長期課題がとりまとめられた。全十四項となった諸課題において第五項にかかげられた「憲法改正」問題の具体的内容は、右のオーストラリア案と全く同じものであった。さらに同日の会合においては、以上の諸課題を推進していくために六つの特別委員会を設置することが決定されたが、その第四委員会において「憲法改正」問題が取り組まれることとなった。ちなみに、当日承認された特別委員会は、第一委員会が対日基本政策、第二が経済と賠償問題、第三が民主化の推進、第五が戦争犯罪人、第六が在日外国人問題、であった。[9]

ところで、以上のFEACにおける議論と決定の過程に少なからぬ〝インパクト〟をもたらしたとおもわれるのが、十一月七日のFEAC第三回会合で行われたマックロイ米陸軍次官補の報告[10]であった。世界各地域の視察から帰米したマックロイは特に極東と日本の情勢について、中国北部には二百万の民間人となお武装解除されていない二百万の軍人からなる大量の日本人が残留していること、日本国内では憲兵隊が解散され財閥解体がはじまっていること、占領者であるマッカーサーではなく東条英機が天皇を「裏切ってミスリード」したとして「悪者」にされていること、天皇の地位の維持は占領にとって利益であり、天皇の行動は占領政策と完全に一致していること、GHQには英中ソ仏豪の将校が派遣されているが、彼らは「単なる軍事オブザーヴァー」であってマッカーサーが彼らと協議することはない、等々の諸点を述べた。

このマックロイの報告において、文脈との関係できわめて興味深いのは次の発言である。つまり「いくつかの日本人グループが日本の憲法改正について作業を行っているが、最終的な提案については、もちろんSCAPによって承認されねばならない」と。さらにマックロイはFEACそれ自体についてマッカーサーが、「FEACは自分の知ったことではない」との見解を表明したことを明らかにすると共に、バーンズが提起したAMCについては、協議をする用意はあるが発出する全ての指令の解釈について「拘束される」つもりはないし執行の「最終的権限」は保持する、とのマッカーサーの発言を伝えた。ここに明らかなことは、FEACもAMCも事実上〝無視〟するというマッカーサーの基本姿勢であり、従って「憲法改正」問題についてもFEACとは無関係にSCAPとして自らの権限において処理しようとするその強い意向である。上述したように、FEACが「憲法改正」問題を第四委員会の課題にすえて本格的に取り組む決定を行ったのは、右のマックロイ報告をうけた会合につづく九日の第四回会合においてであった。

ところで、当時FEACはそのタイトルの通りなお諮問機関にすぎなかった。しかし既にバーンズは十月二七日の「二本立」管理体制案において、FEACを政策決定機関としてのFECに改組する提案を行っていた。ということは、この十一月上旬の段階で「憲法改正」問題は、設置されるであろうFECにおける政策決定の重要課題の一つに位置づけられることが事実上決まったも同然であった。もちろん、このFECにソ連が参加するか否かはなお白紙状態である。かくしてバーンズは十一月四日のモロトフの対案に応えるにあたって、ソ連側への大きな〝譲歩〟として、さらにはFECの〝事前承認〟を必要とする「重要問題」の中に「日本政府の変更」を含ませない〝代償〟として、あえて「憲法改正」問題を新提案の〝柱〟にすえたと見ることができるのである。

なお、さらに付言しておくべき問題がある。既に前章第一節一で触れたように、十月上旬にマッカーサーは元首相近衛文麿に対して事実上憲法改正作業を委嘱したが、〝戦争責任者〟である近衛を登用したことに対する内外からの批判の高まりの中で十一月一日に至り近衛との〝絶縁〟を表明した。さらにその直後にマッカーサーは政治顧問ジョージ・アチソンに対し、近衛との議論を一切停止し、アチソンの活動を日本の「対外問題」に限定するように命じたのである。当初より国務省の〝干渉〟をきらっていたマッカーサーは、アチソンと国務省との間で交わされる全ての通信を傍受させていたが、アチソンと近衛との接触が深まり、特に十月十七日にバーンズからアチソンに憲法改正問題に関する具体的な訓令が送られたことで大いに警戒心を高めた。なぜならそれは、「国務省が、彼〔マッカーサー〕がその領分とみなしている問題にさらに浸透しようと準備している」(11)ものとみなされたからである。かくしてジョージ・アチソンは、奇しくもマックロイが、日本における憲法改正の最終的な提案はSCAPによって承認されねばならないとの報告をFEACで行ったと同じ十一月七日付のディーン・アチソン国務次官あての書簡において、「マッカーサー元帥が……できるならば国務省をこの問題〔憲法改正問題〕から締め出したいと望んでいることは、今や明らかである」と断言したのである。(12)

さてそれでは、以上の文脈で考える時、国務省がマッカーサーによって「憲法改正」問題から〝締め出された〟ことと、「憲法改正」の権限をFECが事実上マッカーサーから〝取り上げる〟内容の新提案をバーンズが行ったこととの間には、果たして何らかの関係があったのであろうか。この問題は、きわめて興味深い今後の検討課題である。

二　外相会議の開催提案

バーンズの新提案をうけとったハリマンは十一月十九日、それをモロトフに手交した。モロトフは慎重な検討を約しつつ、日本に設置されるACJについて、なぜ「管理」という言葉が含まれていないのかを問うた。ハリマンは、ドイツの管理理事会と同様の機関との印象を与えないためであり、さらに提案されている日本の管理体制は「二つの機関」に分けられており、従って東欧諸国のACCと比較されるのは望ましくないと、従来からの論点を改めて説明した。(13)

それから四日を経た十一月二三日、モロトフはバーンズの新提案に対するソ連政府の回答をハリマンに伝えた。(14)この回答においてもソ連側の関心は何よりも日本政府の問題に集中し、FECにおいて四大国の一致に依る承認を必要とする「重要問題」に、占領管理体制および憲政機構の変更と共に「全体としての日本政府の変更」をも加えるべきことが改めて強調された。そしてこの点で合意が達せられるならば、削除を求めてきた「中間指令権」の規定について、ソ連政府として〝配慮〟する用意のある旨が示唆されていた。なお東京の管理機関においても、必要な場合にSCAPが「日本政府の個々の大臣の変更」について他の連合国代表との「適切な事前協議の後に」決定することも可能であろう、との見解が併せて提示された。

ところで興味深いことは、この回答の最後においてソ連側が東欧三国の管理体制に言及していることである。それは、バーンズやハリマンがそれら諸国のACCでは〝事前承認〟制が実施されていないと批判したことに対する反論であって、ポツダム会談の前夜にソ連が提起したハンガリーの新しいACC規約における〝事前承認〟規定が改めて引用され、ポツダム協定に従ってルーマニアやブルガリアのACCにおいても右の手続が適用されている旨が強調されていた。もちろんハリマンは直ちに、ルーマニアにおけるACC運営の〝実態〟をとりあげて批判したが、いずれにせよソ連側にあっても、日本占領において米政府とマッカーサーの「手をしばる」ためには、東欧三国のACCにおける〝対等性〟をたえず強調せねばならないということであり、かくして〝実態〟のレベルでの検証にさらされることになるのである。言うまでもなく、ここにおいても日本と東欧とは〝パラレル〟な関係に立っているのである。

さてバーンズは、ソ連政府による右の回答をうけとる直前に、実はきわめて重要な次のステップに既に踏み出していたのである。ワシントンにおいてソ連側の回答が受信されるおよそ半日前の同じ十一月二三日、バーンズはハリマンに対し、モロトフにあてた至急のメッセージを送った(15)。そこでバーンズは、ヤルタ会談において、英米ソ三大国の外相が各々の首都において「輪番」で三—四カ月毎に定期的に協議せねばならないとの取り決めがなされたことを改めて指摘した上で、五月のサンフランシスコにつづいて九月十一日からロンドンで会議がもたれた経緯からして、三カ月後にあたる十二月十一日にモスクワで三国外相会議を開催してはどうか、との重要提案を行った。この提案をうけたモロトフは「非常に喜び」、三大国が「独自に会合できる」ことを想い起こしたバーンズを心から歓迎すると述べた。しかしこのモロトフでさえ、会議で討議されるべき議題に関する事前の意見交換や会議自体の準備のために「一定の時間」が必要であるとして開催日を十二月の十七―十九日以降に延ばすことを求めたように[16]、バーンズの提案はいかにも〝猪突〟な印象を与えるものであった。従って当然のことながら、国の内外において少なからぬ摩擦が生じることになった。

まず、英米ソ三国外相会議の開催提案にもかかわらず「事前通知」を受けなかった英政府と外相ベヴィンは、バーンズの「一方的行動」を激しく非難し、ベヴィンは会議への参加は「ほぼ不可能」であるとバーンズに回答した。バーンズはモロトフの了承を得た後に英政府に通知するつもりであったと〝弁明〟したが、ベヴィンは十分な準備なしの会議は「再度の失敗」をもたらすだけであり、しかも中国やフランスを除外したままでは旧枢軸五カ国との講和条約や日本・ドイツなどの問題を議論することはできないと、会議の開催それ自体にも反対した。ベヴィンがさらに危惧していたことは、バーンズがソ連側との〝問題結着〟を優先するあまり、ギリシャ、トルコ、イランなどの重要地域におけるイギリスの権益を「譲り渡す」のではないか、という問題であった[17]。しかし、このようなベヴィンの強い反対姿勢に対しバーンズは、そもそもヤルタにおいて三国外相の定期的な会議開催を求めたのは他ならぬチャーチルとイーデンであったのであり、しかも五カ国外相理事会の設置を決定したポツダム協定でも、その設置はヤルタの上記取り決めを損なうものではない旨が明記されていると反論し、遂には仮りにベヴィンが不参加であっても自らはモスクワに行くと〝見切り発車〟を通告した。かくして駐ソ英大使クラーク・カーの〝説得〟などもあって結局ベヴィンも会議開催に応ずることになったが[18]、以上の経緯が示唆するように、来たるべきモスクワ会議においてベヴィンはほとんどイニシアティヴを発揮することができず、英米間の〝不協和音〟が浮き彫りにされることになるのである。

バーンズによる性急な会議開催の提案は、彼自身の足許においても大きな波紋をひろげることになった。バーンズがモロトフに緊急提案を送ってから六日後の十一月二九日、トルーマン大統領は記者会見において、新たに「ビッグスリーの会議」がもたれる計画はあるかとの問いに対し「私は特別の会議に賛成しない」「なぜなら国際連合がその職務を遂行するのを見たいからである」と、会議開催の可能性を頭から否定したのである。[19] もちろんバーンズはモロトフに対して提案を送るにあたり、事前にトルーマンの基本的な承認は得ていた。さらに、バーンズ提案と右のトルーマンの発言とがどのように「両立しうる」のか理解しがたいとのベヴィンの質問に対してバーンズは、トルーマンが言及したのは「ビッグスリーの会議」であり、それはあくまで英首相、スターリン、米大統領による首脳会議のことを意味しているにすぎないと〝解説〟した。[20] しかしトルーマン発言が、講和条約の交渉や旧枢軸諸国の管理体制の問題をも国連に移管するという、従来方針からの「明確な転換」を示唆しているとも受けとられたのに対し、バーンズが十二月五日の記者会見で、国連とは切り離した講和会議の開催というこれまでの基本政策にいかなる変更もない旨を改めて強調した[21]ことにも示されるように、両者間には明らかにスタンスの差が認められた。ちなみに、トルーマンが当時意図した結果であるかどうかはともかく、彼自身にとってポツダム会談が最初にして最後の「ビッグスリーの会議」となったのであり、しかもそれから十年を経た一九五五年のジュネーブ四巨頭会談に至るまで、米ソ間のいかなる首脳会議も開催されることはなかったのである。

ところで、右に示されたバーンズとトルーマンとのスタンスの違いは、実はきわめて重大な意味をはらんでいた。というのも、トルーマン発言にも見られるように、およそ一カ月半後の四六年一月十日に開会が迫った国連の第一回総会を前に、戦後アメリカ外交の基調をどこにすえるか、何よりもソ連に対していかなる姿勢で臨むかという根本問題をめぐる「対立」が、当時ワシントンにおいていよいよ深刻な様相を呈していたからである。要するに、ロンドン外相理事会以来の決裂状態のまま対ソ原則外交をかかげて国連総会を迎えるか、あるいは逆に対ソ関係を

〝修復〟し〝米ソ協調〟を軸に国際政治の新しい舞台に臨むか、という「対立」であった。

言うまでもなく、とりわけ十月下旬以降のバーンズ外交は、〝パラレル〟演説にも象徴されるように後者の道を模索するものであった。しかし、このようなバーンズの対ソ認識、対ソ姿勢への危惧や批判が、当時様々なレベルにおいて顕在化し強まっていた。例えば、上記トルーマンの記者会見の二日前の十一月二七日に、当時帰国していた上海駐在のパトリック・ハーレー大使が突如辞任を表明したが、その際中国に干渉する「植民地帝国主義」と「共産主義帝国主義」を批判すると共に、蔣介石政府に反対し毛沢東の共産党に〝テコ入れ〟をはかる国務省内部の一部スタッフの「共産主義的傾向と行動」を激しく糾弾してセンセーションをまきおこした。彼が具体的に名指しした〝容共派〟の中には、当時マッカーサーの政治顧問であったジョージ・アチソンと共に、国務次官のディーン・アチソンも含まれていた(22)。かくしてバーンズはモスクワへの出発を一週間後に控えた十二月五日、ハーレーの〝告発〟をとりあげた上院外交委員会の聴問会において、国務省および〝容疑者達〟を必死に弁護せざるを得ない事態に追い込まれたのである。言うまでもなくこの事件は、後にバーンズ自身がその「ターゲット」ともなる「マッカーシズム」の一つの〝先駆け〟をなすものであった(23)。

さらに、かねてよりソ連に対する「タフ」な政策を主張し、とりわけ朝鮮、中国、日本の「共産化」の可能性を危惧していた大統領の軍事顧問リーヒ提督は、この〝ハーレー事件〟を契機に国務省内の「破壊分子」とバーンズとを結びつけて、バーンズ個人を批判の対象にすえることになった。つまり、「バーンズ長官は彼の省内の共産主義的傾向のアドヴァイザー達に対して免疫がない」ことが明らかになったとの認識を深めたリーヒは、トルーマンにも影響を及ぼし、モスクワ会議の終了後バーンズに対する公然たる非難を展開することになるのである(24)。またリーヒは大統領とJCSの〝接点〟に位置していたが、早くからソ連脅威論を唱えてきたフォレスタル長官の率いる海軍をはじめ軍部の間にも、国防予算問題をも背景に、ソ連とナチズムとを同一視する「全体主義」イメージが広がっていた。[25]

一方議会においても、ロンドン会議にバーンズの〝お目付役〟として同行したダレスをはじめアーサー・ヴァンデンバーグなど共和党の有力長老議員が、「行動基準として原則を回復する」ことをアメリカ外交に強く求めていた。そして十二月五日には共和党の上下両院の指導グループは、「小さな国々」の自決権と主権の回復をめざすというアメリカの「誓約」は最大限遂行されねばならず「これらの原則からのいかなる逸脱」も許されない、との政治宣言を採択してバーンズの東欧政策に警告を発したのである。[26] さらに、民主党のトム・コナリーとヴァンデンバーグを代表とする上院原子力委員会(十月に発足)は、後述するように原子力の国際管理問題に関するバーンズの対ソ方針にきびしい批判を加えることになるのである。

以上のように各方面からするバーンズの対ソ方針に対する批判をも受けて、トルーマン自身も十一月下旬から十二月にかけて、国務省およびバーンズ個人に対する不満と危惧の念を強めていたのである。[27] 上述したバーンズとトルーマンとのスタンスの違いには、このような背景があったのである。さらにここにおいて、両者間の関係について次の問題を指摘しておかねばならない。

そもそもバーンズはトルーマンより五歳年上で議会経験もはるかに豊富であって、ルーズヴェルトのニューディール政策の一翼を担い、戦時には「戦時動員局」の長官に抜擢されて活躍した。従って四四年十一月の大統領選挙に向けて、自他ともに最有力の副大統領候補の一人とみなされていた。しかし、リベラル左派のヘンリー・ウォーレスとのバランスの問題もあって、結局トルーマンが副大統領に就くことになったのである。[28] ただルーズヴェルトは翌年二月のヤルタ会談に際して、議会の〝まとめ役〟でもあったバーンズを、会談の成果を議会と世論にアピールする「ヤルタのセールスマン」としての役割を果たさせるべく同行させた。そしてそのルーズヴェルトが四月に死去して大統領に昇格したトルーマンはポツダム会談を前にして、ヤルタに関する「信頼し得る情報源」であるバーンズに外交問題全般を託するために、彼を国務長官に任命したのであった。(29)

以上の経緯からして、さらにはバーンズが大統領をあたかも上院における「ジュニア・メンバー」かの如くに扱いつづける両者の関係もあって、トルーマンがその後外交問題を事実上バーンズに〝白紙委任〟したことは、当時ホワイトハウスでは良く知られていた。現に、例えばロンドン外相理事会においてもトルーマンはバーンズに「完全な行動の自由」を認め、従ってその決裂に関しても、バーンズの側近ボーレンも指摘するように、バーンズは「いつものように」大統領に相談することもなく行動したのである。(30) 後にトルーマンはそのメモアールにおいて、当時バーンズは外交問題の遂行に関して大統領が「全責任」を引き受けねばならないということを認識せず、あたかも「副大統領」あるいは「大統領」そのものであるかのような「幻想」をもっていたと非難しているが、(31) 少なくともモスクワ会議が終了するまでは、右に述べたようにトルーマン自身が「外交政策の全面的な責任」をバーンズが担うことを認めていたのである。

三　〝結節点〟としての「日本問題」

かくしてバーンズはトルーマンの消極姿勢にとらわれることなく、自らのペースでモスクワ会議の開催に向けて突きすすんだのである。しかしそれにしても、議会や軍部そして国務省内部にもバーンズの対ソ妥協方針への批判が高まっている中で、なぜバーンズは「通常の外交的手続の違反」(32) と自ら認めるくらいに性急な形でモスクワに乗り込む決意を固めたのであろうか。彼独特の「本能と直観」[33]において、バーンズはどのような見通しを描いていたのであろうか。

まず指摘できることは、ベヴィンの求めに応じてバーンズがかかげた討議されるべき議題[34]に明らかなように、当時国際政治の舞台において、そして何よりも米ソ間において、早急に解決が求められている諸問題が文字通り山積していたということである。つまり、旧枢軸五カ国との講和条約の問題、朝鮮における独立政府設立の問題、中国北部の日本軍の武装解除問題、ブルガリアとルーマニア政権の承認問題、そして日本の占領管理体制の問題、等々である。当時重要問題として急浮上しつつあった原子力の国際管理問題やイラン北部からのソ連軍撤退の問題はともかくとしても、以上の諸問題はロンドン決裂以来ことごとく袋小路に陥り、しかも時間が経過すればするほどソ連による〝既成事実〟のおしつけが進行していく恐れがあった。[35]そしてバーンズにあっては他ならぬ日本問題こそ、これら錯綜した困難な諸問題を解きほぐす〝結節点〟とみなされたのである。それは、既述したスターリンとハリマンのソチ会談の〝結論〟からもたらされたところの、「ロンドンの理事会を妨げたものはバルカンではなく日本問題であったという彼〔バーンズ〕の信念」[36]に基づいていた。そこには当然のことながら、モスクワ会議を提案するに際して「国務長官は、日本の占領における地位を求めるロシアの要請を拒否する一方で、ルーマニアとブルガリアにおける米代表のより多くの権限を追求することは困難であるということを認識していた」[37]とギャディスも指摘するように、問題を〝相対化〟するバーンズの視点があった。

それではバーンズには、諸問題を解決に導く〝突破口〟として日本問題を結着させる見通しはあったのであろうか。彼は会議開催の必要性をベヴィンに説明するための十一月二七日のテレタイプによる対談において、日本の占領管理体制の問題についてはモロトフとの交渉の結果「論争点はしぼられた」と指摘し、モロトフに提起するために準備している「我々の最後の提案」をベヴィンにも送ることを約した。しかし十一月三十日と十二月一日に英中両大使に手交された「最後の提案」は、十一月十七日にバーンズがモロトフに提示した新提案と同じもので、それを正式の規程として成文化したものであった。[38] 要するに、十月以来の米ソ間の交渉において英中両国が完全に〝カヤの外〟におかれてきたことが改めて浮き彫りになったわけである。ただそれはともかくとして、バーンズが今回の提案は「ソ連政府の立場をできる限り満足させる目的」でつくられたと強調したように、[39] バーンズにあっては、なお部分的修正が求められるとしても、基本線においてソ連側と合意に達することができるとの見通しをいだいていたことは間違いない。

たしかに当初のFEAC案からみるならば、東京におけるAMCと政策決定機関としてのFECという「二本立」管理体制案を経て、四大国一致の議決手段の下に占領管理体制と「憲法改正」問題についてはFECでの承認を前提とするという今回の提案は、ソ連の要求に大きく歩み寄ったものであろう。国務次官のアチソンも十二月一日に中国大使魏道明に「最後の提案」を手交した際、ソ連との非公式折衝をくり返した結果「今や有益な議論の結末を迎える……地点に到達した」との感想を述べた。[40] そして彼も指摘するように、残る主要な問題は日本政府の変更問題の取り扱いにしぼられてきていたのである。

かくして、モスクワでのスターリンとの直接会談において伝達されるべく準備された大統領の親書においては、その冒頭部分に日本の管理問題が位置づけられ、「あなた方の見解にできる限り合致するとおもわれる」ところまで努力した旨が強調されたのである。[41] かつてソチ会談に際してハリマンに託された同じトルーマンの親書が、「ここには日本問題は何も触れられていない」とスターリンによってきびしく批判されたことに比すならば、文字通り一八〇度の転換であった。しかしバーンズにあっては、これは然るべき〝論理的帰結〟であった。なぜなら先に触れたように、ロンドンの決裂の原因が日本問題にあったことが認識された以上、その日本問題の結着を最優先において諸問題の解決をはかることは、とられるべき当然の手順であったからである。そしてここにおいて、四五年の秋から冬にかけての国際政治における最大のネックの一つが、他ならぬ日本の占領管理体制の問題であったことが改めて浮き彫りになってくるのである。

三国外相会議に臨むバーンズの基本的なスタンスを見る上でさらに検討されるべきは、原子力の国際管理問題であろう。実は彼が十一月二三日にモロトフに会議開催の提案を送った際には、バーンズには右の問題を会議の議題に含ませるつもりはなかった。しかし側近のコーエンや科学者達の忠告をうけて、バーンズは逆に、積極的に原子力問題を第一議題にすえるように英ソ両政府に提案することになったのである。(42)

そもそもバーンズにあっては既に見たように、九月のロンドン会議を前にして「ポケットに爆弾(原爆)という暗黙のおどしを入れていきたい」と語ったことが伝えられたりして、原爆を交渉のテコとする「原爆外交」とか「ガンマン・スタイル外交」といった評価が与えられた。彼がそこまで意識してモロトフとの交渉に臨んだか否かはともかくとして、当時バーンズがソ連に対して原子力に関するいかなる情報提供を行うことにも反対していたことは間違いない。ロンドンから帰国した直後の十月十日の三人委員会においてもバーンズは、「爆弾の将来」に関して国際的な議論を始める前に、まず然るべき講和条約が果たしてまとめられるのかどうかが問題とされねばならないと指摘し、アメリカが受け入れられる旧枢軸五カ国との講和条約にソ連が調印するまではアメリカの原爆独占を維持する、とのきびしい姿勢を打ち出していた。(43)

しかしその後、原子力の国際管理を求める内外世論が高まる中でイギリス・カナダ両国の首相がワシントンを訪問し、十一月十五日英米加三国共同宣言が発せられた。この宣言は、破壊的目的のための原子力使用を根絶し、平和的・人道的な使用を促進するために国連の下に委員会を設置すべきことをうたっていた。もっとも、宣言が予定している段階的措置に従えば、委員会において効果的な査察体制や保障措置がつくり上げられるまでは、アメリカには原爆独占を維持する道が開かれていた。[44] とはいえ、とにかくも国連の委員会を通して原子力を国際管理の下におくという方針が打ち出されたことによって、バーンズは重大な選択を迫られることになった。つまり、翌年一月の国連初総会において、ソ連を排除したまま英米加三国だけで右の方針を提案するのか、あるいは事前にソ連にも参加を求めるのか、という選択である。

問題は、対ソ関係全般に大きな影響を及ぼす恐れがあった。当時モスクワのハリマンも、ロンドン外相理事会におけるモロトフの「攻撃的姿勢」の背景には原爆問題もあったことを改めて指摘しつつ、今やソ連がアメリカを先頭とした「敵対的世界」の出現に対して〝身構え〟つつあることに警告を発していた。かくしてバーンズもようやくにして、アメリカがパワー・ポリティックスの外交的手段として原爆を用いているとソ連が信じている限りは、懸案の重要諸問題についてソ連の協力を得ることは困難であろう、との結論に達した。[45] 従って、バーンズが原子力の国際管理問題を急遽モスクワ会議の議題に加え、しかもそれを第一議題にすえると共に科学的情報の提供についても積極姿勢に転じたことは、ソ連に対する象徴的なメッセージを意味していたのである。

このようなバーンズの対ソ譲歩の方針に対しては、コナリーやヴァンデンバーグなど上院の原子力委員会のメンバーがきびしい批判を加え、他方モロトフの側は、あたかも原子力問題を重視していないかの如き姿勢を装いつつ、同議題を「最後の議題」に移すように求めた。[46] とはいえ右のバーンズの〝転換〟によって、モスクワ外相会議は戦中戦後のソ連が加わった一連の大国間会議が超えられなかったきわめて重要なハードルを一気に飛び超えることとなった。つまり、「原爆がもはやタブーの問題ではなくなった」[47] のである。

(1) *FRUS, 1945 VI,* pp. 844, 850-51.
(2) *Ibid.,* pp. 856-60.
(3) 古関彰一『新憲法の誕生』中央公論社、一九八九年、九六―一三五頁。
(4) *FRUS, 1945 VI,* p. 872.
(5) FEAC 10, "Long Term Agenda of the Commission," note by the Temporary Secretary Nelson T. Johnson, 1 November 1945, FEC, Box No. 1, Sheet No. FEC(A)-0003.
(6) FEAC 10/1, "Australian Suggestions concerning Long Term Agenda," 6 November 1945, *ibid.*
(7) FEAC 2/1, "New Zealand's General Policy with regard to Japan," 6 November 1945, FEC, Box No. 1, Sheet No. FEC(A)-0001.
(8) *FRUS, 1945 VI,* pp. 802-3.
(9) Confidential Minutes of Second FEAC Meeting, 6 November 1945, Fourth FEAC Meeting, 9 November 1945, FEC, Box No. 3, Sheet No. FEC(A)-0018; FEAC 10/2, "Long Term Agenda for the Commission," 9 November 1945, FEAC 10/3, "Suggested Work Program for Ad Hoc Committees," 9 November 1945, FEC, Box No. 1, Sheet No. FEC(A)-0003.
(10) Mr. McCloy's Address, Confidential Minutes of Third FEAC Meeting, 7 November 1945, FEC, Box No. 3, Sheet No. FEC(A)-0018.
(11) Clayton James, *op. cit.,* p. 121, 古関、前掲書、一九一―二〇頁。
(12) *FRUS, 1945 VI,* p. 837.
(13) *Ibid.,* p. 862.
(14) *Ibid.,* pp. 865-68.
(15) *FRUS, 1945 II,* p. 578.
(16) *Ibid.,* pp. 579-81.
(17) *Ibid.,* pp. 581-85; *DBPO, S. I, Vol. II,* p. 666; Bullock, *op. cit.,* p. 206.

(18)　*FRUS, 1945 II*, pp. 594-95 ; *DBPO, S. I, Vol. II*, pp. 636-37 ; *A Decade of American Foreign Policy*, 1985, p. 30.
(19)　*New York Times*, November 30, 1945 ; Larson, *op. cit.*, pp. 235-36.
(20)　*FRUS, 1945 II*, p. 592 ; George Curry, *James F. Byrnes* (*The American Secretaries of State and Their Diplomacy, Vol. 14*), New York, 1965, p. 162.
(21)　*New York Times*, December 6, 1945.
(22)　*Ibid.*, November 28, December 6, 1945 ; Curry, *op. cit.*, pp. 135, 164-65 ; Messer, *The End of an Alliance*, p. 145 ; H. Bradford Westerfield, *Foreign Policy and Party Politics : Pearl Harbor to Korea*, Yale Univ. Press, 1955, pp. 252-54, 永井陽之助『冷戦の起源』中央公論社、一九七八年、一二八—一二九頁。
(23)　Messer, *The End of an Alliance*, pp. 145-46 ; Messer, "Et Tu Brute !," p. 21, n. 5, 永井、前掲書、一二八—一二九頁。
(24)　Thomas E. Lifka, *The Concept "Totalitarianism" and American Foreign Policy 1933-1949, Volume One*, New York, 1988, pp. 387-88 ; Curry, *op. cit.*, p. 107 ; Larson, *op. cit.*, pp. 146-47 ; Westerfield, *op. cit.*, p. 206, n. 5.
(25)　Lifka, *op. cit.*, pp. 388-95 ; Burnes, *op. cit.*, pp. 232-33.
(26)　*New York Times*, December 6, 1945. Cf. Westerfield, *op. cit.*, pp. 204-5 ; Lifka, *op. cit.*, p. 372.
(27)　Larson, *op. cit.*, pp. 243-44.
(28)　Messer, *The End of an Alliance*, Chapter Two ; Westerfield, *op. cit.*, pp. 193-96.
(29)　Messer, *The End of an Alliance*, pp. 35-37 ; Messer, "Et Tu Brute !," pp. 32-35.
(30)　Messer, *The End of an Alliance*, pp. 148-49 ; Larson, *op. cit.*, pp. 150, 243 ; Charles E. Bohlen, *Witness to History 1929-1969*, New York, 1973, p. 247.
(31)　Truman, *Memoirs*, p. 487.
(32)　Byrnes, *Speaking Frankly*, p. 109.
(33)　Larson, *op. cit.*, p. 243.
(34)　*FRUS, 1945 II*, p. 587.

(35) Robert Murphy, *Diplomat among Warriors*, New York, 1964, 古垣鉄郎訳『軍人のなかの外交官』鹿島研究所出版会、一九六五年、三八〇頁。
(36) Ward, *op. cit.*, p. 57.
(37) Gaddis, *Origins of the Cold War*, p. 276.
(38) *FRUS, 1945 II*, p. 583 ; *DBPO, S. I, Vol. II*, p. 675.
(39) *FRUS, 1945 VI*, p. 873.
(40) *Ibid.*, p. 872.
(41) *FRUS, 1945 II*, p. 687.
(42) Gaddis, *Origins of the Cold War*, pp. 276-77 ; *FRUS, 1945 II*, pp. 587, 599.
(43) CT Minutes, October 10, 1945. Cf. *Forrestal Diaries*, pp. 102-3.
(44) *A Decade of American Foreign Policy*, 1985, pp. 863-64 ; Larson, *op. cit.*, pp. 233-34.
(45) *FRUS, 1945* V, pp. 922-24 ; Larson, *op. cit.*, p. 237.
(46) Lifka, *op. cit.*, p. 98 ; *FRUS, 1945 II*, p. 600 ; Byrnes, *Speaking Frankly*, pp. 265-66.
(47) Messer, *The End of an Alliance*, p. 137.

第四節 モスクワ三国外相会議

一 「二本立」管理体制の決定

以上の経緯を背景に、結局十二月十五日から開催されたモスクワ三国外相会議においては、翌十六日の第一回会合の場でバーンズが、日本の管理体制についてアメリカとしての正式提案を提出した。それはFECとACJの両組織の規程案であったが、その内容は先述したように十一月末日と十二月一日にワシントンの英中両大使に手交された「最後の提案」と同じものであり、要するに既に十一月十七日にモロトフに送られた新提案を成文化したものであった。(1) ここに示されているように、イギリスは十月中旬以来の米ソ間交渉から事実上除外されてきたわけであったが、それでは英外相ベヴィンはどのような立場で外相会議に臨んだのであろうか。彼はモスクワに発つ前夜に「日本の管理」と題する覚書をまとめていたが、(2) そこにおいて日本の降伏以降の諸議論を踏まえつつ、バーンズの新しい提案に関して次のような問題点をあげていた。ベヴィンはまず、FECにおける議決方法について、四大国の内「三カ国の合意」という英政府のかねてからの主張を再確認した上で、バーンズが今回ソ連の要求する四大国の「全員一致」方式に「屈する」提案を行ったことに危惧を表明している。さらにベヴィンはACJの構成メンバーについて、バーンズ提案では米中ソ三カ国に加えて「英連邦諸国の一代表」と、あたかも英連邦を「一つの政治体」とみなすような規定がなされている点を批判し、オーストラリアに「個別の代表権」が付与されるべきこと、それが不可能な場合には「イギリス・オーストラリア合同代表」を要求していくことが必要であろう、と指摘している。

ただベヴィンは右のような問題点を提起しつつも、仮りに米ソ両国がバーンズ提案を基礎に合意に達するならば、イギリスが「デッド・ロックを長びかせる責任」を負うべきではないであろうと、事実上英政府としても異論を唱えない旨を示唆しているのである。要するにベヴィンにあっては、今回のバーンズ提案が米ソ二国間交渉を経てアメリカが「でき得る限り」ソ連の要求に「譲歩」した結果まとめ上げられたものである(もっとも、「ロンドン条項」も重要な基礎を成しているのであるが)という現実を前にして、もはやイギリスが何らかイニシアティヴをとり得る余地はほとんど残されていない、ということであった。従って、現に会議が開かれてからも、イギリス側は上記の必ずしも「死活的ではない」問題等について「代案を提出する権利を留保する」との覚書を提示しただけで、結局独自の提案や修正案を提出することはなかったのである。(3)

さて、以上に見たような英米ソ三国間の関係は、十八日の第三回会合での議論に如実に反映された。その席でベヴィンは、米ソ間の交渉の正確で具体的な内容については知らされてこなかったと不満を表明し、この度提出されたバーンズ提案は米ソ両代表によって既に合意を見たものであるのか否かを、皮肉をこめて問いただした。もちろんバーンズもモロトフもその点は直ちに否定したが、モロトフは過去二カ月をこえる米政府との交渉は「有益で実り多いものであった」との率直な感想を述べ、今や米ソ間の見解は「当初よりもはるかに接近した」と指摘した。(4)この指摘の限りにおいて、バーンズが日本問題の結着を諸問題解決への〝突破口〟にすえた「戦略」は当たっていた、と言えるであろう。また、後にモスクワから帰英したベヴィンが四六年一月一日の閣議への報告において、議論の冒頭から「〔米ソ間で〕多くの事前の協議が行われていたことが明らかになった」との怒りのこもった発言を行ったのも、十分にうなずけるというものである。(5)

ただモロトフは、なお執拗であった。彼はベヴィンとは異なり、バーンズ提案に対してソ連側としての正式の修正案を提出したのである。(6) もっともその内容は、十一月十七日のバーンズの新提案に対する二三日のソ連政府の回答とほぼ同じものであった。つまり、米政府とSCAPの最終的な管理権を前提とした上で、FECにおいて四大国の一致に依る承認を必要とする「重要問題」に、占領管理体制や憲政機構の変更に加えて「全体としての日本政府の変更」を含めること、ACJの名称をACCに変えること、そのACCの一メンバーとSCAPとの間で右の三重要問題の執行について不一致が生じる場合には、FECにおいて承認がなされるまではSCAPの決定は実施にうつされないこと、SCAPは「日本政府の個々の大臣の変更」についてACCとの「適切な事前の協議の後に」決定すること、などであった。

要するに、「当初よりはるかに接近した」米ソ間の見解において最後の重要争点は、日本政府の問題にしぼられていたのである。そして翌十九日の会合において、この争点は事実上の結着を見ることになった。なぜならバーンズが、ACJの名称変更を除く他のソ連側の要求をほぼそのまま受け入れる修正案を提出したからである。(7) こうしてバーンズは、占領管理体制、憲政機構、「全体としての日本政府」のあり方がFECにおける〝事前承認〟の対象とされて米政府とSCAPの手をしばることとなり、また東京においては「個々の大臣の変更」についてSCAPが〝事前協議〟を求められることになるという、きわめて重要な譲歩に踏み切ったわけであった。

実質的な討議としては前日に行われたばかりの日本の管理問題について、バーンズが早々とソ連側の要求に歩み寄った背景には、モロトフとの議論を通して「この問題〔日本管理問題〕に対するソ連の重大な関心についてのハリマン大使の報告が決して誇張ではなかった」[8]ことが確認された、という事情もあったであろう。しかしさらに重要な点は、先述してきたように日本問題を他の重要問題解決への突破口にすえるというバーンズの「戦略」であったといえる。より具体的には、同じ十九日の夜半に予定されていたスターリンとの直接会談に焦点があてられていたはずである。というのも、バーンズはモスクワでの外相会議開催を提案する重要なねらいの一つとして、直接スターリンと会見し彼と交渉するチャンスを獲得することを強調していたように、「柔軟性のないモロトフ」相手よりもスターリンとの方が「取り引きがやり易い」とみなしていたからである。[9]そして現に当夜の会見においては、日本問題解決に向けてのアメリカ側の努力を冒頭から強調したトルーマンの親書が手交されただけで、ソチ会談とは全く違ってスターリンの側からは日本問題は一切出されず、バーンズは直ちに懸案の講和条約の問題から交渉を始めることができたのである。[10]

このようにバーンズが、マッカーサーが自らの管理権限に属するものとして強く抵抗するであろう憲法の改正や日本政府の変更の問題についてもFECでの承認事項とすることに踏み切った結果、日本の管理体制をめぐるその後の議論は、FECへのインド加入問題とACJにおける英連邦諸国の代表権問題という、専らイギリスにかかわる問題に事実上しぼられることになった。前者の問題については、イギリスの植民地体制への批判を背景にインドを「主権国家ではない」としてFECからの排除を主張するモロトフと、インドは既にFEACのメンバーとして活動してきたと〝既成事実〟を主張するベヴィンとの間で激しい議論が交わされた。そこにはまた、FECの議決方法について、四大国の「全員一致」方式をとるドイツの管理体制が行きづまっている実情を踏まえて、四大国の内「三カ国の合意」を主張するベヴィンと、その主張にソ連の拒否権を事実上行使不能にさせるという政治的ねらいを見るモロトフとの対立が絡まることになった。[11]もっともこの議決方法については、バーンズ提案自体が四大国の「全員一致」を規定しているところから、ベヴィンは引き下がることになったが。
英連邦諸国の問題についてはベヴィンは当初、オーストラリア、ニュージーランド、インドにACJでの「効果的な代表権」が与えられることを求める「コメント」を提出していたが、二十日の第四回会合においてはイギリスとオーストラリアの代表が各々別個にACJに加わることを求めた。しかしこれに対しては、米中ソの代表に英連邦諸国の代表一人を加えた四代表から成るACJを提案しているバーンズが、あくまで構成メンバーは四人に「制限」されるべきことを主張して強く反対した。(12)

以上の諸問題は二一日の非公式会合において、ことごとく結着を見ることになった。まずモロトフが、FECへのインド加入を受け入れる意向を表明した。なお彼はACJの名称をACCに変更せよとの要求についても、ここにおいて最終的に断念した。一方ベヴィンはACJの構成メンバーについて、オーストラリアの独自代表の加入が認められなかったことを踏まえて、バーンズ提案にある「英連邦諸国の一メンバー」という表現を「イギリス、オーストラリア、ニュージーランド、インドをまとめて代表する一メンバー」に修正することを求め、バーンズとモロトフの承認を受けた。(13)

以上の経緯を経て最終的な合意を見たFECとACJの規程については、翌二二日に直ちに中国政府に伝達され、その後関係各国にも送られた。ところで、三国外相による合意事項の性格をめぐってベヴィンは、それがFECを構成する他の諸国との関係において「決定」を意味するのか「単なる勧告」を意味するのか、という問題を提起した。彼が念頭においていたのは何よりもオーストラリアであって、同国との協議なしに最終的な決定が下されるとなれば「困難な情勢」が生じかねない、とベヴィンは危惧していたのである。しかし、この点についてバーンズは、仮りに他の諸国と「協議」を行って一国でも反対することになれば全く動きがとれなくなるとの理由から、あくまで三国外相による合意事項に各国の「参加」を求めるという、事実上の〝最終決定〟として扱うべきことを強く主張した。そしてすかさずモロトフも「バーンズ氏は正しい」と発言し、結局ベヴィンの提案は受け入れられなかったのである。[14] 文字通りイギリスを排した〝米ソ協調〟が象徴的に示された場面であった。

二 「第二のヤルタ」

ところで、このような〝米ソ協調〟は他の重要議題の取り扱いにおいても基本的に貫かれた、と言えるであろう。きわめて図式的に整理しておくならば、アメリカがルーマニアとブルガリアの政権問題、イランからのソ連軍撤退問題においてソ連に譲歩し、ソ連は中国北部からの米軍撤退問題、原子力の国際管理問題においてアメリカに譲歩し、講和条約の問題と朝鮮問題については互いに譲歩し合った、ということであろう。[15] しかもこれらの相互譲歩と妥協は、十九日と二三日の二回にわたって行われたバーンズとスターリンとの直接会談を軸に展開されたのである。

まず、ロンドン外相理事会以来の最大の懸案であった旧枢軸五カ国との講和条約の問題については、条約の起草を休戦協定署名国のみによって行うというソ連の主張を英米側が受け入れる一方、条約を最終的に承認する講和会議への参加国のリストについては、スターリンの〝決断〟によってバーンズの提案にモロトフが譲歩した。[16] 次いで朝鮮の問題については、それまでアメリカは信託統治方式を主張しソ連は早期独立を支持していたが、最終的にとりまとめられた協定文においては、民主的な臨時政府の樹立、米ソ共同委員会の設置、両者の協議を経ての四大国(英米中ソ)信託統治の提案、というプロセスが打ち出された。[17]

「激しい議論をひきおこすであろう」とバーンズが危惧していた原子力の国際管理問題については、意外にも二三日のバーンズとスターリンとの直接会談において両者間の主張に「ほとんど違いがない」ことが確認され、結局ソ連側は英米加三国共同宣言をうけた米側提案をわずかな修正を除いて受け入れ、年明けの国連総会に向けてソ連も共同提案国に加わる(中国、フランスも含めて)ことが取り決められた。[18] また中国北部からの米軍撤退問題については、モロトフが満州のソ連軍との「同時撤退」を強く主張したのに対し、バーンズは中国共産軍の存在が問題を複雑にしていると反論したが、スターリンが蔣介石政権の正統性とマーシャル米特使の活動への〝期待〟を再確認したのを受けて、結局満州のソ連軍については撤退期限を四六年二月一日と明記し、米軍の撤退については日本軍の武装解除という任務の完了後との、期限を特定しない取り決めがまとめられたのである。[19]

他方、十一月中旬にイラン北部のアゼルバイジャン地方で発生した民族暴動にかかわってソ連の介入を危惧する英米両政府は、同地方に駐留するソ連軍の早期撤退を求め、モスクワ会議でも緊急議題として非公式会談で取り上げられた。モロトフはギリシャ、インドネシア、イラン南部等に駐留する英軍や中国北部の米軍の撤退問題とからませる議論を展開しつつも一時は、イラン問題にとりわけ重大な関心をよせるベヴィンが提案した三国委員会の設置に同意する意志表示を行った。しかし、最終段階に至ってそれを拒否して議論を打ち切ることを求め、バーンズも「会議が成し遂げた立派な成果」をまとめ上げる作業を「危険にさらしたくない」との理由でモロトフ提案に同意したためベヴィンは孤立し、結局イラン問題については何らの取り決めもないままに終ったのである。[20]

それでは、ロンドン会議以来日本問題と〝表裏〟の関係で論じられてきたブルガリアとルーマニアの両政権承認問題は、どのような結着を見たのであろうか。バーンズはモロトフに対して、両政権のあり方にきびしい評価を下した特使エスリッジの報告[21]を手交すると共に独自の解決案を提示した。それはまず政府の拡大改組であり、ブルガリアの場合は祖国戦線の内外で政権に参加していない民主諸政党の代表者の入閣であり、ルーマニアの場合は民族農民党と自由党の代表者の政権参加である。次いで、改組された新政権が秘密投票による自由選挙の実施(ブルガリアでは六カ月以内、ルーマニアでは「特定期間内」)を「誓約」すること、また選挙の実施に直接責任をもつ「重要諸閣僚」(具体的には内相と法相)が特定の一政党によって支配されないことの保証、である。そして以上の要件が満たされた段階で米政府による両政権の承認がなされる、ということである。[22] この提案に対しモロトフは、ブルガリアでは既に十一月十八日に、米紙『ニューヨーク・タイムズ』でさえ「秩序正しい」と評価した総選挙が行われていること、ソ連占領下のハンガリーにおいても自由な選挙が実施されたこと、アメリカはギリシャに対しては ルーマニア・ブルガリアと「異なった態度」をとっていること、等々をあげてきびしく批判を加えた。しかし結局この問題も、二三日のバーンズとスターリンとのトップ会談を経て結着をみた。[23]

まずルーマニアについては、英米ソ三国の代表から成る委員会がルーマニア当局に対して民族農民党と自由党のそれぞれ「一メンバー」を入閣させるように「アドヴァイス」すること、ブルガリアの場合はソ連政府がブルガリア当局に民主的諸グループの「二人の代表」を入閣させるように「友好的にアドヴァイス」すること、であった。ただ、ルーマニアについては改組された新政権が早期の自由選挙実施を「宣言」することが英米側による承認の前提条件であったのに対し、ブルガリアの場合は政府の拡大改組の実施によって承認が与えられることになり、自由選挙については何ら言及されていないのである。またルーマニアとブルガリアのいずれにおいても、新たな入閣者については「当政府にふさわしく忠実に勤める」者との条件がつけられる一方、バーンズが求めていた「重要諸閣僚」の一党支配の排除は結局受け入れられなかった。[24]

このようなルーマニア・ブルガリア問題の結着のあり方は、日本問題のそれと「同じパターン」に従い、文字通り〝パラレル〟であったと言えるであろう。つまり、ソ連とアメリカの実質的な管理権・支配権は維持され保証される一方で、それを侵さない〝ギリギリ〟のレベルでの譲歩が互いに行われる、ということである。[25] しかも上述したように、これらの問題は他の重要問題の結着と複雑かつ密接にからまり合い、全体として相互譲歩と妥協がはかられたのである。かくしてここに示されたバーンズ外交については、彼がポツダムで採用した「一括取り引きと同じ性質」のもの、あるいは「クウィド・プロ・クオ(取り引き)交渉戦術」への復帰とも指摘されたのである。[26]

しかし、交渉スタイルやその内実から見るならば、むしろヤルタ会談のそれに比すことができるであろう。実際トルーマンもおらずロンドン会議の〝お目付役〟ダレスもいない中で、バーンズは自らを「フリー・エージェント」とみなし、会議期間中もワシントンと十分な連絡をとることもなかった。[27] しかも、そもそも会議の開催に反対であったベヴィンは会議それ自体においても〝疎外〟され、重要問題についてはバーンズとスターリンとの直接会談において事実上の結論が導き出されたのである。

このような「ルーズヴェルトの交渉パターンへの明確な復帰」[28]は、交渉結果にも示された。例えば、ルーマニア問題に関する今回のモスクワ協定とポーランド問題に関するヤルタ協定とは、その内容、構成、そして文章表現までも酷似していた。つまり、民主的勢力の代表者の入閣による政府の拡大改組、それを促すための三国代表による委員会の形成、新政府による「自由で拘束のない選挙」を実施することの誓約、以上を踏まえての英米政府による外交的承認、である。[29] もっとも、政府の「民主的」拡大改組という形の〝妥協策〟については、その〝起源〟をイタリアに求めることができる。第二章第一節三で見たように、四三年十月のモスクワ三国外相会議においてイーデン英外相とハル米国務長官は「イタリア方式」をモロトフに押し付ける〝代償〟として、モロトフが主張した国王・バドリオ政権の「民主的」拡大改組を求める共同宣言の採択に同意したのである。但し、イタリアの場合は旧体制の政権に入閣が求められる「民主的」グループとは反ファッショ勢力であったが、ポーランドやルーマニアの場合

の「民主的」グループとは旧体制の勢力であり、その関係は全く逆である。(30)

ただいずれにせよ、今回のモスクワ会議においてバーンズはルーズヴェルトがかつて構想していた対ソ政策と「ほぼ同じ結論」に達したと指摘され、あるいは「モスクワでのバーンズの努力とヤルタにおけるルーズヴェルトのそれとの間の類似(パラレル)」が強調されるのである。(31) この意味において、モスクワ会議はまさしく「第二のヤルタ」であり、〝米ソ協調〟の第二の頂点(同時に最後の頂点となるのであるが)であった。

従って、十二月二七日付のモスクワ協定の全文が新聞発表されると、英米側のマスコミや世論も大いに歓迎の声をあげた。例えば『ニューヨーク・タイムズ』紙も「平和への新しいスタート」と題する解説記事において、同協定は「あらゆる点において、ドイツと日本が降伏文書に署名して以来、世界に示された最も希望に満ちた文書である」と述べ、そこで達成された合意は「新しい対立の暗雲」をふき払い、「いかなる国際的解決においても最初の本質的なステップ」を成すものであり、「要するにそれは平和の勝利であり、その意味において人類の勝利である」と称讃した。(32)

三 「ソヴィエトのミュンヘン」

しかし、問題はワシントンにあった。前節二で見たように既に十月下旬以来のバーンズの対ソ譲歩姿勢に警告を発し批判を加えていた諸勢力が、公然たるバーンズ攻撃を一斉に開始した。リーヒ提督はモスクワ協定を、かのミュンヘン会談におけるチェンバレン英首相の「宥和政策」になぞらえて「宥和文書」とよび、トルーマンとホワイトハウスが「バーンズの新しい政策」に対決するように求めた。またヴァンデンバーグ上院議員も同協定を「ソヴィエトのミュンヘン」とみなし、トルーマンに対して「超党派外交」からの決別も辞さないとの圧力を加えた。[33]そしてトルーマン自身も、記者会見などではモスクワ会議が「建設的な結果」をもたらすであろうと述べつつも、会議期間中の〃情報疎外〃や個人的あつれき、さらに何よりも各方面からのバーンズ批判を背景に、事実上バーンズとの対決に踏み出した。[34]「大統領が外交問題遂行の全責任を負わねばならない」ことをバーンズに明確化させる必要性を痛感したトルーマンは四六年一月五日、バーンズにあてて次のような「厳重警告」の書簡を認めた。トルーマンは「最終決定を下す大統領の特権」に改めて注意を促し、モスクワ協定が自らの承認なしに発表されたことを批判した上で、東欧、イラン、地中海など各地域におけるソ連の脅威を指摘し、「もはや妥協をなすべきとは考えない」と非妥協性を強調しつつ「私はソ連を甘やかすことに疲れた」と結論したのである。この書簡は現実にはバーンズに手交されなかったが、その内実はモスクワ会議に示されたバーンズ外交への全面批判であった。[35]

「ほとんど全ての国際協定は、そこに妥協の要素をもっている。……いかなる国も、自らが望む全てを得ることを期待することはできない。それはギブ・アンド・テイクの問題である」。[36]これは四五年八月九日、ポツダム会談を終えてホワイトハウスから発せられた、他ならぬトルーマン自身の帰国報告の一節である。以来、「日本問題」が国際政治の焦点に浮上した五カ月を経て、今やバーンズが展開したソ連との「知的妥協」は、「一方的降伏」「裏切り」「宥和」「ミュンヘン」と同義に化したのである。こうしてモスクワ会議は、外交問題の「指揮をとる」ことを決意したトルーマンの、そしてアメリカの対ソ外交における「ターニング・ポイント」となった。[37]モスクワ協定を「スターリン独裁の真実をおおい隠すための民主的手続というイチジクの葉」とみなしたジョージ・ケナンによる有名な「長文電報」が、四六年の最初の数カ月間におけるアメリカ外交の「新たな方向づけ」の心理的・理論的基礎を提供した。そしてこの時期にアメリカの政策形成者の間で、ナチス・ドイツに比すべき「ソ連全体主義という概念」が支配的となった。[38] この概念はいうまでもなく、モスクワ会議を「ミュンヘン」とみなしバーンズを「宥和主義者」「新しいチェンバレン」ときめつける評価と〝メダルの裏表〟の関係にあった。

アメリカの冷戦外交の開始を告げるかの如きこのような情勢展開に直面したバーンズは四六年四月十六日、トルーマンに辞意を表明した。しかし、パリの講和会議を控え、しかもトルーマンの〝意中の人〟であるマーシャル元帥がパトリック・ハーレーの辞任をうけて特別代表として中国に派遣されていたため、結局バーンズの辞職は四七年一月まで延ばされることになった。かくして、この間バーンズはいわば〝暫定〟国務長官として、「レトリック」における強硬路線と基本における「現実主義的な態度」、あるいは「公的な非妥協性と私的な交渉」という対ソ外交を試みることになるのである。[39]

マスコミや一般世論において平和到来への期待を高めさせたモスクワ外相会議の結果に対して、ワシントンが全く逆にきわめてきびしい反応を示し対ソ強硬方針が固められていった背景には、たしかにバーンズ自身の、大統領を軽視し国務省内部の政策形成プロセスをも無視して少数のスタッフのみで遂行にあたる「個人外交」があった。しかも同じ「個人外交」といってもルーズヴェルトとは違い、もちろんバーンズは大統領ではなかったし、戦時には「機密」として扱うことも許された外交問題が、今や議会の追求にさらされることになった。四六年二月のヤルタ「極東密約」の公表は、ルーズヴェルト外交の評価に大きな影響を及ぼした。[40] 要するに、大戦がおわり〝共通敵〟が消滅し「新たな仮想敵」が求められつつある中で、バーンズがめざしたであろう「ルーズヴェルトの現実的理想主義への復帰」[41]が成果をもたらす諸条件が失われつつあったのである。

とはいえ、バーンズはモスクワ会議において、旧枢軸五カ国との講和条約締結のプロセスを固めたのをはじめ、ロンドン会議以来デッド・ロックに陥っていた重要諸問題について、とにかくも結着の方向を見い出すことに成功したのである。この意味においてモスクワ会議の重要な成果は、何よりも「外交の再開」[42]そのものに求められるであろう。逆に言えば、ソ連をナチス・ドイツと、そしてスターリンをヒトラーと完全に同列におき、それに対するいかなる〝譲歩〟も「宥和主義」であり「裏切り」であるとみなすならば、残された選択肢は力を背景としてひたすら相手方の〝屈服〟を迫る道だけであり、そこでは外交が展開される余地がなくなってしまう、ということであろう。

もちろん、モスクワにおいてスターリンやモロトフを相手にバーンズが展開した外交とは、典型的な「大国主義」外交であった。しかしバーンズがとにかくも相互譲歩と妥協に踏み切れたきわめて重要な立脚点は、何よりもアメリカ外交にはらまれた「ダブル・スタンダード」の認識にあったはずである。この点で、モスクワ会議からおよそ二週間後の四六年一月九日付の米紙『クリスチャン・サイエンス・モニター』の論説記事はきわめて示唆的である。そこでは、ルーマニア・ブルガリア問題と日本問題の解決が「互いにリンクしている」ことが指摘された上で、「アメリカとロシア双方によるダブル・スタンダードの放棄」の重要性が強調されているのである。[43]

外交当事者としてバーンズがアメリカ側の「ダブル・スタンダード」を認識せざるを得ない状況が、モスクワ会議に前後してさらに展開していた。彼が同会議の開催を提案した前日の十一月二二日に南米のウルグアイ政府は「チャプルテペック決議」をより具体化するねらいで、西半球における「集団的介入原則」に関する提案を行った。同二七日、この提案に対する「無条件支持」を表明したバーンズは、西半球内のいずれかの政府による基本的人権の抑圧と国際的義務の不履行は西半球の全ての諸国にとって「共通の関心事」である以上、当該政府に対する軍事力行使をも伴う「集団介入」は、決して内政不干渉の原則に抵触するものではない旨を改めて強調した。もちろんここで想定されていた〝仮想敵〟は、他の諸々の軍事独裁政権ではなく、四六年二月に大統領選挙を控えた「反米」

のペロンが率いるアルゼンチンであった。[44] バーンズにとって、単純かつ極端な「一方性」の論理に立たない限り、それこそ後の「ブレジネフ・ドクトリン」をも想起させるような右の「集団的介入原則」を、ソ連が東欧で適用することに反対する論理を見い出すことは困難であったろう。

さらに、米政府は戦争終結後も世界各地域に軍事基地の設置を進めていたが、とりわけ四五年の秋から冬にかけてバーンズは英米借款協定の交渉をも背景に、ベヴィン英外相に対して大西洋から太平洋に至る数多くの島々の提供を強く求めていた。このような海外基地網の整備拡大に加えて、米軍部は四六年一月に入り、日本の旧委任統治領であったマーシャル諸島のビキニ環礁を原爆実験場として決定し、三月には島民の強制移住を行い、早くも七月一日には戦後最初の実験に踏み切るのである。この経緯は、原子力の国際管理問題をめぐって国連において激しい議論が展開されていくのと正に〝パラレル〟であった。[45]

トルーマンは、上述した四六年一月五日付のバーンズあての書簡において、ソ連による各地域への〝浸透〟に対する非妥協的対決を強調する一方で、「太平洋と日本の完全な支配」を維持するべきことを命じていた。[46] 彼にあっては、アメリカが「太平洋と日本の完全な支配」を維持する一方で、ソ連による「東欧の完全な支配」には反対するということが、論理的に両立し得るとおもわれたのであろうか。外交当事者であるバーンズにあっては、このような「ダブル・スタンダード」の立場に立つ限り、ソ連との交渉は困難であると考えられたにちがいない。しかし、一度ソ連をナチス・ドイツになぞらえることに踏み切るならば、つまりは「外交の再開」どころか〝外交の終焉〟に踏み切るならば、もはや「ダブル・スタンダード」の問題に拘泥する必要はなくなるであろう。

モスクワ会議を前にした十一月二九日、日本占領政策の立案にあたってきたSFE（極東小委員会）は「極東におけるアメリカの対ソ政策」と題する報告をSWNCCに送ったが、そこにおいて、米ソ両国は政治的伝統やイデオロギーの違いをそれとして認識しつつ「相互性の基礎に立った譲歩と調整」につとめて「良好な関係」をつくり出さねばならないと基本方向を提示した上で結論として、極東とヨーロッパにおける対ソ政策は「首尾一貫したもの」であるべきであり、「原則問題」に関して「ある地域で我々自身が追求しコミットしている政策や行動について他の地域では反対する、といった立場に立つことを避けるためにあらゆる努力が払われねばならない」と強調した。(47) しかし今や、このように冷静でバランスのとれた主張は「宥和主義」の〝大合唱〟の中にかき消されてしまった。

要するに、モスクワ会議で展開されたバーンズ外交の全面否定とは、「ダブル・スタンダード」という自己認識の喪失あるいは放棄に他ならないのであり、正にそれこそが「冷戦の論理」を準備することになったのである。そして「冷戦の論理」の確立とは、米ソ両国の政府・国民レベルにおける、「ダブル・スタンダード」認識とは対極の「一方性(ユニラテラリズム)」の概念の信念化であり、それは〝ハーレー事件〟等に起源をもつ「マッカーシズム」と「スターリンの個人崇拝」のグロテスクな徹底化に象徴されることになるのである。

(1) *DBPO, S. I, Vol. II*, pp. 730-33 ; *FRUS, 1945 II*, pp. 623-27.
(2) *DBPO, S. I, Vol. II*, pp. 673-78.
(3) *FRUS, 1945 II*, pp. 675-76.
(4) *Ibid.*, p. 659 ; *DBPO, S. I, Vol. II*, p. 765.
(5) *Ibid.*, p. 921.
(6) *FRUS, 1945 II*, pp. 661-62.
(7) *Ibid.*, pp. 677-80 ; *DBPO, S. I, Vol. II*, p. 778.

(8) James F. Byrnes, *All In One Lifetime*, New York, 1958, p. 334.

(9) *FRUS, 1945 II*, pp. 583, 590. Cf. Curry, *op. cit.*, p. 170 ; Byrnes, *Speaking Frankly*, p. 113 ; Kitchen, *op. cit.*, pp. 183, 251.

(10) *FRUS, 1945 II*, pp. 680-87.

(11) *Ibid.*, pp. 672-73, 694-95 ; *DBPO, S. I, Vol. II*, pp. 776-77, 790-91.

(12) *FRUS, 1945 II*, pp. 676, 693 ; *DBPO, S. I, Vol. II*, pp. 786, 789-90.

(13) *FRUS, 1945 II*, p. 717 ; *DBPO, S. I, Vol. II*, p. 812.

(14) *FRUS, 1945 II*, pp. 695-96, 725 ; *DBPO, S. I, Vol. II*, pp. 791-92.

(15) Cf. McNeill, *op. cit.*, pp. 704-12.

(16) Byrnes, *Speaking Frankly*, pp. 113-14 ; Ward, *op. cit.*, p. 62.

(17) Bruce Cumings, *The Origins of the Korean War : Liberation and the Emergence of Separate Regimes 1945-1947*, Princeton Univ. Press, 1981, pp. 215-17, 鄭・林共訳『朝鮮戦争の起源・第一巻』影書房、一九八八年、二八八一九一頁、*A Decade of American Foreign Policy*, 1985, p. 52.

(18) Byrnes, *Speaking Frankly*, pp. 266-68 ; *FRUS, 1945 II*, p. 756 ; *A Decade of American Foreign Policy*, 1985, pp. 53-54. Cf. Gaddis, *Origins of the Cold War*, p. 277 ; McNeill, *op. cit.*, p. 680.

(19) *FRUS, 1945 II*, pp. 666-69, 756-58 ; Byrnes, *Speaking Frankly*, p. 227 ; *A Decade of American Foreign Policy*, 1985, pp. 52-53.

(20) Larson, *op. cit.*, pp. 234-35, 239 ; Ward, *op. cit.*, pp. 67-69 ; *FRUS, 1945 II*, pp. 805-6 ; Bullock, *op. cit.*, pp. 212-13. なお、スターリンはソ連軍の駐留問題についてバーンズに対し、ソ連に敵対的なイラン政府からバクー油田を防衛する必要性、一九二一年のイランとの協定において情勢が混乱した場合にソ連軍がイラン北部に入る権利が認められていること、大戦中のイランとの取り決めに基づけばソ連軍の撤退期限は四六年三月十五日であること、等々を主張した(*FRUS, 1945 II*, pp. 685-87 ; Byrnes, *Speaking Frankly*, p. 119)。他方バーンズはすでに十一月にイラン政府に対し、教育機関におけるトルコ語の使用、地方議会の設立等でアゼルバイジャンの要求に譲歩するように求めていた。Lar-

son, *op. cit.*, p. 242.

（21）エスリッジは十二月八日にバーンズに報告を提出したが、そこでエスリッジは、両国では表面的には民主的諸グループを代表する「統一戦線(フロント)」政府が形成されているようにみられるが、事実上は共産党とソ連軍によって支配されている旨を指摘していた。そこで反響をおそれたバーンズは、公表はおろかトルーマンに知らせることもなく、同報告をそのままモスクワに持参し、ソ連側に直接提示することによって交渉の〝かけひき〟に用いようとした。ちなみに、トルーマンが同報告を知ったのは四六年一月に入ってからであった。*FRUS, 1945 V*, pp. 633-37; Larson, *op. cit.*, p. 247; Black, *op. cit.*, pp. 81-86; Ethridge and Black, *op. cit.*, pp. 200-2.

（22）*FRUS, 1945 II*, pp. 700-2.

（23）*Ibid.*, pp. 728-34, 752-56. もっともブルガリア問題についてはモロトフの抵抗は根強く、二七日の早朝にバーンズがモスクワを発つ数時間前になって、ようやく最終的な合意と調印が行われた。Byrnes, *Speaking Frankly*, pp. 120-21.

（24）*A Decade of American Foreign Policy*, 1985, p. 53.

（25）Feis, *Contest*, p. 117; McNeill, *op. cit.*, p. 706; Gaddis, *Origins of the Cold War*, p. 281.

（26）ポツダムでバーンズは、特にポーランド国境問題、イタリアの講和条約問題(東欧三国およびフィンランドの処理との関係)、ドイツ賠償問題について、それらを巧みに「リンク」させ、相互譲歩をひき出しつつ「一括処理」することに成功した。Bullock, *op. cit.*, p. 212; Gaddis, *Origins of the Cold War*, p. 281; Larson, *op. cit.*, pp. 201-2.

（27）Lifka, *op. cit.*, p. 401; Larson, *op. cit.*, p. 244.

（28）Lifka, *op. cit.*, p. 402.

（29）*A Decade of American Foreign Policy*, 1985, p. 26; Messer, *The End of an Alliance*, pp. 153-54.

（30）拙著、五四―五五頁。

（31）Gaddis, *Containment*, p. 17; Messer, *The End of an Alliance*, p. 154.

（32）*New York Times*, December 28, 1945. Cf. Bullock, *op. cit.*, p. 212; Ward, *op. cit.*, p. 72; Despatch from Winant to the Secretary of State, December 29, 1945, SDDF, Box No. 3812 A, Sheet No. SDDF (A)-00461.

（33）Lifka, *op. cit.*, pp. 403-4.

（34）Curry, *op. cit.*, pp. 184-86, 192 ; Feis, *Contest*, pp. 119-22.
（35）Truman, *Memoirs*, pp. 487, 491-93 ; Messer, *The End of an Alliance*, pp. 157-65 ; Messer, "Et Tu Brute !," p. 39.
（36）Department of State Bulletin, Vol. 13, Nos. 314-340, August 12, 1945, p. 211.
（37）Messer, *The End of an Alliance*, pp. 152, 181 ; Lifka, *op. cit.*, p. 404 ; Byrnes, *Speaking Frankly*, p. 122 ; Black, *op. cit.*, p. 88 ; Ward, *op. cit.*, p. 75.
（38）Kennan, *Memoirs*, pp. 297-98, 邦訳，二八四頁，Gaddis, *Origins of the Cold War*, p. 284 ; Lifka, *op. cit.*, p. 406.
（39）Curry, *op. cit.*, pp. 207-9 ; Clements, *op. cit.*, p. 12 ; Ward, *op. cit.*, p. 102 ; Gaddis, *Containment*, pp. 21-22. もっとも，第四章第三節二で触れたように，政権内部で〃ラディカル〃な主張を展開するウォーレス商務長官への対抗もあって，「タフ」な路線を強調する面も見られた。Clements, *op. cit.*, pp. 13-15. また，当時の駐米ソ連大使ノヴィコフは四六年九月二七日付のモロトフあての電報において，バーンズは民主党の「最も反動的なサークル」に属し，ウォーレスの辞任は，ヴァンデンバーグ等と協力しつつバーンズによって遂行されている「反動コースの勝利」を意味する，と評していた。なお，八九年にソ連当局によって公表された右のノヴィコフ「長文電報」は，「世界支配」をたくらむ米帝国主義による対ソ戦争の可能性に備える必要性を強調した危機意識にあふれたものであり，その意味でケナンの「長文電報」と「パラレル」な位置に立つものといえる。*Origins of the Cold War : The Novikov, Kennan, and Roberts 'Long Telegrams' of 1946*, edited by Kenneth M. Jensen, United States Institute of Peace, Washington, 1991, pp. 3-16.
（40）Bohlen, *op. cit.*, p. 256 ; Messer, *The End of an Alliance*, p. 155 ; Curry, *op. cit.*, pp. 197-98.
（41）Messer, *The End of an Alliance*, p. 155.
（42）Ward, *op. cit.*, p. 77.
（43）Joseph Harsh, "Not Ideal, But at least a Settlement : An Intimate Message," *The Christian Science Monitor*, January 9, 1946, cited from Feis, *Contest*, pp. 117-18.
（44）*New York Times*, Novermber 28, 1945.
（45）Bullock, *op. cit.*, pp. 200-2 ; *Forrestal Diaries*, pp. 133-34.

(46) Truman, *Memoirs*, pp. 492-93.

(47) Post World War II Foreign Policy Planning, Harley A. Notter, Section 5, 1186-6, PR Documents 33.

第六章　管理体制と占領政策

第一節　極東委員会とマッカーサー

一　「モスクワ協定」のインパクト

モスクワ会議の諸結果に対するワシントンの反応はともかくとして、四五年十二月二七日に発表されたモスクワ協定によって、FEC(極東委員会)とACJ(対日理事会)という「二本立」の機関から成る日本占領管理体制がようやく確定した。日本が降伏しマッカーサーによる事実上の占領が開始されてから、すでに四ヵ月が経過しようとしていた。しかも正式に発足して活動を開始するにはFECで二ヵ月、ACJではなお三ヵ月以上の時間を必要とした。つまり、降伏して以来およそ半年以上にわたって、国際協定によって設置が定められた正規の管理機関が具体的に存在しなかったわけであり、日本占領の「特異性」が改めて確認されるのである。

それではここで、最終的に決定されたFECとACJの規程を整理しておこう。(1)まずFECは、英米中ソの四大国にフランス、オランダ、カナダ、オーストラリア、ニュージーランド、インド、フィリピンを加えた十一ヵ国(後にビルマとパキスタンが加わる)の代表によって構成される。その任務は、軍事問題と領土問題を除く日本管理に関する政策を決定すること、この政策決定に基づいて米政府がSCAPに発する指令およびSCAPがとる行動を審査すること、である。なお米政府は、緊急事態が発生する場合にはFECが行動をとるまでの間、SCAPに対して「中間指令」を発することができる。しかし、日本の憲政機構や管理制度の根本的変更、全体としての日本政府の変更という「重要問題」に関する指令は「中間指令」の対象外であり、あくまでFECにおける承認が必要とされる。FECでの議決は、四大国の代表を含む全構成メンバーの過半数の同意によって決せられる。つまり四大国は拒否権を有するわけである。FECの本部はワシントンにおかれ、必要に応じて東京その他で会合を開くことができる。FECは、右の議決方法によって同意が得られる場合にその任務を終了する。

次いで東京に設置されるACJは、米代表を兼ね議長を担うSCAP(あるいはその代理)、ソ連と中国の代表、そしてイギリス、オーストラリア、ニュージーランド、インドを「同時に代表する一名の委員」の計四名によって構成される。その任務は、SCAPと「協議し助言を与える」ことである。「唯一の執行権者」たるSCAPは緊急性の許す限り、重要事項に関して日本政府に命令を発出するに先立ってACJに通知し協議を行う。但し、日本の管理制度、憲政機構の根本的変更、全体としての日本政府の変更に関するFECの政策決定の執行については、ACJの一委員がSCAPと意見が一致しない場合、SCAPはFECにおいて合意が達せられるまで命令の発出をさし控えなければならない。

さてFECは、ソ連政府の了解をもうけてFEACを「引き継ぐ」形で四六年二月二六日に発足会議を開き、運営委員会と七つの専門委員会を軸に政策活動を展開し、対日講和条約の締結をもってその任務を終了した。またACJについては、四六年四月五日に第一回の会議が開かれ、形式的には対日講和条約の発効前夜まで存続した。これらFECとACJの活動全体の分析は、優に大部の研究書を必要とするであろうが、ここでは本書の文脈との関係で重要な展開のみを析出しておきたい。

たしかに、モスクワ協定によっても日本占領におけるアメリカの「主要な責任」は維持されており、また後述するように冷戦の本格的な開始前後よりアメリカがこれらの機関を〝無視〟する方向に踏み出したこともあって、これまで占領研究者の間でもFECやACJについては必ずしも重視されてこなかった。しかし、ここでも当時に〝身を置いて〟考えてみると、問題の重要性が浮かび上がってくる。

例えば四六年一月一日の『ニューヨーク・タイムズ』紙は、モスクワ協定はドイツ型の権力分割を予定しているのではなくマッカーサーの権限は重要問題を除いて「そのまま維持される」のであるが、しかし今や「日本人が、アメリカがワンマン支配の主唱者ではないということを知る時がやってきた」と指摘した。[2] さらに同紙の東京特派員は同五日、ACJの設置がもたらすであろう影響について次のように報告した。つまり、これまで日本の占領は英中ソの「一握り」の連絡将校を除いて「専らアメリカ人によって」遂行され、日本は「ダンスから民主主義に至るまで完全にアメリカ中心」であったが、今後はACJを構成する各国の独自のスタッフと共にイデオロギーも流入してくることになるのであり、その「心理的効果」は大きく「占領の漸次的な〝脱アメリカ化〟」がすすむであろう、と。[3]

そして実は、このような認識あるいは危惧はマッカーサーやGHQのスタッフによっても共有されていたのであり、従ってFECとACJという〝障壁〟をいかにクリアーするかということは、当時彼らが直面したきわめて深刻で重大な課題であった。

そもそもマッカーサーの占領政策の重要な柱は、すでに触れてきたように天皇を利用しつつ「改革」をすすめることにあった。それは、日本軍の降伏、武装解除に示された天皇の権威の大きさと天皇の側の積極的な「占領協力」を背景としており、四五年九月二七日の最初の天皇・マッカーサー会見を機にその枠組みが固められていった。[4] しかし他の連合国、とりわけ天皇制および天皇自身の戦争責任をきびしく追及しているソ連、オーストラリア、ニュージーランド等が占領管理に正式に参加することになれば、右のマッカーサーの基本戦略は崩壊の危機に直面することになる。この意味で、FECとACJを設置するというバーンズの方針が、マッカーサーにおいていかに重大な問題として認識されたかは想像に難くない。そこでマッカーサーは、これらの「新しい連合国の機関」が設置され機能を開始する以前に「既成事実」をつみ重ねる方向に打って出た。

四五年十二月十五日、モスクワで三国外相会議が開催された当日、GHQはまず国家と神道の分離指令を発し、つづいて同会議でFECとACJの設置について最終的な合意を見た二一日には「日本の民主化に関する基本的な指令は一応出尽した」「従って今後は、日本の民主的再建は主として日本自体の問題となっている」という、「連合軍の日本占領の目的達成の基本的施策がこれまでに一段落したと解することもできる」声明を発表した。さらに、モスクワ協定が公表された翌二八日に同じくGHQは、指令につぐ指令によって「天皇制度の根幹をなしていた」諸要素がとり除かれ、かくして「天皇制度は破毀され消滅せしめられることになろう」との見解を表明した。(5)

そして四六年の元旦を迎えて、有名な天皇の「人間宣言」が発せられた。この詔書がGHQの側で作成されたものか、日本側との「合作」か、あるいは発布の経緯はどのようなものであったかという問題(6)はさておき、文脈との関係で重要な意味をもつのは、同日間髪を入れずに出されたマッカーサーの「歓迎声明」である。そこでマッカーサーは、「天皇は断乎として今後の天皇の立場を自由主義的な線においている」と指摘し、この度の詔書によって天皇は「日本国民の民主化に指導的役割を果たさんとしている」と、最大級の讃辞を送った。

モスクワ会議に前後した、以上の矢継ぎ早の展開が示していることは、権力機構としての天皇制の枠組みは解体され連合国の基本的な占領目的は達成された旨を内外にアピールする一方で、天皇個人のイメージを戦争のシンボルから〝民主主義のシンボル〟に転換させることによって、他の連合国の「介入」以前にマッカーサーと天皇による「上からの民主化」という路線を固めてしまおうとするマッカーサーのねらいである。これは文字通り、モスクワで取り決められた新しい対日管理機構に対する「先制攻撃」(7)であった。

マッカーサーはまた、モスクワの決定それ自体に対しても〝攻撃〟をかけた。ワシントンから、マッカーサーはモスクワ会議の以前に新しい占領管理プランについて協議をうけてそれに反対しなかったとの報道がなされたのに対し、彼は十二月三十日に次のようにきびしい声明を発表した。(8)つまり、すでに十月三一日にバーンズに対し、東京に連合国の管理理事会を設置するという案については「受け入れ難い」との見解を伝えており、それ以降何らの協議もうけていない、従って「〔モスクワで〕なされた決定についていかなる責任も負っていない」と。もっとも、さすがにこの声明に対してはパターソン陸軍長官さえも、事前にマッカーサーと協議する必要性はなくマッカーサーは「外交政策の作成において何ら発言権を有していない」と、直ちに非難を加えたのであったが。(9)

二　「憲法改正」問題

以上の〝前哨戦〟をふまえつつ、それではまず占領政策の最高決定機関であるFECについて、「唯一の執行権者」マッカーサーとの関係を軸に、事態の展開を図式的に次の二段階に分けて検討していきたい。第一段階は、FECの発足からおよそ二年間位で、この時期は米ソ代表間の対立や各国間のあつれきもなお深刻化せず、この比較的まとまりを維持したFECとマッカーサーとの対抗が主要な局面を成している。第二段階は、アメリカの対日占領政策の転換が具体化する四八年二月頃以降で、米政府当局自体がFECを「障害」とみなしてマッカーサーの執行権を積極的に〝押し上げ〟、FEC内部でも対立が深まり、次第にFECの機能が麻痺していく時期である。

さて第一段階を特徴づけるのは、言うまでもなく憲法改正問題をめぐるFECとマッカーサーとの〝対決〟である。この問題についてはく多くの資料と共に、すでにかなりの研究の蓄積がある。[10]従ってここでは、FECに対抗するにあたってのマッカーサーの側の〝論理と手法〟のみを再確認しておきたい。

マッカーサーが憲法改正を自らの「領分」の問題とみなし、国務省をも「締め出したい」と考えてイニシアティヴをとってきたことについては既に述べた。そして、GHQ民政局の法規課長ラウエルがとりまとめ、後の憲法改正草案の重要な基礎となった「日本の憲法についての準備的研究と提案」と題する四五年十二月六日付の「レポート」においても、「憲法改正案は、総司令部の承認したものでなければならない」と、その〝主導性〟が確認されていた。[11]

しかし、モスクワ協定の発表からおよそ三週間を経た四六年一月十七日、当時日本を訪問していたFEACの代表団[12]と会談した民政局のケーディス行政部長は、「民政局は、憲法改正は日本の統治構造の根本的変更に関する長期的問題であり、貴委員会の権限の範囲に属するものと考えております」[13]と明言した。同じくマッカーサー自身も、同三十日に代表団に対し、「憲法改正問題は、モスクワ協定によって私の手を離れてしまった」[14]と述べた。これらの発言には様々な〝政治的思惑〟があったであろうが、[15]いずれにせよ当時マッカーサーや民政局が、「憲政機構の根本的変更」である憲法改正の権限がモスクワ協定によってFECに属するものになった、とみなしていたことは間違いない。

ところが、四六年二月一日、『毎日新聞』が「松本案」をスクープしたと同じ日、ホイットニー民政局長からマッカーサーに送られた「最高司令官のためのメモ・憲法の改革について」[16]と題する文書において、次のように重要な見解が展開された。

「憲法上の改革を行うという問題は急速にクライマックスに近づきつつある」との情勢認識にたったこのメモにおいても、まず当然のことながら、FECの設置により憲法改正について「同委員会の決定があれば我々はそれに拘束される」ことが前提とされている。しかし他方でホイットニーは、日本政府は降伏文書によってポツダム宣言を受諾した、英米中ソ四大国はSCAPに対して降伏条項を実施するに「必要と考える措置をとる」権限を与えた、憲法構造の根本的な変更はポツダム宣言の実施にとって不可欠である、従って憲法改正を実現するという権限はSCAPが降伏条項を実施するように命ぜられたことの中に「黙示的に含まれている」との、見事な〝四段論法〟を展開する。

もっとも、「黙示的」と言わざるを得ないところに、論法の〝強引さ〟の自覚を見てとることができる。つまり、SCAPの管理権限を明確に規定した国際協定の欠落の、いわばその〝結果〟として「拘束性」をもったFECやACJが設置されることになったという現実からホイットニーも逃れることはできないのである。しかし彼は、SCAPの「黙示的」な権限が十分に展開できるであろう〝隘路〟を巧みに導き出した。それは、FECが憲法改正について政策決定を行わない場合であり、そこではSCAPの権限は「実質的制限をうけることはない」ということであり、さらにそもそもFECが発足する以前の段階にあってはSCAPは「無制限の権限」を有している、ということなのである。要するにホイットニーは、モスクワ協定の決定からFECが実際に発足するまでの〝空白期間〟にあっては、「黙示的」な権限しかもたないマッカーサーであっても憲法改正について「いかなる措置もとりうる」という、一種の〝脱法行為〟を主張しているのである。

とはいえホイットニーは、あくまで慎重である。彼はACJの発足に備えて、その規程において何よりも、憲法改正などの重要問題に関して一委員であってもSCAPと意見が一致しない場合にはSCAPは日本政府に対する

「命令」の発出をさし控えなければならない、との規定を重視する。そしてこの「拘束性」をクリアーする方法として、「命令」という言葉には「日本政府によって提出される憲法改正案への単なる承認は含まれない」との〝論理〟を提出する。つまり、SCAPが憲法改正案を作成して「命令」として日本政府に押しつける場合にはACJの規程による「拘束」をうけるが、「命令」ではなく日本政府が自主的に作成し提出するという〝形式〟をとるならばその「拘束」から逃れられるという、巧みな〝抜け道〟を準備したのである。

かくして事態は、ほぼ右のホイットニー・メモに沿って展開することになった。既に述べたように、二日後の二月三日の「マッカーサー三原則」の提示、十三日の日本側へのGHQ憲法草案の手交、二六日の閣議におけるGHQ案の正式の受け入れと「日本案」作成の決定、である。奇しくも二月二六日とは、FECが発足するその日であった。〝空白期間〟に既成事実をつくり出さねばならないマッカーサーやホイットニーにとって、これは文字通り〝制限時間付き〟の制憲作業であった。

さて、文脈との関係で、以上の経緯にはらまれた本質的な問題を整理しておこう。例えばホイットニー自身、上述の自らのメモを再確認するかのように後にこの間の事情について、モスクワ外相会議で「国務省が、それまで我々が日本に行使していた一方的権限を十一カ国の政策形成委員会に譲り渡し、日本にかかわる全ての政策への拒否権をソ連に与えてしまうや、マッカーサーは彼がその時有していた権力のもとで直ちに行動すべき緊急性を認識した」と、「一方的権限」の〝喪失の危機〟における緊急対処についてまことに率直に述べている(17)。

他方、当時外相としてGHQ草案を受けとる立場にあった吉田茂も、五三年十二月の憲法調査会あての書簡において事態の背景を次のように説明している。

「総司令部として、何故にこのように草案の作成をいそいだのかということは多くの人の疑問を抱くところでありますが、これについて、まず考えられるのは、元帥の天皇に対する好感と熱意であり、元帥が天皇制の支持者であったということであります。それらに関連して元帥の最も懸念したのは極東委員会との関係であったと思います。当時極東諮問委員会が改組されて、極東委員会となり、本格的な活動が開始されようとしていたことは御承知のとおりでありますが、元帥としては、極東委員会が発足すれば、ただちに日本の憲法問題を採りあげることは必至であり、その結果はソ連や豪洲側の意向からすれば、天皇の地位はどのようなことになるかわからない。そこで先手を打って、既成事実を作ってしまおうという決意をしたものと思われるのであります。このことは、極東委員会の第一回会合が二月の下旬に開かれているというところから見ても十分推測することができると思いますし、また、憲法草案について、天皇の地位その他に関し、日本側と司令部側との見解がわかれた場合、先方が口癖のようにいっておったのは、司令部の意見のとおりにすることが、極東委員会あたりとの関係で、結局、天皇の為になるのである、ということでありました。[18]」

この吉田の言葉通り、例えば四六年二月二一日の幣原首相との会談においてマッカーサーは、「はっきりと極東委員会の名をあげて、連合国間の危険な形勢を指摘し、……日本の憲法改正は国際的な関心事であるという点を強調し、今はむしろ連合国のリアクションにこそ留意しなければならない[19]」と幣原に説いた。

同じくマッカーサーは、五八年十二月の憲法調査会会長高柳賢三あての書簡において、憲法改正時の「日本の政治情勢は絶望的であった。……選択肢は外国による軍政か、自治的な市民政府か、であった。多くの連合諸国による前者の選択への圧力は激しく、そこには日本国の破壊を企図した多くのドラスチックな概念が伴っていた。私の固い決意と目的は、そのような暴力的な差別をさけ、できる限り近代的で自由な線に沿って日本の主権を再建することであった[20]」と、彼一流の表現で当時の切迫した事態を説明した。

ＳＷＮＣＣは四六年一月十一日、「日本の統治体制の改革」(ＳＷＮＣＣ二二八)と題する文書をマッカーサーに送ったが、そこでは憲法改正を含む「諸改革の実施を日本政府に命令するのは、最後の手段としての場合に限られなければならない」[21]と強調されていたが、マッカーサーがこのＳＷＮＣＣの指針に反し、しかもイタリアやドイツのような独自の憲法制定議会(会議)による制憲作業[22]という道をとることなく、性急かつ強引に〝事を急いだ〟最大の動機は、以上に見たように、他ならぬＦＥＣの発足そのものにあった。

かくして、四五年十月以降の米ソ間交渉を経て日本占領の最高政策決定機関としてＦＥＣの設置が取り決められ、しかもアメリカの中間指令の対象とはされずＦＥＣでの承認を必要とする重要問題の一つに「日本の憲政機構の根本的変更」が規定されたことは、現憲法の評価如何は別として、戦後日本の枠組み形成に決定的ともいえる影響を及ぼすことになったのである。[23]言いかえるならば、ＦＥＣの設置とマッカーサーのリアクションを軸に事態が推移したということは、〝外からの入力〟によって大きく規定されるという日本政治の構造的特質が正にこの過程を通して生み出されることになった、ということであろう。

三 「政策形成の略奪」

さて、四六年二月二六日に発足したＦＥＣが直ちに直面することになったのは、三月六日の日本政府による憲法草案要綱の発表であり、四月十日に迫った総選挙を憲法改正に関する「国民投票」と位置づけるマッカーサーの方針であった。草案要綱の発表はＦＥＣにとってはもちろんのこと、米国務省やマッカーサーの政治顧問ジョージ・アチソンの周辺にとっても「寝耳に水」の出来事であったから、「国民投票」という主体的な判断を突如求められることになった日本国民にとっては、そもそも何が問題となっているかさえ理解することは困難であったろう。[24] それ程にマッカーサーの方針は性急かつ強引なものであった。

そこで、憲法改正問題についての権限を有するはずのFECは三月二十日、全員一致をもって次の政策決定を行い、米政府からマッカーサーに対し「指令」として送られた。[25] つまり、FECの規程からして憲法の最終草案が日本の国会で承認され発効する以前に、FECにそれを検討審査する機会が与えられねばならないこと、このように「性急な行動」では広範な日本国民がこの重大問題を十分に考える余裕が与えられないこと、日本政府の草案がFECの承認をうけたものであるとの「誤解」を招かないように、それがSCAPの「個人的承認」によるものであることをSCAPが声明すること、SCAPは政府草案以外の他の提案も国会での討議から排除されない旨を日本国民に知らせること、等々であった。

これに対するマッカーサーの全面的な回答は「日本の憲法改正問題に関する連合国最高司令官の見解」と題する文書として、ようやく六月四日になってFECに届けられた。ただその内容は、すでに四月十日の選挙直後にマッカーサーがFECの議長マッコイに送った書簡と実質的に同じものであった。[26] そこでマッカーサーが展開した〝論理〟は、まず憲法改正作業が日本政府と国民によって「全く自発的な基礎の上で展開されている」ということである。そして憲法改正が「連合国の圧力によってもたらされた」といった印象が生じるのをさけるためにも、自らは「いかなる正式の行動もとっていない」ことを強調しつつ、もし「連合国による不承認というおどし」が憲法論議に加えられるならば、そこには「自由意思」はあり得ないであろうと、FECの側が求める「検討審査」と「承認」それ自体を否定する姿勢を打ち出した。

つまりマッカーサーは、「内面指導」という事実上の強制によって憲法改正作業をおしすすめておきながら、日本政府の草案要綱が出されると一転してそれを「自発的」なものとして押し出し、日本国民の「自由意思」という連合国の〝錦の御旗〟をかかげることによってFECや米政府からの「介入」を阻止しようとしたわけである。[27] 言うまでもなくこの〝論理〟は、先述した二月一日のホイットニー・メモで示された〝抜け道〟に沿ったものといえる。

次いでマッカーサーは、FECの権限問題に論をすすめる。彼は、FECは政策形成機関であるが日本の管理における「いかなる執行権力」も有しておらず、しかも日本政府の行動の承認・不承認はその性格において執行権に属している、従ってFECにはそれらの行動の「事前承認を求める権限も付与されていない」との、自らの「信念」を吐露する。その上で、FECからの「政策声明」が何もない場合には、SCAPはポツダム宣言を実施するその権限において「明らかに無制限である」と主張する。これはホイットニー・メモの〝論理〟をさらに展開したものであるが、当然のことながら憲法改正問題だけに限られない、FECとSCAPの権限関係全般にわたる〝本質論〟としての性格をもつものであった。

こうしてマッカーサーは以上の〝論理と手法〟をもって、「連合国最高司令官による政策形成の顕著な略奪」[28]とも言われるように、FECに抗して次々と「既成事実」をつみ重ねていった。しかしながら、このように強引なやり方についてはFECの米代表で議長であるマッコイとしても必ずしも〝弁護〟し切れないという状況の中で、発足間もないFECはかなりのまとまりを示し、マッカーサー対FECという構図が生み出されることになったのである。

かくしてFECは憲法改正問題において、五月十三日の「日本国新憲法採択の諸原則」(十分な討議時間の保証など)によって、当初の六月公布、年末施行といった日程を大幅に変更させ、とにかくも帝国議会での四カ月近い審議を可能とした。次いで七月二日の政策決定「日本国新憲法についての基本原則」によって、「主権在民」と国務大臣の過半数が国会議員であることの規定および、第九条に関わるいわゆる「芦田修正」による解釈の拡大を封じ込めるための「文民規定」(国務大臣は全て文民であること)を新憲法に挿入させることになった。さらにＦＥＣは、四六年十月十七日の政策決定「日本国新憲法の再検討のための規定」によって、マッカーサーおよび吉田首相をして、新憲法の発効後一年から二年の間に再検討期間を設けさせた。もっとも、ここに与えられた「憲法改正の機会」を政府与党側も野党側も活用することはなかったが。[29]

憲法改正問題以外にもこの時期ＦＥＣは、全期間を通しての政策決定六五の内四六の政策を採択したが、そのほとんどが全員一致であった。要するに、四七年六月十九日にかつてのアメリカの「初期の基本的指令」をベースとした「降伏後の対日基本政策」を決定したことに見られるように、米代表と他のメンバーとの間で、遂行されるべき占領政策において、当時なお基本的な合意が見られたのである。

こうして、四六年十二月六日のいわゆる「日本労働組合に関する十六原則」や四七年八月十四日の「日本の工業戦争能力の削減」、四八年二月十二日の「日本における軍事行動の禁止および軍事的装備の制限」等の重要な政策決定がなされ、また四七年五月十二日に米代表からＦＥＣに提出された「過度経済力の集中排除」に関する政策文書(ＦＥＣ二三〇)も、日本における財閥解体や独禁政策の展開に大きな影響を及ぼした。[30]

以上のように、この時期米代表による拒否権の行使や米政府による中間指令の発出は余り見られず、むしろ憲法改正問題に示されたようにマッカーサーと国務省との関係、さらには陸軍省との関係さえ悪化するといった事態が生じた。[31]そしてこのような諸関係は、当時ＳＷＮＣＣで検討された、ＦＥＣとＡＣＪの米代表の基本的地位に関する議論にも反映された。

(1) 外務省特別資料部編、前掲書、一七一―七八頁。
(2) *New York Times*, January 1, 1946.
(3) *Ibid.*, January 6, 1946.
(4) 拙論「『天皇・マッカーサー会見』の歴史的位置(上)」『世界』一九九〇年二月号を参照。
(5) 『朝日新聞』一九四五年十二月二三日、十二月二九日。
(6) 松尾尊兊「象徴天皇制の成立について」『思想』一九九〇年四月号、第三節を参照。
(7) 信夫、前掲書、二三七頁。
(8) *New York Times*, December 31, 1945.
(9) *Ibid.*, January 2, 1946.
(10) 古関、前掲書、播磨信義「日本国憲法制定過程における『日本国民の自由に表明せる意思』(1)(2)」『山口大学教育学部研究論叢』第三十巻第一部、第三十二巻第一部、同「極東委員会と日本国憲法の制定過程」『山口大学教育学部研究論叢』第三十三巻第一部、同「極東委員会における日本国憲法草案審議(1)(2)」『山口大学教育学部研究論叢』第三十四巻第一部、第三十五巻第一部。
(11) 高柳賢三、大友一郎、田中英夫著『日本国憲法制定の過程Ｉ』有斐閣、一九七二年、四―五頁。
(12) ＦＥＡＣの代表団がモスクワ協定の発表によってＦＥＣの設置を知ったのはサンフランシスコを出港する前夜であったが、協議の結果、彼らはあくまでＦＥＡＣの資格において訪日することになった。Blakeslee, *FEC*, pp. 18-19.
(13) 田中英夫『憲法制定過程覚え書』有斐閣、一九七九年、五五頁。
(14) *FRUS, 1946 VIII*, p. 124.
(15) 古関、前掲書、九〇―九一頁を参照。
(16) 高柳他、前掲書Ｉ、九〇―九七頁。
(17) Courtney Whitney, *MacArthur : His Rendezvous with History*, New York, 1955, p. 247.
(18) 吉田茂『回想十年・第四巻』新潮社、一九五八年、一七四頁。
(19) 高柳他、前掲書II、八四頁。

(20) Clayton James, *op. cit.*, p. 128.
(21) 高柳他、前掲書Ⅰ、四一六―一七頁。
(22) イタリアでは四六年六月に君主制か共和制かを選択する政体選挙と同時に制憲議会選挙が行われ、議会では七五人から成る憲法委員会が選出され、半年後の憲法草案提出を経て四七年末に正式に採択された。この間にキリスト教民主党、共産党、社会党の連合政府が崩壊したが、制憲作業はそれを超えて進められ、連合国側の干渉なき完全に自主的な新憲法の制定がなされた。ドイツでは四八年九月に西側三占領地域の州議会代表六五人によって憲法制定会議が開催され、九カ月後の四九年五月に基本法草案が可決され、各州議会における承認を経て発効した。四八年七月に制憲作業の開始を求める西側連合国の「フランクフルト文書」が出され、その後も軍政長官の「書簡」や「覚書」による〝干渉〟、さらには基本法草案の軍政長官による「許可」といった手続も行われたが、基本的にはドイツ側のイニシアティヴによってボン基本法の成立を見た。拙著、終章、小林昭三「ボン基本法の制定過程における占領軍政府の干渉について」『早稲田政経学雑誌』第一六五号を参照。
(23) もちろん、マッカーサーが日本側にGHQ草案を受け入れさせるためにFECの影響力の大きさをことさらに強調した面のあったことは看過されるべきではないが、ここでの問題は何よりも、草案の作成と日本側への受け入れ圧力が、あくまでも二月二六日を「デッド・ライン」においていた、ということである。石田雄『破局と平和・一九四一―一九五二』東京大学出版会、一九六八年、二四三―四四頁、Buckley, *op. cit.*, p. 65.
(24) Clayton James, *op. cit.*, p. 126, 古関、前掲書、一七七―七八頁。
(25) *FRUS, 1946 VIII*, pp. 182-83.
(26) *Ibid.*, pp. 201-5; Blakeslee, *FEC*, pp. 50-51.
(27) 石田、前掲書、二三〇頁、Blakeslee, *FEC*, p. 45.
(28) Buckley, *op. cit.*, p. 78.
(29) Blakeslee, *FEC*, pp. 49-52, 58-59, Ann Trotter, *New Zealand and Japan 1945-1952 : The Occupation and the Peace Treaty*, London, 1990, pp. 34-35, 古関、前掲書、一九七、二四八―五五、二九四―三〇五頁、播磨「日本国民の自由に表明せる意思(2)」、「極東委員会と日本国憲法の制定過程」。

(30) Blakeslee, *FEC*, pp. 67, 70, 223, 竹前栄治『アメリカ対日労働政策の研究』日本評論社、一九七〇年、第二章第三節。

(31) Blakeslee, *FEC*, p. 224, 古関、前掲書、一八八頁。

第二節　極東委員会の位置と機能

一　ワシントンにおける「定式化」

四六年五月七日、ペーターセン陸軍次官補が提出した「極東委員会と対日理事会の米代表への指示」と題する覚書がSWNCC内で回覧に付された。(1)「SWNCC二九七」と名づけられたこの覚書でペーターセンはまず、FECとACJが今や活動を展開している状況において、両機関の間、あるいはいずれかの機関とSCAPとの間で「不必要な衝突」が生じるならば、日本における米政府とSCAPの権威が低下する恐れがあることに注意を喚起し、それを避けるためにも各々の権限と相互関係の再確認が必要であることを指摘する。その上でペーターセンが具体的に問題にするのは、FECの規程で定められた同委員会の「審査」機能に関する米政府の見解の明確化である。

彼の定式化によれば、㈠米政府がSCAPに発した指令はFECの審査に付され、FECがその指令に異議ある場合には、FECとして米政府に指令を変更させるための政策声明を出すことができる、㈡FECの権限内にある政策決定にかかわってSCAPが自らのイニシアティヴでとる全ての行動はFECの審査に付される、そして審査の結果FECの権限を「損なう」かもしれないSCAPの行動に対しては、FECは米政府をして「必要な是正の指令」を出させるための政策決定を行うことができる、㈢FECが「全ての必要な事実」に基づいて政策決定をなすためには、占領の進展に関する十分な情報が常に提供されていなければならず、米政府はFECの要請に応ずるために「あらゆる努力」を払う、ということであった。

このように、FECの存在とその任務について〝理解ある〟姿勢を示したペーターセン陸軍次官補の覚書に対しマッカーサーは、「その性格において手続的あるいは政治的」な「修正」を求めた。六月一日付でJCS(統合参謀本部)に送られたマッカーサーの「修正案」(「SWNCC二九七/一」)[2]では、まずペーターセンの覚書において、米政府に「必要な是正の指令」を出させるためのFECの政策決定に触れた(二)の部分が削除される一方、次のような項目が付加されていた。

まず第一は、FECの決定を具体化した米政府からの指令について、SCAPがそれを彼の「執行責任と権限の侵犯」とみなす場合にはいつでも、SCAPはそのような指令の適法性如何に「挑戦する十分な権利」を有し、JCSに対して訴えを提出し、米政府による審査と新たな指令があるまで執行をさし控える、ということである。第二は、SCAPが遂行しつつある政策を侵害したり、SCAPによってすでになされた行動と対立するような政策決定がFECに提案される場合にはいつでも、それに関するSCAPの見解や勧告が受領されるまでは、FECにおいてアメリカの立場の表明はさし控えられる、ということである。

以上のようにマッカーサーの立場が強く打ち出された「修正案」はペーターセンの覚書と共にSFE(極東小委員会)での検討に委ねられることとなり、SFEは八月十二日に、同九日の第六八回会合でなされた検討結果をSWNCCに報告した。[3] まずマッカーサーが主張したSCAPの見解や勧告の〝尊重〟という点については、占領の重要な局面でSCAPの行動を「取り消す」ことは政治的に望ましくないので、SCAPの勧告についてはFECによって「十分な重要性」が付与されるべきであると指摘され、さらにFECはSCAPのいかなる行動についても議論できるが、「正式の審査活動」はFECがすでに政策決定に達した場合に限られるべきである、との見解が明確化されている。以上の点は、憲法改正問題をめぐる事態の展開の〃追認〃と見ることができる。

しかし同報告では、マッカーサーが「修正案」で削除したペーターセンの覚書の(二)の部分について、FECはSCAPの行動に反対であるとの声明を米政府に提出することができる、と指摘されている。さらに、マッカーサーがその第一項で主張した指令の適法性に対する〃挑戦権〃については全て削除されると共に、ペーターセンの覚書でも触れられていなかったところの、FECはワシントン以外の東京を含む他の場所で会合をもつことができるとのFEC規程が、あえて再確認されているのである。

右のSFEの報告(「SWNCC二九七／三」)は、マッカーサーによる「既成事実」の重みを認めつつも、基本的にはペーターセンの覚書に沿ったものであった。そして同報告はわずかな修正を除いてほぼそのままSWNCCによって承認され、「極東委員会と連合国最高司令官との関係の定式」として四六年八月二四日、JCSからマッカーサーに送付された。(4)

これが、FECとSCAPの関係に関する当時の米政府当局の正式の見解であり立場であった。しかし、やがて対日占領政策の転換と共に右の見解や立場も大きな変更がもたらされることになる。つまり事態は、第二の段階に入ることになるのである。

二　ケナンの「弱体化」政策

一九四七年の夏頃からワシントンにおいて本格的に検討が開始された対日占領政策の転換が公然と提示されたの

は、「全体主義戦争の脅威に対する障壁」として機能しうる経済的に自立した日本の確立を求めた、四八年一月六日のロイヤル陸軍長官の有名な演説であった。そしてそれから約二週間後の一月二一日、FECにおいても米政府当局の指示を受けた米代表のマッコイ議長が重要な声明を発した。それは、米政府として日本占領の最初の二年間における成果の「再検討」を行った結果、ポツダム宣言にかかげられた基本政策はほぼ遂行されたが、「日本の経済的自立・自助」という重要な課題が達成されていないことが明らかとなった、従ってこの目標達成に向けて「極東委員会の協力」を求める、というものであった。(5)

以上のような政策転換を現地日本において具体化すべく、転換方針を主導してきた国務省政策企画部長ジョージ・ケナンが三月初めに訪日してマッカーサーと会見した。ケナンは政策転換の眼目を、ポツダム宣言の目標は日本の侵略から連合国の安全を守ることにあったが、今や問題は「外からの侵略」に対する日本の安全にあり、日本社会の安定と自立が早急に望まれる、と明快に説明した。しかしマッカーサーがまず問題にしたことは、そのような占領政策の「修正」に対してはFECが「障害」になるであろう、ということであった。

たしかに、それまでFECはポツダム宣言を具体化したアメリカの「初期方針」や「初期指令」をベースとしつつ政策決定を行ってきたのであり、アメリカの政策転換はこれらの決定と矛盾や対立をひきおこし、未だ日本の脅威は根絶されていないとみなしている少なからぬFEC加盟諸国の抵抗が当然予想されたからである。そしてここにおいてマッカーサーは、そもそも当初よりこのような機関の設立に反対してきたと、自らの〝先見の明〟を強調したのである。(6)

これに対しケナンは、FECについてはマッカーサーと同様にその設立時から決して楽観視してはいなかったと応じると共に、問題を処理する「一つの抜け道」があると、次のような議論を展開した。まず、FECの規程によれば同委員会は降伏条項を遂行するための政策の枠組みをつくることが任務であるが、降伏条項とは要するにポツダム宣言の諸条項を意味している。ところが、それらの諸条項は今や事実上遂行されてしまっている、つまりは「FECの政策形成機能は実質的に完遂された」ということなのであって、FECはこれ以降の時期については政策形成にかかわり得ないのである。従って我々は「この限界を超えようとするFECの指令に対して同意を拒否する権利」を十分にもっている、と。

　もちろんケナンは、FECの承認なしに占領管理体制の変更を行うことはできないし、ましてやFECそれ自体を廃止することができないことは認識している。しかし彼が結論として強調したことは、FECを「活動停止」状態にし、好きなだけ「弱体化」させることは容易にできるであろう、ということであった。[7]

　ケナンによれば、以上の彼の議論はマッカーサーに「強く」アピールし、マッカーサーはそれを「全く正しい方針」であると歓迎した。もっとも、ケナンの議論展開には彼自身が意識していたか否かはともかく、後述するようにSCAPとしてのマッカーサーの存在それ自体をおびやかす〝論理〟がはらまれていたのであるが。

　さて、帰国したケナンは三月二五日にマーシャル国務長官に報告書を提出した。そこでケナンはACJについては〝現状維持〟を説きつつも、FECについてはその存在を終止させるべきではないが、FECが降伏条項の遂行に関係しない諸問題を検討することをやめさせ、それらの問題については米政府が「米極東軍総司令官」としてのマッカーサーに「一方的（ユニラテラル）指令」を発するべきである、また降伏条項の遂行にかかわる問題であっても、FECの迅速な行動が得られない場合にはいつでも我々は「中間指令の行使を躊躇するべきではない」との方針を提起した。[8]

　国務省政策企画部は右のケナン報告を基礎に五月二六日、四七年七月に成立した国家安全保障法に基づいて設立された大統領の助言機関である国家安全保障会議（NSC＝National Security Council）に「アメリカの対日政策についての勧告」と題する重大な政策転換をめざした報告を提出した。そこでFECについては、米政府はFECによって検討される政策決定は降伏条項の遂行に直接関わる問題に限定されるということをFEC構成諸国に主張するべきであり、またそれらFECの権限対象である諸問題についてもアメリカの望む政策を強力に推進するべく「攻勢的で積極的な姿勢」が固められるべきである、さらにFEC内で早期に合意が達せられない緊急問題については中間指令の行使を躊躇するべきではないし、SCAPは「唯一の執行権者」としての彼の権限をより一層強く行使するように奨励されねばならない、と述べられていた。(9)

対日占領政策の転換を画する政策企画部の「勧告」は若干の修正を経て十月七日にNSCで承認され、同九日トルーマン大統領によって「NSC十三／二」として正式に承認された。しかし右のFECに関する項目は、FECに対するこの新たな立場を公然化させるか否かといった問題も含めて国務省と陸軍省の間で「完全な合意」が得られなかったため分離され、十一月二二日に至って大統領の承認をうけてようやく「十三／二」に組み込まれた。内容は政策企画部の「勧告」とほぼ同じであるが、アメリカの立場はポツダム宣言の実施を含む降伏条項が実質的に遂行されたという事実の上にさらに明確に基礎づけられねばならない、との文言が付加された。(10)

こうして、ケナン・マッカーサー会談以来本格的に検討され始めたFECに対するアメリカの新たな立場が確立された。言うまでもなくそれは、四六年八月にペーターセン陸軍次官補の覚書を基礎に承認された「SWNCC二九七／三」の基本的立場からの大きな「転換」であり、FECを自らの政策遂行の「障害」と位置づける点において、むしろ当時マッカーサーによって提出された「修正案」の立場の〝追認〟ともいえる側面をもっていたのである。

すでに四八年三月十一日、米代表マッコイはFECの会合において、国際会議への参加など通常ならば講和条約の締結によって回復される諸権利を日本政府に事実上付与する問題にかかわって、「FECの決定がない場合」にはSCAPは自ら行動をとることができると指摘し、「唯一の執行権者」であるSCAPの権限の大きさを強調する発言を行っていた。[11] かつて憲法改正問題でマッカーサーとFECが鋭く対立した当時、マッカーサーはマッコイに対しFECの場で拒否権を行使しなかったことを非難し、「拒否権を含むあらゆる可能な手段」によってアメリカの政策と立場を防衛するように強く主張していたが、[12] 今ようやくその〝効果〟が現れてきたといえるであろう。こうして現に四九年五月から翌年にかけて、マッカーサーのイニシアティヴや米政府の中間指令に基づいて、多くの日本人が国際会議や国際協定の締結に参加することになった。[13]

しかし、より重要な問題は、FECによって採択された政策決定がある場合にも、それに「違反」する形で米政府やマッカーサーによる政策遂行がなされたことである。先に触れたように四八年二月十二日、FECは「日本における軍事行動の禁止および軍事的装備の制限」という政策決定を行った。これは、ポツダム宣言でもかかげられた日本の非軍事化・非武装化にかかわって、日本人の武器所有の禁止と、警察組織が将来の軍隊の中核にならないために警官の武器保持に制限を加えることをねらいとしたものであった。

ところが、当時日本では海上保安庁の設置が提案され、四月の国会決議を経て五月から発足するという事態の展開となった。これに対しFECでは四月初旬より、とりわけソ連、オーストラリア、ニュージーランド、中国の代表が右の政策決定の違反として激しく非難し、他の代表もマッカーサーが事前にFECと協議しなかった点をきびしく批判した。しかし米代表マッコイは、海上保安庁はいわば「水上警察」であって決して政策決定に違反するものではないと反論した。そして運営委員会が、FECがこの問題を検討する機会を与えられるまで海上保安庁は設置されるべきではないとの決定を行って本会合に提案した際にも、マッコイは拒否権を行使して同提案を葬り去ったのである。[14] こうして米政府とマッカーサーは、すでに採択されていた政策決定との関係や手続問題に大きな疑義を残しつつも、FECの抵抗を強引に押し切ったのである。

さらにマッカーサーは、当時深刻化していた官公労働者の労働争議を抑えるべく、四八年七月二二日にスト権の禁止など公務員の労働基本権をきびしく制限する「国家公務員法改正に関する書簡」を芦田首相に送り、これをうけて同三一日「政令二〇一号」が発せられ即日施行された。しかしこの措置も、先述した四六年十二月の「労働組合十六原則」の政策決定に背反するという問題が生じ、ソ連ばかりではなく英連邦諸国からも相次いで批判が出された。またワシントンにおいても、国務、陸軍、労働の三省が事態を危惧してマッカーサーに〝制限緩和〟を働きかけた。しかしマッカーサーは、「十六原則」は公務員には適用されないとの声明を発して突っぱね、FECにおいても翌年七月頃まで議論が展開されたが、結局マッカーサーの「既成事実」を打ち破ることはできなかった。[15]

また、アメリカの対日占領政策の転換において重要な柱となる日本の経済的自立に向けられた「経済安定九原則」も四八年十二月十日、米政府によって「中間指令」としてSCAPに送られた。この問題についてはFECにおいて事前に提示も議論もなされていなかったため、FECは「バイパス」されたとか、「一方的指令」の発出の前に議論がなされるべきであった等、各国代表の多数から批判が集中したが、翌年三月の「ドッジ・ライン」の提示をもって事態は否応なく進行していった。[16]

以上に素描したように、四八年の最初の数カ月以降、米政府とマッカーサーは政策転換を遂行するために、「唯一の執行権者」としてのマッカーサーの権限の活用、「中間指令」権や拒否権の躊躇なき行使など「一方的行動の政策」[17]をもってFECという「障害」を乗りこえていったのである。つまりは、四八年三月にケナンがマッカーサーに伝え十一月に大統領の承認をもって「NSC十三／二」に組み込まれ〝定式化〟された、FECの「弱体化」政策の具体化であった。

三　マッカーサーの「抵抗の論理」

しかしながら、問題の構図をワシントンおよびマッカーサー対FECとして単純化して描くことは正しくないであろう。なぜなら、当時ワシントンとマッカーサーの対立が新たな次元で展開されていたからである。そしてここに、四八年三月の訪日時にケナンがマッカーサーに披瀝した〝論理〟にはらまれていた問題が浮上してくるのである。

FECがすでに〝用済み〟になった旨を説明するためにケナンがもち出した議論を改めて指摘しておくと、FECの任務は降伏条項、つまりはポツダム宣言の諸条項を遂行するための政策形成であるが、それらはほぼ完遂されており、従ってFECの任務も事実上終了した、ということであった。

しかし実はここで前提とされている〝論理〟は、言うまでもなくかねてより米政府当局がSCAPとしてのマッカーサーに全般的な占領管理権がある旨を主張する際に展開してきた〝論理〟にそのまま通じてくるのである。つまり、「バーンズ回答文」や降伏文書の一節を〝拡大解釈〟し、「降伏条項の実施」という軍事レベルの問題と「ポツダム宣言の諸条項の実施」という政治レベルの問題を〝結合〟させ、マッカーサーが事実上政治・経済・社会問題にまでわたる広範な管理権限を行使するのを〝正当化〟してきたその〝論理〟である。そして前節二で見たように憲法改正問題にかかわってホイットニー民政局長は四六年二月一日のメモで、降伏文書によって日本政府はポツダム宣言を受諾した、四大国は降伏条項を実施する権限をSCAPに与えた、従ってSCAPとしてのマッカーサーはポツダム宣言の諸条項を実施する権限を有していると、改めて議論を〝整理〟した。

とするならば、FECを〝用済み〟にするためにケナンが展開した〝論理〟は、実はそのまま他ならぬマッカーサーを〝用済み〟にする〝論理〟に転化してくるのである。そして現にケナンは、上述の四八年三月二五日のマーシャル国務長官あての報告において、FECの機能を事実上「活動停止」にするべきことを主張する一方で、SCAPと日本政府との関係についても次のように提言していたのである。

つまり、SCAPの権限は当面維持されるべきであるが、次第にその任務を日本政府の活動への介入ではなく、その「一般的な監視」と政策問題に関する「ハイレベルでの接触」といったところにまで「縮小」させていかねばならない、またSCAPは日本政府にこれ以上「新たな改革立法」を押しつけるべきではなく、すでに遂行中の改革についてもその遂行における日本側の自主性を認めねばならない、ということであった。さらにケナンは国務省とGHQとの関係について、GHQの外交局の機能を限定縮小し、それから独立した大使クラスの常設の政治代表(部)を国務省は早急に東京に派遣すべきである、と要請したのである。(18)

要するにケナンのねらいは、SCAPを頂点としたGHQが一つの官僚機構と化し、しかも日本政府の行政分野に細部にわたって介入している状況を抜本的に改善し、さらには日本占領における国務省の発言権とイニシアティヴを獲得しようというところにあった。そして以上のケナンの提言は、政策企画部のNSCに対する五月二六日付の「勧告」においても若干の修正を除いてほぼそのまま取り入れられ、十月七日の「NSC十三／二」において承認された。もっとも、国務省の政治代表派遣の項目については、マッカーサーの強い反対を考慮して削除されたが。(19)

ところで、「NSC十三／二」はケナンの報告をベースに、日本の経済復興と自立的な安定をめざして従来の占領政策の転換を企図したものであった。従って、占領初期以来の諸改革の推進は安定化を阻害するものとみなされ、集中排除法や公職追放は復興を阻むものと批判をうけ、他方で将来の再軍備への布石として警察力の強化がかかげられていた。しかしマッカーサーにあっては、経済復興それ自体には異論はないものの、SCAPの権限やGHQの機構の縮小はもちろん受け入れ難いし、自らが進めてきた諸改革の「転換」、とりわけ集排政策や公職追放の緩和にはきわめて慎重であり、さらに再軍備につながるような警察力の強化には強く抵抗していた。

かくして、四八年十二月一日にJCSから「米極東軍総司令官」あてに送られた「NSC十三/二」を受けとったマッカーサーは十二月十八日、ドレイパー陸軍次官に対して「連合国最高司令官の権限の範囲」に関する次のような書簡を送った[20]。

マッカーサーはまずドレイパーの指令の中に、「NSC十三/二」の諸政策の遂行が「ほぼ確実に極東委員会の政策指令と矛盾をきたす」ことが明らかであるためにSCAPとしてではなく米極東軍総司令官としてのマッカーサーに指令を送る旨が記されていることを逆手にとって、「一九四五年のモスクワ協定の下における連合国最高司令官の国際的性格」によって、SCAPはFECによって作成される「連合国の政策」か、あるいは米政府の中間指令にのみ「従属する」と、モスクワ協定(FEC)の規程を前面に押し出したのである。その上で、FECを構成するいずれかの国が「一方的な政策行動の権利」を行使するならば、それはモスクワ協定という「支配的な国際協定の破棄」につながり「きわめて危険で不測の事態も招きかねない」とドレイパーに警告を発し、最後に「NSC十三/二」が国際協定によって規定された然るべき指令としてSCAPに送られていない以上、SCAPにはその遂行の責任はなく、あくまでSCAPはFECおよび一定限度においてACJに対して責任を負うものである、と主張した。

以上のマッカーサーの議論は、言うまでもなく完全な〝開き直り〟である。その発足前後より対決しあるいは無視し、そしてケナンの「弱体化」政策を歓迎したその対象であるFECを、この段階になって今度は自らの立場を守るための〝タテ〟にしようというわけである。しかしドレイパーとしては、マッカーサーのこの〝建前論〟あるいは〝正論〟を一概に否定することもできなかった。

そこで十二月二四日付の返信において彼は、「連合国最高司令官の立場が国際的役職であることは十分に理解される」が、「アメリカの国家政策」を考慮しつつSCAPの権限内においてFECの指令を解釈し執行する「かなりの余地」があるはずであるし、また「NSC十三／二」は「モスクワ協定の枠内」にあると、〝釈明〟と〝懇請〟にこれ努めた(21)。これに対しマッカーサーは直ちに返信を送り、これまでFECの政策を覆さないギリギリの範囲内で権限を行使してきたことを強調すると共に、改めて「アメリカはモスクワで、その完全で一方的な管理権を譲り渡した」と指摘し、事態の責任はSCAPの側にあるのではなく、そもそもFECの設置に同意したワシントンの側にこそあると反論した(22)。

FECを〝タテ〟にとったマッカーサーによるこのような抵抗に直面したワシントンは、FECはおろかマッカーサーとの事前協議もなしに「中間指令」として発令した「経済安定九原則」を早急に具体化すべく四九年二月に、デトロイトの銀行家で占領下ドイツの通貨改革でも腕をふるったドッジをトルーマン直々の任命によってマッカーサーの経済顧問という肩書で東京に送り込み、「日本経済の運営についての監督権」を事実上マッカーサーから取り上げたのである。しかし、警察制度の改革や警察力の強化、再軍備、あるいはワシントンの指令に沿った公職追放の解除については、マッカーサーは改めてFECとの関係などを理由にあげつつ拒否の姿勢を貫き、結局これらの問題の「解決」は朝鮮戦争の勃発を待たねばならなかった(23)。

また、ドイツ占領地域の占領機関を文官の管轄下に移す方針が具体化されるに伴い、四九年三月から六月頃にかけて日本占領機構の根本的な再編成がワシントンにおいて検討された時、マッカーサーは激しく反発し、ドイツの米占領地域の占領体制であるならばアメリカの意思次第で変更することができるが、日本の場合はＦＥＣにおける多数の同意を獲得しなければならないと、改めてモスクワで決定されたＦＥＣ規程をもち出して〝防戦〟に努めたのであった(24)。

以上の如くまことに皮肉なことに、対日占領政策の転換を具体化すべき段階に至って、「活動停止」状態に追い込んだはずのＦＥＣの「国際協定」に基づいた〝存在の重さ〟が再びクローズアップされる結果になったのである。

(1) SWNCC 297, "Instructions to the United States Representatives on the Far Eastern Commission and the Allied Council for Japan," memorandum by Howard C. Petersen, 7 May 1946.
(2) SWNCC 297/1, "Recommendation from SCAP to Joint Chiefs of Staff," 1 June 1946.
(3) SWNCC 297/3, "Proposed Instructions to the U. S. Representatives on the Far Eastern Commission and the Allied Council for Japan," memorandum by SFE, 12 August 1946.
(4) The Appendix of SWNCC 297/3, dispached from JCS to SCAP, 24 August 1946.
(5) 大蔵省財政史室編『昭和財政史・第二〇巻英文資料』東洋経済新報社、一九八二年、一八三―一八六頁、*FRUS, 1948 VI*, pp. 654-56.
(6) *Ibid.*, pp. 699-700.
(7) *Ibid.*, pp. 703-4.
(8) *Ibid.*, p. 693.
(9) *Ibid.*, pp. 778-79.
(10) *Ibid.*, pp. 860, 879-80. なお、四九年五月六日にＮＳＣによって採択された「十三／三」でも、このＦＥＣに関する項目はそのまま維持された。*FRUS, 1949 VII*, p. 732.

(11) Blakeslee, *FEC*, pp. 215-16.

(12) *FRUS, 1946 VIII*, p. 204.

(13) Clayton James, *op. cit.*, pp. 244-45.

(14) Blakeslee, *FEC*, pp. 67-68, 72-74.

(15) 五十嵐武士『対日講和と冷戦・戦後日米関係の形成』東京大学出版会、一九八六年、四六―五八頁。

(16) Blakeslee, *FEC*, pp. 206-7.

(17) *Ibid.*, p. 230.

(18) *FRUS, 1948 VI*, pp. 693-94, 696.

(19) *Ibid.*, pp. 778-79, 859-60.

(20) 大蔵省財政史室編、前掲書、一九五―九六頁。

(21) *FRUS, 1948 VI*, pp. 939-40.

(22) *Ibid.*, p. 937.

(23) 五十嵐、前掲書、一五二―五四頁、Cohen, *op. cit.*, 邦訳(下)、二九四、三〇八頁。

(24) Clayton James, *op. cit.*, pp. 269-71.

第三節　対日理事会の活動

一　戦後改革への影響

それでは、マッカーサーがケナンとの会談で、FECと共に「常に対立してきた」と指摘したACJの活動はどのように評価されるであろうか。ACJについては、議長である米代表とソ連代表との不毛な論争に終始した、あるいは議題もなく流会という〝開店休業〟状態がつづいた、といった側面のみが強調される場合が多い。たしかに、四八―四九年に開かれた五十数回の会合の大半は「議題がなく一分足らずで終る」状況にあった。しかし四七年末までをみれば、四八回の会合の中で議題もなく議論もなされずに散会したのはわずか五回にすぎず、とりわけ四七年夏頃までは議論も活発で建設的な活動がなされたのである(1)。

四六年四月五日に第一回の会合が開かれて発足したACJのメンバーは、ソ連代表のデレビャンコ中将、イギリス、オーストラリア、ニュージーランド、インドを同時に代表する(英連邦代表とよぶ)メルボルン大学の政治学教授であったマクマホン・ボール、中国代表の朱世明中将、そしてマッカーサーの代理として議長をつとめるマーカット少将(後にジョージ・アチソンに代わる)の四人であった。このACJが最初に取り組むことになった重要課題が農地改革であった。

農地改革については、日本政府によって取りまとめられたいわゆる第一次農地改革案が四五年末に議会を通過し成立したが、これは農地の保有限度が高く地主の側に有利な内容であった。しかも、その後のGHQ側からの批判に対して政府が明確な対応を示さない中で、土地解放を求める農民の運動が拡大していった。そこでマッカーサーは問題を四六年五月二九日のACJ第五回会合に上程し、ACJでの検討に委ねた。ソ連のデレビャンコはすでに無償没収などの提案を行っていたが、ACJではボールの提案をベースに合意が成立し、六月十七日に共同勧告が採択された。(2) これは事実上不在地主を一掃する内容のものであったが、結局マッカーサーも日本政府も基本的にこの勧告を受け入れ、いわゆる第二次農地改革案として十月に議会を通過し公布された。農地改革はマッカーサーが内外の利害関係を考慮して、重要問題では「まれなケース」としてACJに諮問するという戦術をとった課題であったが、とにかくもACJは、地主制を解体し自作農を創出し「最も成功した戦後改革」ともいわれる改革で大きな役割を果たすことができたのである。(3)

ところで、マッカーサーが憲法改正に関する「国民投票」として位置づけた四六年四月十日の総選挙に対してFECから〝性急すぎる〟との批判が出されたことについては既に述べたが、投票の五日前に開かれたACJの第一回会合でもデレビャンコは、選出される議員についてその適格性を再度審査し、仮りに大多数が不適格として認められる場合には選挙をやり直すように求めていた。(4) そして選挙結果をうけて四月二二日に幣原内閣が総辞職し、第一党となった自由党の鳩山一郎が首相になる可能性がでてきた状況の中でデレビャンコは急ぎボールと協議し、両者一致して鳩山の首相就任に反対し、ACJの特別会合の開催を求めることになった。

こうして四月二五日に開かれたACJの「非公式会合」において、ボールは鳩山については首相としても閣僚としても「受け入れ難い」こと、デレビャンコは鳩山の議席自体を剝奪すべきこと、を主張した。(5) そして五月四日に至り、GHQは事実上首相に内定していた鳩山の追放を指令した。すでに四月六日には外国人特派員が戦前のヒトラーやムッソリーニとの〝諸関係〟について鳩山自身を〝査問〟し、GHQ内部にも〝民族派〟の鳩山の追放を求める政治的動きがあったわけであるが、(6)問題を評価する際に、右に述べたデレビャンコやボールの対応が与えた影響を看過すべきではなかろう。

なお、この「日本政府」問題は、すでに検討したように「二本立」管理体制案をめぐる米ソ交渉において一貫してソ連が重大な関心をよせた問題であり、それはACJの規程でも「重要問題」の一つとして規定された。そしてデレビャンコはこの後も新政府形成の基礎となった四月十日の総選挙のあり方を追放問題の側面から執拗に追及し、四六年十一月十三日の第十九回会合では追放されるべき衆院議員として具体的に十七名の名前をあげると共に、今後もその数は百名を超える可能性があると指摘し、国会の公職追放はなお完了していないときびしく批判した。ちなみにボールはその『日記』で、デレビャンコの主張を「正しい」と記し、「結局のところ四月十日の総選挙はおそらく、新しい民主主義のすばらしいデモンストレーションではなかった」との結論を下している。(7)

さらに、時期は下がるが四八年二月十日に社会党の片山内閣が総辞職し、デレビャンコがあげた十七名の〝追放該当者〟名簿の二番目に名指しされていた民主党の芦田均が次期首相候補として浮上するや、三月三日の第五三回会合においてソ連代表キスレンコはACJ規程に基づいて「日本新政府」問題を議題として提出し、芦田の〝不適格性〟を追及した。しかし、ジョージ・アチソンを継いだ議長のシーボルトは、政府形成は日本国民の主体的な意思に委ねられるべきで外部から干渉すべきではないとの〝論理〟を展開して、キスレンコの議論を抑え込んでしまった。(8)これはあたかも、かつて憲法改正問題においてマッカーサーやホイットニーが展開した〝論理〟を想起させるものである。

なお前節二で海上保安庁問題を検討したが、実はＡＣＪにおいても事前協議なきＳＣＡＰの「独断的措置」をめぐって激しい議論が交わされ、その中で議長のシーボルトは、ＳＣＡＰが日本側に「命令」を発する場合にはＡＣＪとの事前協議が必要としても、海上保安庁問題についてはＳＣＡＰと日本側との「協議」が行われたにすぎず、しかも国会に提案され採決されたものであって何ら問題はないと、「内面指導」をほのめかしつつ日本側の〝自主性〟を強調して批判をはね返したのである。(9)

ところで、日本占領の過程においてＡＣＪが果たした少なからぬ〝成果〟として挙げることができるのは、内外の世論形成に及ぼした影響であろう。それは、ＡＣＪの会合がＦＥＣとは異なり「公開」を原則としたことに大いに負うていた。「公開」原則はＡＣＪの第一回の会合でマッカーサーが宣したものであり、彼自身のねらいは、ソ連代表をしてマッカーサーの政策との「不一致」の公然化を余儀なくさせる状況におくことによって「ロシアの中傷に対する一種のセーフガード」を設けるところにあった。(10)しかしこれは、さし当り〝裏目〟に出た。

たしかにデレビャンコの議論には共産党への〝テコ入れ〟といった側面もみられたし、たえず本国の指示を仰がねばならないという〝制約〟もあった。しかし彼の言動が、マッカーサーの指摘するように占領政策の「妨害」や政治的プロパガンダだけを目的としたものであった、と捉えるべきではないであろう。(11)現に、当時終戦連絡中央事務局にあって一貫してＡＣＪでの議論を傍聴しつづけた外務省の朝海浩一郎の指摘によれば、ＡＣＪの発足からおよそ一年間に提出された四十近い議題の中で約三十はソ連代表から提案されたものであったのであり、むしろその活動は「活発かつ積極的」なものであったと言えるであろう。(12)

とりわけ追放問題に特徴づけられたように、マッカーサーの占領政策が旧体制の指導者や担い手達に対して「ソフト」に傾けば傾く程、デレビャンコの議論は一層際立ったものになった。さらに興味深いことは、農地改革であれ労働立法であれ財閥解体であれ教育問題であれ、様々な課題に関するデレビャンコの議論は決して「社会主義」を企図したものではなく、基本的には反ファシズム、反封建、自由、民主主義といったポツダム宣言の精神に沿ったものであった、ということである。

従って、例えば四六年七月十日の第九回会合においてデレビャンコが二二項目の原則から成る労働法の制定を要求した際に、議長のアチソンがすかさず、ストライキや組合結成の自由、八時間労働等々はそもそもソ連自体において認可され実施されているのかと鋭く批判したように、デレビャンコの議論は実は当時の「社会主義」ソ連にも向けられるべき〃民主主義〃の理念を基調としていたのである(13)。だからこそ、ACJの「公開」原則によって新聞などで広く報じられたデレビャンコの議論についてはハーバード・ファイスさえ、「経済的かつ政治的に日本の〃民主化〃の過程にある程度の影響を与えた」可能性を指摘しているのである(14)。

しかし、「公開」原則がマッカーサーのねらい通りの〃効果〃を上げた諸問題があった。その最たるものが、数十万人にのぼる日本の軍人・民間人のシベリア抑留問題であった。この抑留は、武装解除後の日本軍人は家庭に帰還し平和的生産的生活を営む機会を与えられると規定したポツダム宣言第九項に真向うから背反するものであった。従って、執拗にこの問題を議題にとり上げソ連側を非難する米代表の議論は内外世論に大きな反響をよびおこし、ソ連代表は孤立状態に追い込まれることになったのである(15)。

さて、ジョージ・アチソンが「ある面でソ連代表以上にはるかに迷惑〔な存在〕」と指摘し、アメリカ側から「公共の敵ナンバー・ワン」とさえ目されたのが、英連邦の代表マクマホン・ボールであった。そもそも彼は職業外交官でもなければ軍人でもなく、メルボルン大学で政治学の教鞭をとっていた当時四四歳の学者であった。一九四五年にオーストラリア外相エヴァットと知り合って外交関係の仕事にかかわり、サンフランシスコの国連発足総会に同国の代表団の一員として参加し、その後ACJの代表に任命された。[16]

ただボールは、当初よりマッカーサーやアメリカの占領政策に批判的であったというわけではない。近年公刊されたボールの『日記』によれば、四六年四月五日のACJの発足会議の直後にはマッカーサーと個人的に会談し、「ロシア人に対する警戒」の必要性と共に、ACJが「できうる限りの高いステータス」を享受するように努力したいとのマッカーサーの発言をうけるなど、両者の関係はきわめて友好的であった。

ところが、その後ACJの会合においてボールが直面したものは、「最悪の議長」たるマーカットの「無能な」議事運営であり、ホイットニーの「極端に傲慢で攻撃的な」態度であり、それとは対照的なデレビャンコの「はるかに抑制的で丁寧な紳士としての」振舞いであった。要するにマッカーサーの〝忠告〟とは全く逆に、デレビャンコが〝妨害者〟であるのではなく、米代表の側こそが「理事会をつぶす」つもりであるとの「結論」をボールは導き出したのである。[17]

ここにおいて、かつて二〇年代末からのロンドン留学中にハラルド・ラスキに師事し、市民的自由と民主的権利を至上の価値とするボールの学者としての良心が燃え上がったであろうことは想像に難くない。かくしてボールは「対日理事会それ自体」「対日理事会の諸権利」を防衛するために、ACJの規程に基づきSCAPとGHQはACJのメンバーに十分な情報を与え、日本政府に命令を発する前に事前協議を行い、ACJのとりまとめた勧告についてSCAPがいかなる対応をなしたのかを正確に報告するべきこと等々の「手続き問題」において、「圧倒的にいよいよ独占的なアメリカの態度」に対して徹底的な論戦と追及に立ち上がったのである。そしてこの点においてデレビャンコはもちろん、反共の方針においてマッカーサーに近いとみなされていた中国代表朱世明も「百中九〇パーセント迄は自分等に同調してくる」こととなり、米議長がしばしば孤立する状況が生み出されたのである。[18]

さらにボールは、後述する「報告書」でも指摘しているように本国からほとんど具体的な指示がない中で、ほぼ全ての問題について「自らの裁量」に基づいて行動した。[19] 本来ならばイギリス、オーストラリア、ニュージーランド、インドという各々の複雑な利害関係を「代表」しなければならないボールにとって、このような〝指示の不在〟はむしろ幸いなことであったろう。こうしてボールは、「諮問」するべき政策の形成に邁進した。

その際彼のスタンスは、右に述べた自由主義的な政治理念からして、共産主義に対してはもちろん明確な一線を画していた。ただ、例えば四六年一月の高松宮との対談で述べたように、共産主義による支配権の獲得を阻止する方法は共産主義者を攻撃することではなく、彼らが成長する背景にある社会的・経済的弊害を攻撃することであり、要するに「社会的・経済的改良」の導入が重要である、との立場に立っていた。従って、当然労働者の権利擁護にも熱心で、ストライキ権についても、経済目的と政治目的とを区別することは事実上不可能である以上、政治的ストライキ権も許容されるべきである、という考え方であった。[20]

他方、例えば日本の賠償問題に対処するにあたってボールは、日本人の生活水準を向上させることの必要性は認めつつも、何よりも日本の将来にわたる戦争遂行能力の剝奪と再びオーストラリアの脅威となる可能性の除去、つまりは民主化と反軍国主義の徹底化を求めるという立場に立った。そして以上のような基本的理念に立脚してボールは、農地改革や炭鉱国有化問題、賃金・物価の安定化問題をはじめ数々の勧告を提出し、それによって具体的な政策形成に寄与し、内外の世論に大きな影響を及ぼしたのである。[21]

二 〝形骸化〟とその意味

かくして、ACJという「公開」の場におけるデレビャンコやボールなどによる諸提案の提出と活発な議論を通して、本章の冒頭で触れた『ニューヨーク・タイムズ』紙の東京特派員の指摘のように、それまで「ダンスから民主主義に至るまで完全にアメリカ中心」に遂行されてきた日本占領の過程に別のイデオロギーや価値感が流入し、「占領の漸次的な〝脱アメリカ化〟」とまではもちろんいかなくとも、少なからぬ「心理的効果」がもたらされることになったのである。

しかしながら、マッカーサーやGHQの側もこのような状況を見過ごしているわけではなかった。規程に基づいて展開されるべきACJの機能を、様々な〝妨害〟によって「低下」させることに努めた。四七年八月末に、マッカーサーによる「否認と排除」、さらにはオーストリア外相エヴァットの突然の〝政策変更〟によって「更迭」されたボール[22]は、九月一日付のチーフリー首相あての「報告書」[23]において〝妨害〟の状況を次のように指摘した。

まず重要なことは、SCAPによる「対日理事会の情報回路の封鎖」である。これは早くもACJ発足から二カ月ばかりの四六年六月頃に始まり、マッカーサーはGHQのスタッフに対し、ACJのメンバーに「口頭」で情報を与えることを禁じ、以来各メンバーは必要な情報を得るために「書面」でもってGHQの担当部局に要請し、「口頭」ならば十―十五分ですむ問題が三―四週間もかかるという状況に追いやられたのである。こうしてACJメンバーは、情報なしには諮問を与えることができず、問題を提起することなしには情報が得られない、というジレンマに陥ることになった[24]。ちなみに、第二章第六節二で見たように、ポツダム会談を経てソ連側が提示したハンガリーACCの新規約では、英米代表は「口頭ないし書面による情報」を受ける権利をもつと規定されていた。

さらにSCAPは、ACJの存在それ自体を「侮辱」する方法をとった。それは、農地改革問題などをわずかな例外として、憲法改正や財閥解体、食糧問題をはじめとする重要問題についてSCAPの側から一切「諮問」を求めない代わりに、例えば海事検疫問題、具体的には「ねずみが船から埠頭に飛び下りるのを防ぐ最良の方法」を検討するといった、およそ政治的ではないきわめて実務専門的な行政上の問題を「諮問」することによって、各国を代表するACJのメンバーに「文字通りの侮辱」を与えたのである。(25)

ボールによれば、マッカーサーやその周辺はACJに対してこのように「タフ」な姿勢をとる理由として「ソ連の危険性」をあげ、〝情報封鎖〟もあくまでソ連に情報を与えないための措置であり、とにかくソ連代表を常に「叩きのめす」必要がある旨を強調していた。しかしボールはこのような「正当化」論について、それは「ロシア人をアリバイとして」使っているにすぎないと指摘し、むしろ問題の本質はマッカーサー自身の「性格」にあり、彼はいかにささやかなものであれ彼自身から「関心をそらす」可能性のあるいかなる機関の登場にも強く抵抗しているのである、と断じた。(26)

ところで、マッカーサーのACJに対する以上のような基本姿勢を見る時、仮りに彼が東欧三国における占領の最高司令官でありACC(連合国管理委員会)の議長であったならば、何よりもルーマニアとブルガリアの米代表ベリーやバーンズの〝政治活動〟をどこまで許容したであろうか、あるいはまた、ハンガリーの米代表ショーエンフェルドがソ連側は「重要問題」については一方的に指令を発し「ささいな問題」についてのみACCでの「一致」を求めてくると非難していたことにどのように対処したであろうか、といった誠に興味深い〝仮定の議論〟を思い巡らさずにはおれないのである。さらに言えば、仮りに東欧三国のACC米代表達が、マッカーサーによって「侮辱」され「更迭」されたボールの立場にあったならばいかなる対応を示したであろうかという問題も、さらに興味をひかずにはおれない一つの〃仮定〃である。

さてACJは、ボールが活発に活動していた段階において既に以上に述べてきたような状況に直面していたのであったが、四七年九月に入って新しくパトリック・ショーが英連邦代表として着任し、「従来のマクマホン・ボール氏の態度と異なり大いに代り映えした総司令部に対する協調ぶりを見せる」こととなり、しかも八月にアチソン議長が飛行機事故で不慮の死をとげ、代わって「マッカーサーの忠実な下僚」であるシーボルトが議長に就任したことも相俟って、ACJでの議論は次第に米ソ代表間の〃直接対決〃の様相を呈していった。[27] そして冷戦の影が日本にも及んでくる中で特に四八年以降、議題なく流会といった場面がしばしば見られるようになり、ACJの〃形骸化〃が一層急速にすすむことになった。四八年三月に訪日したケナンがその報告書で、ACJについては機能を変更させずそのまま〃放置〃しておいてもよいとの判断を下した[28]背景には、ACJのこのような〃形骸化〃状況があったのであろう。

以上に見てきたように、四五年十二月のモスクワ協定に基づいて設置されたFECとACJは、こうして事実上の「活動停止」あるいは〃開店休業〃状態においこまれることになった。マッカーサーはすでに四七年三月にボールに対し、「極東委員会と連合国理事会〔対日理事会〕の早期の終止を歓迎する」[29]と語っていたが、今やマッカーサーにとって、FECを自らの立場を防衛する〃タテ〃として利用する以外は、文字通り「歓迎」されるべき事態を迎えることになったわけである。そしてこのような事態は、そもそもFECとACJの設置それ自体が「誤まり」であると断じてきたマッカーサーの主張の〃正当性〃を裏付けるかのようである。

しかし、かつてバーンズ国務長官がマッカーサーを「事態を主として日本の問題の観点から見て、世界の他の部分への影響を考えようとはしていない」と批判したように、右のマッカーサーの〝論理〟を日本の枠組みをこえて改めて東欧にまで拡大するならば、一体どうなるであろうか。マッカーサーの言うモスクワ協定以前の「完全で一方的な管理権」をアメリカが日本占領において行使することが〝正当〟で、何らかの国際的管理機関を設置することが「誤まり」であるとするならば、東欧三国においてACCが設置されることはもちろん、ACCにおける英米側の〝対等性〟を要求すること自体が「誤まり」であり、ソ連一国による「完全で一方的な管理権」の行使をそのまま容認すべきであった、ということになるであろう。

そもそもモスクワ協定は、いかに〝妥協の産物〟であれ、右のような「排他性」を相互に除去していく方向を打ち出したものであった。四六年一月一日の『ニューヨーク・タイムズ』紙は「平和への希望」と題して新たな年の国際政治を展望する中で、モスクワ協定について次のように論評した。(30)「モスクワ協定はバルカンに介入する我々の権利を改めて確認した」「そして我々がロシアの近隣諸国に介入するこのような権利を要求する以上、我々は真の公正さにおいて、日本の管理におけるロシアの同様の権利を認めなければならない」と。要するにモスクワ協定とは、東欧と日本に対する「調和」のある〝相互介入〟を認め合ったもの、ということなのである。

とするならば、「完全で一方的な管理権」行使の主張はこのような〝相互介入〟を崩し〝排他的介入〟をもたらすものに他ならないし、また仮りに、自らは「完全で一方的な管理権」を維持しつつ相手方に対してのみ「介入」を求めるならば、それは典型的な「ダブル・スタンダード」ということになるであろう。かつてマッカーサーはFECが発足して間もなく、憲法改正問題でFECと激しく対立した際、米代表マッコイの「宥和」的姿勢を批判し、日本という「勢力圏」を守るために「拒否権を含むあらゆる可能な手段」を行使するように求めた。(31)言うまでもなく、「完全で一方的な管理権」の行使は「勢力圏」の維持と確保に直結するものである。かくして、FECとACJの〃形骸化〃の過程は、〃相互介入〃原則の崩壊と「勢力圏」の明確化・固定化の過程であり、それはまた冷戦の進行と〃パラレル〃な関係に立つものであった。

（1） Sebald, *op. cit.*, p. 141. なお、散会した五回の会合は、第十八、三四、三六、四七、四八の会合であった。
（2） Verbatim Minutes of the 5th Meeting, Allied Council for Japan, p. 13, GHQ/SCAP Records (RG 331), Allied Council for Japan—Verbatim Minutes (＝ACJ Minutes).（同志社大学アメリカ研究所所蔵）; *Intermittent Diplomat : The Japan and Batavia Diaries of W. Macmahon Ball*, edited by Alan Rix, Melbourne Univ. Press, 1988, pp. 64-65, 安孫子麟「農地改革」岩波講座『日本歴史22・現代1』岩波書店、一九七七年、一八四頁。
（3） Clayton James, *op. cit.*, p. 186 ; *Ball Diaries*, pp. 75, 79, 271.
（4） ACJ Minutes of the 1st Meeting, 5 April 1946, p. 33.
（5） *Ball Diaries*, pp. 36-38.
（6） マーク・ゲイン著、井上威夫訳『ニッポン日記』筑摩書房、一九六三年、一五三―五五頁、松尾尊兊「旧支配体制の解体」『日本歴史22』一一八頁。
（7） ACJ Minutes of the 19th Meeting, 13 November 1946, pp. 2-4 ; *Ball Diaries*, pp. 139-40.
（8） ACJ Minutes of the 53td Meeting, 3 March 1948, pp. 3-7.
（9） ACJ Minutes of the 58th Meeting, 28 April 1948, pp. 1-5.
（10） ACJ Minutes of the 1st Meeting, 5 April 1946, pp. 1-2 ; *Ball Diaries*, p. 19.
（11） Sebald, *op. cit.*, p. 134 ; *Ball Diaries*, p. 18,『朝海報告書㊤』、二二頁。
（12）『朝海報告書㊦』、三六、五九頁。
（13） ACJ Minutes of the 9th Meeting, 10 July 1946, pp. 31-35, 37. なお、デレビャンコの提案が労基法の成立に及ぼし

た影響については、竹前、前掲書、一六三―六五頁。ちなみに、デレビャンコは炭鉱の国有化を主張したが、ボールや中国の朱世明も原則的に支持していた。ACJ Minutes of the 15th Meeting, 18 September 1946, p. 5.

(14) Feis, *Contest*, p. 132. なお、デレビャンコの発言全体については、デレヴァンコ著、日ソ親善協会訳『ソ連は日本に何を望むか―対日理事会におけるソ連代表の発言―』黄土社、一九四九年を参照。

(15) Sebald, *op. cit.*, pp. 136-49.

(16) *Ball Diaries*, pp. xii, 11.

(17) *Ibid.*, pp. 18-21, 29.

(18) *Ibid.*, pp. viii, 28-30, 270,『朝海報告書㊤』、二四四―四五頁。

(19) *Ball Diaries*, p. 270.

(20) *Ibid.*, pp. 141-42,『朝海報告書㊤』、二五一頁。

(21)『朝海報告書㊤』、二四八―四九頁、*Ball Diaries*, p. 271.

(22) *Ball Diaries*, pp. xiv, 232-34, 279,『朝海報告書㊤』、二二二頁。

(23) *Ball Diaries*, pp. 267-80.

(24) *Ibid.*, pp. 73-74, 268.

(25) *Ibid.*, pp. 78, 137, 268.

(26) *Ibid.*, p. 269.

(27)『朝海報告書㊦』、二四九頁、『同㊤』、三三三頁。

(28) *FRUS, 1948 VI*, p. 693.

(29) *Ball Diaries*, p. 187.

(30) *New York Times*, January 1, 1946.

(31) *FRUS, 1946 VIII*, pp. 204-5.

第四節　分割占領——沖縄と「北方領土」

本書の冒頭で触れたように、筆者は日本の占領管理体制の成立過程を検討するに際して、対象を日本の本土に限定してきた。つまり、ポツダム宣言の第八項で日本の主権のおよぶ範囲として規定された「本州、北海道、九州、四国および我々〔英米中(ソ)〕の決定する諸小島」の内、当時なお未定の「諸小島」を除いた本土に関する管理体制の問題を扱ったわけである。そこで最後に、歴史的に日本の固有の領土とみなされてきたにもかかわらず、降伏後〝分割占領〟された琉球列島(沖縄)と千島列島の問題について素描しておきたい。

一九四五年四月五日、沖縄本島に上陸したばかりの米軍はニミッツ海軍元帥の名で「米国海軍軍政府布告」(ニミッツ布告)第一号を発し、日本帝国政府の全ての行政権を停止すると共に軍政府を設置する旨を宣言した。[1]こうして沖縄は米軍の直接軍政下におかれることになったわけであるが、同年六月二三日に沖縄守備隊が壊滅し、さらには九月二日の降伏文書の調印を経て本土において「間接統治」が実施されて以降も、沖縄では軍事占領体制がそのまま維持されたのである。そして四六年一月二九日、GHQは「若干の外郭地域を政治上行政上日本から分離することに関する覚書」[2]を日本政府に手交した。

この覚書は、日本国外の全ての地域に対する政治上あるいは行政上の権力行使の停止を日本政府に指令したものであったが、そこにおいて日本の範囲から除外される地域の一つとして「北緯三〇度以南の琉球列島」が明記された。この地域規定は、同覚書の第六項で「ポツダム宣言の第八項にある諸小島の最終決定に関する連合国側の政策を示すものと解釈してはならない」と述べられているように領土問題に直接関係するものではなかったが、日本政府の権限のおよぶ範囲外と規定されることによって、沖縄が名実共に本土から切り離されて米軍の直轄下におかれつづけることがGHQの指令として明確化されることになったのである。

この重要な指令がこの時期に発せられた背景としては、二月に入って日本の内務当局が指令の意図にかかわって「三月末日の総選挙はこの地域に及ばない」と言明したように、当時三月一日に告示され同三一日に実施が予定されていた戦後初の総選挙を前に沖縄の有権者を選挙から排除する措置を確定しておくこと、さらには、FECが二月末に発足する前に実質的な分離を完了して沖縄を同委員会の管轄対象から外してしまうことが企図されていた、という諸点を指摘できるであろう(3)。

もっとも、当時ワシントンにおいては沖縄の将来について、なお明確な方針が決定されているわけではなかった。「領土不拡大」原則の建前からして日本に返還して非軍事化せよと主張する国務省と、アメリカの主権あるいは排他的な管理権の下における軍事基地の建設を求める軍部との間で論争が展開されていた。後に対日講和条約の草案作成の過程において、日本の「潜在主権」を認めつつ信託統治の下におくという方向が固まっていくのであるが(4)、いずれにせよ重要なことは、沖縄戦以来の軍事占領体制が実質的に変ることなく維持されつづけた、ということである。

たしかにヨーロッパにおいても、軍事作戦上あるいは「秩序維持」の必要上、一定地域が一定期間直接軍政下におかれることはあった。それは例えば、四五年四—五月の〃自力解放〃以降の北イタリアであり、四四年十月にソ連軍とルーマニア軍によって〃解放〃された北部トランシルヴァニアである。前者の場合、すでに述べたように、「共産主義者のさし迫ったクーデターのうわさ」という政治的・軍事的理由によって英米軍が〃防疫線〃を敷いて直轄下においたが、八カ月後の四五年十二月末、親米派のデ・ガスペリが政権を握った直後にイタリア側に施政権が返還された。後者の場合、北部トランシルヴァニアは四〇年八月の「第二次ウィーン裁定」によってルーマニアがハンガリーに割譲を余儀なくされた地域という歴史的背景を有していたが、サナテスク政権が送りこんだルーマニア人とハンガリー人との間で衝突が発生し混乱状態に陥ったため、ソ連軍当局がルーマニアの他地域から切り離して直接軍政を敷いた。しかし、これもすでに触れたように、およそ半年後の四五年三月にヴィシンスキーの「介入」によってグローザ政権が発足した直後にルーマニア側に〝返還〟された。(5)

ところが沖縄の場合、上述した「ニミッツ布告」第一号によれば、軍政府設立の理由として「治安維持及米国軍並ニ居住民ノ安寧福祉確保」があげられていたにもかかわらず、戦争が終結し秩序が回復して以降も、本土から切り離された米軍の直轄体制がつづくことになったわけである。歴史的に一国の固有の領土とみなされ、しかも占領者との間でその領有をめぐってかつて争いが生じたこともない地域が、秘密協定も含めていかなる国際協定や取り決めもない状況において、長期にわたって事実上の排他的な軍事占領下におかれるということは、まことに「特異な」例と言わざるをえない。強いて対照的な例をあげて比較しておくならば、イタリア占領において、一八六一年の統一国家発足以来イタリアの一部を形成してきたシチリアで生じた「分離・独立運動」をイギリスが支援して同島の「併合」を企図しているとの〝うわさ〟が拡がり、米側関係者が反発して一時は英米間の感情的対立にまで発展したのであったが、(6)そのアメリカが今や沖縄において、イギリスがシチリアに抱いたであろう強引な「分離支配」の野心を〝実現〟させた、ということになるであろう。

ところで、次に重要な問題は、上述した四六年一月二九日のGHQの覚書(指令)においては、日本の範囲から除外される地域として、琉球列島などと共に「千島列島、ハボマイ諸島、シコタン島」が挙げられていたことである。

周知のように、四五年二月のヤルタ会談における「極東密約」によって千島列島はソ連に「引渡」(hand over)されることになった。その後、八月十五日の日本の降伏前後に「密約」の具体化をめぐってトルーマンとスターリンとの間で一定の〝トラブル〟が生じたが、結局トルーマンが「私の前任者〔ルーズヴェルト〕は、講和の締結においてこれらの諸島〔千島列島〕のソ連による獲得を支持することに同意した」ことを確認して〝一件落着〟した。(7)

かくして千島列島を南下したソ連軍は、九月二日の降伏文書調印の前後に至ってようやくシコタン、ハボマイまでを占領下においたわけであったが、ワシントンはもちろんマッカーサーやGHQ当局も、その後講和条約の締結が近づくまで一度たりともソ連側に抗議することはなかった。この間の事情については、サンフランシスコ講和条約を経て改めてハボマイ諸島の「帰属」が問題となった一九五四年、当時のダレス国務長官が国家安全保障会議でのアイゼンハワー大統領の要請に応えて十二月一日付で提出した覚書において、(8)次のように指摘されている。ダレスはまず、日本はサンフランシスコ条約によって千島列島に対する請求権を放棄したがハボマイ諸島は千島列島に属しておらず日本の主権の下にある、との「アメリカの確立された立場」を説明し、日本政府も同じ見解に立っていることを付言する。(9)

次いでダレスは、現実にソ連がハボマイ諸島を領有している経緯について、ソ連は、「北海道とその北方の諸島との間にラインをひき、しかもロシア人をしてこのラインまで下りてくることを許したマッカーサー元帥の決定に従って行動した。このいわゆる〝マッカーサー・ライン〟は、ハボマイ諸島をソ連の領域(ゾーン)の内側に含んでいる」と指摘し、そして最後に「戦争なしにロシア人を追い出すいかなる方法も私は知らない」と結論づけているのである。

つまりここでダレスが指摘したことは、マッカーサーがハボマイ諸島以北をソ連の領域と認定し、それら諸島がソ連軍の占領下におかれるように積極的にイニシアティヴをとったということである。あたかも問題の責任をマッカーサーに押し付けるかの如くであるが、いずれにせよ内容的には、千島列島とシコタン島に加えてハボマイ諸島をも日本の管轄権から明確に除外した上記四六年一月二九日のGHQ指令の意味を再確認するものである。そして現に五日後の四六年二月三日には、ロシア共和国がこれら諸島と樺太全域の同国領への編入を決定し、同二月二十日にはソ連邦最高会議幹部会がこれを確認すると共に、その効力を四五年九月二十日に遡及させたのである。(10)

それでは、マッカーサーのこのようなイニシアティヴの背景とはどのようなものであったろうか。彼は例えば四七年六月二七日の米新聞人代表団との会見で、「ソ連が千島その他を軍事占領することによりその対日要求が満足されている以上、ソ連が講和条約の成文化に対して強力な反対を行うものとは思わない」との見解を披瀝した。(11)そもそも当時マッカーサーは、同じ会見でつづいて「琉球は我々の自然の国境である。沖縄人が日本人でない以上、米国の沖縄占領に対して反対しているようなことはないようだ」と指摘したように、沖縄をアメリカが保有するかたちでの講和条約を想定していたのであるが、右の発言は、千島列島と沖縄との「取り引き」の企図を明確化させたものであった。

しかし、このような「取り引き」の企図はマッカーサーに止まるものではなかった。ワシントンではそもそも沖縄の問題は、日本の委任統治領であった南洋諸島(ミクロネシア)の処理を軸とした太平洋地域における基地の確保と統治形態の問題の一環として検討されてきた。そして四七年二月、アメリカの「旧日本委任統治諸島信託統治協定案」が国連安全保障理事会の審議に付された。総会においてではなく安保理で審議されることになったのは、アメリカがミクロネシアを、軍事基地の建設ばかりではなく国連の定期視察を拒否できる「閉鎖地域」の指定が認められる戦略的信託統治の下におくことを求めたからである。

日本との講和条約の締結前にこのような領土処理が妥当であるか法的に問題となったが、何よりも軍事戦略上の問題に直結しているため、ソ連による拒否権の行使如何が関心を集めた。ところがソ連は、ミクロネシアをアメリカが獲得するにあたって多大の犠牲を払った事実に鑑みて米提案を支持するとの態度を表明し、結局アメリカの信託統治案は同年四月には安保理を通過し、七月の米議会での承認とトルーマンの署名を経て効力を発するに至ったのである。(12) こうして、エニウェトック環礁やビキニ環礁がその後「閉鎖地域」とされ、すでに四六年七月から開始されていた核分裂実験の恒久的な実験場に化したのである。

このソ連の対応の背景には、上述した四五年八月の〃トラブル〃に際してのトルーマンによる「ルーズヴェルトの約束」の再確認にもかかわらず、千島列島の「最終的処理」にかかわるソ連側の疑念と不安があった。というのも、ミクロネシアの信託統治問題が議論されていく中で米議会や政府当局者の間からも、ヤルタの「極東密約」は千島列島の「最終的な領土上の決定」を意味するものではなく、対日講和条約の締結に際して「再検討」されるべきものであるとの見解が表明され、さらに具体的には、千島列島を国連による共同信託統治の下におくべきであるとの提案さえ出されていたからである。(13)

そして四六年十一月下旬にトルーマンは、ミクロネシアの信託統治案を国連に提出することについて最終的な決定を行ったが、実は当時国連総会において信託統治理事会の設立をめぐって議論が行われており、しかも同じニューヨークにおいて四カ国外相会議が開催されていたのである。そこでバーンズはモロトフに対し、千島列島の「最終的処理」をめぐる信託統治論議を示唆しつつ、アメリカが提案するミクロネシアの信託統治協定案に対してソ連がいかなる態度をとるか注視している旨を強調したのである。バーンズによれば、モロトフは「〔バーンズ発言の〕意味を直ちに理解した」ということであるが、当初はミクロネシアの戦略的信託統治に強く反対していたソ連が四七年二月の安保理において突如支持に回った背景には、以上のような経緯があったのである。(14) そして現に、その後千島列島の共同信託統治案は提出されないままに、サンフランシスコ講和会議における日本の「請求権放棄」に〃帰着〃するのである。

かつてヤルタにおいてルーズヴェルトは、グローバルな「勢力圏分割」を背景に、より具体的にはソ連の対日参戦と中国国民党政府の承認の「代償」として千島列島をソ連に「引渡」したわけであったが、今や米政府は、恒久的な軍事基地として、さらには原水爆の実験場としてミクロネシアを排他的に確保する「代償」として、大西洋憲章やカイロ宣言、ポツダム宣言で確認された「領土不拡大」の原則に背反するソ連による千島領有を認知するに至ったのである。

マッカーサーによる沖縄と千島列島との「取り引き」が〃主観的〃なものであった[15]のに対し、ミクロネシアと千島列島の「取り引き」は米政府当局者のイニシアティヴという〃根拠〃をもつものであった。かくして、いわゆる「北方領土」とミクロネシアは米ソ「勢力圏分割」の〃産物〃としての歴史を歩むことになったのである。しかし実は、信託統治をめぐるこの「勢力圏分割」問題は、そもそもはイタリアの旧植民地の処理問題にその起源をもっているのである。こうして舞台は再び「最初の降伏国」イタリアに立ち戻ることになるのであるが、問題の本格的な検討は場を改めて行うことにしたい。

（1）布告の原文および日本側訳文については、大田昌秀『沖縄の帝王・高等弁務官』久米書房、一九八四年、四〇二―三、四二三―二四頁を参照。

（2）覚書の原文については、外務省特別資料部編『日本占領及び管理重要文書集・第二巻』(*Documents concerning the*

Allied Occupation and Control of Japan, Volume II）東洋経済新報社、一九四九年、二四—二五頁。

（3）『朝日新聞』昭和二一年二月五日、大田、前掲書、四〇〇—一頁。なお、およそ十日前の一月十八日に統合参謀本部が琉球列島を、アメリカを施政権者とし要塞化等が制限されない信託統治とする、との方針を決定していたことも重要な意味をもっている。宮里政玄『アメリカの対外政策決定過程—ベトナム・沖縄—』三一書房、一九八一年、一九八—九九頁。

（4）以上の経緯については、宮里、前掲書、第二部、事例研究(II)、同『アメリカの沖縄政策』ニライ社、一九八六年、第一—三章、大田昌秀「アメリカの対沖縄戦後政策」坂本・ウォード編『日本占領の研究』東京大学出版会、一九八七年所収、を参照。

（5）Barker, *Truce*, pp. 158-61.

（6）Norman Kogan, *Italy and the Allies*, London, 1956, pp. 159-60 ; Macmillan, *op. cit.*, p. 674.

（7）*FRUS, 1945 VI*, p. 692. なお〝トラブル〟とは、各地域の日本軍が降伏すべき連合軍当局を特定する「一般命令第一号」の草案が八月十五日にトルーマンからスターリンに送られたが、そこでは千島列島について何ら触れられていなかったため激怒したスターリンは、全千島列島の日本軍がソ連軍当局に降伏すべき旨を明記するように主張すると共に、北海道北半までもソ連軍の管轄下におくことさえ要求したことである。*Ibid.*, pp. 634, 643, 658-59, 667-68. Cf. SWNCC Minutes, 21st Meeting, 12 August 1945.

（8）*FRUS, 1952-1954 XIV, part 2*, p. 1793.

（9）この立場は既にサンフランシスコ講和会議に向けて表明されていたもので、逆に言えば少なくともクナシリ・エトロフは千島列島に属し「請求権放棄」の対象であることを〝暗示〟するものであり、吉田首相も同会議において右二島の千島帰属を明言していたが、後の日ソ交渉を経て日米政府とも千島に属さないとの主張を展開し、ここに「北方領土」問題が生じてくることになった。和田春樹『北方領土問題を考える』岩波書店、一九九〇年、II・III章を参照。

（10）高野雄一『日本の領土』東京大学出版会、一九六二年、三三頁。

（11）『沖縄新民報』一九四七年七月十五日、『戦後資料・沖縄』中野好夫編、日本評論社、一九六九年、四頁に所収。Cf. *New York Times*, June 28, 1947.

(12) ミクロネシアの信託統治問題については、入江啓四郎『日本講和条約の研究』板垣書店、一九五一年、第二章、甲山員司「ミクロネシアにおける信託統治の本質—戦略的意図による支配—」『法学志林』第七二巻二号、James N. Murray, Jr., *The United Nations Trusteeship System*, The Univ. of Illinois Press, 1957, pp. 73-75, を参照。Cf. McNeill, *op. cit.*, p. 597, n. 1.

(13) Ex. *New York Times*, February 3, 1946.

(14) Byrnes, *Speaking Frankly*, pp. 220-21. Cf. Charmian E. Toussaint, *The Trusteeship System of the United Nations*, London, 1956, pp. 34-35 ; Murray, Jr., *op. cit.*, pp. 54-73. なお、入江、前掲書、三九頁、高野、前掲書、三一頁、甲山、前掲論文、二八頁では、このバーンズとモロトフの「取り引き」が四五年十二月のモスクワ外相会議でなされたものと、取り違えて解釈されている。

(15) おそらくはマッカーサーの意に反して、ソ連は五〇年十一月二十日および五一年五月七日付の対米覚書において、琉球列島などをアメリカが信託統治下におくことに対して「領土不拡大」の原則から疑問を呈し、いかなる国際協定や国連の決定においても取り決められていないと批判した。『戦後資料・沖縄』、三八—三九頁参照。

あとがき

「遙けくも来つるかな」というのが、この「あとがき」を書くにあたっての偽らざる心境である。一九八四年に拙著『イタリア占領史序説』(有斐閣)を上梓して以来筆者は、「最初の降伏国」イタリアの占領と「最後の降伏国」日本の占領、さらには両者を〝媒介〟する東欧三国とドイツの占領、これら六カ国の占領を比較する視座をどこに求め比較する方法をいかに構築するかという、かつて試みられたことのない課題に取り組んできた。模索の末にたどりついたのが、比較の「共通分母」として「無条件降伏」方式を措定することであった。そして「無条件降伏」の本質を被占領国の「国家改造」に求め「占領管理」の歴史的特質を把握することによって、「占領管理体制」のもつ決定的とも言える重要性が明らかになってきた。こうして筆者は六カ国の比較占領史研究の〝不可欠の前提〟として、イタリアから日本に至る占領管理体制の成立と展開を具体的に跡付ける作業に没頭した。

作業の成果は、「日本占領管理体制の形成過程」とのタイトルで『法学論叢』に断続的に発表し本書の骨格を成した五篇の拙論を含む十篇の論稿として実ったが、なかでも、我が国の東欧史研究においてもこれまで十分には解明されてこなかったルーマニアの占領管理体制の成立を扱った「『無条件降伏』の比較研究――ルーマニアの『休戦』――」(『法学論叢』第一二〇巻第四・五・六号)、無条件降伏の本質問題を考察した「『無条件降伏』と戦後世界秩序」(共同研究『一九四〇年代の世界政治』ミネルヴァ書房、一九八八年所収)、連合国占領の比較分析モデルを提示した「比較占領史の分析枠組」(『書斎の窓』第三七六号)、「イタリア方式」の展開を跡付けた「排他的占領管理体制の形成――米ソ『勢力圏分割』の序章――」(『国際政治』第八九号)、これらの小論は筆者にとって、それぞれに重要なステップを成したものとしてとりわけ思い出深いものである。なお、マッカーサーの占領政策を検討した〝副産物〟として、昭和天皇とマッカーサーの会見内容およびその歴史的な位置付けについての考察をまとめることができた(岩波新書『昭和の終焉』、『世界』一九九〇年二・三月号、所収の各拙論)が、この作業によって、日本占領において天皇の「占領外交」が果たしたであろう重大な役割を解明することの必要性を再認識することができた。

筆者が研究をすすめていくにあたっては、占領史研究会、比較占領史研究会、国際政治学会関西例会、関西政治史研究会、名古屋国際政治史研究会等の研究者の方々から貴重なアドヴァイスや示唆をうけることができた。これらの研究会で与えられた〝知的刺激〟なしには本研究の進展はあり得なかったであろう。もちろん本書は比較占領史の一側面を扱った「序説」にすぎず、その主題である占領管理体制の問題についても、東欧史やドイツ史、英米外交史、冷戦史、あるいはラテンアメリカ史など各専門領域からの忌憚のない批判を仰がねばならない。また、戦後改革をはじめ多くの重要な分野に関する比較研究については文字通り今後の課題であるが、言うまでもなくこれらの課題は個人のレベルを超えるものである。従って、旧ソ連や東欧諸国、そして他ならぬ我が国における一層の史料公開の進展をもにらみつつ、広範かつ学際的な共同研究の組織化が求められていると言えよう。本書がそのささやかな契機になれば、これ以上の喜びはない。

ところで、筆者が本研究に取り組んできた過去八年の間に世界の情勢は激変し、いわゆる「冷戦の終焉」を迎えた。冷戦とは端的に言えば、「封じ込め」という政策の名称に象徴されるように、米ソ「勢力圏」の固定化であった。つまりそれは、何よりもパクス・ルッソ・アメリカーナであり、パクス・ルッソという「脅威」の存在がパクス・アメリカーナにとって不可欠の存立基盤であった。従ってパクス・ルッソの解体と崩壊は、当然のことながらパクス・アメリカーナの衰退を加速せざるを得ない。国際政治の基軸がこのように大きく転換する中で、日米経済摩擦がさらに深刻な様相を呈することになった。ここできわめて興味深いことは、アメリカにおいて対日批判がなされるに際し、日本社会の「異質性」と経済の「膨張主義」を結合させる論理が展開されていることである。なぜ興味深いかと言えば、実はこの論理は、状況を大きく異にするとはいえ、かつて冷戦期にソ連に対して向けられていた論理に他ならないからである。たしかに、スターリンの恐怖支配は「異質」そのものであった。しかし国際政治のレベルにおいては、アメリカがソ連の動向に重大な危惧を感じていたのと同様に、ソ連の側もアメリカの政策に不安と不信の念を募らせていたのである。そしてその最たるものが、アメリカ外交の「ダブル・スタンダード」であった。

今日、日本社会の「異質性」に向けられた批判はかなりの程度正しいであろう。しかしアメリカの側が、自国の責任と日本の責任の問題に具体的に対処するにあたって「ダブル・スタンダード」の立場をとり続けるならば、日本国内から偏狭な反米ナショナリズムが〝突出〟する危険性もなしとしないであろう。今やアメリカに求められているのは、かつてジョージ・ケナンが一九四六年二月の有名な「長文電報」の〝結論〟として、問題は「我々〔アメリカ〕自身の社会の健全さと活力」であり、「我々自身の社会の内部問題を解決し、我々自らの自信、規律、道徳、そして共同体精神を高めるための、あらゆる勇気ある断固とした取り組みこそが、モスクワに対する外交的勝利である」と指摘した、正にそのことであろう。

ところで、筆者は本書においてアメリカ外交の「ダブル・スタンダード」の問題性を批判的に考察したが、実はその作業の多くは、米政府当局によって刊行、未刊行の形で公表されてきた外交史料に依っているのである。ここには、アメリカの民主主義の奥深さが象徴的に示されている。そして筆者は、アメリカがこの民主主義の原点に立ち、ケナンが指摘した方向にその「偉大な力」を傾注するならば、必ずや〝再生〟がもたらされるであろうと信じるものである。

翻って現在の日本を見る時、ある意味でアメリカ以上の〝危うさ〟を感じざるを得ない。湾岸戦争への対応で試された日本の外交の在り方は、いわゆる「一国平和主義」の限界と共に「一国依存主義」の問題性をも露呈したと言えるであろう。つまり、一国(アメリカ)の外交にひたすら依存することが〝外交〟であるとする戦後日本外交の前提が、広範な〝嫌米意識〟の拡がりが示すように、正面から問い直されることになったのである。このような状況を背景に、「依存外交」の枠組みに規定されつつも、「経済大国」から「政治大国」への〝脱皮〟、国際政治におけるリーダーシップ確立の必要性が改めて声高に叫ばれるようになってきた。これはあたかも、かねて「戦後政治の総決算」というスローガンの下に模索されてきた路線が本格的な〝胎動〟を始めたかのようである。

しかし、この機にあたって問われるべき根本的な問題は、「戦後政治の総決算」が「戦前政治の総決算」を経ることなしに推しすすめられようとしていることである。この〝暗闇の跳躍〟ならぬ〝公然たる跳躍〟は、アジア諸国との関係を悪化させ日本の孤立化を招かざるを得ないであろう。とすれば問題の焦点は、戦前・戦中の加害責任に伴う「補償問題」に象徴されるように、戦後半世紀近くも経たにもかかわらずなぜ「戦前政治の総決算」がなされてこなかったのか、そのことなしになぜ日本は国際社会に〝復帰〟し得たのか、それを可能とした条件とはどのようなものであったのか、ということであろう。そしてこれらの重要諸問題を解き明かしていくためには、イタリアや旧西ドイツ等との比較をも踏まえつつ、「占領管理」におけるアジア諸国の実質的な〝不在〟に始まり、事実上の「脱亜入米」に帰結した講和条約に至る、占領期の政治・経済・社会・文化の総体が改めて歴史的に検証されねばならないのである。かくしてここに、占領史研究が取り組むべき、今日の問題と密接に関係した重大な課題の一つを確認することができるのである。

本書の刊行にあたっては、岩波書店編集部の伊藤修氏に大変なお世話を頂いた。最近ではまことに珍しい手書きの、しかも極め付けの悪筆の拙稿と〝悪戦苦闘〟され、的確なアドヴァイスを与えられた同氏の御尽力なしには、本書がこのような形で日の目を見ることはなかったであろう。記して心からの感謝を申し上げたい。

最後に私事で恐縮ではあるが、本書を亡き父楢治郎の霊前に捧げたい。戦争末期の激しい空襲の中で、家族を疎開させつつ必死に生活を支えてくれた亡父への、せめてもの供養になれば幸いである。

一九九二年三月十七日

宝塚の拙宅にて　著　者

索　　引

ア　行

カ 行

サ 行

タ 行

ナ　行

ハ　行

マ　行

ヤ　行

ラ　行

ワ　行

欧文略号一覧

AC	Allied Commission(連合国委員会)
ACC	Allied Control Commission(連合国管理委員会)
ACC	Allied Control Council(連合国管理理事会)
ACJ	Allied Coucil for Japan(対日理事会)
AdCI	Advisory Council on Italy(対伊諮問理事会)
AMC	Allied Military Council(連合国軍事理事会)
A(S)HC	Allied(Soviet) High Command(連合国(ソヴィエト)最高司令部)
CAC	Country and Area Committees(国および地域の諸委員会)
CCS	Combined Chiefs of Staff(英米合同参謀本部)
CLN	Comitato di Liberazione Nazionale(国民解放委員会)
EAC	European Advisory Commission(ヨーロッパ諮問委員会)
EHCLE	Emergency High Commission for Liberated Europe(解放ヨーロッパ緊急高等委員会)
FEAC	Far Eastern Advisory Commission(極東諮問委員会)
FEC	Far Eastern Commission(極東委員会)
GHQ	General Headquarters/SCAP(連合国最高司令官総司令部)
JCS	Joint Chiefs of Staff(統合参謀本部)
MPC	Military-Political Commission(軍事・政治委員会)
NSC	National Security Council(国家安全保障会議)
PFEHC	Pacific-Far Eastern High Commission(太平洋・極東高等委員会)
SCAP	Supreme Commander for the Allied Powers(連合国最高司令官)
SFE	SWNC Subcommittee for the Far East(極東小委員会)
SWNCC	State-War-Navy Coordinating Committee(国務・陸軍・海軍三省調整委員会)

■岩波オンデマンドブックス■

日本占領管理体制の成立——比較占領史序説

1992年4月9日　第1刷発行
2012年1月16日　第2刷発行
2024年9月10日　オンデマンド版発行

著　者　豊下楢彦（とよしたならひこ）

発行者　坂本政謙

発行所　株式会社 岩波書店
〒101-8002 東京都千代田区一ツ橋2-5-5
電話案内 03-5210-4000
https://www.iwanami.co.jp/

印刷／製本・法令印刷

ISBN 978-4-00-731479-7　Printed in Japan